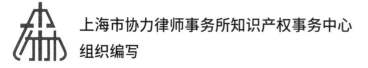

上海市协力律师事务所知识产权事务中心
组织编写

（2011~2020年）

# 知识产权经典案例 律师点睛

第2辑

游闽键◎主编

知识产权出版社
全国百佳图书出版单位
—北京—

**图书在版编目（CIP）数据**

知识产权经典案例律师点睛. 第 2 辑/游闽键主编. —北京：知识产权出版社，2020.5
ISBN 978 - 7 - 5130 - 6884 - 0

Ⅰ. ①知… Ⅱ. ①游… Ⅲ. ①知识产权法—案例—中国 Ⅳ. ①D923. 405

中国版本图书馆 CIP 数据核字（2020）第 067189 号

**内容提要**

本书收录了上海市协力律师事务所知识产权团队近年承办的各类典型知识产权案例，涵盖著作权、商标、专利以及不正当竞争等领域，较为全面地呈现了知识产权保护各类路径的实践样态。这些案例中有多个入选当年的全国知识产权司法或行政十大案件。在对案例进行简要介绍的基础上，本书从承办律师的视角介绍了案件办理过程中的故事与心得，使读者能够看到判决书背后的律师工作内容与思考方式，帮助读者更深入地了解知识产权律师的办案过程与技巧。

责任编辑：王玉茂　　　　　　　　责任校对：王　岩

执行编辑：周　也　　　　　　　　责任印制：刘译文

---

**知识产权经典案例律师点睛（第 2 辑）**

上海市协力律师事务所知识产权事务中心　组织编写

游闽键　主编

| | | | |
|---|---|---|---|
| 出版发行：知识产权出版社 有限责任公司 | | 网　　址：http：//www.ipph.cn | |
| 社　　址：北京市海淀区气象路 50 号院 | | 邮　　编：100081 | |
| 责编电话：010 - 82000860 转 8541 | | 责编邮箱：wangyumao@ cnipr. com | |
| 发行电话：010 - 82000860 转 8101/8102 | | 发行传真：010 - 82000893/82005070/82000270 | |
| 印　　刷：天津嘉恒印务有限公司 | | 经　　销：各大网上书店、新华书店及相关专业书店 | |
| 开　　本：787mm×1092mm　1/16 | | 印　　张：19.25 | |
| 版　　次：2020 年 5 月第 1 版 | | 印　　次：2020 年 5 月第 1 次印刷 | |
| 字　　数：430 千字 | | 定　　价：88.00 元 | |

ISBN 978-7-5130-6884-0

# 编委会

主　编　游闽键

副主编　傅　钢

编　委　祝筱青　张玲娜　郑鸣捷　尹腊梅

　　　　李　圆　王慧君　马远超　李　俊

　　　　王　晶　钟姝琦　李淑惠　张立峰

# 序言

2001 年，是协力知识产权的元年。漫漫十年知产路，其间多少苦与甜。2011 年，恰逢协力知识产权团队十周年，在同事们的支持下，我们把承办的部分典型案例总结、汇编，出版了首本《知识产权经典案例律师点睛》。

转眼，又快十年了，2020 年 1 月，中美贸易第一阶段经贸协议签订，协议内容的开篇就是知识产权，所有人都在关注着中美贸易争端将给国内知识产权领域带来哪些积极的变化。然而，世事难料，突如其来的新冠肺炎疫情突然按下了暂停键，如今疫情全球多点爆发蔓延，几乎扰乱了所有人的计划，当然也包括本书与读者如约见面的计划。

疫情爆发后，1 月 24 日（农历大年三十）上午，我在团队工作群里发出倡议，成立"防疫法律服务志愿团"，同事们积极响应、踊跃参加。我对十七年前的"非典"有切身的体会，也有一些感悟和经验。尽管法律工作者不能像白衣天使那样在一线抗击疫情，但我们要全力准备，为因疫情而产生的纠纷提供专业的公益法律服务。这是我们的战场，我们的责任，我们的使命！这两个多月以来，我们解答了千余人次咨询，撰写了 150 多篇与疫情有关的文章并进行答疑，在微信公众号、微博、头条上累计有 500 余万次的点击量，也算是我们小小的贡献。疫情期间，我和小伙伴们暂时放下了这本书的整理编写，开启了全球采购的模式，从巴西、智利、尼加拉瓜、柬埔寨等地采购了大批口罩、防护服等，及时捐赠给了一线的防疫人员。我们的做法得到了社会各界的肯定，更重要的是，这段经历本身是温暖的、难忘的、有意义的。

本书收录的典型案例是协力十余位律师近些年承办的、有代表性的案例，我和他们在知识产权这条路上已同行多年，我见证了好几位律师在实战中从稚嫩走向成熟。经常会有法学院的学生、刚入行的律师提问，如何才能做一个优秀的知识产权律师？《礼记·学记》中写道："亲其师，信其道；尊其师，奉其教；敬其师，效其行。"我为什么要提及承办律师的故事，因为这些故事是他们的为人写照，是他们的成长经历，是他们成为优秀知识产权律师的关键。因此，我推荐大家阅读这本书。

本书一共收录了 24 个案例，其中著作权案例 12 个、专利权案件 4 个、商标权案件 5 个、不正当竞争案件 3 个。案件编排上依旧是按照案由、涉案法条、争议焦点、起诉及答辩、事实认定、一审判决及理由、上诉理由、二审判决及理由、办案心得、媒体报道等编排的，目的是力争将案件的全貌呈现给读者。出于对承办法官的尊重，我们特别地列出了合议庭成员，对案件涉及的保密信息做了合理的技术性处理。本书收录的这些典型案例是社会生活、经济发展的缩影，也是承办律师"酸甜苦辣"的进阶日记。

研读"'奇迹 MU'网络游戏著作权纠纷案"，读者可以知道首例网络游戏选择类电影作品保护的创新；研读"大众点评诉百度案"，读者或许会惊讶数据产业日新月异的发展；研读"'巧虎'诉'欢乐虎'纠纷案"，读者可以了解卡通漫画侵权选择何种维权方式效果会更好；研读"舞美设计图装修装潢案"，读者可以洞悉律师如何制定策略，进而最大程度为客户争取权益；研读"项某仁与彭某冲美术作品纠纷案"，读者可以感同身受律师办案的不易，维护正义的拳拳之心难能可贵；研读"爱国者诉惠普发明专利纠纷案"，读者可以了解专利授权后避免出现禁止反悔的重要性；研读"张某某诉展会主办方侵害实用新型专利案"，读者可以意识到展会主办方、承办方务必强化审核意识，否则可能会"引火烧身"；研读"松下与赛特专利纠纷案"，读者可以开阔用专利开拓市场的商业思维；研读"捕鱼达人商标异议复审行政诉讼案"，读者可以感受到思辨的理论价值；研读"沪江商标纠纷案"，读者可以嗅到高校历史积淀的商业气息；研读"金骏眉商标异议案"，读者可以追求"侠之大者，为谋道"的情怀……

的确，研读上述这些案例不能立刻让读者成为优秀的知识产权律师，但经验、能量、爱心是可以传递的。如果读者能够在这些案件中随着承办律师的专注而专注，能对争议焦点的分析身临其境引起共振共鸣，那么这些案件就有了薪火相传的生命力，就能起到帮助读者在知识产权成长道路上答疑解惑的作用。这，是本书的用意。

当前新冠肺炎疫情还未结束，世界面临百年未有之大变局，中美贸易争端引起知识产权江湖的风起云涌并未平息，知识产权服务行业竞争异常激烈。我们身处在这变幻莫测的大环境中，仿佛失去了对生活的"掌控感"，但日子还是一天天地翻着，春天已经来了！我们照旧代理案件、伏案撰文著书，我们愿做中国知识产权事业发展的筑基者、铺路人，用当下确定性的工作来应对未来风险的不确定性，共同营造知识产权专业服务的"小气候"。这，是我们的坚持。

本书是在国内新冠肺炎疫情最严重的时期定稿的，有特别的纪念意义。诚然，本书虽几经修改，但仍或存在疏漏甚至是错讹之处，恳请各位同行、读者匡谬析疑、补偏救弊！本书的出版得益于各位同事、知识产权出版社编辑的辛勤付出，在此，我对大家谨致以最诚挚的感谢！

是为序！

游闽键

2020 年 4 月 1 日晚

# 目 录

## 著作权案例

全国首例网游整体画面构成类电影作品案 ······· 3
　　——奇迹（MU）诉奇迹神话著作权侵权、不正当竞争案

如何保护卡通形象的著作权？ ······· 26
　　——株式会社倍乐生诉广东泰茂食品有限公司"巧虎"著作权侵权案

搜索引擎服务商的直接侵权与间接侵权 ······· 41
　　——上海玄霆娱乐信息科技有限公司与北京百度网讯科技有限公司、
　　上海隐志网络科技有限公司著作权侵权纠纷案

最贵网络文学侵权案 ······· 62
　　——上海玄霆娱乐信息科技有限公司与北京幻想纵横网络技术有限公司
　　著作权侵权纠纷案

《永生》委托创作合同纠纷案 ······· 77
　　——上海玄霆娱乐信息科技有限公司与王某、北京幻想纵横网络技术有限
　　公司著作权合同纠纷案

诉前停止侵害著作权行为保全 ······· 99
　　——亚拓士公司与娱美德公司著作权纠纷案

擅自使用他人舞美设计图进行装修装潢构成著作权侵权 ······· 105
　　——上海视觉空间设计有限公司与上海雅琴文化传媒有限公司、上海强峰
　　音视技术发展有限公司、德清县广播电视台著作权侵权纠纷案

门户网站批量抓取其他媒体内容的著作权侵权认定 ······· 112
　　——上海东体传媒有限公司诉北京搜狐互联网信息服务有限公司系列
　　著作权侵权案

《我叫MT》：游戏名称的保护路径及非法演绎作品的保护范围 ······· 117
　　——北京乐动卓越科技有限公司与北京昆仑乐享网络技术有限公司、
　　北京昆仑在线网络科技有限公司、北京昆仑万维科技股份有限

公司侵犯著作权及不正当竞争纠纷案

美术作品临摹行为是否侵犯复制权的司法判断 ………… 138

　　——项某仁与彭某冲侵害著作权纠纷

"非遗"第一案：安顺地戏状告张某谋《千里走单骑》侵犯署名权 ………… 150

　　——安顺文化局与新画面公司、张某谋著作权侵权纠纷案

临摹美术作品的侵权判定 ………… 161

　　——黄某水等与戴某邦、项某仁著作权侵权纠纷

# 专利权案例

专利侵权中专家辅助人员的运用 ………… 173

　　——惠普公司专利侵权纠纷案件

专利文件的修改与禁止反悔原则的适用 ………… 176

　　——爱国者 VS 中国惠普专利侵权案

未尽审核义务，展会主办方构成帮助侵权 ………… 183

　　——张某某与北京国展国际展览中心有限责任公司、北京中装华港

　　建筑科技展览有限公司侵害实用新型专利权纠纷案

具有方法特征的产品权利要求的侵权判定 ………… 191

　　——赛特 VS 松下电器专利侵权案

# 商业标识案例

从"捕鱼达人商标异议复审行政诉讼案"看商标的违法使用权益不予保护 ………… 197

　　——广州市 X 电子科技有限公司、济南 Q 信息科技有限公司与上海 B

　　城市网络科技股份有限公司、国家工商行政管理总局商标评审委员会

　　商标异议复审行政纠纷案

出口定牌加工商标侵权及民事制裁问题 ………… 210

　　——诺基亚商标侵权纠纷案件

历史上教会大学校名的权属认定以及高校校名维权的界限 ………… 214

　　——上海理工大学与沪江教育科技（上海）股份有限公司商标和

　　不正当竞争纠纷案

商标通用名称正当使用抗辩在游戏商标中的运用 ………… 220

　　——游卡公司与赵某葵"三国杀"商标侵权纠纷案

"金骏眉"商标异议行政复审案 ·················· 227
    ——武夷山市桐木茶叶有限公司与国家工商行政管理总局商标评审委员会
        行政复议纠纷案

## 其他案例

互联网大数据第一案：大众点评诉百度案 ·················· 245
    ——上海汉涛信息咨询有限公司与北京百度网讯科技有限公司
        不正当竞争纠纷案
国内首例路由器屏蔽广告构成不正当竞争案 ·················· 274
    ——北京爱奇艺科技有限公司与北京极科极客科技有限公司
        不正当竞争纠纷案
全国首例视频聚合盗链行为被认定构成不正当竞争 ·················· 284
    ——北京爱奇艺科技有限公司诉深圳聚网视科技有限公司不正当竞争纠纷案

# 著作权案例

# 全国首例网游整体画面构成类电影作品案

## ——奇迹（MU）诉奇迹神话著作权侵权、不正当竞争案

原告（被上诉人）：上海壮游信息科技有限公司

被告（上诉人）：广州硕星信息科技股份有限公司

被告（上诉人）：广州维动网络科技有限公司

被告：上海哈网信息技术有限公司

一审法院：上海市浦东新区人民法院

一审案号：（2015）浦民三（知）初字第 529 号

一审合议庭成员：倪红霞、叶菊芬、黄文雅

一审结案日期：2016 年 4 月 13 日

二审法院：上海知识产权法院

二审案号：（2016）沪 73 民终 190 号

二审合议庭成员：陆凤玉、陈瑶瑶、高卫萍

二审结案日期：2017 年 3 月 15 日

案由：著作权不正当竞争纠纷案

关键词：实质性相似，虚假宣传，合理支出，游戏著作权

## 涉案法条

《著作权法》第 10 条、第 48 条、第 49 条

《反不正当竞争法》第 5 条、第 7 条

《最高人民法院关于审理著作权民事纠纷案件适用法律若干问题的解释》第 26 条

《最高人民法院关于审理不正当竞争民事案件应用法律若干问题的解释》第 1 条、第 17 条

## 争议焦点

一审法院认为，该案各方的主要争议体现在五个方面：

- 上海壮游信息科技有限公司是否享有诉权。
- 广州硕星信息科技股份有限公司、广州维动网络科技有限公司是否构成著作权侵权。
- 广州硕星信息科技股份有限公司、广州维动网络科技有限公司是否有构成商标侵权行为。
- 广州硕星信息科技股份有限公司、广州维动网络科技有限公司是否有构成不正当竞争行为。
- 关于广州硕星信息科技股份有限公司、广州维动网络科技有限公司应承担的民事责任。

二审法院认为，该案各方的主要争议体现在五个方面：

- 上海壮游信息科技有限公司就《奇迹 MU》游戏是否有权主张权利。
- 权利游戏中被比对内容是否具备独创性，一审认定《奇迹 MU》游戏构成类电影作品是否符合法律规定。
- 一审将《奇迹 MU》eX702 版本作为权利游戏进行比对是否正确；被诉游戏是否侵犯权利游戏的著作权。
- 广州硕星信息科技股份有限公司、广州维动网络科技有限公司的被诉行为是否构成虚假宣传。
- 一审判定的赔偿数额是否合理。

## 审判结论

1. 被告广州硕星信息科技股份有限公司、广州维动网络科技有限公司于该判决生效之日起立即停止侵害原告上海壮游信息科技有限公司对《奇迹 MU》享有的著作权的行为。

2. 被告广州硕星信息科技股份有限公司、广州维动网络科技有限公司于该判决生效之日起立即停止擅自使用涉案知名商品特有名称及虚假宣传的不正当竞争行为。

3. 被告广州硕星信息科技股份有限公司、广州维动网络科技有限公司于该判决生效之日起十日内共同赔偿原告上海壮游信息科技有限公司经济损失 5000000 元❶及为制止侵权行为所支付的合理开支 104990 元。

4. 被告广州硕星信息科技股份有限公司、广州维动网络科技有限公司于该判决生效之日起十五日内，共同在《中国知识产权报》上发布公开声明（声明内容须经法院审核），以消除其因侵犯著作权及不正当竞争行为对原告上海壮游信息科技有限公司造成的不利影

---

❶ 本书中所有案例中费用以人民币计，下同。

响，同时分别在各自的网站首页（网址分别为 www.hugenstar.com 和 www.91wan.com）连续三十日刊登相同内容的声明。

## 起诉及答辩

上海壮游信息科技有限公司（以下简称"壮游公司"）诉称：网络游戏《奇迹 MU》是由韩国 Webzen 公司（网禅公司）创作的顶级网络在线游戏，一经推出便获得重大成功，被多家权威游戏机构评为 2001 年最佳网络游戏。该游戏 2003 年起在中国运营，拥有数以千万计的粉丝玩家，其"MU"注册商标、游戏形象、美术作品、场景画面等具有极高的知名度、美誉度。在无数人心目中，《奇迹 MU》不仅是一款游戏，更是伴随自己十年的"朋友"及一种习惯成自然的生活方式。原告 2012 年起获得了该游戏在中国的独家运营权。2014 年，原告发现第一被告开发了一款网页游戏《奇迹神话》并授权第二被告通过"91wan 网页游戏平台"进行运营和推广，还通过第三被告的"99YOU"网站进行推广。《奇迹神话》完全抄袭了《奇迹 MU》，在作品名称、故事情节、地图场景、角色、技能、怪物、装备等的名称、造型等多个方面与《奇迹 MU》构成实质性相似。第一被告将原告游戏改编为网页游戏的行为侵犯了原告的改编权；第二被告与第一被告深度合作运营《奇迹神话》，共同侵犯了原告的复制权、信息网络传播权；第三被告为《奇迹神话》进行推广并提供链接，存在主观过错，构成对第一被告和第二被告上述侵权行为的帮助侵权。此外，第一被告和第二被告在页游网的宣传稿中使用了"MU"商标，构成侵害商标权。"奇迹"为原告游戏的特有名称，三被告的运营和推广行为构成擅自使用原告的知名商品特有名称。《奇迹神话》的地图、场景、怪物、NPC 等抄袭了《奇迹 MU》，构成擅自使用原告的知名商品特有装潢。三被告在游戏的宣传中使用了"十年奇迹""神话传奇"等用语，但被告并未做十年网游，作为中国企业也不存在韩流的继承或传承，而原告的游戏自 2003 年进入中国大陆的时间为十多年，故三被告的行为构成虚假宣传。三被告的上述行为使众多网友对《奇迹神话》及其所在网站与原告游戏的认知发生混淆，误以为被告的《奇迹神话》是原告游戏的页游版本，违反了《反不正当竞争法》第 2 条。

广州硕星信息科技股份有限公司（以下简称"硕星公司"）辩称：

（1）我国法律并未规定运营权，原告据此起诉缺乏法律依据。网禅公司在授权中并未明确具体游戏版本及授权内容，故原告主张的权利基础不清晰。原告举证的《奇迹 MU》知名度证据所显示的内容并非原告经营成果，不能仅通过第三方授权而获得主张不正当竞争行为的权利。同时，上述权利的享有主体不同，实施侵害的单位和行为也不同，不符合合并审理的条件，在一起诉讼中进行审理违反法律规定。

（2）第一被告未侵犯《奇迹 MU》的著作权。首先，《奇迹 MU》游戏画面不构成类电影作品或"其他作品"。电影的播放是单向性的，而网络游戏是双向互动性的，不同玩家操控游戏或同一玩家以不同玩法操控游戏，均会得到不同的"有伴音或无伴音的画面"。因此，网络游戏不是由一系列有伴音或无伴音的画面组成，而是由无数系列有伴音

著作权案例

专利权案例

商业标识案例

其他案例

或无伴音的画面组成，且众多不同系列的画面是由玩家借助网络游戏提供的各类工具独创而成。网络游戏的性质更趋向于游戏工具的数据库，而玩家则是所呈现出来的一系列声音画面的作者。因此，不能将《奇迹 MU》这一网络游戏的属性界定为类电影作品。原告还主张《奇迹 MU》为"其他作品"，但目前未有法律、行政法规对原告主张的"其他作品"进行规定，故原告的主张缺乏法律基础。其次，原告用于比对的《奇迹 MU》与网禅公司登记的作品版本不一致，未经有权机关予以认证，其形成时间、作品内容处于不确定状态，故该比对缺乏客观标准。再次，两款游戏在人物性格特征、系统玩法、技能装备、宠物妖怪、进入场景的界面、系统规则等方面存在很多实质性区别。原告提供的比对情况主要是名称及图片，仅占游戏素材的极小部分。其中名称仅为简单短语，不构成作品，且两款游戏均为魔幻类题材，部分名称采用同类通用词汇是合理的，并不构成侵犯著作权。至于相应图片，由于两款游戏制作方式不同，三维画面和二维画面的表现形式不同，不存在相同或近似的可能。第一被告不否认在个别角色及怪物名称中有选择的一致性，但这是魔幻类游戏的基本构思，在整个游戏中占比很低，不能将部分的选择一致或借鉴认定为著作权法上的抄袭和复制。且被告也力图修正有一定近似的内容，只是因为研发团队解散而难以对原开发语言和文件进行核实和修改，并无侵权的主观恶意。最后，《奇迹神话》是具有独创性的新作品，未侵犯原告的复制权。

（3）第一被告未侵犯"MU"商标权。网禅公司的"MU"商标为图形商标，与文字"MU"存在明显差异。页游网上的报道并非被告所为，且是作为游戏名称使用而非商标使用，不存在商标侵权。

（4）第一被告未实施虚假宣传等不正当竞争行为：①原告游戏的登记名称为"MU"，在运营时称为"奇迹 MU"，原告主张的版本为"MU：eX702"，故"奇迹"并非原告游戏的特有名称，不应单独保护。原告也未证明《奇迹 MU》在《奇迹神话》上线前已具有知名度。"奇迹"属中文常用词汇，以此命名的书籍、歌曲、游戏、电影十分常见，亦常用在魔幻、仙侠类小说或游戏中，原告无证据证明"奇迹"这一中文固定词汇已与其作品产生固定联系，故"奇迹"不是原告游戏的特有名称。②原告主张的特有装潢是游戏中的图片，但已对此主张著作权，不能根据反不正当竞争法进行主张。且特有装潢系指特有、固定、可以对外展示并具有一定标示性的装潢，但游戏中的场景、怪物等都在不断变化，并未以固定形式对外展示，即使同一游戏场景在不同角度呈现画面或不同玩家操作进入也不同。从比对上看，也只能看出场景、怪物名称的相似，图片并不相似。③第一被告的宣传素材主要是完整展示《奇迹神话》的作品名称，并未刻意与《奇迹 MU》进行关联，在宣传中使用"韩式经典"等描述，也是因为目前中国游戏市场大多是借鉴、引进、运营韩国的各类游戏，从而造成一股韩流热潮，使用这一词汇并不代表与《奇迹 MU》有关联，也不会对网友产生误导。原告所提出的虚假宣传网页大部分来源于第三方网站、第三方作者所发表的文章，并无证据证明系第一被告的宣传行为。④原告根据知识产权特别法和反不正当竞争法的具体规定主张了被告的各种侵权行为，故不符合适用《反不正当竞争法》第 2 条的前提。且被告的各项行为有其正当性，并未违反诚实信用原则或者商业道德。

（5）原告主张巨额赔偿缺乏事实和法律依据。第一被告并未实施任何侵权行为，原告也无证据证明被告行为如何对其造成损失及损失的金额。两款游戏的类型不同，玩家不重叠，客观上也不可能造成市场混淆，未影响原告收入，也不需要消除影响。即便原告认为第一被告侵犯其改编权需支付授权费，亦应考虑不同的授权改编使用范围、形式、时间的差异，原告刻意选择高额授权费的合同作依据显然不合理。

广州维动网络科技有限公司（以下简称"维动公司"）同意第一被告的答辩意见，同时还辩称：

（1）其作为一家网络游戏运营企业，在审查了第一被告的著作权证书和相关材料后对《奇迹神话》进行运营，已尽到审查义务，和第一被告间并无共同侵权故意。

（2）第二被告在运营中系对《奇迹神话》进行推广宣传，并未使用 MU 商标或者"奇迹 MU"。"奇迹"及"神话"都是国内魔幻游戏的常用词汇和表述，在游戏推广中使用此常见词汇并非虚假宣传，也未侵犯其他游戏的权利。

（3）第二被告的宣传和运营行为仅限于其 91wan 网站，原告主张的其他平台或媒体与第二被告无关。

综上，第二被告不应承担侵权责任。

上海哈网信息技术有限公司（以下简称"哈网公司"）辩称：其经营的 99you.com 网站系游戏资讯网站，主要提供免费的游戏信息发布平台。涉案游戏厂商信息免费发布在开服表中，未作任何收费，不存在商业推广；在游戏厂商不作任何说明的前提下，第三被告无法判断各游戏厂商的新品是否涉及侵权，且该网站已关闭。因此其不应承担侵权责任。

## 事实认定

一、原告、被告的基本情况

壮游公司成立于 2007 年 8 月 22 日，经营范围包括计算机、信息技术、网络科技领域内的技术开发、技术转让等。

硕星公司成立于 2013 年 2 月 8 日，经营范围包括软件开发、游戏软件设计制作等，网站 www.hugenstar.com 由该公司经营。

维动公司成立于 2007 年 1 月 22 日，经营范围包括游戏软件设计制作、网络游戏服务等，系游戏运营网站 www.91wan.com 的经营者。

哈网公司成立于 2003 年 12 月 17 日，经营范围包括计算机软硬件、信息技术专业四技服务等，系游戏资讯网站 www.99you.com 的经营者。

二、《奇迹 MU》游戏的开发、运营及宣传情况

网禅公司为一家韩国公司，经营范围为网络游戏的开发和软件开发。2001 年 11 月，网禅公司创作完成网络游戏《MU（3D Online game）》，并于 2012 年 5 月向韩国著作权委员会进行了著作权登记。2002 年，该网络游戏由案外人引进中国进行运营，获得诸多荣

著作权案例

专利权案例

商业标识案例

其他案例

誉，并多次被我国各游戏杂志及网站报道，包括2002年第41期《游戏世界》载明："近日，骏网集团斥巨资买断《奇迹》（MU）国内首期实卡总经销权……创下目前网络游戏界首期销售规模之最""1999年第九城市进军中国在线游戏市场，今年7月，与韩国WEBZEN公司成立合资公司，正式引入国际顶级网络游戏《奇迹》（MU）。公开测试一个月来，《奇迹》（MU）的同时在线人数已超过10万，并且不断攀升新的纪录"。2002年《游戏天地》载明："奇迹（MU）……将在10月13日开始进行大规模的服务器扩容……扩容后总共将有近100分组服务器为玩家提供服务"。2003年12月10日第12版《中国计算机报》文章"谁在网中游——2003年中国网游的五大疑问"载明："到了现在，MUD、U0余辉尚存却风光不再……代替它们的是《传奇》《凯旋》《奇迹MU》这样的网游生力军……"。2003年第11期《游戏世界》的"网络游戏排行榜"反映，《奇迹》的得票百分比为20.8%，位居第二。2009年7月第8卷第4期《经济学》的"运营商利用消费者的上瘾行为定价了吗——来自中国网络游戏产业的经验证据"一文载明，2005年《奇迹》的中国市场份额为7.6%，排名第四；2012年第13期《大众文艺》的"韩国游戏产业发展的经验分析"一文载明："根据新浪中国网游排行榜（CGWR）的数据显示：原产韩国的《热血传奇》仅次于《魔兽世界》，名列第二；《龙之谷》和《奇迹MU》分别居第四、第五位……"；根据新浪网游戏频道的报道，《奇迹》入围"2003年十大网络游戏"，获得"2004年度中国十大最受欢迎的网络游戏"第六位及"2010年度新浪中国网络游戏巅峰荣誉奖"。另外，2003年第8期《电脑爱好者》、2003年第7期《软件导刊》、2003年第12期《电脑技术》、2005年8月《High – Tech》《青年文学家》、2006年第11期《大学时代》、2009年第1期《远程教育》等亦有相关文章报道。

经我国原国家工商行政管理总局商标局核准，网禅公司于2011年4月14日注册第××××××号"MU"注册商标，核定使用服务范围为第41类教育、健身俱乐部、（在计算机网络上）提供在线游戏、文娱活动，有效期至2021年4月13日。

2013年8月14日，网禅公司出具授权书，将《MU》（中文名称：《奇迹MU》）授权壮游公司在中国独家运营，并赋予壮游公司以自己名义采取起诉、刑事报案等措施维护权益，授权有效期自壮游公司合法运行《奇迹MU》之日开始至终止游戏服务之日，若办理案件过程中到期，授权书的效力延期到案件办理结束时止。2014年9月2日，网禅公司又出具《网络游戏合作授权书》，确认壮游公司获得了网络游戏《奇迹MU》在中国的独占性运营权，并授权壮游公司针对侵害《奇迹MU》游戏的著作权、商标权及其他衍生权利的侵权游戏（《勇者国度》《奇迹神话》《暗夜奇迹》《暗夜之神》），以壮游公司自己的名义进行维权的权利，授权性质为独占性授权（含转授权），授权范围为中国（不含港澳台），授权期限自2012年3月19日至2015年8月31日。壮游公司运营该游戏的网站为"《奇迹MU》唯一官方网站_eX702震撼来袭 – 壮游科技"（网址为http：//mu.zhaouc.com，以下简称《奇迹MU》官网）。

三、被诉游戏的开发、运营及宣传情况

2013年12月，硕星公司完成网页游戏《奇迹神话》，并于同年12月21日在国家版权局进行著作权登记，2014 年 8 月 6 日进行了国产网络游戏备案。2014 年 1 月 3 日，硕星公司授权维动公司在授权区域内独家运营及推广该游戏，并于同年 3 月 1 日出具授权书。并通过哈网公司"99YOU"网站进行宣传。维动公司在其网站的子网站（http：//qjsh. 91wan. com/）运营该游戏，网页名称为"奇迹神话官网 – 91WAN"（以下简称"《奇迹神话》官网"）。至 2015 年 6 月 2 日开庭时，该网站显示开服总数为 278 个，2015 年 8 月 21 日一审开庭时，开服总数为 312 个。

　　2014 年 3 月 21 日，壮游公司向上海市卢湾公证处申请证据保全公证，公证处出具了（2014）沪卢证经字第 674 号公证书。根据公证书内容，在《奇迹神话》官网"新闻中心"栏目中，点击相关新闻，出现十余篇关于试玩测评的宣传文章或者链接，其中有以下内容："时光仿佛倒流到 10 年前，又是一个万人空巷的日子，我们还是那个坐在电脑前为韩式经典而疯狂的少年……我们带着美好的回忆，又在一起见证着魔幻史诗巨作 91wan《奇迹神话》的首测盛况……""十年神话，奇迹再现""传承韩式经典网游独树一帜的美术风格和游戏玩法……有亚特兰蒂斯和地下城等地图自由掉落的极品卓越装备……将十年前风靡一时余热至今的游戏玩法最大程度的还原……""特色：1. 沿用韩国网游 MU 的经典元素，游戏还原度高。2. 在原作经典内容基础上，将新代页游素材相结合……。3. 血色城堡、赤色要塞、恶魔广场经典副本重现，激起老 MU 迷的热血。""角色创建：延续 MU 经典职业，目前开放了剑士、法师、弓箭手三种职业，其特点、战斗技能均保留了原作的特征，简单的职业说明和极品装备形象展示很容易引起老 MU 迷的共鸣……""延用 MU 的勇者大陆、亚特兰蒂斯、血色城堡等场景，熟悉的背景音乐、音效，华丽的角色形象，游戏还原度极高，特别是当宝石掉落时的叮叮声，仿佛往昔的 MU 场景又在眼前""特别值得一提的是保留了背包道具格子占用机制……让老 MU 迷们在网页上重温了一把极品装备打造的回忆体验""从名称中就能感受到其大致的背景了，没错，十年前的《奇迹》""十年，叮叮声依旧""唯一不变的，大约只有我们这些对恶魔广场、赤色要塞、血色城堡等地还满怀激情的人吧""是根据经典游戏《奇迹 MU》开发的一款 ARPG 页游，该作号称重现网页版的奇迹""游戏尽力还原了《奇迹》里的经典地图布局，甚至是一花一木、一草一景，似乎都是照着原地图克隆过来""这确确实实是一款打着《奇迹》的旗号，套着《奇迹》的马甲的页游 ARPG，甚至已经可以称得上山寨了"。

　　在维动公司经营的 91WAN 论坛上，网友于 2014 年 1 月 10 日发布的内容显示："mu 终于出页游版了""玩奇迹 N 年了。上班没时间玩了，终于出页游了，等 N 久了""奇迹网页版，今天内测服，有没有一起的，走起了！""经典游戏。不知道页游版变成什么样子了呢？有什么新玩法啊……""网页版的 MU，还能找到以前 MU 的那种感觉么？有什么改变的啊？""进去体验了下，感觉还行，有 MU 的味道""奇迹出网页了，有玩过的吗？""没想到开网页版的了，怎么也得试试""页游传奇现在已经多种多样了，作为同时代的经典，奇迹也跟随着脚步，终于页游版出来了，可有老玩家要重温"。1 月 17 日有网友发帖"奇迹神话小小的体验攻略"，内容包括"相信奇迹是很多人都有玩过的游戏，一说起来还真是怀念那一段的岁月，不过现在这款其实（奇迹）神话相信会带来另一端的光辉岁月，现在就一起进入游戏体验一下吧……"。此外，其他网页上还有近十篇有类似内容的测评文章。

四、《奇迹MU》与《奇迹神话》比对情况

根据硕星公司提交的有关《奇迹神话》的游戏素材以及壮游公司在卢湾公证处的试玩情况，将两者进行对比后的情况如下：

在地图的名称和等级限制方面，《奇迹神话》第360级之前的全部地图名称与《奇迹MU》的相应地图名称基本相同，除了幽暗密林、狼魄要塞外，其余地图的等级设计的相应顺序也一致。

在地图的俯视图及场景图方面，两者的俯视图在颜色搭配、显示的路线图方面相同或相似，但图片的具体造型不同。两者的场景图经比对，仅在线条、图案设计的具体细节方面略有差异，少部分素材差异较大。

在角色及其技能方面，两款游戏均有剑士、魔法师和弓箭手三个角色，《奇迹MU》还有其他角色。对于角色的简介，两者存在较大差异，但对于角色技能的描述，除魔法师的毒炎技能描述不同外，其他技能描述相同或者基本相同。《奇迹MU》中的技能均配有相应造型，为彩色的效果图；《奇迹神话》中弓箭手有2个技能没有造型，其余造型则为简单的黑白图。在技能名称方面，就剑士角色，《奇迹MU》中有14个技能，《奇迹神话》总共5个技能与《奇迹MU》中相应的5个技能的名称相同或者基本相同；就魔法师角色，《奇迹MU》有22个技能，《奇迹神话》总共13个技能，与《奇迹MU》中的相应13个技能的名称相同或者基本相同；就弓箭手角色，《奇迹MU》有17个技能，《奇迹神话》总共8个技能，与《奇迹MU》中相应8个技能的名称相同或者基本相同。

在武器和装备方面，将两者29个武器及105个装备比对，名称、适用的角色相同或者基本相同，造型的整体轮廓基本一致，绝大部分武器及装备的颜色、线条的整体设计均基本相同，仅在具体细节设计上略有差异，少量有较大差别。

在怪物及NPC方面，将两款游戏的47个怪物进行对比，其名称相同或者基本相同，造型的整体轮廓基本一致，绝大部分怪物的线条、颜色基本相同，仅在具体细节上略有差异，仅少部分怪物的造型有一定差别。《奇迹神话》提供的6个NPC造型中的5个与《奇迹MU》的相应NPC造型基本相同。

五、其他相关事实

2013年9月，上海塔人网络科技有限公司（以下简称"塔人公司"）经壮游公司授权，作为甲方与中联畅想（北京）科技有限公司（乙方）签订《网页游戏授权运营合同》，约定乙方开发的网页游戏《勇者归来》为获取甲方授权，以消除涉嫌侵犯《奇迹MU》游戏著作权等相关权益的影响，甲方授权乙方就《勇者归来》在中国及部分海外地区进行运营，乙方支付甲方固定分成款880万元，并约定中国运营收入分成比例为14%，海外地区运营收入分成比例为50%。壮游公司提供了相应银行收款回单，其中2015年1月到6月收到的分成款分别为10万元左右到40余万元不等。

2014 年 5 月，网禅公司、壮游公司与江苏极光网络技术有限公司（以下简称"极光公司"）签订《（暂定名）网页游戏运营合同》，约定由极光公司使用客户端游戏《MU》开发运营网页游戏《大天使之剑》，极光公司分别向网禅公司、壮游公司支付了授权费，并约定了分成数额。经壮游公司举证，2015 年 1 月起，壮游公司收到的中国大陆运营分成款为 100 余万元到 600 余万元不等，港澳台运营分成款为十几万元到二十几万元不等。

硕星公司于 2014 年 11 月 5 日在广东省广州市广州公证处就涉案游戏素材名称的检索网页申请证据保全公证。公证处出具了（2014）粤广广州第 186220 号、186222 号、186223 号、186224 号、186225 号、186229 号、186230 号公证书，主要内容是：①存在名为"奇迹家园""奇迹战神""奇迹之城""奇迹物语""Fairly Life：奇迹之日""奇迹篮球""奇迹时代"的网络游戏，网络游戏"摩尔勇士"中有剑士、弓箭手、魔法师三个职位；②"奇迹""赤色要塞""仙踪林""火影忍者疾风传：失落之塔""天空之城""地下城""魔戒""亚特兰蒂斯"的出处及早前使用情况.

壮游公司为该案纠纷支付彩色打印费用 2050 元、公证费 1500 元、翻译费 1440 元、律师费 10 万元。

一审审理中，壮游公司确认哈网公司网站已无法登录。庭审结束后，维动公司称其经营的《奇迹神话》官网已于 2015 年 12 月 23 日停止运营该游戏。2016 年 3 月 15 日，壮游公司经核实，确认《奇迹神话》官网上有一篇发布时间为 2015 年 10 月 22 日的公告，内容称将于 2015 年 12 月 23 日正式停止运营该游戏，但该网站并未删除相应宣传文章。同年 4 月 10 日，壮游公司再次核实，确认《奇迹神话》官网上发布的相应的宣传文章已被删除。壮游公司表示，硕星公司和维动公司还通过其他平台运营和宣传该游戏，难以确定已停止全部侵权行为。

硕星公司还提交了《奇迹神话》的设计说明、代码、设计稿等内容的打印件，以证明《奇迹神话》为其自主创作的作品，与《奇迹 MU》存在很大区别。壮游公司以上述证据均系打印件，且内容与该案无关为由不予认可。一审法院对壮游公司的质证意见予以采纳。

## 一审判决及理由

法院认为，根据原告、被告双方的诉辩意见，双方对于原告是否具有诉权，原告主张的内容是否构成作品、构成何种作品及三被告是否存在被控侵权行为，第一被告、第二被告是否侵犯了原告的商标权，三被告是否存在不正当竞争行为及被告应承担的民事责任均存在争议。法院一一予以评判。

一、关于原告是否具有诉权

网络游戏《奇迹 MU》由韩国网禅公司开发，著作权由该公司享有。韩国与我国均为《保护文学和艺术作品伯尔尼公约》（以下简称《伯尔尼公约》）的成员国，根据我国《著作权法》第 2 条第 2 款的规定，外国人、无国籍人的作品根据其作者所属国或者经常居住地国同中国签订的协议或者共同参加的国际条约享有的著作权，受该法保护。因此，网禅公司对该游戏享有的著作权受我国著作权法保护。原告经网禅公司授权，享有在中国独家运营该游戏的权利，并有权以原告名义针对侵害该游戏著作权、商标权及其他衍生权利的侵权游戏进行维权。第一被告对原告提供的网禅公司经营者登记证、程序登记证、授权书提出异议，认为其公证方式为"李真满"在公证人面前确认翻译文件与原文完全一致，不符合公证的要求。法院认为，公证方式并无定式，关键在于其内容是否能达到证明目的。上述材料显示，"李真满"向公证人出示了三份文件的韩文及中文繁体字版本，并向公证人宣誓二者内容一致。经查，其中网禅公司经营者登记证的韩文文件上有税务局长印章，程序登记证的韩文文件上有韩国著作权委员会委员长印章，授权书的韩文文件上有网禅公司的盖章及该公司代表理事的签字与盖章，相应内容亦与经营者登记证明及《网络游戏合作授权书》能相互印证。上述证据的形式合法，法院予以采纳。

二、关于三被告是否侵犯了原告的著作权

（一）关于原告主张的内容是否构成作品及作品性质的认定

该案中，原告主张的内容包括：

（1）相应游戏素材，包括游戏地图的名称、等级设计、俯视图及场景；游戏角色的名称和简介，技能的名称、简介和图标；武器、装备、怪物、NPC的名称及图片等。原告认为上述素材中的文字构成文字作品，图片构成美术作品。

（2）操作游戏时在屏幕上呈现的整体画面，原告认为构成类电影作品。

（3）原告还认为网络游戏是由美术作品、文字作品等构成的复合型的"其他作品"。

法院认为，根据《著作权法》的规定，作品是指文学和科学领域内，具有独创性并能以某种有形形式复制的智力创作成果，并按照表现形式的不同对作品类型进行了划分。在网络游戏的著作权保护中，作品类型可从多种角度进行界定：从游戏引擎——计算机程序和文档的角度，属于计算机软件作品；从屏幕端呈现的视听界面的角度，则有可能构成文字作品、音乐作品、美术作品、类电影作品等。原告在该案中并未主张计算机软件作品，故法院将根据查明的事实，结合法律规定对原告主张的上述内容是否构成作品及构成何种作品进行认定。

就原告主张的游戏素材而言，包括文字和图片两类。根据《著作权法实施条例》的规定，文字作品是指小说、诗词、散文、论文等以文字形式表现的作品；美术作品是指绘画、书法、雕塑等以线条、色彩或者其他方式构成的具有审美意义的平面或者立体的造型艺术作品。在原告主张的文字中，《奇迹MU》三大角色的简介具有一定的长度，表达了开发者对于角色性格等的独特设计，具有独创性，构成文字作品，但《奇迹神话》的相应角色介绍与此并不相同。地图、角色、技能、武器、装备、怪物、NPC等单个的名称或简介，其表达过于简单，难以达到著作权法所要求的独创性，且亚特兰蒂斯等部分名称并非网禅公司首创，原告对此不能获得著作权法的保护。但是上述名称、简介等文字对应的是相应游戏素材在游戏中所具备的功能介绍，将其组合成一个整体，可以视为游戏的剧情而作为文字作品予以保护。对于美术作品独创性的判断，法律并未设定一个明确的高度，故只要是作者独立创作，具有最低限度的创造性，且不属于公有领域的造型艺术，均应视为满足了作品的独创性要求。原告游戏中的地图俯视图、场景图在素材选择、构图、布局、线条轮廓、颜色等方面具有独创性，角色技能图标、武器、装备、怪物及 NPC 的设计亦属于以线条、色彩等构成，亦具有独创性，均构成著作权法规定的美术作品。

就原告主张的游戏整体画面而言，《奇迹 MU》作为一款角色扮演游戏，具有一定的故事情节，由游戏玩家操作游戏角色，遵循一定的游戏规则在游戏场景中升级打怪，并可进行组队等互动性操作。该游戏的核心部分为游戏引擎及游戏资源数据库，其中游戏引擎即计算机软件，游戏资源数据库的内容包括图片、音乐、故事情节、界面设计等游戏素材。当玩家开启操作时，游戏引擎按照其软件的功能设计调用上述素材并在屏幕终端呈现出文字、图片、声音等组合而成的画面，上述画面具有独创性，并能以有形形式复制，是应受著作权法保护的作品。但对于上述游戏画面属于何种作品，我国著作权法未作明确规定。关于上述画面是否构成类电影作品，根据《著作权法实施条例》的规定，电影作品和以类似摄制电影的方法创作的作品，是指摄制在一定介质上，由一系列有伴音或者无伴音的画面组成，并且借助适当装置放映或以其他方式传播的作品。从网络游戏的创作过程来看，主要包括两大阶段：一是游戏策划人员进行游戏总体设计，选择游戏引擎、模式、风格、剧情等开发方向；二是在确定需要实现的功能后交予程序员进行具体的代码编写，并由相关人员负责故事情节、各类文字、图片、音乐等游戏素材的设计。其中，游戏策划、素材设计等创作人员的功能与电影创作过程中的导演、编剧、美工、音乐制作、服装设计等类似，游戏的编程过程则相当于电影的拍摄。从表现形式上看，随着玩家的操作，游戏人物在游戏场景中不断展开游戏剧情，所产生的游戏画面由图片、文字等多种内容集合而成，并随着玩家的不断操作而出现画面的连续变动。上述游戏画面由一系列有伴音或者无伴音的画面组成，通过计算机进行传播，具有和电影作品相似的表现形式。虽然《奇迹 MU》的创作方法不是"摄制"，但根据《伯尔尼公约》第 2 条第 1 项对于类电影作品的描述（assimilated works expressed by a process analogous to cinematography，即以类似摄制电影的方法表现的作品），其本质在于表现形式而非创作方法。我国作为《伯尔尼公约》的成员国，对类电影作品的保护不应与该公约的精神相抵触。因此，涉案游戏的整体画面是否构成类电影作品，取决于其表现形式是否与电影作品相似，故涉案游戏的整体画面可以作为类电影作品获得著作权法的保护。

（二）关于两款游戏的整体画面是否相同或实质性相似的认定

由于网络游戏的画面繁多，且需要依赖于玩家的操作而产生，故难以进行一帧帧的比对。但游戏画面由游戏人物、怪物等在游戏场景中不断展开一系列情节而呈现的连续画面所构成，其中情节表现为地图的等级设计，角色技能、武器、装备的属性，怪物的战斗力等，因此可以通过比对两款游戏的上述素材来认定二者游戏画面的相似度。经比对，两款游戏 400 级之前的地图、场景及相应的等级设计、角色及相应技能、武器、装备、怪物及 NPC 的名称和造型相似度极高，虽然部分造型在线条的组合细节方面有些许差别，但整体造型的视觉效果差别不大。网友对被告《奇迹神话》的评测文章及论坛留言也显示，两款游戏在游戏素材、玩法、风格、外观等方面高度近似，以至于网友认为《奇迹神话》为《奇迹 MU》的页游版。可见，对于不具备特殊鉴赏力的普通观众和游戏玩家而言，两款游戏的整体画面相似度极高，不足以带来不同的美感。因此，法院认定《奇迹神话》的整体画面与《奇迹 MU》构成实质性相似。

（三）关于三被告是否侵犯了原告的著作权

《奇迹 MU》具有较高知名度且发布时间远早于《奇迹神话》，第一被告、第二被告开发、运营《奇迹神话》时不可能不知道原告游戏。在此情况下，第一被告仍开发出与《奇迹 MU》游戏整体画面实质性相似的网络游戏，侵犯了原告对《奇迹 MU》游戏整体画面享有的复制权。第一被告授权第二被告在其网站上独家运营该游戏并分享收益，共同侵犯了原告的复制权、信息网络传播权。虽然《奇迹 MU》为客户端游戏，《奇迹神话》为网页游戏，但从客户端游戏到网页游戏的所谓"改编"，在画面的表达形式和内容上并无本质区别，故并不构成对原告改编权的侵犯。第三被告作为游戏资讯网站，仅提供了被告游戏的简单信息，并提供一个通向第二被告运营官网的链接，现有证据难以证明其对第一被告和第二被告的上述侵权行为存在主观过错，故不构成侵权。

鉴于法院已将游戏的整体画面认定为类电影作品予以保护，其所主张构成文字作品和美术作品的各类游戏素材作为游戏画面的组成部分，在该案中并无单独予以保护的必要。原告还主张《奇迹 MU》构成"其他作品"，但《著作权法》规定的"其他作品"是指"由法律或法规规定的其他作品"，现并无任何法律、法规明确规定网络游戏为何种作品，故对原告的该项主张不予支持。

三、关于第一被告和第二被告是否侵犯了原告的商标权

原告主张第一被告和第二被告在页游网的宣传稿中使用了"MU"商标，构成侵害商标权。经查，该文章对于"MU"的使用主要包括"韩游经典传承网页 MU 世界""沿用韩国网游 MU 的经典素材""延续 MU 经典职业""容易引起老 MU 迷的共鸣""沿用 MU 的……场景""保留了 MU 的设计""沿用了 MU 的装备造型、名称、属性等"等语言。法院认为，上述内容系将被告游戏与原告游戏进行比较，其中"MU"指代的是原告游戏的名称，不属于商标性质的使用。因此，对于原告认为被告侵犯其"MU"商标权的主张，法院不予支持。

四、关于三被告的行为是否构成不正当竞争

根据反不正当竞争法的规定，经营者在市场交易中，应当遵循自愿、平等、公平、诚实信用的原则，遵守公认的商业道德。该法还规定：经营者不得擅自使用知名商品特有的名称、装潢，或者使用与知名商品近似的名称、装潢，造成和他人的知名商品相混淆，使购买者误认为是该知名商品；经营者不得利用广告或者其他方法，对商品的质量、制作成分、性能、用途、生产者、有效期限、产地等做引人误解的虚假宣传。该案中，原告与三被告均为游戏行业的从业者，相互之间具有竞争关系，均应恪守反不正当竞争法的上述规定。鉴于第三被告仅作为游戏资讯平台在其网站上客观、简要列明《奇迹神话》的简单信息，并提供一个通向该游戏运营官网的链接，并无证据证明该行为构成对

原告的不正当竞争，或对第一被告、第二被告的被控不正当竞争行为存在明知或应知，故就原告对第三被告的诉讼请求，法院不予支持。原告主张第一被告、第二被告实施了四类不正当竞争行为，法院分别阐明以下意见。

（一）第一被告和第二被告的行为构成擅自使用知名商品特有名称的不正当竞争行为

具有一定知名度的商品特有名称受法律保护，经营者擅自使用与他人知名商品特有名称相同或近似名称从事相同或者类似经营活动，造成相关公众对商品来源产生误认的，属于不正当竞争行为。该案中，原告的游戏在被登记时的名称为"《MU》"，但引进中国运营后，相关游戏期刊、新闻媒体均称呼其为"奇迹""《奇迹》（MU）"或"《奇迹MU》"，网禅公司授权给原告时也自称"《奇迹MU》"，原告的运营官网上则使用了"《奇迹MU》"及相应的版本号。该游戏在中国运营时，其中文名称"奇迹"具有更高的使用频率和辨识度。从字面含义看，"奇迹"一词意为不同寻常的事情，为固有词汇，属于公有领域的资源，任何人都不享有独占的权利。但作为网络游戏的名称，"奇迹"一词具有识别性、显著性；同时，若"奇迹"一词经使用而产生足够的影响力，则该词语也会产生特定的第二含义。在此情况下，不能简单地以"奇迹"属于固有词汇为由认为其系魔幻类网络游戏的通用名称。原告提供的各类游戏期刊文章及获奖新闻报道可以证明，该游戏在中国的网络游戏行业具有较高的知名度和美誉度。通过多年的经营和媒体的广泛宣传，"奇迹"在网络游戏领域与原告游戏建立了稳定的关联，已经具备了区别于其字面含义的特定含义，包括游戏从业者及游戏玩家在内的相关公众亦能知悉"奇迹"即指原告游戏。因此，"奇迹"作为原告游戏名称中的主要识别部分，已经具备了区别该游戏与其他网络游戏的功能，可以将"奇迹"作为原告的知名商品特有名称进行保护。

诚然，在字面含义的范围内，原告不能禁止他人正当使用"奇迹"二字，但前提是该使用行为须为善意，且不会导致相关公众的混淆或误认。但该案中，首先，被告在其游戏名称中使用"奇迹"远远晚于原告游戏在中国运营的时间，作为游戏开发企业，其不可能不知道已经具有较高知名度的原告游戏名称；其次，从第二被告官网宣传材料可以看出，其使用"奇迹"二字并非从字面含义上使用，而是将其作为自己游戏名称的一部分；最后，被告的游戏名称《奇迹神话》与原告游戏名称的主要识别部分"奇迹"构成近似，第二被告的宣传材料中又将两款游戏捆绑介绍，在原告游戏已具有较高知名度的情况下，两被告的上述行为极易使相关公众产生混淆，误认为《奇迹神话》与《奇迹MU》存在某种特定的联系，而根据第二被告官方论坛中的网友留言，亦确有玩家认为《奇迹神话》系《奇迹MU》网络游戏的页游版，已实际产生混淆。

（二）第一被告和第二被告的行为不构成擅自使用知名商品特有装潢的不正当竞争行为

依据《反不正当竞争法》第5条第2项及原国家工商行政管理局《关于禁止仿冒知名商品特有的名称、包装、装潢的不正当竞争行为的若干规定》第3条的规定，擅自使用知名商品特有装潢的不正当竞争行为须具备如下要素：一是装潢具有外观性，即为识别与美化商品而在商品或其包装上附加的文字、图案、色彩及其排列组合；二是须针对

著作权案例

专利权案例

商业标识案例

其他案例

知名商品实施，即在市场上具有一定知名度，为相关公众所知悉的商品；三是装潢具有特有性，即商品的装潢非为相关商品所通用，并具有显著的区别性特征，权利人应使用某个特有的文字、图案或其排列组合作为其商品装潢，而不能使用多个、非固定的文字、图案及其组合，否则将导致相关公众无法辨识商品来源；四是使用行为造成混淆，使购买者误认为是该知名商品。该案中，原告主张的装潢为《奇迹 MU》网络游戏的角色、场景、怪物等众多游戏素材。《奇迹 MU》具有一定的知名度，相应游戏素材虽非贴附于商品或其包装上，但对于网络游戏这一特殊商品，玩家进入游戏后即可看到，故亦具有外观性。然而，原告主张的上述游戏素材数量众多且如何呈现取决于玩家的操作，相关公众无法据此识别商品来源。因此，相关游戏素材不属于商品的装潢，对于原告的该项主张，法院不予支持。

（三）第一被告和第二被告的行为构成虚假宣传的不正当竞争行为

法院认为，上述由第二被告发布或视为由其发布的文章内容主要为介绍《奇迹神话》的风格、游戏素材、玩法等，多数使用了"十年奇迹""将十二年前风靡一时余热至今的游戏玩法最大程度的还原"等用语，并将《奇迹神话》与《奇迹 MU》进行比对介绍。结合上下文内容，上述文章并未称《奇迹神话》就是《奇迹 MU》，也未直接宣传《奇迹神话》已经营十年。但是，第二被告以"十年奇迹"作为主要宣传语来推广其处于运营初期的《奇迹神话》，而"奇迹"恰为具有较高知名度的、十多年前开始在中国运营的原告的游戏的主要识别部分；同时，《奇迹神话》对原告的游戏的画面进行了大量抄袭，第二被告又将两款游戏的相同之处作为推广游戏的卖点进行捆绑宣传。可见，第二被告"搭便车"的主观意图和客观行为极为明显，容易导致相关公众误认为其游戏与原告游戏存在某种联系，且事实上已造成相关公众误认，构成虚假宣传的不正当竞争行为。第二被告在独家经营第一被告网络游戏过程中，为推广该游戏而发布上述宣传文章，因此而产生的收益由两被告分享，故两被告应对此承担连带责任。

（四）该案不符合《反不正当竞争法》原则性条款的适用条件

原告还以《反不正当竞争法》第 2 条为依据，主张两被告的行为构成不正当竞争。《反不正当竞争法》第 2 条第 2 款为原则性条款，单独适用时主要用于对那些未在《反不正当竞争法》第 2 章中被列举的市场竞争行为予以调整，以保障市场公平竞争。同时，为避免不适当干预而阻碍市场自由竞争，应严格把握其适用条件。具体而言，适用该条款应同时具备以下条件：一是被控行为未在《反不正当竞争法》第 2 章中具体列举，也无其他法律规范可以援引；二是其他经营者的合法权益确因该行为而受到了损害；三是该行为违反诚实信用原则和公认的商业道德。该案中，关于两被告的被控侵权行为，法院分别依照著作权法和反不正当竞争法的具体条款对原告予以救济，不再符合上述原则性条款的适用条件。因此，法院对原告的该项诉讼请求不予支持。

五、第一被告、第二被告应承担的民事责任

第一被告、第二被告就其上述侵权行为，依法应共同承担停止侵害、消除影响、赔偿损失等民事责任。虽两被告现已停止通过《奇迹神话》官网实施被控侵权行为，但自原告起诉至两被告停止上述行为的时间跨度较长，且在该案审理过程中又增加服务器，扩大了侵权范围，庭审结束后仍继续实施侵权行为；同时基于网络游戏的性质，其服务器可随时开启运营，两被告重新实施侵权行为的成本较低而危害较大。因此，为全面保护权利人的合法权益，有效制止两被告侵权行为，法院判令两被告应停止运营《奇迹神话》网络游戏，停止在涉案游戏中使用"奇迹神话"名称，并停止相关虚假宣传行为。两被告的侵权行为对于与其具有竞争关系的原告，在相关竞争市场内造成了一定程度的不良影响，原告要求两被告消除影响的诉讼请求，法院予以支持。法院判令两被告共同在《中国知识产权报》上刊登声明以消除其侵权行为给原告造成的不良影响，并分别在各自网站（分别为 www. hugenstar. com 和 www. 91wan. com）首页的显著位置连续 30 天刊登相同内容的声明。

关于两被告应当赔偿的经济损失。被告认为两款游戏类型不同、玩家不重叠，未影响原告收入。法院认为，两被告从《奇迹神话》的运营中获利，现有证据还证明原告通过将其游戏许可给案外人开发、运营网页游戏而取得可观收益。可见，两被告的涉案侵权行为必然给原告造成了损失，其中侵犯著作权行为占据主体地位，不正当竞争行为则使原告损失进一步扩大。由于原告的实际损失及两被告的侵权获利均不能确定，故法院以两被告侵犯著作权行为造成的损失为基础，结合不正当竞争行为所造成的损失，综合考虑以下因素确定赔偿数额：①原告游戏的商业价值和知名度较高；②被告在明知具有较高知名度的原告的游戏的情况下，仍大量抄袭原告的游戏画面，使用与原告的游戏名称相似的名称，并捆绑原告的游戏进行宣传，主观故意明显，侵权行为较为全面；③被告的游戏通过玩家充值获利，其开服数量较多，且在原告起诉后仍继续实施侵权行为并增开新的服务器，主观故意进一步加深，侵权行为造成的影响范围也继续扩大；④原告许可案外人将《奇迹 MU》改编为网页游戏，虽在使用方式、使用时间等方面与两被告行为不一定相同，但可在考虑这些不同的基础上参考上述许可费确定该案赔偿数额。根据原告实际从对外授权中所获得的经济利益，可以证明两被告的涉案侵权行为给原告造成的损失已超过了法定赔偿的最高限额。据此，法院综合考虑上述因素，在法定赔偿最高限额以上确定赔偿数额。关于被告应承担的合理费用，考虑到该案的复杂程度、律师的工作量，结合上海市律师服务收费政府指导价标准，原告主张为该案支出律师费 10 万元属合理范围，法院予以支持；对原告主张的公证费、翻译费、打印费则根据原告提供的证据据实予以支持。

## 上诉理由

（一）关于著作权部分

（1）被上诉人的证据无法证明其已获得著作权人的授权。被上诉人提供的网禅公司授权书的公证书未对内容真实性公证，故该授权书的真实性无法确认。

（2）被上诉人的证据无法证明其运营《奇迹 MU》eX702 版本与《MU》之间存在关联，也无法证明《奇迹 MU》eX702 版本游戏早于《奇迹神话》，故上诉人不存在抄袭的前提条件。

（3）（2014）沪卢证经字第 674 号公证书步骤混乱、用词随意，且未写明软件来源，其合法性、真实性存疑。

（4）《奇迹神话》游戏是上诉人自行研发，未侵犯被上诉人的著作权。上诉人为此提供了该游戏的设计说明、游戏代码、游戏地图、游戏关卡等设计稿件。一审法院对该些证据未采纳属认定事实不清。

（5）从制作方法、表现形式来看，电影作品与网络游戏存在明显不同，一审法院认定《奇迹 MU》游戏构成类电影作品不恰当，网络游戏应当分部分按现行著作权法规定的作品类型予以保护，无须以类电影作品进行著作权法保护。一审对游戏元素进行比对，未比对游戏整体画面，且这些如职业角色等游戏元素不具有独创性，故不能得出游戏整体画面实质性相似的结论。

（二）关于不正当竞争部分

（1）被上诉人的证据无法证明涉案游戏具有较高知名度，且"奇迹"非涉案游戏名称的主要识别部分。一审法院将"奇迹"认定为涉案游戏的特有名称，属事实认定不清，适用法律错误。

（2）该案用以对比的《奇迹 MU》eX702 版游戏与被诉游戏《奇迹神话》名称不同，且无知名度证据；该案被上诉人主张权利并主张知名度的是《MU》游戏，而该游戏知名度证据不充分，绝大部分证据形成于 2002 年前后。众所周知，一款游戏的生命力很短暂，无论《MU》游戏是否曾知名，历经十多年后，其知名度和商业价值已大幅降低，故不能证明上诉人有攀附知名度的恶意。

（3）涉案游戏名称主要识别部分是"MU"，不是"奇迹"。"奇迹"一词是固有词汇，不具有特有性，一审法院将通用名称"奇迹"认定为涉案游戏的特有名称，限制他人合法使用，其保护范围过于扩大，有侵占公共资源之嫌。上诉人在被诉魔幻类游戏上使用"奇迹神话"游戏名称符合游戏类型，合理，无误导消费者之恶意，且"奇迹神话"与"奇迹""奇迹 MU"不近似。故一审法院认定"奇迹神话"游戏名称构成不正当竞争属认定事实不清、适用法律错误。

（三）上诉人未对被诉游戏进行宣传

一审法院据以认定上诉人虚假宣传的证据均为案外人行为，与上诉人无关。上诉人不构成虚假宣传行为。

（四）上诉人不应承担赔偿损失及消除影响的法律责任

即使上诉人被认定存在侵权，一审法院的判赔金额奇高。被上诉人提供的《大天使之剑》授权运营合同的签署背景及履行情况有疑，且该游戏的运营规模、运营范围远远超过被诉游戏，且被诉游戏涉诉后，已于 2015 年下半年结束运营。

## 二审查明事实

二审法院经审理查明，一审认定事实属实，二审法院予以确认。

　　另，被上诉人在一审中主张"奇迹"构成《奇迹 MU》游戏知名商品特有名称，上诉人及哈网公司的行为侵犯其知名商品特有名称，构成不正当竞争。二审庭审之后，被上诉人申请撤回该一审主张，二审法院予以准许。

## 二审判决及理由

　　二审法院认为，该案二审期间的争议焦点在于：（1）被上诉人就《奇迹 MU》游戏是否有权主张权利；（2）权利游戏中被比对内容是否具有独创性，一审认定《奇迹 MU》游戏构成类电影作品是否符合法律规定；（3）一审将《奇迹 MU》ex702 版本作为权利游戏进行比对是否正确，被诉游戏是否侵犯权利游戏的著作权；（4）两上诉人的被诉行为是否构成虚假宣传；（5）一审判定的赔偿数额是否合理。对此，二审法院评判如下：

　　关于争议焦点一，二审法院认为，被上诉人壮游公司就其权利主体主张提供了网禅公司经营者登记证、程序登记证和授权书，其中授权书明确就《奇迹 MU》游戏授权被上诉人独家运营权并有权以其名义进行起诉等维权。虽然该三份证据的公证认证文本仅载明翻译文与原文一致之内容，但是结合网禅公司于 2013 年、2014 年连续向壮游公司出具授权书，授权书上盖有网禅公司印章，壮游公司事实上运营《奇迹 MU》游戏并多次授权案外人使用该游戏的事实情况，在上诉人没有提供相反证据的情况下，法院认为能够认定被上诉人就《奇迹 MU》游戏获得合法授权，有权提起该案诉讼。上诉人关于在案证据不能证明被上诉人所获授权真实的上诉理由，二审法院不予采信。

　　关于争议焦点二，一审法院认为《奇迹 MU》游戏的整体画面可以作为类电影作品获得著作权法的保护，该游戏的各部分在该案中已无必要予以单独保护。上诉人提出《奇迹 MU》游戏不具有独创性，亦不属于类电影作品，网络游戏应当依照组成元素分别以音乐作品、美术作品、文字作品予以单独保护，不存在整体保护的必要。法院经查，被上诉人在起诉时就《奇迹 MU》游戏著作权存在多方位的权利主张，其主张的作品是《奇迹 MU》网络游戏及其相关游戏素材，网络游戏如不能被认定为著作权法规定的"其他作品"，则主张游戏整体画面构成类电影作品，同时被上诉人还主张各组成元素构成文字作品、美术作品。

　　二审法院认为，根据我国著作权法规定，作品是指文学、艺术和科学领域内具有独创性并能以某种有形形式复制的智力成果。该案《奇迹 MU》在其游戏整体画面、等级设置、地图名称以及地图、场景图的图案造型设计、职业角色设置及技能设计、武器和装备的造型设计等方面均具有独创性，且游戏画面可以以有形形式复制，符合上述法律规定的作品的构成要件，属于著作权法意义上的作品。上诉人提出一审进行比对的游戏元素均是魔幻类游戏的通用元素，不具有独创性。二审法院经查，上诉人所提出的地图名称、个别角色名称等之前曾被使用的元素占《奇迹 MU》游戏的少部分，而且如该游戏般的等级设置、角色技能设计以及地图场景等的整合使用，具有独创性，即使个别角色、地图名称之前曾被使用，亦不影响游戏整体画面的独创性，故对上诉人的该项上诉理由，二审法院不予采信。至于《奇迹 MU》游戏整体画面的作品类型，上诉人提出在制作方法上，网络游戏不存在类似摄制电影的制作过程；在表现形式上，网络游戏不存在如类电影般的故事情节、丰富场景，而且画面不固定，是玩家按照游戏规则通过操作形成的动态画面，过程具有随机性和不可复制性，故网络游戏不应归属于类电影作品。二审法院认为，网络游戏是近年来快速发展的数字文化娱乐类智力成果，具有独创性的网络游戏构成著作权法意义上的作品，但是对于是否可以得到著作权法保护以及如何给予著作权法保护还应当依据现行《著作权法》的规定。《著作权法》对于作品按照表现形式进行了文字作品、音乐作品、美术作品等分类，其中亦规定了电影作品和以类似摄制电影的方法创作的作品。《著作权法实施条例》第4条规定，电影作品和以类似摄制电影的方法创作的作品，是指摄制在一定介质上，由一系列有伴音或者无伴音的画面组成，并且借助适当装置放映或者以其他方式传播的作品。可见我国著作权法关于作品的分类以其表现形式为基础，而作品固定在有形载体上的方式并非是作品分类的依据。类电影这一类作品的表现形式在于由连续活动画面组成，这亦是区别于静态画面作品的特征性构成要件，而网络游戏在运行过程中呈现的亦是连续活动画面。二审法院注意到网络游戏与传统类电影在表现形式上存在区别，即网络游戏的连续活动画面是随着游戏玩家的操作进行的，具有双向互动性，而且不同操作会呈现不同的画面；而传统类电影作品的连续活动画面是固定单向的，不因观众的不同而发生变化。对此，二审法院认为类电影作品的特征性表现形式在于连续活动画面，网络游戏中连续活动画面因操作不同产生的不同的连续活动画面其实质是因操作而产生的不同选择，并未超出游戏设置的画面，不是脱离游戏之外的创作。因此，该连续活动画面是唯一固定还是随着不同操作而发生不同变化，并不能成为认定类电影作品的区别因素。至于固定在有形载体上的方式，随着科学技术的不断发展，特别是网络技术的快速发展，著作权客体也会随之产生新生物，对此应当依据作品分类的实质因素进行判断分析。二审法院认为，我国著作权法规定了电影作品和以类似摄制电影的方法创作的作品，其中以类似摄制电影的方法创作，应是对创作方法的规定，不应仅是对制作技术的规定，更应包括对各文学艺术元素整合的创作方法。从此意义上来讲，网络游戏也是采用对各文学艺术元素整合的创作方法。因此，一审认定《奇迹MU》游戏整体画面构成类电影作品，二审法院予以肯定。上诉人的该项上诉理由，二审法院不予采信。

关于争议焦点三，关于权利游戏比对版本问题，被上诉人主张对《奇迹MU》享有著作权并以《奇迹MU》eX702作为侵权比对基础。上诉人提出一审用以比对的权利游戏《奇迹MU》eX702不能证明与被上诉人主张权利的《奇迹MU》游戏存在关联并早于被诉游戏发布。二审法院认为，首先，通常情况下，大型角色扮演类网络游戏的初始版本对游戏的基本元素如角色、地图场景、武器装备、等级设置以及故事情节等均已设计定型，后续版本一般仅对局部元素在功能数量、BUG修复以及视听效果方面作改进优化处理，以在原有体验基础上进一步优化体验效果，从而巩固游戏黏性、增加吸引力，故不会对已有基本元素作大范围改动或变化处理。其次，被上诉人二审中提供的2013年11月25日发布于《奇迹MU》中文官方网站的《奇迹MU》eX702版本更新信息，系《奇迹 MU》官方网站上公布的更新信息，其真实性可予确认，其中显示涉及新镶嵌防具 & 界面功能优化，并无一审用以比对的元素。上诉人亦未能提供证据证明一审用以比对的内容是《奇迹 MU》eX702 版本中新增加的内容。最后，从网络游戏运营现状来看，网络游戏初始版本通常在被更新版本覆盖之后即不再运营，故该案以初始版本作为权利游戏进行比对既不符合网络游戏运营现状，亦缺乏现实可能性。因此，二审法院认为一审采纳被上诉人以《奇迹 MU》eX702 版本为权利游戏载体的主张并以此作为比对对象并无不当，亦符合网络游戏版本更新的行业通常做法。

关于比对内容问题，网络游戏整体画面的比对重在其整体性，且是否构成侵权的判断标准在于是否构成实质性相似。网络游戏的连续活动画面变化的是场景视角、角色动作等；游戏地图、等级设置、角色技能、武器装备、怪物、NPC 等元素是角色扮演类网络游戏基本固定的构成元素，这些元素的相似程度能够决定网络游戏整体画面的相似程度。因此，一审以组成游戏整体画面的上述元素进行比对并无不当。经比对，被诉游戏的前 400 级三大角色剑士、魔法师、弓箭手的所有技能均与权利游戏中的部分技能相同或基本相同，而等级设置、角色名称及技能、地图场景、武器装备、怪物及 NPC 等方面均基本相同，足以认定两款游戏整体画面实质性相似，硕星公司开发并授权运营被诉游戏侵犯了被上诉人享有的权利游戏整体画面的复制权、信息网络传播权。从被诉游戏的宣传报道内容可见，其侵权可能性是显而易见的。维动公司作为专业的游戏运营商应当知晓被诉游戏存在侵权的高度可能性，却仍进行运营并大力宣传，与硕星公司共同侵犯被上诉人的复制权、信息网络传播权。综上，上诉人关于一审不应当采用《奇迹 MU》eX702 版本进行比对以及未比对整体画面、其未抄袭权利游戏、维动公司不具有过错的上诉理由，二审法院不予采信。

上诉人维动公司还提出在游戏角色、怪物、装备等的表达上存在个体差异，两款游戏不构成实质性相似。二审法院经查，两款游戏的部分元素仅在具体造型上存在差异，比如被诉游戏的勇者之都与权利游戏的勇者大陆，其中的城桥、城桥出口的雕塑、仓库入口、仓库外观、城门铁栅栏、城桥出口连有栏杆的设计、城内大炮建筑物雕塑的位置和基本构成等的外观造型均相同，仅在视觉美感程度上略有区别，而这些细微区别就游戏整体画面而言，不足以影响其整体相似度的认定。维动公司的该项上诉理由，二审法院不予采信。此外，上诉人关于公证书合法性、真实性存疑的上诉理由，缺乏相应证据证明，二审法院不予采信。

关于争议焦点四，上诉人相关被诉行为是否构成虚假宣传的不正当竞争行为的问题。法院认为，维动公司在其运营的被诉游戏官网发布或者链接编排发布的测评报道内容如："时光仿佛倒流到 10 年前""我们还是那个坐在电脑前为韩式经典而疯狂的少年""我们带着美好的回忆，又在一起见证着魔幻史诗巨作 91wan《奇迹神话》的首测盛况""十年神话，奇迹再现""传承韩式经典网游独树一帜的美术风格和游戏玩法……有亚特兰蒂斯和地下城等地图自由掉落的极品卓越装备……将十年前风靡一时余热至今的游戏玩法最大程度地还原……"等，容易使公众误解为《奇迹神话》是十年前《奇迹 MU》的页

著作权案例

专利权案例

商业标识案例

其他案例

游版或者两者之间存在关联，因此，该些测评报道内容属于引人误解的虚假宣传，构成不正当竞争。一审法院关于被诉行为构成虚假宣传的不正当竞争之认定，二审法院予以认同。同时一审关于硕星公司对此承担连带责任的认定，二审法院认同。维动公司认为其未实施虚假宣传行为以及该些报道不构成虚假宣传、硕星公司关于其不承担连带责任的上诉理由，与在案证据表明的事实不符，二审法院不予采信。

关于争议焦点五，两上诉人侵犯被上诉人就权利游戏所享有的著作权，并构成虚假宣传的不正当竞争行为，应当承担停止侵权、赔偿损失的责任。同时，两上诉人的侵权行为还对被上诉人造成不良影响，应当承担消除影响的民事责任。关于该案的赔偿数额确定问题，二审中，上诉人硕星公司提供的被诉游戏的分成结算单以及分成费发票无法证明该些证据是否是所有的分成结算凭证，维动公司提供的审计报告系其单方委托且审计资料未经开示，故该些证据无法反映上诉人完整真实的营收状况，二审法院不予采信。一审法院在确定赔偿数额时考虑上诉人的主观故意、上诉人的获利以及对被诉游戏的运营和开服状况、被上诉人许可改编的授权费用等因素采用酌定赔偿的方法，并主要考量著作权侵权部分，以著作权侵权行为造成的损失为基础结合不正当竞争行为所造成的损失，二审法院认同。但是，二审法院经综合审查在案证据，可以看出《奇迹MU》在2002~2003年进行了相对较多的宣传报道，在游戏行业具有知名度，但是并无充分证据证明在之后以及在被诉侵权行为发生时即2013年12月前后仍占有相当的市场份额并具有一定的市场知名度，即使在2009年和2012年有提到该游戏的网络报道文章，亦只是评论分析类文章，并未能证明2009年、2012年的运营状况、经营业绩和市场占有率。诚然，被上诉人于二审中亦提供了一系列证明知名度的证据，但是该些证据大部分形成于该案被诉侵权行为发生之后，故与该案缺乏关联性，不能作为认定游戏知名度的证据。被上诉人提供的广告发布合同或形成于被诉侵权行为实施之后或未明确系为权利游戏支出的宣传费用，故其证明力不足。此外，因被上诉人撤回关于知名商品特有名称的不正当竞争之一审诉讼请求，故而对于权利游戏知名度因素以及不正当竞争行为部分对该案赔偿数额确定之影响应当有所调整。二审法院据此结合以下因素酌情确定上诉人应当承担的赔偿数额。首先，上诉人、被上诉人为证明游戏开服数据，二审中均提供9K9K网络平台显示的开服数据，可见9K9K网络平台显示的开服数据具有些许可参考性。其中《大天使之剑》开服数近30000股，《勇者归来》（已更名为《奇迹来了》）开服数2398服，被诉游戏开服数300余服。其次，被诉游戏于2014年3月开始上线运营，被上诉人于2014年6月27日提起诉讼，经由上海市第一中级人民法院指定由一审法院审理，一审法院于2015年3月13日立案受理。可见，被诉游戏在上线运营数月后，被上诉人即提起维权诉讼，一定程度上防止了侵权后果的进一步扩大。至于合理费用部分，一审判定合理，法院予以维持。

**承办律师办案心得**

该案系网络游戏知识产权侵权的经典案例，甚至可以说是网络游戏司法保护的里程碑。在此之前网络游戏的知识产权保护存在一个难题，网络游戏无法整体受到保护，一定程度上导致赔偿额也无法提高。

如何解决这两大难题呢？笔者从 2014 年开始准备这个案件，在准备过程中检索了大量的国内外案例、论文，以下是笔者检索出的 2006～2014 年比较典型的网络游戏侵权案例。

| 以往典型案例 | "泡泡堂" vs "QQ 堂" | "热血传奇" vs "传奇国度" | "梦幻西游" vs "口袋梦幻" | "炉石传说" vs "卧龙传说" |
|---|---|---|---|---|
| 案件年份 | 2006～2007 年 | 2011～2012 年 | 2013～2014 年 | 2014 年 |
| 原告主张作品类型 | 美术作品、文字作品 | 美术作品 | 美术作品、文字作品 | 美术作品、汇编作品、文字作品、视听作品 |
| 法院认定作品类型 | 美术作品、文字作品 | 美术作品 | 美术作品、文字作品 | 美术作品、类电影作品 |
| 原告主张其他权利 | — | — | — | 知名商品特有装潢（未支持） |
| 诉讼结果 | 败诉 | 部分胜诉 | 部分胜诉 | 部分胜诉 |
| 不受保护游戏元素 | 部分界面布局、道具名称 | — | 文字介绍中包含的日常用语、地名 | 游戏界面编排、文字说明 |
| 受保护游戏元素 | 实战画面、道具图片 | 道具装备图片 | 人物、道具、坐骑、召唤兽的美术形象；情节设计、人物关系、背景介绍的文字作品 | 游戏标识、游戏界面、卡牌牌面、视频和动画特效、游戏规则（《反不正当竞争法》第二条） |
| 赔偿金 | — | 8 万元 | 100 万元 | 7 万元 + 33.5 万元 |

通过整理这些案件的信息，笔者发现以下情况：

（1）网络游戏作为比较新型的产物，在作品类型认定上，往往趋向拆分成美术作品、文字作品等作品类型进行主张权利；

（2）网络游戏拆分成不同种类的作品后，部分可以作为作品进行保护，但是大部分如简单的名称、游戏布局、玩法等无法受到著作权法的保护；

（3）由于游戏无法作为一个完整的作品进行主张，无法完整体现侵权所带来的损害，赔偿额基本偏低。

结合前期检索、分析的结果，笔者开始着手逐步攻克这个难题。

网络游戏整体构成类电影作品的提出。在"炉石传说" vs "卧龙传说"案中，原告主张了汇编作品、视听作品以及类电影作品等作品类型。汇编作品保护的是对内容的选择或者编排的独创性，对于游戏元素集合来说，价值不大，除非是一比一复制的侵权情况，否则很容易规避，对于电脑游戏界面而言存在尝试的价值，不过在该案中法院持否定的态度，法院认为，电脑游戏界面的内容选择和编排受游戏功能和电脑屏幕资源的限制，可以选择的空间较小，两原告的界面编排并没有体现出足够的独创性。原告还主张，展示游戏的片段视频和动画特效，作为视听作品予以保护。因为视听作品不是著作权法规定的作品类型，法院在论述的时候认为该部分，存在作为类电影作品进行保护的可能，并认定"牌店及打开扩展包动画"的视频片可以进行保护。虽然该案中，法院仅对"牌店及打开扩展包动画"的视频片作为类电影作品进行了认定，但这无疑给了我们一个很好的启发，即是否整个游戏都可以作为类电影作品进行保护呢？

承办律师在进行充分准备以及多方论证后，大胆地提出以"类电影作品"进行保护的主张，并从游戏的组成、表现形式以及与电影作品的本质的相似等角度进行论述，获得了一审法院的认可。

一审法院从《伯尔尼公约》中有关类电影作品的规定出发，对我国著作权法规定的类电影作品内涵进行了分析和论述，认为类电影作品的本质在于表现形式而非创作方法。我国作为《伯尔尼公约》的成员国，对类电影作品的保护不应与该公约的精神相抵触。因此，涉案游戏的整体画面是否构成类电影作品，取决于其表现形式是否与电影作品相似。通过对《奇迹MU》画面的表现形式分析，认定涉案游戏的整体画面可以作为类电影作品获得著作权法的保护。

二审法院在论述游戏整体画面是否可以作为类电影作品受到保护时，回归到著作权法实施条例有关电影作品和类电影作品的定义进行分析，认为：类电影作品的特征性表现形式在于连续活动画面，虽然游戏作品的双向互动性与一般的类电影作品不同，但游戏中连续活动画面不会超出设计者的总体设置，并不影响对其类电影作品的认定。同时，二审法院进一步提出："类似摄制电影的方法创作，应是对创作方法的规定，不应仅是对制作技术的规定，更应包括对各文学艺术元素整合的创作方法。从此意义上来讲，网络游戏也是采用对各文学艺术元素整合的创作方法。"

网络游戏遭受侵权的国内判例最早可以追溯到十几年前，十几年来司法实践对于网络游戏的作品定性及其保护路径进行了各种"探索"。其中不乏通过计算机软件保护，以及将构成网络游戏画面的各种元素，按照美术作品、文字作品、音乐作品等单独予以保护的案例，也有认定被告的行为构成不正当竞争的生效判决。但随着网络游戏产业的发展，网络游戏的产业链不断丰富，侵权行为不断多样化，仅仅依靠计算机软件已经无法有效禁止侵权行为，而通过构成元素的单独保护，又肢解了网络游戏作为一个有机整体的价值，在赔偿数额方面难以对权利人实现充分的救济，难以对侵权人形成有效的震慑。不正当竞争的保护路径更存在诸多争议。

该案是我国司法实践中首次将游戏画面认定为"类电影"作品的生效判决，故被业界称为"网络游戏类电影作品第一案"。上海法院通过审理该案，在对游戏画面的保护众说纷纭的情况下，从类电影作品的定义及其分类方法出发，首次确认具备一定独创性的游戏整体画面可以作为类电影作品受到著作权法的保护。同时，对网络游戏市场中的虚假宣传的不正当竞争行为进行了界定，提出了主客观结合以及误认后果的认定思路。此外，该案还给我们提出了反不正当竞争法下网络游戏竞争的问题。游戏名称能否构成知名商品特有的名称、游戏名称上承载的利益应由游戏开发者享有还是游戏运营者享有等问题，都值得深思。

该案还在综合考虑被告的主观故意、侵权获利、被诉侵权游戏的运营和开发状况以及原告许可改编的授权费数额等因素的基础上，超出著作权法定赔偿最高限额作出 400 万元的判赔，体现了对网络游戏知识产权的保护力度。在网络游戏产业高速发展、各式各样的侵权诉讼层出不穷的背景下，该案的裁判不仅对该类案件具有重要的参考价值和借鉴意义，而且极大地鼓舞了网络游戏研发者的创作热情，提高了网络游戏权利人的维权信心，在一定程度上促进了整个游戏、娱乐、文化产业的健康发展。

（上海市协力律师事务所傅钢律师、张玲娜律师，<br>该案原告上海壮游信息科技有限公司代理人）

### 社会影响

全国首例认定网络游戏为类电影作品的案件。入选"2015—2016 年度中国版权行业十大热点案例"，荣获"全国法院系统 2017 年度优秀案例分析奖一等奖""2017 年度十大传媒法事例""2017 年上海法院知识产权司法保护十大案件""2017 年度上海十大版权典型案例"。

# 如何保护卡通形象的著作权?

## ——株式会社倍乐生诉广东泰茂食品有限公司 "巧虎"著作权侵权案

**原告（被上诉人）**：株式会社倍乐生（以下简称"倍乐生"）

**被告（上诉人）**：广东泰茂食品有限公司（以下简称"泰茂公司"）

**被告**：小桂（上海）食品有限责任公司（以下简称"小桂公司"）

**被告**：敖某

**一审法院**：上海市第一中级人民法院

**一审案号**：（2012）沪一中民五（知）初字第 132 号

**一审合议庭成员**：朱俊、唐震、黄秀佩

**一审结案日期**：2013 年 5 月 3 日

**二审法院**：上海市高级人民法院

**二审案号**：（2013）沪高民三（知）终字第 81 号

**二审合议庭成员**：钱光文、马剑峰、谭映红

**二审结案日期**：2013 年 9 月 25 日

**案由**：侵害作品复制权、发行权、信息网络传播权纠纷

**关键词**：巧虎，卡通形象，固定元素，注册商标，著作权侵权

## 涉案法条

《著作权法》第 2 条第 2 款、第 48 条第 1 款第 1 项、第 49 条、第 53 条

《最高人民法院关于审理著作权民事纠纷案件适用法律若干问题的解释》第 7 条、第 25 条第 1 款和第 2 款、第 26 条

《保护文学和艺术作品伯尔尼公约》第 5 条

## 争议焦点

- 原告是否对"巧虎"卡通形象享有著作权。
- 三名被告实施的行为是否侵犯了原告的著作权。
- 如果构成侵权,三名被告应当承担何种民事责任。

## 审判结论

1. 法院认定倍乐生对于"巧虎"卡通形象享有著作权,且"欢乐虎"图案与"巧虎"卡通形象构成实质近似。

2. 判决三被告承担停止侵权,泰茂公司承担赔偿经济损失30万元、合理费用8万元并在指定报纸上登报声明消除影响的责任。

3. 泰茂公司对一审判决不服,向上海市高级人民法院提起上诉。上海市高级人民法院最终维持一审的判决,驳回了泰茂公司的上诉。

## 起诉及答辩

原告倍乐生诉称:原告是日本最大的出版、教育集团,成立于1955年1月,经营范围包括国内外的教育事业、生活、老人看护、语言、全球人才培训等领域。原告早自1988年便开始"巧虎"卡通形象的创作,并将该形象用于幼儿用的图书等。经过20多年的发展,原告将该形象发展成适用于多个年龄层次的图书、DVD光盘、玩具、文具用品、食品等一系列产品。随着原告投入大量人力、物力将"巧虎"卡通形象的产品在各种媒体上进行长时间的宣传,该形象在海外具有了很高的知名度。20世纪90年代,"巧虎"卡通形象的动画、图书等幼儿用品先后进入我国(含香港和台湾地区),在原告及其关联公司的大力推广下,该形象在相关消费者中已具有极高的知名度。2010年初,经过原告调查发现,被告泰茂公司未经许可擅自在其生产的食品、产品宣传册、公司网站(网址为 www.taimaofood.com)使用原告的"巧虎"卡通形象,并将附有该卡通形象的产品销往全国各地;被告小桂公司系被告泰茂公司的上海销售代理商,将附有侵犯"巧虎"卡通形象著作权的巧克力杯销售给上海市闵行区丰顺盛食品经营部(以下简称"丰顺盛经营部"),并在自己的产品宣传册上使用附有侵犯"巧虎"卡通形象著作权的产品照片;被告敖某在其经营的丰顺盛经营部中销售侵犯"巧虎"卡通形象著作权的巧克力杯,亦侵犯了原告对"巧虎"卡通形象的著作权,即发行权。因此,原告主张三被告的上述行为侵犯了原告对"巧虎"卡通形象的著作权,并依据我国《著作权法》的相关规定,请求法院判令:①被告泰茂公司在其生产及销售的产品上停止使用侵犯"巧虎"卡通形象著作权的图案;②被告泰茂公司销毁所有带有侵犯"巧虎"卡通形象著作权的产品宣传册;③被告泰茂公司删除其网站(网址为 www.taimaofood.com)上所有侵犯"巧虎"卡通形象著作权的图案;④被告小桂公司停止在其宣传册上使用侵犯"巧虎"卡通形象著作权的图案并停止销售侵犯"巧虎"卡通形象著作权的产品;⑤被告敖某停止销售带有侵犯"巧虎"卡通形象著作权的产品;⑥三名被告连带赔偿原告经济损失500万元、合理费用128746元，合计5128746元；⑦判令被告泰茂公司在判决生效之日起30日内在《法制日报》上公开赔礼道歉、消除影响。

被告泰茂公司辩称：第一，原告没有充分的证据证明其享有"巧虎"卡通形象的著作权，且原告在该案中主张的"巧虎"卡通形象不具有稳定性。第二，泰茂公司在生产、销售的巧克力杯等产品上使用的是"欢乐虎"卡通形象，与原告主张的"巧虎"卡通形象不相同也不近似；泰茂公司从事的是食品行业，而原告从事的是幼教行业，双方分属不同行业和国别，泰茂公司不可能接触到原告的"巧虎"卡通形象，所以不存在抄袭的可能；泰茂公司早在1997年已创作完成"欢乐虎"卡通图案并一直沿用至今，原告在中国市场上发行的"巧虎"卡通作品晚于泰茂公司"欢乐虎"商标的申请注册时间。第三，"欢乐虎"卡通形象于2004年由泰茂公司向中华人民共和国国家工商行政管理总局商标局（以下简称"国家商标局"）申请商标注册，于2010年经审核后获准注册商标，虽然原告在商标异议程序中以"欢乐虎"商标侵犯原告的"巧虎"卡通形象的在先著作权为由提出异议，但该商标异议申请已经被国家商标局驳回。原告在该案起诉时刻意隐瞒上述商标纠纷，导致国家商标局与法院同时审理同一事实和争议，违反"一案不得两诉"的原则。因此，泰茂公司认为其在产品、宣传册及网站中使用"欢乐虎"卡通图案是合法的，请求法院驳回原告的全部诉讼请求。

被告小桂公司在第一次证据交换时辩称：其同意被告泰茂公司的前述辩称意见，另认为小桂公司作为泰茂公司的上海销售代理商，仅实施了许诺销售被诉侵权产品的行为，并未侵犯原告的发行权。而且小桂公司销售的被诉侵权产品均来源于泰茂公司，在对外销售中使用的宣传册中带有"欢乐虎"卡通图案的产品也是泰茂公司提供的，故不应承担赔偿责任。

被告敖某未到庭应诉答辩，亦未提供任何证据。

## 事实认定

一、原告的企业及"巧虎"卡通形象创作、传播、权属流转概况

（一）原告的企业概况

1947年11月21日，株式会社福武书店（以下简称"福武书店"）在日本成立，经过多次更名最终于2009年10月1日更名为株式会社倍乐生控股公司，同时分割新设株式会社倍乐生特色护理以及倍乐生，即原告（英文名称为"Benesse Corporation"）。由原告继承原株式会社倍乐生公司业务（不包括在中国台湾的教育业务及日本直岛的业务）所具有的所有权利义务，其中包括原株式会社倍乐生享有的与"巧虎"卡通形象相关的一切著作权、商标权、外观设计等知识产权相关权利义务均由原告继承，且针对该些权利的侵权行为，不论发生在分割前或者分割后，其诉讼等权利均由原告享有，原告可以提起包括诉讼、行政投诉等一切合法之维权措施。

（二）"巧虎"卡通形象的有关情况

（1）"巧虎"卡通形象在日本创作、转让及使用等情况

日本公民长谷川雅之于1987年创作完成"巧虎"卡通形象的美术作品（附图1）。

1987 年 12 月 11 日，该美术作品的著作权由长谷川雅之转让给了福武书店，并于 1988 年 2 月 6 日在日本首次发表。1993 年 11 月 1 日，长谷川雅之对上述作品进行二次创作完成新的"巧虎"卡通形象作品（附图 2），并于同年 12 月 13 日在日本首次发表该卡通形象作品。原株式会社倍乐生经长谷川雅之转让后取得新的"巧虎"卡通形象作品的著作权，包括与该卡通形象相关的著作权、商品化权利以及其他一切知识产权，并且长谷川雅之还将依据日本著作权法第 27 条、第 28 条所规定的改编或者翻译等权利以及与二次创作作品相关的权利一并转让给原株式会社倍乐生。

自 1995 年开始，原株式会社倍乐生在日本出版发行《小朋友挑战阶段》月刊幼教杂志。在该杂志上刊登有"巧虎"卡通形象作品（如附图 3、附图 4），并在版权页上注明"© Benesse Corporation"字样。与此同时，株式会社大西公司根据原株式会社倍乐生的授权，授权许可正荣食品工业株式会社在其生产、销售的食品包装上使用"巧虎"卡通形象。1999～2003 年，正荣食品工业株式会社将获得许可的"巧虎"卡通形象（如附图 5 等）使用在其生产的产品和产品宣传册中。

（2）"巧虎"卡通形象在中国的使用情况

1996 年开始，原株式会社倍乐生陆续在中国推出以"巧虎"卡通形象为主角的少儿教育类节目——"快乐巧连智"连续动漫节目（第 1～52 集）、《快乐巧连智》VCD 光盘、《巧虎一刻》46 集电视节目，并委托后者将节目在浙江电视台少儿频道中播放，为期三个月。该节目在每次播放时均应标明"© Benesse Corporation/巧虎"字样。

2006 年 6 月 2 日和 2007 年 8 月 13 日，原株式会社倍乐生与中国福利会出版社依据双方之间于 2004 年 10 月 19 日签订的出版基本合同，分别签订《图书出版合同》两份，原株式会社倍乐生作为著作权人授权许可中国福利会出版社出版、发行含有"巧虎"卡通形象的《乐智小天地·我要上厕所》《乐智小天地·和巧虎一起学英语》《乐智小天地·人体的秘密》以及《乐智小天地·比一比大中小》《乐智小天地·神奇的磁铁》等作品，在该些出版作品的版权页中均注明"© Benesse Corporation""中文版专有出版发行权属中国福利会出版社"字样。2006～2007 年，原株式会社倍乐生和中国福利会出版社在《现代家庭》《为了孩子》《读者》《父母必读》《妈妈宝宝》《妈咪宝贝》《时尚育儿》《小熊维尼》《亲子学堂》《母婴生活馆》等杂志上为《乐智小天地》及"巧虎"卡通形象刊登宣传广告，并在宣传广告中注明"中国福利会出版社 Benesse Corporation 授权使用"字样。2010 年 9 月 19 日，中国福利会出版社出具的声明称，2006～2007 年该社在从事与"巧虎"图形商标及"巧虎"人物相关的营业收入合计达到 74573276.04 元、广告宣传费用合计达到 11203550.43 元。2010 年 12 月 9 日，"乐智小天地"获得由《父母世界》杂志编辑部颁发的早教类"最受消费者喜爱奖"。

2008～2010 年，原株式会社倍乐生委托其在中国设立的全资子公司倍乐生商贸（中国）有限公司从事与"巧虎"卡通形象及相关产品宣传、推广，并投入上千万元的广告宣传费用。

著作权案例

专利权案例

商业标识案例

其他案例

二、三名被告的企业情况及其各自使用"欢乐虎"图案的事实

被告泰茂公司，原企业名称为潮安县泰茂食品有限公司，于1995年9月22日注册成立，注册资本为1086万元，于2011年12月19日变更为广东泰茂食品有限公司，经营范围为：生产、销售：糖果制品（糖果）、膨化食品、糖果制品（代可可脂巧克力及代可可脂巧克力制品）、蜜饯；销售：食品添加剂；货物进出口、技术进出口。该公司生产、销售产品包括巧克力杯、真味棒、鲜奶棒糖、三角形棒糖、朱古力仔、鹊朝系列奶糖、巧克力饼干等产品，产品行销全国各地（包括北京、上海、广州等），以及东欧、非洲、东南亚等地。在该公司生产、销售的上述产品包装上印有手持不同食品的"欢乐虎"图案（附图6右手握拳高举状、附图7右手持球形棒棒糖高举状、附图8右手持雪糕高举状、附图9右手持三角形棒棒糖高举状、附图10右手持杯形朱古力仔高举状、附图11两手高举作V字状、附图12右手持水杯高举状、附图13右手持巧克力饼干）。泰茂公司还将上述产品的图案以及"欢乐虎"图案（附图8）印制在公司的产品宣传册上。泰茂公司在其经营的网站www.taimaofood.com上刊登上述产品的图案。泰茂公司在产品、宣传及网站上还注明有"泰茂及图"注册商标。

泰茂公司于2004年11月15日向国家商标局申请将"欢乐虎"形象（附图8）在国际分类号为30的商品上注册商标，并于2007年4月14日获准注册该"欢乐虎"图形商标，商标注册号为4363475。原告于2007年4月13日向国家商标局以"欢乐虎"图形商标侵犯原告的在先著作权为由提出商标异议。该局经审查后于2011年8月31日作出（2011）商标异字第31003号"图形"商标异议裁定书，在该裁定书中，该局认为原告称被告恶意摹仿其引证"巧虎及图"商标以及侵犯其著作权证据不足，故依据《商标法》第33条的规定作出裁定：原告所提异议理由不成立，第4363475号"图形"商标予以核准注册。此后原告不服，就该裁定向中华人民共和国国家工商行政管理总局商标评审委员会（以下简称"国家商评委"）申请复审，目前该案正在审理中。

被告小桂公司于2010年12月9日注册成立，注册资本为100万元，经营范围为：预包装食品（不含熟食卤味、冷冻冷藏）的批发（非实物方式），食用农产品（不含生猪产品）的销售，糖果制品（糖果）（分装），炒货食品及坚果制品（烘炒类）（分装）等。该公司在上海对外批发销售包括被告泰茂公司产品在内的各类食品。

被告敖某于2007年11月14日在位于上海市漕宝路1300号的漕宝路食品批发市场内开设了丰顺盛经营部（又名"上海丰盛食品商行"）。该经营部性质为个体工商户，从事食品销售。敖某在该经营部内销售由被告泰茂公司生产的巧克力杯产品。2011年5月9日，原告委托上海宇杰商务咨询有限公司向上海市卢湾公证处申请保全证据公证，在该公证处公证员的监督下，在该经营部内以290元的价格购买了由被告泰茂公司生产的巧克力杯产品两箱并取得被告小桂公司的《产品手册》一本。上海市卢湾公证处于2011年5月16日对上述购买过程出具了（2011）沪卢证经字第1269号公证书。为此原告委托上海宇杰商务咨询有限公司支付了公证费3000元。在上述公证购买的巧克力杯产品的包装箱、包装盒及其内装的独立封装产品上均印有"欢乐虎"图案（附图6）。在同时取得

的小桂公司《产品手册》上印有泰茂公司生产的带有包装盒的巧克力杯产品图案。

被告小桂公司和原告在审理中确认，上海丰顺盛食品经营部对外销售的被告泰茂公司生产的巧克力杯产品是由小桂公司提供的货源。

三、"巧虎"卡通形象与"欢乐虎"图案的对比

原告在该案中主张"巧虎"卡通形象，是一只拟人化的小老虎形象，其主要特征表现为：头部和身体大约是二比三；身上的皮肤和身后的尾巴均为黄色，其上有黑色条状斑纹；头部主要以三个圆为主，脸是大圆，耳是两小半圆，且内耳为白色；前额的斑纹为一条竖纹和两条横纹相交，上横纹较下横纹稍长；在前额斑纹下方两侧有弧形细眉毛各一条；眼睛为纵向黑色椭圆形，瞳孔为纵向白色椭圆形；脸颊两侧各有两条黑色条状斑纹；在脸颊斑纹下方各有两条细、短的胡须；鼻子位于脸部中央，人中处一根纵向黑线，将鼻子与嘴巴相连；在嘴巴张开时，嘴巴为半椭圆形，嘴巴附近有半圆形的白色皮肤，可见口腔内的半弧形浅红色舌头，无牙齿；双手有五指；有两条腿，并穿有鞋子；身上穿着衣服和裤子。

由于"巧虎"卡通形象在不同的作品中呈现，并不表现为单一静止的形式，故原告选取三张具有上述全部"巧虎"卡通形象特征的图案（附图3、附图4、附图5）作为比对样本。在原告提供的样本附图5中的"巧虎"形象身体略向前倾，身上还斜肩背着一小书包。

经庭审比对，被控的"欢乐虎"图案除双手的姿态、腿部的动作、尾巴的位置、颜色的深浅等方面与原告提供比对的"巧虎"卡通形象样图有所区别外，该图案包含了"巧虎"卡通形象的全部主要特征，尤其是与原告提供的比对样图（附图5）中"巧虎"所穿的衣服、斜肩所背的小书包也完全一致。

另查明，1996年8月12日，被告泰茂公司向国家商标局申请注册"泰茂及图"（附图14）商标。1997年10月，泰茂公司生产的"泰茂"朱古力仔被河南省技术监督信息发布中心授予"河南市场十佳品牌"推荐证书。2002年4月，由广东省潮安县庵埠镇人民政府主办，潮安县庵埠食品工业协会和潮安县庵埠软包装行业协会协办，启明星广告有限公司策划及设计制作的潮安县企业宣传册《中国食品第一镇庵埠食品与包装》出版发行，该宣传册第24页中刊登被告泰茂公司的企业文字简介和企业厂区照片，以及该公司生产的巧克力杯等产品图案，在展示的产品图案中均未出现"欢乐虎"形象图案。

2011年6月，原告委托上海零点指标信息咨询有限公司（以下简称"零点公司"）就公众对"巧虎"卡通形象与被告泰茂公司的"欢乐虎"形象的看法以及公众是否会对两者产生混淆等问题进行市场调查。原告还委托上海市卢湾公证处对该次市场调查进行了公证。原告为此支付市场调查费41000元以及公证费10000元。原告于2012年12月1日委托上海文艺知识产权司法鉴定中心就原告提供的"巧虎"卡通形象图样（附图5）和被告泰茂公司使用的"欢乐虎"图样（附图6）的相似度和关联性进行鉴定，并为此支付了司法鉴定费10000元；原告为此次诉讼前往北京图书馆支付了资料查询费746元；原告聘请律师参加诉讼支付了律师费50000元、涉外证据材料翻译费24000元。

## 上诉理由

判决后，泰茂公司不服，向二审法院提起上诉，请求撤销一审判决，改判驳回倍乐生的全部诉讼请求或发回重审，诉讼费由倍乐生承担。其主要上诉理由为：

（一）一审判决认定倍乐生自创"巧虎"卡通形象并拥有"巧虎"卡通形象的著作权，系认定事实错误。①倍乐生并未举证证明其在此基础上独立创作完成了"巧虎"卡通形象系列图片的事实。②1995年的《小朋友挑战阶段》月刊幼教杂志中未刊载样本附图3、附图4的"巧虎"卡通形象，一审法院的相关事实认定错误；《小朋友挑战阶段》月刊幼教杂志并无出版刊号，一审法院将内部邮件认定为公开出版发行，违背证据事实；"© Benesse Corporation"的标注只能证明该书籍、资料等的著作权由倍乐生享有，不能直接证明该资料中刊载的"巧虎"卡通形象的著作权亦由倍乐生享有。③著作权登记只是形式登记，倍乐生在"欢乐虎"图形商标异议复审期间对样本附图5进行著作权登记，其本身就是恶意抢先登记，在此情况下，法院应当进行实质性审查，而非根据著作权登记作出草率认定。

（二）一审判决对倍乐生享有的"巧虎"卡通形象著作权范围的认定错误。卡通形象的基本识别特征应当是稳定且具有独创性的。但是，一审判决对"巧虎"卡通形象著作权的范围没有进行认定，而是将其笼统地归纳为"可爱的拟人化小老虎动物形象"，并将其特征无限放大到几乎所有的公有领域。一审判决确定的"巧虎"卡通形象的诸多特征不具有稳定性，且未剔除公有领域其他卡通形象的惯常设计特征。

（三）一审判决认定"欢乐虎"图案与"巧虎"卡通形象构成实质性相似，系认定错误。首先，倍乐生选取的三张"巧虎"卡通形象图案（附图3、附图4、附图5）并不完全具备其主张的全部稳定性特征。其次，即使将上述三张图案与"欢乐虎"图案比对，也应当是将三张图案所反映的具有独创性的稳定的可识别特征与"欢乐虎"图案进行比对，而不是将该三张图案直接与"欢乐虎"图案进行比对。一审比对方法错误，导致比对结论错误。

（四）一审判决认定泰茂公司接触了倍乐生的"巧虎"卡通形象，系认定事实错误。一审判决在认定"欢乐虎"图案与"巧虎"卡通形象构成实质性相似时，依据的是三张未在中国境内出现过的图案，但在认定泰茂公司接触"巧虎"卡通形象时，依据的却是1996年、2000年进入中国的"巧虎"卡通形象，两者明显是矛盾的。

（五）泰茂公司的涉案"欢乐虎"图形商标目前仍处于国家商评委的复审审理程序中，一审法院在国家商评委作出复审裁定前先行作出一审判决，直接干预国家商评委的行政审查，程序违法。此外，泰茂公司认为倍乐生一审中提交的饼干实物系伪证，并申请对饼干实物、包装袋材料、生产日期、封口等的形成时间进行司法鉴定。

被上诉人倍乐生答辩称：

（一）倍乐生是"巧虎"卡通形象美术作品的著作权人。一审中倍乐生提交了大量证据证明其是"巧虎"卡通形象美术作品的著作权人。

（二）"巧虎"卡通形象长时间保持统一稳定的表现形式，具有较高的独创性，在相关公众中具有极高的识别度。"巧虎"卡通形象由无数张"巧虎"美术作品构成，倍乐生通过对大量"巧虎"美术作品进行总结，归纳出了"巧虎"卡通形象的基本特征，但是相关文字描述并不能穷尽或者完全表达"巧虎"卡通形象的全部特征。该案中，为便于法院比对，倍乐生选出了三张图案用于展示"巧虎"卡通形象的特征。

（三）泰茂公司使用的"欢乐虎"图案与倍乐生的"巧虎"卡通形象构成实质性相似，构成对"巧虎"卡通形象美术作品著作权的侵害。首先，泰茂公司使用的"欢乐虎"图案完全符合"巧虎"卡通形象的主要特征，且与倍乐生选出的三张"巧虎"图案高度近似，泰茂公司在使用中对"欢乐虎"图案的右手所作的细微修改并不能产生新的作品。其次，泰茂公司关于"欢乐虎"图案系其自行创作且从1997年开始使用的主张没有任何事实依据。

（四）泰茂公司具有接触"巧虎"卡通形象及相关"巧虎"图片的可能。首先，倍乐生仅是为了便于侵权比对而挑选了上述三张图案，并不意味着泰茂公司的"欢乐虎"图案仅侵害了该三张图案。泰茂公司关于没有接触到上述三张图案，因而没有接触"巧虎"形象的主张不能成立。其次，"巧虎"卡通形象早在1996年就进入中国，以"巧虎"为主要角色的电视节目在广东电视台卫星频道进行了长时间播出。2000年，倍乐生与广东音像出版社合作，出版发行了一系列与"巧虎"卡通形象有关的VCD光盘，在全国进行销售。2006年起，倍乐生与中国福利会出版社进行图书出版合作，销售"乐智小天地"商品，并大量宣传、推广"巧虎"形象。再次，鉴于中日两国地域毗连，在日本发售的"巧虎"形象的相关出版物和食品也完全有可能进入中国市场。泰茂公司在其面向儿童的产品上还使用了在日本非常有名的其他卡通形象。鉴于泰茂公司对日本动漫卡通人物的了解，其所谓的倍乐生远在日本，泰茂公司无法接触的主张与事实不符。

（五）"欢乐虎"图形商标的商标异议以及异议复审，与该案没有直接的关联性。行政程序和民事诉讼程序所审查的内容、标准以及程序均不同，两个案件中倍乐生提供的权利依据、证据材料并不相同，诉讼主体也不尽相同，不应混为一谈。而且，商标权的行使不能侵犯他人的在先权利。

综上所述，一审判决认定事实清楚，适用法律正确，应当予以维持。

原审被告小桂公司、敖某均未向二审法院提交答辩意见。

## 二审查明事实

二审法院所认定的事实与一审认定的事实基本一致。

二审中，上诉人泰茂公司向二审法院提交以下新的证据材料：①潮安县工商行政管理局出具的证明，欲证明泰茂公司的历史溯至1985年2月组建的潮州市庵埠开濠泰茂食品厂；②潮州市彩达制版有限公司出具的证明及其工商登记资料、"欢乐虎"标识印刷的版铜实物，欲证明2003年8月泰茂公司就已印刷使用"欢乐虎"图案；③"欢乐虎"图案创作原稿以及北京长城司法鉴定所出具的鉴定意见书，欲证明泰茂公司于1995年独立创作完成了

著作权案例

专利权案例

商业标识案例

其他案例

"欢乐虎"图案。二审法院对上诉人泰茂公司提交的上述证据材料均不予采纳。

二审法院经审理查明，一审法院将泰茂公司的注册资本误写为"1086万元"，实际应为"1008.6万元"；将倍乐生委托上海文艺知识产权司法鉴定中心进行鉴定的日期误写为"2012年12月1日"，实际应为"2011年12月1日"。对一审法院的上述错误，二审法院予以纠正。一审法院认定的其余事实属实。另查明，2000年4月《小朋友挑战阶段》杂志上刊登了"巧虎"卡通形象作品（附图3），2001年4月《小朋友挑战阶段》杂志上刊登了"巧虎"卡通形象作品（附图4）。

## 二审判决及理由

一、一审判决认定倍乐生自创"巧虎"卡通形象并拥有"巧虎"卡通形象的著作权，是否系认定事实错误

二审法院认为，被上诉人倍乐生系"巧虎"卡通形象美术作品的著作权人。由于日本与我国均系《伯尔尼公约》的成员国，按照该公约的国民待遇原则以及我国《著作权法》第2条第2款的规定，倍乐生的上述"巧虎"卡通形象美术作品著作权应受我国法律保护。倍乐生提交的证据可以证明原株式会社倍乐生经作者转让而获得了"巧虎"美术作品的著作权，其中包括了作品的复制权、发行权、信息网络传播权以及改编权、翻译权、与二次创作作品相关的权利等。倍乐生为证明原株式会社倍乐生在上述美术作品的基础上创作出由多幅具体、静态、平面的"巧虎"绘画作品组合而成的"巧虎"卡通形象美术作品的事实主张，提交了包括《小朋友挑战阶段》杂志、正荣食品工业株式会社的产品宣传册以及产品实物及包装袋、《快乐巧连智》VCD光盘、《乐智小天地》系列图书作品以及刊登有"巧虎"卡通形象宣传广告的《现代家庭》等诸多杂志在内的众多证据材料。其中，在与"巧虎"卡通形象相关的书籍、杂志、动漫影视节目、音像制品等证据上均明确标注了"© Benesse Corporation"字样。还有证据证明倍乐生于2012年2月就"巧虎"卡通图案（附图5）在国家版权局进行了登记。

在无相反证据的情况下，根据倍乐生提交的上述证据已经可以认定原株式会社倍乐生享有"巧虎"卡通形象美术作品的著作权。由于2009年原株式会社倍乐生变更为株式会社倍乐生控股公司后将上述著作权全部转让给其新设立的被上诉人倍乐生，故一审法院认定倍乐生对"巧虎"卡通形象的美术作品依法享有著作权，并无不当。虽然上诉人泰茂公司对被上诉人倍乐生享有"巧虎"卡通形象的美术作品著作权的事实提出异议，但未能提交任何相反证据证明其主张，故对其主张难以采信。

二、一审判决对株式会社倍乐生享有的"巧虎"卡通形象著作权范围的认定是否错误

对此，二审法院认为，一审法院在一审判决书中对"巧虎"卡通形象的主要特征进行了非常具体的描述，该些主要特征使得"巧虎"卡通形象区别于其他以老虎为原型的卡通形象，并具有独创性。上诉人泰茂公司关于"一审判决对'巧虎'卡通形象著作权的范围没有进行认定，而是将其笼统地归纳为'可爱的拟人化小老虎动物形象'"的主

张明显与事实不符。"巧虎"卡通形象表现为一只可爱的拟人化小老虎形象，其不可避免地会含有一些公有领域的要素，但是"巧虎"卡通形象的众多主要特征具有较高的独创性，如前额的斑纹、耳朵的形状及颜色、眼睛的形状、眉毛的位置及形状、嘴巴与鼻子通过人中处一根纵向黑线相连、脸颊两侧的斑纹、胡须的位置及数量等。因此，包含这些主要特征的"巧虎"卡通形象构成我国著作权法所称的作品，依法受我国著作权法的保护。"巧虎"卡通形象并非一幅或几幅简单的美术作品，而是由众多具体、静态、平面的"巧虎"卡通形象绘画作品组合而成的美术作品。由于受载体形式、故事内容、情节、商品包装等因素的影响，"巧虎"卡通形象在不同的书籍、杂志、动漫影视节目、商品中会在诸如脸部表情、身体姿态、动作、服饰等方面产生一定变化，并可能导致某些特征产生细微变化，但是这些变化并不足以影响到相关公众对"巧虎"卡通形象的识别，"巧虎"卡通形象所具有的诸多固化的独创性的主要特征足以使其区别于其他以老虎为原型的作品而被相关公众所识别。故上诉人泰茂公司的这一上诉理由不能成立，二审法院不予支持。

三、一审判决认定"欢乐虎"图案与"巧虎"卡通形象构成实质性相似，是否系认定错误

对此，二审法院认为，首先，将被控侵权的"欢乐虎"图案与"巧虎"卡通形象进行比对，"欢乐虎"图案具有"巧虎"卡通形象中众多具有独创性的主要特征，两者仅在双手的姿态、腿部的动作、尾巴的位置等方面具有一定区别，但是该些区别不足以使"欢乐虎"图案成为不同于"巧虎"卡通形象的、具有独创性的作品，故一审法院认定"欢乐虎"图案与"巧虎"卡通形象构成实质性相似，并无不当。其次，倍乐生挑选三张"巧虎"卡通形象图案（附图3、附图4、附图5）的目的仅在于方便比对。该案中，倍乐生对"巧虎"卡通形象的主要特征进行了详细的描述，一审法院系将"欢乐虎"图案与该些"巧虎"卡通形象的主要特征进行了比对，并在此基础上强调了"欢乐虎"图案与样本附图5中部分细节的一致性，一审法院的比对方法并无不妥之处。故上诉人泰茂公司的这一上诉理由亦不能成立，二审法院不予支持。

四、一审判决认定泰茂公司接触了倍乐生的"巧虎"卡通形象，是否系认定事实错误

对此，二审法院认为，首先，虽然"巧虎"卡通形象美术作品的首次发表及使用均在日本，但是1996年该卡通形象就以在中国广东电视台卫星频道播放动漫影视节目的形式被引入中国；2000年以"巧虎"卡通形象为主角的《快乐巧连智》VCD光盘在全国出版发行。上述时间均早于上诉人泰茂公司最早使用"欢乐虎"图案的时间，即该案现有证据能够证明泰茂公司将"欢乐虎"图案申请注册商标的时间为2004年11月，且该时间晚于上述时间。泰茂公司系位于中国广东省的企业，且其产品面对的相关消费者主要为少年儿童，因此泰茂公司对动漫影视节目以及卡通形象等的关注度要高于其他企业。从1996年"巧虎"卡通形象进入中国到2004年泰茂公司申请将"欢乐虎"注册为商标的该段时间内，泰茂公司完全有机会接触到"巧虎"卡通形象。

著作权案例

专利权案例

商业标识案例

其他案例

虽然泰茂公司主张"欢乐虎"图案系其于 1995 年自行创作完成并于 1997 年即开始使用，但是该案中泰茂公司提交的证据材料并不足以证明其上述主张，二审法院对其相关辩称意见难以采信。

五、一审法院在国家商评委作出复审裁定前先行作出一审判决，是否属于程序违法

对此，二审法院认为，该案中被上诉人倍乐生主张其在先享有"巧虎"卡通形象美术作品著作权，上诉人泰茂公司在生产经营活动中使用"欢乐虎"图案的行为构成对其"巧虎"卡通形象美术作品著作权的侵犯，并据此向人民法院提起著作权侵权的民事诉讼，符合法律规定。一审法院依据该案事实依法作出一审判决，亦未违反相关法律规定。该案的著作权侵权民事诉讼与"欢乐虎"图形商标的行政异议程序所处理的争议事项、适用的法律和程序均不相同，泰茂公司关于"原审法院在国家商评委作出复审裁定前先行作出一审判决，直接干预国家商评委的行政审查，程序违法"的主张缺乏法律依据。故上诉人泰茂公司的这一上诉理由同样不能成立，二审法院不予支持。

六、倍乐生一审中提交的饼干实物是否系伪证

首先，倍乐生提交的芝麻饼产品实物并非孤证，其与正荣食品工业株式会社的产品宣传册上刊载的产品图片可以相互印证。其次，倍乐生主张保护的"巧虎"卡通形象系具有诸多固化的独创性的主要特征的拟人化小老虎形象，而样本附图 5 仅是株式会社某生为便于比对而从众多"巧虎"绘画作品中挑选出的一幅图案。即使该案不将样本附图 5 纳入比对范围，也不会改变"欢乐虎"图案与"巧虎"卡通形象美术作品构成实质性相似的结论。故该案中并无必要对倍乐生提交的芝麻饼产品实物及包装袋（包装袋上使用了样本附图 5）的形成时间进行鉴定，据此二审法院对泰茂公司关于对饼干实物、包装袋材料、生产日期、封口等的形成时间进行司法鉴定的申请不予准许。

综上所述，上诉人泰茂公司的上诉请求与理由缺乏事实和法律依据，应予驳回。依照《民事诉讼法》第 144 条、第 170 条第 1 款第（1）项、第 174 条之规定，判决如下：驳回上诉，维持原判。

 ## 承办律师办案心得

该案看似是一起简单的美术作品侵权案件，但基于当时的背景情况，整个案件办得很艰难。一开始立案就遇到了困难，起初笔者准备向上海某基层法院提起起诉，将起诉状和证据材料递送进去以后（尚未立案，法官先初步审查），经过长达 3 个多月的多次沟通后，被告知对方的行为可能不构成著作权侵权、不能受理（现在的政策下这样的情况基本是不太可能发生的），考虑到坚持在该法院立案可能未必能够获得理想的审判结果，笔者作为代理人和客户沟通后通过提高赔偿额起诉至上海市第一中级人民法院。

接下来是案件的比较实体部分，当时面临两大难题：第一，被告在 2004 年将涉嫌侵权的"欢乐虎"图片申请了商标并获得注册，据此被告有证据证明 2004 年已完成"欢

乐虎"形象,因此整个案件举证的重点就在 2004 年前,而那个时候网络并不发达,网络上相关信息极少,证据收集只能通过实体资料进行检索;第二,该案中的权利作品是巧虎的卡通形象,当时对于"卡通形象"的侵权应当如何判定,尚没有明确的判断标准或者成熟的参考案例。

由于日本企业对于历史文件的保留较为齐全,经过长时间的互相沟通、提示,收集到了多达 148 份早期的书籍、光盘、合作协议、电视节目等权利相关的证据,虽然现在回头看,有些证据并不是那么必要,但是日本客户很较真,删减证据沟通成本非常高,所以基本还是尊重客户意见。

接下来就是"卡通形象"的定义和比对的问题。参考美术作品的侵权判定标准,法院对于美术作品的侵权判断标准基本上是按照"实质近似 + 接触"排除合法来源的基本原则,因此,首先需要解决实质近似以及接触是否构成的问题。具体到该案的实质近似证明,需要解决两个问题:第一是比对样本的选择问题,第二是如何比对的问题。针对第一个问题,在尚没有"以图搜图"技术的时代,一方面,笔者在大量的"巧虎"相关的美术作品中人工搜索与涉嫌侵权的"欢乐虎"最为接近的图片,工作量极大而且耗时很长,另一方面,笔者提出了把"巧虎"卡通形象作为一个整体进行主张,并进行了理论验证以及类似案例的收集。针对第二个问题,笔者通过对多年来创作的大量"巧虎"卡通作品进行归纳总结,最终总结形成了"巧虎"卡通形象的主要特征,并提供了其中具有代表性的"巧虎"图片,与"欢乐虎"进行实际比对。

在确认了基本诉讼思路以后,笔者在证据收集方面进行了以下实践:

第一步,作为权利证据以及相关时间点的证据的收集,主要对于各个年份、各种场景下的"巧虎"图片的收集并总结"巧虎"卡通形象的特征。

| | | | |
|---|---|---|---|
| 日本《小朋友挑战》1995 年 8 月 | 日本《小朋友挑战》1996 年 1 月 | 日本《小朋友挑战》1997 年 4 月 | 1999 年日本正荣食品的产品外包装 |
| 2000 年在中国出版的《快乐巧连智》DVD 截图 | 日本《小朋友挑战》2000 年 4 月 | 日本《小朋友挑战》2001 年 4 月 | |

在此基础上，笔者对"巧虎"的卡通形象进行定义及说明，卡通形象作为美术作品的一种，其通过绘画的表现手法所体现出的形象的神韵是无法完全用文字进行描述和穷尽的，"巧虎"卡通形象亦是如此，但是为了法院审理，必须通过文字进行表明，以便比对。笔者主张原告拥有的"巧虎"卡通形象是由无数的"巧虎"图片构成，原告通过对大量的"巧虎"图片进行总结，据此归纳出绝大部分的"巧虎"图片均具备"巧虎"形象的基本特征。在归纳这些特征的时候，从客户那边知道了几个巧虎形象设计的小秘密，比如，中国的老虎形象额头一般是三横王，但是"巧虎"的额头并不是，实际上正面看到两横，且竖线是穿透出来的，背后还有斑纹，从正面到背后斑纹是连续的；再比如，一般来说"巧虎"形象是没有牙齿的（除非专门是为了某个"刷牙"主题设计），因为"巧虎"设计的初衷是陪伴幼儿成长，故意设计没有牙齿要弱化虎本身的猛兽形象的属性，等等。笔者平时很多习以为常的设计，可能很多细节都包含着设计者的"小心思"，需要和客户充分沟通方可形成有理且有利的论述。

第二步，作品比对及说明。该案是关于美术作品的著作权侵权纠纷，通过文字或者简单的图片比对，但这种方式比较抽象，对于事实的展现并不全面、直观。为此，笔者制作了一段比对的视频，使我们的观点更直观、更有说服力。同时，对于近似的程度方面，笔者进行了问卷调查以及鉴定，均获得了比较有利的结果，这样既有助于笔者增强信心，也为法官提供了多方面视角。

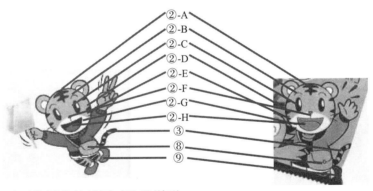

以下是上述两张图片的异同对比及说明。

| | |
|---|---|
| 整体比对 | ① 表现形式：均是小老虎双臂张开，身体微微前倾的表现形式 |
| | ② 人物色彩：老虎身体均采用了黄、黑、白，服装取色、搭配一致 |
| | ③ 整体形象：小老虎的总体造型相似，身材比例、配色、表情、神态也基本一致 |
| 构图比对 | ① 身材比例：均采用了头大身体小，头和身体的比例约为2：3 |
| | ② 头部形象：主要以3个圆为主，脸部为一个大圆，耳朵为2个小圆 |
| |   A. 额前花纹：额前的花纹为一条竖纹和两条横纹相交叉 |
| |   B. 眉毛：在额前花纹下方两侧有弧形的眉毛 |
| |   C. 眼睛：眼睛为纵向黑色椭圆形，瞳孔为纵向白色椭圆形 |
| |   D. 脸颊花纹：脸颊两面各有两条黑色的花纹 |
| |   E. 胡须：脸颊两侧均有两根胡须 |

| | |
|---|---|
| 构图比对 | F. 鼻子：鼻子差不多位于脸部的中央，人中处通过一根黑色竖线与鼻子连接<br><br>G. 嘴：嘴的附近有半圆形的白色部分<br><br>H. 口腔：嘴巴张开的时候，可见口腔内的构造，舌头多为半弧形，舌头的颜色为浅红，口腔内多为深红色，且没有牙齿<br><br>③ 尾巴：尾巴为黑色或接近黑色搭配黄色花纹<br><br>④ 手：手有五指<br><br>⑤ 腿部：腿部有黑色或接近黑色花纹<br><br>⑥ 花纹：脸上、额头上、尾巴以及腿部的花纹在处理上是一样的，均是黑色或接近黑色的花纹<br><br>⑦ 服装：配色均采用蓝、绿、红。外套的款式、领子的褶皱、袖口缩口等完全一致<br><br>⑧ 挎包：挎包的颜色、形状以及位置完全相同<br><br>⑨ 鞋子：鞋子均为蓝色<br><br>⑩ 手部动作：手部的动作存在差异<br><br>⑪ 腿部动作："巧虎"图片可见部分的左腿动作和泰茂图形近似 |

第三步，接触的可能性。基于证明目的，笔者主要收集"巧虎"知名度方面的证据，这是工作量最大、最烦琐的部分，笔者试图解决"接触（实际上接触的可能性）"，认为"巧虎"卡通形象在中国、日本以及国际上的传播程度与接触的可能性有直接关联性。为此，笔者甚至收集了1996年"巧虎"以电视节目进入中国的相关证据，以及此后发行的 VCD 光盘、书籍资料等有利证据。

最终判决结果是比较理想的，该案从准备到最终的判决，耗时长达 3 年多之久，笔者觉得该案非常有意义，近年来，随着动漫卡通产业的蓬勃发展，抄袭侵权情况也频繁发生。卡通形象相对一般的美术作品更具有商业价值，也更容易遭到侵权。而侵权的形式，往往已不是简单的抄袭、复制，更多是在保留主要特征的基础上进行改编、再创作。如果按照美术作品的侵权认定标准，权利人往往需要在海量的作品中寻找侵权作品的依据原型，工作量极大且效果较差，对于改编程度高的侵权作品，有时甚至寻找不到原型，在这种情况下进行图片比对的结果往往不尽如人意，著作权人的合法权益得不到保护。该案对于卡通形象的著作权以及主要特征的认定，有助于更加全面地对卡通作品和卡通形象进行保护，有利于促进动漫产业的健康发展。该案的意义不仅仅在于对某个卡通作品保护的成功，而是为今后其他动漫作品、角色形象的保护提供了一个新的思路。

（上海市协力律师事务所游闽键律师、张玲娜律师，

该案原告倍乐生代理人）

著作权案例

专利权案例

商业标识案例

其他案例

## 媒体报道

中国法院网  中国法院网首页  新闻  审判  执行  评论  时讯  法学  地方法院  论坛  博客      登录

首页 › 审判 › 民事案件

### 上海一中院开庭审理"巧虎"诉"欢乐虎"著作侵权纠纷

2013-03-13 10:08:10

要闻

**《中华人民共和国宪法修正案（草案）》(摘要)**

《中华人民共和国宪法修正案（草案）》(摘要)  第三十二条 宪法序言第七自然段中&ldquo...【详情】

· 快来提问，与代表来场"面对面"聊
· 全国模范法官杜卫根网络访谈：…
· 刘贵祥就执行和解等三个司法解…
· 重开军：安徽综合治理执行难工…
· 最高人民法院发布3月8日开庭与…

庭审直播

中国庭审公开网
TINGSHEN.COURT.GOV.CN

法庭在庭审中以投影的形式展示"巧虎"形象。 陈水良 摄

点击排行

# 搜索引擎服务商的直接侵权与间接侵权

## ——上海玄霆娱乐信息科技有限公司与北京百度网讯科技有限公司、上海隐志网络科技有限公司著作权侵权纠纷案

**原告：**上海玄霆娱乐信息科技有限公司（以下简称"玄霆公司"）

**被告：**北京百度网讯科技有限公司（以下简称"百度公司"）

**被告：**上海隐志网络科技有限公司（以下简称"隐志公司"）

**一审法院：**上海市卢湾区人民法院

**一审案号：**（2010）卢民三（知）初字第 61 号

**一审合议庭成员：**顾文凯、王维佳、许浩

**一审结案日期：**2010 年 3 月 10 日

**案由：**著作权侵权纠纷

**关键词：**搜索引擎，侵权盗版链接，通知删除，直接侵权，间接侵权

## 涉案法条

《侵权责任法》第 36 条

《著作权法》第 10 条第 1 款第 12 项、第 48 条第 1 项、第 49 条

《信息网络传播权保护条例》第 14 条、第 15 条、第 18 条第 1 项、第 23 条

《最高人民法院关于审理著作权民事纠纷案件适用法律若干问题的解释》第 25 条第
1 款和第 2 款、第 26 条

## 争议焦点

- 原告玄霆公司对涉讼作品的权利。
- 原告玄霆公司的通知删除是否符合规定。
- 被告百度公司是否构成间接侵权。
- 被告百度公司是否构成直接侵权。
- 被告隐志公司是否承担共同侵权责任。

- 赔偿数额的确定。

## 审判结论

1. 被告百度公司立即停止对原告玄霆公司享有著作权的《斗破苍穹》《凡人修仙传》《卡徒》《近身保镖》《天王》5 部作品的信息网络传播权的侵权行为。

2. 被告百度公司自该判决生效之日起十日内赔偿原告玄霆公司经济损失 50 万元以及合理费用 44500 元。

3. 驳回原告玄霆公司的其他诉讼请求。

## 起诉及答辩

原告诉称：原告是起点中文网的运营商，《斗破苍穹》《凡人修仙传》《卡徒》《近身保镖》《天王》5 部小说（以下称"涉讼作品"）系起点中文网推出的著名网络小说，原告对其享有包括复制权、改编权、信息网络传播权在内的所有著作权。被告百度公司提供的百度搜索服务长期以来大量公开提供原告拥有独家信息网络传播权的涉讼作品的侵权盗版链接，原告为此多次与被告沟通并以法务函的形式要求其依法删除侵权链接。但被告百度公司在知道原告对涉讼作品享有独家信息网络传播权，且在原告逐一指出侵权盗版链接的情况下，对原告通知删除的侵权链接是否删除不作明确回复，且对法务函所列的大量侵权链接不予删除。另外，被告百度公司还在其二级域名 wap.baidu.com 通过设立"最热榜单"和"精品推荐"栏目的形式对涉讼作品进行推荐，使公众可直接在其网站上阅读或下载涉讼作品的完整内容。被告隐志公司制作并运营的"7999 网址大全"系百度联盟绿色认证的百度联盟成员，其与被告百度公司共同推广百度搜索且从搜索推广中获取收益，其行为加大了侵权盗版链接的传播范围。原告认为，两被告的上述行为严重侵犯了原告的信息网络传播权，故请求法院依法判令：①被告百度公司立即停止侵权，立即删除百度网中与《斗破苍穹》《凡人修仙传》《卡徒》《近身保镖》《天王》5 部小说相关的盗版链接及盗版内容；②两被告连带共同赔偿原告经济损失 100 万元，并赔偿原告为制止侵权行为所支出的合理费用 84500 元；③两被告共同承担该案的诉讼费用。

被告百度公司辩称：①原告作为涉讼作品权利人证据不充分。②原告发出的法务函不符合法定条件，应视为未提出警告。法务函所附只有作品声明及涉嫌侵权的链接列表，原告未能举证证明所列链接地址包含侵权内容，百度公司没有义务对链接进行审查，更没有断开链接的义务。根据筛查，未断开链接的网址中主要有：无效链接、与侵权内容完全无关的链接、网站首页链接（网页上仅有作品简要介绍）等情况。百度公司已尽到注意义务，对原告提及的链接进行了及时删除，故不应承担赔偿责任。③百度公司提供的 WAP 服务不构成侵权。WAP 并未存储第三方网页的内容，WAP 搜索功能的实现分为两部分，即网页搜索与手机适配。手机适配是指：将搜索结果通过技术转码服务，适配为手机页面并返回给用户。该适配过程全部为根据用户指令实时操作，百度 WAP 没有也不可能在无法预知用户指令的情况下预先存储海量的第三方网站内容。同时，为完成手机适配的需要，则必须采用代理方式，即浏览器地址栏的 URL 开头的域名为百度的域名，而真正目标网站的网址则变成了一个 URL 参数（就是地址栏后半部分的 URL）。如果任意修改后半部分 URL，即可进入相应的第三方网站。可见，URL 以 "wap. baidu. com" 开头只是百度公司为完成手机适配采取的必要技术手段，并未复制和存储第三方网页的内容。因此，百度 WAP 的技术转码服务不涉及对网页内容的编辑和修改，故百度公司不构成直接侵权。另外，原告从未针对百度公司 WAP 搜索发送过任何通知，该案中百度公司收到原告证据后，已及时断开侵权链接，尽到注意义务，也不应承担间接侵权责任。

被告隐志公司辩称：其只是 "7999 网址大全" 网站的制作者，而不是实际经营者，不是该案适格被告。

## 事实认定

一审法院经审理查明，原告通过与作者签署《委托创作协议》或者《版权转让协议》并支付高额费用的方式合法取得了涉讼作品的独家授权，包括复制权、信息网络传播权及汇编权等著作财产权，并且原告从未许可任何第三方通过互联网向公众传播涉讼作品。被告百度公司是百度搜索网站的经营者，其网站对外公开提供了众多原告拥有独家信息网络传播权及其他相关著作权的签约文学作品的侵权盗版链接。2009 年 10 月 21 日，原告的代理人向被告百度公司发送法务函，要求百度公司在 2009 年 11 月 5 日之前删除侵权链接，并在该函附件中详细列举了涉讼作品在原告网站的链接及涉嫌侵权的网页链接清单共计 1252 条，并同时附上了原告的身份证明及作者出具的授权书。2009 年 12 月 2 日，原告的代理人总共搜索核查了 141 个已发函链接，这些链接在百度网上依然可以搜索到，且在搜索结果页面中百度公司提供了这些链接所对应网页的摘要，呈现了涉讼作品名称、作者、全文阅读、最新章节、全文下载等明显侵权的内容。2009 年 12 月 4 日，原告再次向被告百度公司发函，该函除了包含针对涉讼 5 部作品第一次发函的侵权链接外，还进一步补充了其他新发现的盗版链接共计约 2500 条，并同时附上了原告的身份证明及作者出具的授权书。2009 年 12 月 17 日、2010 年 1 月 4 日和 2010 年 10 月 28 日，原告的代理人搜索核查时均发现多个已发函链接仍然存在且可以看到完整的侵权内容，甚至在页面上端及两侧都有 "百度推广" 的广告。

wap. baidu. com 是被告百度公司的二级域名，百度公司在其小说频道的首页设立了 "最热榜单" 和 "精品推荐"，涉讼作品位列其中。在该页面中依次输入涉讼 5 部作品的名称点击搜索，可以进入该小说的搜索结果，点击其中的某一搜索结果，可以看到关于该作品的所有目录；点击目录中的章节，可以看到该章节的具体内容；地址栏中的网址显示上述页面位于 wap. baidu. com 的下级页面，在该目录页左下角有 "原网页" 选项，点击 "原网页"，可以进入该页内容所对应的原网页，可以发现在原网页中有 "百度推广" 投放的广告，有原网页所属网站的名称、标识及该网站的其他栏目的列表，而这些信息在百度网相对应的页面中都不存在，且两个相对应的页面排版不同。

## 一审判决及理由

### 一、原告对涉讼作品的权利

《著作权法》第11条规定：如无相反证明，在作品上署名的公民、法人或者其他组织为作者。结合5套涉讼作品的图书、作品转让协议、授权声明等证据，能形成原告权利证据链，因此，在被告百度公司没有提供任何相反证据的情况下，原告作为涉讼作品权利人依法享有该案诉讼主体资格和追究被告百度公司侵权责任的权利，一审法院依法予以确认。

### 二、原告通知删除是否符合规定

一审法院认为，原告法务函符合《信息网络传播权保护条例》第14条的规定，通知中包括：①原告情况、联系方式和地址；②要求删除或者断开链接的侵权作品的名称和网络地址；③构成侵权的初步证明材料。原告法务函明确原告从未许可第三方通过互联网向公众传播涉讼作品，任何非在原告网站上发布的涉讼作品的内容均为侵权内容，由此可以推定原告法务函使被告百度公司知道涉讼作品的权属及侵权链接的状况。

### 三、百度公司是否构成间接侵权

一审法院认为，从原告包括删除通知在内的多次公证取证证据可以看出，被告百度公司明知涉讼作品的信息网络传播权仅归属于原告及侵权链接存在的状况，仍未及时删除原告通知的侵权信息或断开链接。依据《侵权责任法》第36条、《信息网络传播权保护条例》第14条、第15条、第23条之规定，被告百度公司的行为构成间接侵权。

### 四、百度公司是否构成直接侵权

一审法院认为，该案原告公证取证是从计算机通过互联网连接进入 wap. baidu. com，不是用手机浏览无线频道的内容。公证显示在 wap. baidu. com 页面有对涉讼作品的推荐，对搜索结果进行编辑、修改。被告百度公司在 WAP 频道搜索结果及点击阅读功能中向用户提供涉讼作品的全部内容，无论是点击阅读页面的地址栏，还是每一个网页的打印结果，地址显示均属于百度公司的服务器，显示页面也都有"百度"及"荐：手机上网必备，尽在新版掌上百度！"的字样。通过页面属性查询，可以看到该页面显示其主数据内容储存于百度网站服务器的事实。百度公司还在每页最下端显示"原网页"，证明其确认该网页不是原网页，而是原网页之外的一个复制页，而该复制页的内容明显有所删减和重新编排，并非应访问用户的要求自动形成。被告百度公司所称的格式转换，就技术而言，Web 网页内容需复制在百度服务器内存或硬盘上才能被处理转换成 WAP 网页。百度公司以 WAP 搜索方式提供涉讼作品内容的行为使用户无须访问第三方网站即可完整获得内容，其已超出了提供搜索引擎服务的正常范围，不属于法律规定的免责情形，因此，可以认定百度公司直接、完整地将涉讼作品放置在其服务器上，以用户点击小说搜索的方式向用户提供涉讼作品。该行为属于复制和上载作品的行为，并通过网络进行传播，构成直接侵权。

五、隐志公司是否承担共同侵权责任

从原告提供的证据看出,"7999网址大全"网站作为百度联盟绿色认证的百度联盟成员,网页显著位置内嵌有百度搜索条,尚不足以证明隐志公司有主观过错且参与百度公司的侵权行为。一审法院对原告要求隐志公司承担共同侵权责任的诉请不予支持。

六、赔偿数额的确定

一审法院将考虑涉讼5部小说的知名度、独创性程度、篇幅、图书售价、发行量、互联网传播作品特点、在原告网站浏览情况、原告可能因此遭受的损失以及被告百度公司侵权行为的性质和情节等因素,酌情予以确定赔偿数额;对于原告为制止侵权行为所支出的合理费用,酌情予以支持。

据此根据《侵权责任法》第36条,《信息网络传播权保护条例》第14条、第15条、第18条第1项、第23条,《著作权法》第10条第1款第12项、第48条第1项、第49条,《最高人民法院关于审理著作权民事纠纷案件适用法律若干问题的解释》第25条第1款和第2款、第26条的规定,判决如下:

(1)被告百度公司自判决生效之日起立即停止对原告玄霆公司享有著作权的《斗破苍穹》《凡人修仙传》《卡徒》《近身保镖》《天王》5部作品的信息网络传播权的侵权行为;

(2)被告百度公司自判决生效之日起十日内赔偿原告玄霆公司经济损失50万元以及合理费用44500元;

(3)驳回原告玄霆公司的其他诉讼请求。

被告百度公司不服一审判决,向上海市第一中级人民法院提起上诉,但在二审审理期间撤回了上诉请求。

## 承办律师办案心得

上海市卢湾区人民法院依法受理的玄霆公司(下称"原告")诉百度公司、隐志公司(下称"第二被告")侵犯《斗破苍穹》《凡人修仙传》《卡徒》《近身保镖》《天王》5部小说著作权侵权纠纷案,已于2010年5月10日进行了公开宣判,被告百度公司被判停止其直接和间接侵权行为,赔偿原告经济损失50万元及合理费用44500元。这场历时一年多,为各界所关注的"天王山"之战,画下了一个阶段性的句点。笔者作为原告的特别授权代理人参加了诉讼,下面谈一谈相关的代理体会。

一、避其锋芒,选择合适的管辖地

在谷歌退出中国后,百度搜索成为中国网民获取信息的最重要入口,其对互联网内容提供商的意义极其重大。也正因为如此,如果百度公司放任盗版,甚至通过Wap网站主动传播盗版的话,对原告就是灭顶之灾。原告不得不拿起法律武器,对百度提起了诉讼。当时百度作为BAT(中国三大互联网公司百度、阿里巴巴、腾讯的首字母缩写)的领头羊，正处于巅峰时期，不仅在业务、营收方面风头无两，在诉讼方面也鲜有败绩，尤其在北京地区法院更是如此。在这种情况下，如何选择合适的管辖法院是必须首先考虑的问题。

2015年2月实施的《最高人民法院关于适用〈中华人民共和国民事诉讼法〉的解释》（以下简称"民诉法解释"）第25条等相关规定尚未出台，实践中对涉网案件的管辖也相对保守，这时必须灵活地设计管辖连接点以求达到合适的效果。

互联网技术的出现和普及应用对民事管辖权产生了影响：其一，网络空间的全球性，使其无法有明确的边界，从而使法院管辖权区域变得模糊；其二，网络空间与物理空间不存在一一对应关系，这使得互联网行为地与行为的实施者之间不存在稳定的联系。随着人类进入现代的信息化和工业化社会、法治社会以及国际合作社会，原告就被告原则所依存的社会背景发生了改变。特别是百度公司将其百度搜索业务、无线业务覆盖到全国范围内，相应的侵权行为及侵权后果也覆盖到全国范围内，再加上其百度广告联盟业务遍布全国，客观上为原告寻找连接点提供了基础。特别是其百度广告联盟业务与侵权网站密切相关，且百度公司与侵权网站基于百度广告联盟的合作有利益分成这一事实，可以将两者作为共同被告提起诉讼，从而解决了管辖连接点的问题。

后续随着司法实践的深入，法院对互联网侵权案件的理解进一步深入，对管辖连接点的认定就更加灵活。为了方便法院判断和审查网络环境下知识产权侵权案件的侵权行为地，最高人民法院出台了专门的司法解释，基本方法是将网络服务器、计算机终端等设备所在地确定为管辖连接点，原告就被告原则在多大范围内被突破，这也是很多案件中原告可以利用的诉讼规则。

为了防止原告滥诉，自罗马法起就形成了一般地域管辖上的"原告就被告"传统，我国民事诉讼法尊重了这一传统，对于通常民事案件来讲，由被告所在地人民法院管辖。原告就被告原则具有合理性，有利于人民法院调查、核实证据，迅速查明案情，正确处理民事纠纷，有利于传唤被告出庭应诉，采取财产保全和先予执行措施，有利于执行和防止原告滥用诉权。但是对于互联网侵权案件而言，由于互联网侵权成本极低，传播范围极广，在原告所在地造成的影响不亚于其在被告所在地所造成的影响，再加上长期以来判赔极低的情况，僵化适用原告就被告原则会造成事实上对原告的极不公平，故民诉法解释突破了原告就被告原则，将信息网络侵权案件作为原告就被告原则的一个例外。

故利用信息网络侵权案件的管辖的灵活性，避其锋芒，选择合适的管辖地是一个有效的诉讼策略。

二、律师主导，韬光养晦"养证据"

由于案件发生前对信息网络传播权侵权案件的审理尚属探索过程中，尽管根据《民法通则》《信息网络传播权保护条例》的相关规定，网络服务提供者的过错形态包括"明知"和"应知"，即故意和过失，但对"明知"和"应知"如何证明，司法实践中尚未形成类型化的诉讼规则。因此，笔者在接手该案后，全面了解了案情，并根据被告的情况有意识地进行了相关的证据收集，以证明该案中百度公司对系争作品的权利状况及其被侵权的状况不仅"应知"而且"明知"。相关证据主要围绕以下几个方面：

（1）系争小说具有极高的知名度，已经构成一面鲜亮的"红旗"，百度公司不可能不知道；

（2）百度公司对于在百度百科、百度贴吧、百度知道等栏目中有详细介绍的系争作品的权利状况，不仅"应知"而且"明知"；

（3）百度公司在熟知系争作品且明知侵权链接大量存在的情况下进行主动推荐；

（4）原告在本诉发生之前已经购买了百度公司的关键词推广服务，在百度上推广系争作品，在购买相关关键词时已经提供了权利证据。

综合上述事实，基本可以判定百度公司有为了赚取巨大网络流量，怠于履行必要的审核义务，乃至主动传播侵权作品的故意。

不仅如此，原告在律师辅导下连续发送了侵权通知函，而百度公司迟迟不删除侵权链接的行为更使其侵权的恶意暴露无遗。

原告已于2009年10月21日向百度公司发函要求删除侵权链接，百度公司明知系争作品的权属及侵权链接的状况。原告的该通知提交了原告的身份证明、授权书等权利证明，提供了具体的链接及检索盗版链接的方法，并且向百度公司明确说明了原告从未许可第三方通过互联网向公众传播涉诉作品，任何非在原告网站上发布的上述作品的内容均为侵权内容，还提供了构成侵权的初步证明材料，充分尽到了通知义务。由于百度公司非但没有及时删除盗版链接而且侵权链接还有增无减，原告已于2009年12月4日再次向百度公司发函要求删除侵权链接。

原告还举证证明，由于在原告正式发函通知2个月后百度公司怠于履行删除义务，原告无奈正式召开新闻发布会警告就侵权的情况起诉百度公司，而百度公司的公关部主管在接受记者针对原告新闻发布会所做的采访时表示：原告还没有起诉，等诉了再说。

在庭审过程中法官多次追问百度公司是否及时删除了原告发函的盗版链接，被告对此避而不谈，却反复强调其履行删除义务的前提是原告发送符合法定要求的通知函，一再声称原告的通知函不合格。结合其上述表达可以推知，百度公司当时并未及时全面删除原告发函的盗版链接，导致其在诉讼中无证可举！

三、广泛理解产业和技术背景，击破被告的"技术迷魂阵"

原告主张被告在 wap. baidu. com 上直接提供在线内容，构成直接侵权。百度公司在系列诉讼中一向利用原告和法院对搜索技术的理解不足，举出一大堆似是而非的技术资料来规避其侵权责任，这种情况下就需要代理人从法律和技术两方面作出相应的应对。

首先要破除百度公司的搜索神话，对其身份作出清晰的认定。

随着网络产业的发展，任何一家网站都可以同时提供搜索、链接服务和网络内容，可以同时具备网络内容提供商（ICP）和网络服务提供商（ISP）身份。因此，必须从网络服务提供商的具体行为确定其在涉案行为时的身份，而不能从一个假定的身份确定其具体行为的性质。百度公司作为一家超级门户网站，经营搜索引擎、百度贴吧、百度知道、百度百科、BBS、百度文库等多种业务。因此对百度公司侵权责任的认定不能套用搜索服务提供商的归责原则，而应当根据其具体行为来进行身份认定，进而确定其适用的归责原则。

原告的证据充分证明，百度公司无线频道的搜索结果并非机器搜索的客观结果，而是经充分的人工筛选、编辑和推荐的结果。

百度公司称其在 wap. baidu. com 中提供搜索的仅仅是引擎服务。原告认为，在正常情形下，搜索引擎的使用系帮助互联网用户在海量信息中迅速查询定位其所需的信息，向用户提供来源网站的信息索引和网络地址链接方式，引导用户到第三方网站浏览搜索内容，而不是替代第三方网站直接向用户提供内容。也就是说，百度网作为搜索引擎，是引导用户进入第三方网站的桥梁，该用户到达第三方目的网站时，搜索的使命就完成了。该案中百度公司却将第三方网站的全部内容都复制到自己服务器上，使得用户无须到第三方网站就可以直接在百度网完整阅读作品。百度网截留本应在完成搜索后直接通向第三方网站的流量，构成直接提供侵权作品内容的行为。在此种情况下，搜索已经变成了逃避侵权的幌子，而提供内容才是行为的实质。或者说，百度公司的行为是"搜索"和"内容提供"的叠加。

原告通过公证证据证实百度网 wap 频道搜索功能搜索结果可以向用户提供涉案系争作品的全部内容，无论是点击"目录"还是"正文"，进入的页面均显示其网址为"http：//wap. baidu. com/ssid＝0/from＝0/……"链接。根据互联网的编码规则，服务器与网址的一一对应关系，系争小说阅读页面的网址都显示在"wap. baidu. com"打头的链接中的事实，可以确认该侵权内容都是位于百度公司服务器上的。通过页面的属性查询，也可以清晰看出系争小说的主数据内容被存储于百度公司服务器上。该事实是互联网的基本常识，且被已经生效的判决所确认。

百度公司声称其除了提供搜索引擎服务之外，为了能使用户可以通过手机终端浏览搜索结果中的网络信息，它还提供了转码服务。根据其陈述，其提供的是两项服务内容，实施了两种不同的行为。转码服务并不能被搜索服务所涵盖，更不能适用搜索引擎的归责原则。百度公司虽强调其通过转码技术展示存储在第三方网站中的内容，但其提供的内容与第三方网站页面对比明显有所删减，第三方网站的网站信息及搭载的广告都不在了，该结果并非应访问用户的要求自动形成。百度公司代理人在二审中提供专门的技术书籍阐述转码的技术机理，但笔者发现该技术书籍中的内容恰恰表明了转码技术一定要在转码服务器中形成复制才可能进行转码。在指出这一点后，百度公司自动撤回了上诉。

著作权法的基本精神是通过维护著作权人的权利来鼓励和刺激文艺的繁荣，从而使社会公众获得更多的原创性作品。而百度公司现在的这种侵权模式是对著作权法的根本违反和对著作权人劳动成果的巧取豪夺。若任由百度公司的侵权行为继续下去，将没有读者再去阅读原告网站上的小说，原告为原创投入的巨资将无法收回，而众多靠创作为生的作者也会因为权利得不到起码的保障而导致创作激情的枯竭。巧取豪夺，涸泽而渔对文艺创作而言是最深重的伤害。

作为维护合法权益的最后一道闸门，法院跳脱百度公司用烦冗的公证摆下的"迷魂阵"，回归著作权法的本质及信息网络传播权的基本定义来审视百度公司的行为，对侵权者给予了应有的处罚，对权利人进行了必要的救济。该案判决堪称经典。该案涉及我国最大搜索引擎服务商百度公司，引起了互联网等行业的广泛关注。该案的典型意义在于：一是明确了网络服务提供商"避风港"规则的适用前提；二是从法律和技术层面详细分析了搜索服务和提供作品行为之间的实质性区别；三是在促进技术进步和维持权利人权利、鼓励创新之间寻求了一个合理的平衡，为今后著作权人的维权行动注入了"强心剂"。该案入选了上海市知识产权局发布的 2011 年"上海保护知识产权十大典型案例"、上海市高级人民法院发布的 2011 年"上海法院知识产权司法保护十大案件"。

## 代理词节选

二、第一被告对侵权事实的存在不仅"应知"而且"明知"

《民法通则》规定：行为人故意或者过失侵害他人权利的，应当承担赔偿责任。《信息网络传播权保护条例》第 22 条关于存储空间服务提供者免责的条件之一是：不知道也没有合理的理由应当知道服务对象提供的作品、表演、录音录像制品侵权；《信息网络传播权保护条例》第 23 条规定"明知或者应知所链接的信息侵权的，应当承担共同侵权责任"。可见，网络服务提供者的过错形态包括"明知"和"应知"，即故意和过失。本案中第一被告对系争作品的权利状况不仅"应知"而且"明知"。

1. 系争小说具有极高的知名度，已经构成一面鲜亮的"红旗"，第一被告不可能不知道

《斗破苍穹》《凡人修仙传》《卡徒》《近身保镖》《天王》5 部小说系原告所运营的起点中文网所推出的著名网络小说，拥有庞大的读者群。截至本案立案前 2 个月的 2010 年 1 月 12 日，小说《斗破苍穹》在起点中文网上的总点击数为 46142620 次，在第一被告所运营的百度网"十大小说风云榜"上列首位；小说《凡人修仙传》在起点中文网上的总点击数为 36907562 次，在第一被告所运营的百度网"十大小说风云榜"上列第 2 位；小说《卡徒》在起点中文网上的总点击数为 20369209 次，在第一被告所运营的百度网"十大小说风云榜"上列第 4 位；小说《近身保镖》在起点中文网上的总点击数为 12580491 次，在第一被告所运营的百度网"十大小说风云榜"上列第 8 位；小说《天王》在起点中文网上的总点击数亦高达 17987068 次。上述事实内容均在原告证据 33 中公证的第一被告的百度搜索风云榜中。同时，在第一被告所运营的 wap.baidu.com 小说频道上，系争作品长期位于其最热榜单的前列。第一被告还专门设立推荐榜单推荐《近身保镖》《斗破苍穹》等书籍。上述小说的实体书也非常畅销，在销量榜上位居前列。基于第一被告专门就小说设立了排行榜且系争 5 部作品长期位于榜单前列的事实可以推定，第一被告对于系争作品不仅应知而且明知。

查看第一被告设立的"百度风云榜"（参见图1），可以发现，百度排行榜中不仅有作品名称，而且其后有作品详情，也有今日搜索量、百度贴吧和百度百科的链接。

著作权案例 专利权案例 商业标识案例 其他案例

**图1　百度风云榜**

点击图1中的"详"或者"百科"，进入图2、图3所示页面，均可发现有系争小说完整、翔实的信息，比如，在图2所示页首，有如下的详细信息：

"书名：《斗破苍穹》

"作者：天蚕土豆

"类别：玄幻 异界大陆

"小说首发：起点中文网

"小说主角：萧炎

"作品标签：萧炎　升级　功法　斗技　斗气大陆

"状态：连载中

"写作进程：精彩纷呈　更新不定"

下面还有详细的作者简介：

"天蚕土豆，起点白金作家，新生代作家代表人物，2008年凭借处女作《魔兽剑圣异界纵横》一举折桂新人王，跻身顶尖作家之列，新作《斗破苍穹》一经发布即席卷各大榜单，土豆也因此奠定了在网络原创界难以动摇的顶级作家地位，因经常拖更，所以被网友戏称为'拖豆'。"

从中可以看出，第一被告充分了解系争作品具体情况，明知原告对系争作品享有独占信息网络传播权，也明知其推荐的链接中除原告网站外的99.9%均为盗版网站链接。第一被告在明知侵权链接存在的情况下依然编辑、介绍和公开推荐，严重扩大了侵权的传播。根据《信息网络传播权保护条例》第23条规定："……明知或者应知所链接的作品、表演、录音录像制品侵权的，应当承担共同侵权责任。"所谓通知必然是发给不知侵权发生或不应该知道侵权发生的人。既然第一被告明知其网站上存在系争作品的侵权链接及侵权内容，原告再发通知就毫无意义。原告有权依法要求第一被告直接承担连带侵权的责任。

**图 2　百度百科"斗破苍穹"页页首**

**图 3　百度百科"斗破苍穹"页作者介绍**

　　2. 第一被告在熟知系争作品且明知侵权链接大量存在的情况下进行主动推荐

　　首先，第一被告将被诉侵权的作品放置于其 wap. baidu. com 小说频道的首页及其他主要页面中，为其设立专门的排行榜，并设立专门的推荐榜对其进行推荐，引诱用户点击侵权作品。如前所述，第一被告对于这种长期位于"最热排行榜"前列的作品理应充分地关注与了解。而在小说频道首页与最热排行榜并列的是第一被告推出的"精品推荐"栏目，在该推荐中，第一被告将系争作品进行了准确的归纳和重点推荐，比如"3.玄幻斗气 NO.1：斗破苍穹 Hot""4. PK 巨枭魔头：凡人修仙传""［都市］近身保镖（柳下挥）"［参见原告证据 28、(2010) 沪卢证经字第 2237 号公证书］，介绍了系争作品的主要特点，并加了"Hot"等字眼进行突出。上述信息显然不是基于搜索自动生成的，只有在第一被告熟悉作品、充分了解主要内容情况下才能做出如此准确的编辑和重点推荐。该节事实恰恰是第一被告明知系争作品且进行了主动的信息网络传播行为的明证。

其次，原告在本诉发生之前已经购买了第一被告的关键词推广服务，并在百度网上推广系争作品。原告证据 10、11、27、31～34 所公证的页面均可看出，只要输入系争作品的名称，在搜索结果页面出现的始终是原告的推广链接。第一被告在收取高额推广费为原告的正版作品提供广告推广的情况下，依然放任盗版链接在其网站的存在并在其 wap 频道直接传播侵权作品，其侵权之恶意不可不谓明显，行为之恶劣不可不谓严重。

图 4 为 2010 年 1 月在百度网上搜索"斗破苍穹"的结果截图，从中可以清楚地看出最上的链接为原告投放的推广广告，而紧随其后的就是蜂拥的侵权盗版链接，盗版链接中明确标示了侵权作品及侵权内容。百度公司作为收取原告广告费进行广告发布的经营者，当然应该对系争作品的权利状况，及众多盗版链接存在的事实心知肚明！其弃基本的商业道德于不顾的恶意侵权行为简直令人发指！

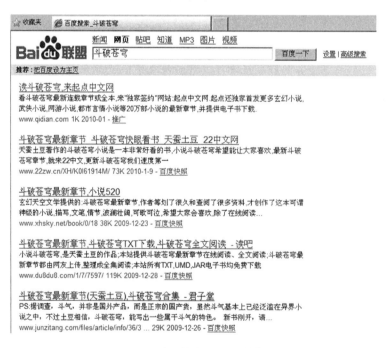

图 4　百度网搜索"斗破苍穹"

三、第一被告故意推迟删除侵权链接的行为构成间接侵权

《侵权责任法》和《信息网络传播权保护条例》是审理网络著作权纠纷的基本依据。

《侵权责任法》第 36 条规定："网络用户、网络服务提供者利用网络侵害他人民事权益的，应当承担侵权责任。网络用户利用网络服务实施侵权行为的，被侵权人有权通知网络服务提供者采取删除、屏蔽、断开链接等必要措施。网络服务提供者接到通知后未及时采取必要措施的，对损害的扩大部分与该网络用户承担连带责任。网络服务提供者知道网络用户利用其网络服务侵害他人民事权益，未采取必要措施的，与该网络用户承担连带责任。"

《信息网络传播权保护条例》第 14 条规定："对提供信息存储空间或者提供搜索、链接服务的网络服务提供者，权利人认为其服务所涉及的作品、表演、录音录像制品，侵犯自己的信息网络传播权或者被删除、改变了自己的权利管理电子信息的，可以向该网络服务提供者提交书面通知，要求网络服务提供者删除该作品、表演、录音录像制品，或者断开与该作品、表演、录音录像制品的链接。"第 15 条规定："网络服务提供者接到权利人的通知书后，应当立即删除涉嫌侵权的作品、表演、录音录像制品，或者断开与涉嫌侵权的作品、表演、录音录像制品的链接。"第 23 条规定："网络服务提供者为服务对象提供搜索或者链接服务，在接到权利人的通知书后，根据本条例规定断开与侵权的作品、表演、录音录像制品的链接的，不承担赔偿责任；但是，明知或者应知所链接的作品、表演、录音录像制品侵权的，应当承担共同侵权责任。"

1. 原告发送了符合法律规定的通知函，尽到了通知义务

尽管如前所述，第一被告对侵权作品的权利状况不仅"应知"而且"明知"，原告为了敦促其尽快删除侵权链接，还是向第一被告发送了符合法定要求的通知函。

《信息网络传播权保护条例》第 14 条规定，对提供信息存储空间或者提供搜索、链接服务的网络服务提供者，权利人认为其服务涉嫌侵权，可以向该网络服务提供者提交书面通知……通知书应当包含下列内容：（1）权利人的姓名（名称）、联系方式和地址；（2）要求删除或者断开链接的侵权作品、表演、录音录像制品的名称和网络地址；（3）构成侵权的初步证明材料。

原告证据 8（2009）沪卢证经字第 3308 号公证书证明原告已于 2009 年 10 月 21 日向第一被告发函要求删除侵权链接，第一被告明知系争作品的权属及侵权链接的状况。原告的该通知提交原告的身份证明、授权书等权利证明，提供了具体的链接及检索盗版链接的方法，并且向被告明确说明了原告从未许可第三方通过互联网向公众传播上述作品，任何非在原告网站上发布的上述作品的内容均为侵权内容，提供了构成侵权的初步证明材料，充分尽到了通知义务。

第一被告援引《最高人民法院关于审理涉及计算机网络著作权纠纷案件适用法律若干问题的解释》第 7 条"著作权人发现侵权信息向网络服务提供者提出警告或者索要侵权行为人网络注册资料时，不能出示身份证明、著作权权属证明及侵权情况证明的，视为未提出警告或者未提出索要请求"之规定来规避其侵权责任。原告认为，原告的法务函已经清晰出具了身份证明、著作权权属证明及侵权情况证明，足以定位侵权链接的具体位置；且《最高人民法院关于审理涉及计算机网络著作权纠纷案件适用法律若干问题

的解释》颁布于 2000 年 11 月 22 日，而国务院 2006 年颁布的《信息网络传播权保护条例》不仅法律位阶高于该司法解释且时间在后，司法审判应以《信息网络传播权保护条例》第 14 条作为通知函的具体标准。

不仅如此，原告证据 9（2009）沪卢证经字第 3917 号公证书证明，由于被告非但没有及时删除盗版链接而且侵权链接有增无减，原告已于 2009 年 12 月 4 日再次向第一被告发函要求删除侵权链接，该通知函完全符合《信息网络传播权保护条例》第 14 条的规定，全面、详尽地向第一被告指出了侵权的内容。

原告证据 33〔(2009) 沪卢证经字第 4062 号公证书〕、证据 34〔(2009) 沪卢证经字第 4164 号公证书〕证明：由于在原告正式发函通知 2 个月后第一被告怠于履行删除义务，原告无奈正式召开新闻发布会警告要就侵权的情况起诉第一被告，而第一被告的公关部主管在接受记者针对原告新闻发布会所做的采访时表示：原告还没有起诉，等诉了再说。

上述事实证明原告已经向第一被告发送了符合法律规定的通知函，尽到了通知义务；第一被告明知系争作品的权属及侵权链接的状况。

2. 被告恶意拖延，未履行及时、全面删除侵权链接的义务

《信息网络传播权保护条例》规定："网络服务提供者接到权利人的通知书后，应当立即删除涉嫌侵权的作品、表演、录音录像制品，或者断开与涉嫌侵权的作品、表演、录音录像制品的链接。"该规定强调了被告的删除义务应该是及时且全面的。"及时"是指收到通知的"当时"，以一天内为宜，极端情况下也不应超过一周；"全面"是指网络服务提供者应该删除权利人发函所指出的全部侵权链接。而本案第一被告显然没有履行及时、全面删除侵权链接的义务。

原告证据 10〔(2009) 沪卢证经字第 3853 号公证书〕证明，原告在被告无任何反馈的情况下，对发函链接删除情况进行了核查及公证，随机点选了 142 个链接，发现被告仍未删除原告发函指出的盗版链接。在被告网站相关链接的介绍部分可以清楚地看到系争作品的名称、作者、全文阅读、最新章节、全文下载等明显的侵权内容。该证据表明被告怠于履行删除义务，在原告正式发函通知近一个半月后其网站上还存在大量盗版链接。

原告证据 11〔(2010) 沪卢证经字第 11 号公证书〕证明，第一被告怠于履行删除义务，在原告正式发函通知 3 个月后，且在原告正式召开新闻发布会警告第一被告的情况下，其网站上还存在大量盗版链接；第二被告作为第一被告的合作者扩大了侵权链接的传播范围。在被告网站相关链接的介绍部分可以清楚地看到系争作品名称、作者、全文阅读、最新章节、全文下载等明显的侵权内容，第一被告很容易就可以辨识出该链接的侵权属性。

原告证据 27〔(2010) 沪卢证经字第 1823 号公证书〕公证于 2010 年 8 月 19 日，该证据证明被告怠于履行删除义务，在原告正式发函通知 10 个月后其网站上还存在系争作品的大量盗版链接，且这些链接中基本都有百度推广的广告，侵权网站与被告有利益分享关系。

原告证据 33〔(2010) 沪卢证经字第 2876 号公证书〕公证于 2010 年 10 月 28 日，原

告随机地在百度网上搜索已经发函的侵权链接，点开了搜索结果，直接看到侵权作品，并发现因为原告向被告购买了"关键字推广服务"，所以在搜索页面的页首页尾存在系争作品的正版链接，而搜索的盗版链接简介中都有系争作品的名称、作者名、作品简介及最新章节等重要信息，很容易判断其是侵权链接。而且这些链接中大部分都有百度公司推广的广告，与被告有利益分享关系。被告在原告正式发函通知第一被告甚至就系争作品起诉其侵权的情况下依然不采取屏蔽或删除措施，主观恶意明显。

原告证据 31〔（2010）沪卢证经字第 2875 号公证书〕、证据 32〔（2010）沪卢证经字第 2876 号公证书〕证明原告正式发函通知中所列链接确为《斗破苍穹》等 5 部涉案作品的侵权网页，而且这些链接中大部分都有百度公司推广的广告，与百度公司有利益分享关系。这种利益分享关系也可以解释第一被告为什么迟迟不删除盗版链接。

3. 第一被告明知系争作品的权利状况及侵权链接的存在，恶意拖延删除

原告提交的证据证明，系争小说具有极高的知名度，长期位于第一被告所设立的排行榜的前列，其对这些内容不可能不知晓。而且在百度百科中对系争作品的内容及权利状况都有明确的说明，第一被告理应知晓其真正的权利归属。原告认为，第一被告的上述行为显然放任侵权内容的存在，怠于履行了其法定删除义务。

原告所发函的链接系经原告核实无误的盗版链接，被告仅需就原告发函进行核实和删除，并给原告反馈即可，并不负有额外的义务。在原告代理人代理的土豆网等一系列网络著作权侵权案件中，土豆网可以向法院完整提供其后台就权利人的投诉如何处理的全部记录，其中涉及权利人提供了哪些证明文件，涉及哪些侵权内容，是否属实，何时进行了删除，或者不予删除的理由等相关证据。而本案中，被告作为拥有强大搜索技术和搜索能力的上市公司，却始终未提供其在收到原告的法务函后做出了哪些处理工作的证据，包括是否逐一核查、是否删除、删除了哪些链接、未删除是基于何种原因、是否向被删除的网站进行通知，反而竭尽全力搜罗一堆与本诉无关的材料，恰恰证明被告在收到原告的法务函后不作为，怠于履行删除义务。在庭审过程中法官多次追问第一被告是否及时删除了原告发函的盗版链接，被告避而不谈却反复强调其履行删除义务的前提是原告发送符合法定要求的通知函，一再声称原告的通知函不合格。结合其上述表达可以推知，第一被告当时并未及时全面删除原告发函的盗版链接，导致其在诉讼中无证可举！

被告提供的证据都是 2010 年 8 月 19 日之后公证的，这距离原告向被告发出断开侵权链接的通知已经相隔 10 个月之久，这仅能证明在被告接到通知 10 个月后相关侵权链接的状态，并无法证明这些链接在原告发函时的状态，更无法证明被告何时断开了侵权链接，也就无法证明被告接到通知后做到了"立即"或"及时"断开侵权链接。不仅如此，原告于 2009 年 12 月复查公证证明被告接到通知两个月后仍然有部分侵权链接未被断开。被告的上述证据无法证明被告进行了及时断链，无法反驳原告的证据。

4. 第一被告有及时删除侵权链接的能力却迟迟不删除更证明其对侵权存在巨大的恶意

第一被告作为中国有较大影响力的互联网企业，时刻在标榜自己的技术能力非常出

著作权案例

专利权案例

商业标识案例

其他案例

众。事实上其也具有及时全面删除盗版链接的能力。2011年3月15日，刘心武、贾平凹、韩寒、郭敬明、慕容雪村等50位作家与出版人联名发表公开信，声讨百度文库的侵权行为；同年3月26日，百度公司发表"三点声明"，承诺3日内删除侵权文档，对伤害作家感情表示歉意，并表示正在积极推进与作家、出版社的合作；同年3月30日，百度文库在规定的时间里删除了多达几百万份的非授权文学作品。百度公司迫于压力在3天内核查并处理了几百万个盗版文件，足见其强大的处理能力。其对于本案的系争链接迟迟不予删除的事实恰恰证明了其为了获取更多流量和广告收入而置权利人的利益及自己的法定义务于不顾的主观恶意。

四、第一被告在 wap. baidu. com 上直接提供在线内容，构成直接侵权

1. 第一被告既是链接服务提供商又是内容提供商，对侵权存在明知和应知

随着网络产业的发展，任何一家网站都可以同时提供搜索、链接服务和网络内容，可以同时具备网络内容提供商（ICP）和网络服务提供商（ISP）身份。因此，必须从网络服务商的具体行为确定其在涉案行为时的身份，而不能从一个假定的身份确定其具体行为的性质。百度公司作为一家超级门户网站，经营搜索引擎、百度贴吧、百度知道、百度百科、BBS、百度文库等多种业务。因此，对第一被告侵权责任的认定不能套用搜索服务提供商的归责原则，而应当根据其具体行为进行身份认定，进而确定其适用的归责原则。

2. 第一被告有直接实施信息网络传播行为的故意

（1）第一被告所提供的"搜索"结果并非自动生成，而是经过刻意修改、编辑、整理和加工。

第一被告当庭主张自己提供自动网络搜索引擎，对自己网站上有侵权作品并不了解也无法控制搜索结果。原告认为：原告的证据充分证明，第一被告无线频道的搜索结果并非机器搜索的客观结果，而是经充分的人工筛选、编辑和推荐的结果。第一被告完全了解、掌握搜索结果所链接的最终内容，事先控制了链接内容的指向。

原告证据26〔（2010）沪卢证经字第2121号公证书〕证明被告在其网站百度 wap（网址为 wap. baidu. com）的小说类别下提供《斗破苍穹》等5部涉案作品的垂直搜索，而第一被告在其无线频道仅仅收录了30多个纯粹是侵权内容的网站，相反原告起点中文网作为正版首发的网站却未被收录在内。根据一般的搜索规则，输入任何一个热门小说的关键词都会得到含有该关键词的小说、新闻、网络游戏、评论等相关内容的上千万个页面。要在海量的搜索结果中判断来源于哪个网站的哪些网页是小说，唯一的可能就是被告陈列的结果是人工审核的结果。最为讽刺的是，原告网站是全球最大和访问量最高的原创中文小说网站，且是系争作品的首发站和唯一正版站，在正常情况下任何正常的搜索算法都会把原告网站自动列在搜索结果中靠前的位置。第一被告不仅在其搜索结果中有大量盗版链接，还对作为正版首发的原告网站拒不收录在内，这种违背常识的现象更证明了原告搜索结果经过刻意编辑删选。

同时，原告当庭提交的证据可以表明，第一被告的搜索结果显示为来源于某个网站，而点击阅读该小说的具体章节，其复制于第一被告服务器上的内容却来源于另外一个毫

不相干的第三方网站，这也是第一被告复制并编辑作品的明证。

（2）前已述及，系争作品具有极高知名度，且原告已经向第一被告发函并提起了诉讼，第一被告对系争作品的权利状况不可能不知晓。第一被告在这样的情况下没有及时删除盗版链接，相反进一步在其无线频道直接传播系争作品内容，显然具有高度恶意。

（3）第一被告将被诉侵权的作品放置于其 wap. baidu. com 小说频道的首页或其他主要页面中，为其设立专门的排行榜，并设立专门的推荐榜对其进行推荐，引诱用户点击侵权作品，且在合理期间内未采取移除措施。这说明第一被告有明确的直接传播系争作品的意图。第一被告在其无线频道传播侵权内容时的身份不是提供搜索服务，而是提供侵权内容，应当就直接传播行为承担法律责任。

综合上述事实，可以看出第一被告有直接实施信息网络传播行为的故意。

3. 第一被告直接对系争作品实施了信息网络传播行为

根据《信息网络传播权保护条例》，信息网络传播权控制的信息网络传播行为，是指以有线或者无线方式向公众提供作品、表演、录音录像制品，使公众可以在其个人选定的时间和地点获得作品、表演、录音录像的行为。将作品、表演、录音录像制品上传至或以其他方式置于向公众开放的网络服务器中，使作品、表演、录音录像制品处于公众可以在选定的时间和地点下载、浏览或以其他方式在线获得的状态，即构成信息网络传播行为。

（1）第一被告提供的并非搜索引擎服务。

百度公司称其在 wap. baidu. com 中提供搜索的仅仅是引擎服务。原告认为，在正常情形下，搜索引擎的使用系帮助互联网用户在海量信息中迅速查询定位其所需要的信息，向用户提供来源网站的信息索引和网络地址链接方式，引导用户到第三方网站浏览搜索内容，而不是替代第三方网站直接向用户提供内容。也就是说，百度公司作为搜索引擎，是引导用户进入第三方网站的桥梁；该用户到达第三方目的网站时，搜索的使命就完成了。本案中百度公司却将第三方网站的全部内容都复制到自己这个桥梁上，使得用户无需到第三方网站就可以直接在百度网完整阅读作品。百度公司截留本应在完成搜索后直接通向第三方网站的流量，构成直接提供侵权作品内容的行为。在此种情况下，搜索已经变成了逃避侵权的幌子，而提供内容才是行为的实质。或者说，第一被告的行为是"搜索"和"内容提供"的叠加。

（2）第一被告在其服务器上直接复制了系争作品的全部内容。

原告通过 28 号、29 号的公证证据证实百度网 wap 频道搜索功能搜索结果可以向用户提供涉案系争作品的全部内容，无论是点击"目录"，还是"正文"，进入的页面均显示其网址为"http：//wap. baidu. com/ssid＝0/from＝0/……"根据互联网的编码规则，服务器与网址的一一对应关系，系争小说阅读页面的网址都显示在 wap. baidu. com 打头的链接中的事实，可以确认该侵权内容都是位于百度公司服务器上的。通过页面的属性查询，也可以清晰看出系争小说的主数据内容存储于百度网站服务器上。该事实是互联网的基本常识，且被已经生效的判决所确认。在百度公司与中国音乐著作权协会著作权纠纷案（2010）一中民终字第 10275 号判决书中，北京市第一中级人民法院写道"法院注

著作权案例

专利权案例

商业标识案例

其他案例

意到本案音著协通过公证证实百度网歌词搜索功能搜索结果可以向用户提供涉案歌词的全部内容，无论是点击'打印预览'，还是'lrc歌词'，弹出文件下载对话框注明的发送者地址方面均属于百度公司服务器，显示页面最下方也是'百度'字样，且只有部分歌词有来源网站信息；点击进行歌曲'试听'，播放时也有滚动全部歌词的内容，页面虽有来源网站的信息，但通过属性查询，其主数据内容存储于百度网站服务器。因此，可以认定百度公司完整直接将歌词放置在其服务器上，由用户以点击歌词搜索按钮方式向用户提供歌词，该行为属于复制和上载作品的行为，并通过网站进行传播。百度公司虽强调其通过重定向技术，且通过快照方式自动缓存，展示存储在第三方网站中的内容，但其提供的内容明显有所删减，并非应访问用户的要求自动形成。"同样地，北京市高级人民法院所作出的"浙江泛亚电子商务有限公司诉北京百度网讯科技有限公司等侵犯著作权纠纷案（2007）高民初字第1201号民事判决书"中，原告在百度网上搜索系争歌词，发现在搜索结果页面网址栏及打印页底端有标明"http：//mp3.baidu.com/m？tn.……"法院确认该歌词系在百度公司的服务器上，百度公司构成直接侵权。本案中，原告提供的多个公证书可以证明，第一被告在无线频道搜索结果及点击阅读功能中可以向用户提供涉案作品的全部内容，无论是点击阅读页面的地址栏，还是每一个网页的"打印结果"（网页打印页所显示的网址，参见原告证据28），网页地址均属于百度公司服务器，显示页面也都有"百度"及"荐：手机上网必备，尽在新版掌上百度！"的字样，且通过页面属性查询，可以清楚看到该页面显示其主数据内容存储于百度网站服务器的事实。再加上百度公司还在每页最下端不显眼处显示"原网页"，这恰恰证明其承认该网页并非原网页，而是原网页之外的一个复制页，而该复制页的内容明显有所删减乃至重新编排，并非应访问用户的要求自动形成。因此，可以认定百度公司完整直接也将系争作品放置在其服务器上，由用户以点击小说搜索按钮的方式向用户提供系争小说。该行为属于复制和上载作品的行为，并通过网络进行传播。

百度公司声称其除了提供搜索引擎服务之外，为了能使用户可以通过手机终端浏览搜索结果中的网络信息，还提供了转码服务。请法官注意，根据其自己的陈述，其提供的是两项服务内容，实施了两种不同的行为。转码服务并不能被搜索服务所涵盖，更不能适用搜索引擎的归责原则。百度公司虽强调其通过转码技术，展示存储在第三方网站中的内容，但其提供的内容与第三方网站页面对比明显有所删减，第三方网站的网站信息及搭载的广告都不在了，该结果并非应访问用户的要求自动形成。

第三方网站上的内容当然存储于第三方的服务器上。百度公司除非通过法律禁止的黑客手段，否则不可能直接修改位于第三方服务器上的页面内容。百度公司只能对自己服务器上的内容进行编辑和整理，这恰恰可以证明第一被告对所谓"第三方内容"进行转码的前提是将系争内容复制在自己服务器上。因此，可以认定百度公司系直接将系争作品的内容放置其服务器上，以用户点击小说搜索按钮的方式向用户提供小说。该行为属于复制和上载作品的行为，并系通过网站进行传播。

虽百度公司提供了部分来源网站的网络地址，且上述内容最初可能确系来源于第三方网站，但由于百度公司在其快照等页面提供了系争小说的全部内容，使得大多数用户在一般情况下无须再选择点击来源网站的网址以获得小说，即无论其是否提供来源网站的信息，用户都可以直接从百度网站页面获取全部小说。百度公司的上述操作方式已实际起到了替代来源网站提供小说内容的作用，百度公司所称的搜索已失去了其提供信息索引和来源的基本特征，在事实上截留用户，让用户在百度网站获取和使用侵权内容。因此，百度公司的上述行为并非合理使用服务内容的网络搜索服务，没有资格主张法律赋予网络服务提供商而不是内容提供商的免责规则，构成侵犯原告对5部作品享有的信息网络传播权。

（3）关于举证责任的分配。

北京市高级人民法院2010年发布的，在全国司法系统有广泛影响的《北京市高级人民法院关于网络著作权纠纷案件若干问题的指导意见》规定：

"（一）信息网络传播行为的判断及法律调整

"2. 信息网络传播行为是指将作品、表演、录音录像制品上传至或以其他方式将其置于向公众开放的网络服务器中，使公众可以在选定的时间和地点获得作品、表演、录音录像制品的行为。

"将作品、表演、录音录像制品上传至或以其他方式置于向公众开放的网络服务器中，使作品、表演、录音录像制品处于公众可以在选定的时间和地点下载、浏览或以其他方式在线获得，即构成信息网络传播行为，无须当事人举证证明实际进行过下载、浏览或以其他方式在线获得的事实。

……

4. 网络服务提供者的行为是否构成信息网络传播行为，通常应以传播的作品、表演、录音录像制品是否由网络服务提供者上传或以其他方式置于向公众开放的网络服务器上为标准。

原告主张网络服务提供者所提供服务的形式使用户误认为系网络服务提供者传播作品、表演、录音录像制品，但网络服务提供者能够提供证据证明其提供的仅是自动接入、自动传输、信息存储空间、搜索、链接、P2P（点对点）等服务的，不应认为网络服务提供者的行为构成信息网络传播行为。

5. 网络服务提供者主张其仅提供信息存储空间、搜索、链接、P2P（点对点）等技术、设备服务，但其与提供作品、表演、录音录像制品的网络服务提供者在频道、栏目等内容方面存在合作关系的，可以根据合作的具体情况认定其实施了信息网络传播行为。

6. 提供信息存储空间服务的网络服务提供者对服务对象提供的作品、表演、录音录像制品的主题、质量、内容等进行审查或者对作品、表演、录音录像制品进行了涉及内容的选择、编辑、整理，以决定是否在网络上发布的，其行为构成直接的信息网络传播行为，但基于法律、法规和部门规章的要求对著作权状况之外的内容进行审查的除外。

……

8. 网络服务提供者主张其仅为被诉侵权的作品、表演、录音录像制品提供了信息存储空间、搜索、链接、P2P（点对点）等服务的，应举证证明。网络服务提供者不能提供证据证明被诉侵权的作品、表演、录音录像制品系由他人提供并置于向公众开放的网络服务器中的，可以推定该服务提供者实施了信息网络传播行为。"

从上述规定可以看出，在原告提供了构成侵权的初步证据后应该由第一被告就系争内容不在其服务器上进行举证。本案中第一被告完全可以围绕上述事实举证，并可以通过专家证人的方式对"虽然侵权网页网址显示的是其网址，其也对网页进行了编辑，但是该内容仍然不在其服务器上而在第三方网站服务器"上的主张进行证明。然而，被告提供的关于直接侵权部分的证据，都是与本案无关的作品，无关的搜索引擎及无关的手机浏览终端，不能否认公众可以在自己选定的时间与地点在百度公司的服务器上获取内容的事实，更无法对抗原告的证据，与本案没有关联性。第一被告的逻辑是"1. 有其他的搜索引擎也这样做，所以我的行为就不侵权""2. 有的网站在手机上不能浏览，所以我替他转码，让用户可以浏览"。第一被告实际上是在偷换概念：①第三方也实施侵权行为不能免除本案被告的侵权责任，第一被告对其他网站的侵权模式的熟悉恰恰证明其恶意；②第一被告作为搜索引擎的功能是提供一个指向，而被搜索网站是否适合在手机阅读并非其需要关注的内容，而为了加大自己的流量，将其他网站上的内容复制并进行转码的行为就是自己在实施直接的信息网络传播行为。

（4）直接侵权行为的认定。

浙江省高级人民法院在"上海玄霆娱乐信息科技有限公司诉北京书生电子技术有限公司侵犯著作财产权纠纷案"[（2010）浙知终字第200号判决书]中指出："被告在其网站上复制《星辰变》的完整集、章节目录，并就所有的集、章均设置了指向其他网站的链接，实际上将其他网站作为自己网站传播《星辰变》作品的一种手段，其服务目的并非单纯地为互联网用户提供《星辰变》作品网络资源的链接。信息网络传播是人的一种有意识行为，不能机械地以被传播的内容是否客观存在于被告读吧网的服务器为唯一依据来判定被告的行为是否构成对作品信息网络传播权的侵犯。单纯地在网站上设置指向其他网站的关于《星辰变》作品的单一链接（设链网站就作品整体仅设置一个链接），该链接指向的是被链网站关于作品整体的传播安排，被告在其网站上对《星辰变》作品进行介绍并就《星辰变》作品完整的集、章目录设置指向其他网站的链接，那么其他网站服务器上作品的相应内容仅仅是被告实现其积极传播《星辰变》作品的条件，只要该服务器处于服务状态，被告传播《星辰变》作品的主观意愿就能够得到实现，此时被告完成了对《星辰变》作品的信息网络传播行为，侵犯了原告拥有的《星辰变》作品的信息网络传播权。"

在上海市第一中级人民法院作出的"上海聚力传媒技术有限公司与上海激动网络有限公司侵犯著作财产权纠纷上诉案"[（2009）沪一中民五（知）终字第32号民事判决书]中，法院认为，系争影片在被告网站上播放时视频上虽显示有"六间房"字样，但影片系由被告主动寻找所得，影片在播放时显示的IP地址属于被告，其播放仍然在被告的网站上进行，故在被告无证据证明的情况下，认定涉案影片由被告播放。即使如被告所述其与"六间房"之间设置了链接，但被告实施的链接是直接针对涉案影片的。被告通过选择，有目的、有针对性地与第三方网站进行链接，且链接后显示的仍然是被告的网页，使第三方网站上的电影作品直接为被告自己所用。同时被告在其网站上对影片按类别、地区进行了编辑和分类，并设置了搜索功能，为用户上网选择点播影片提供了便利，使用户可以通过被告设置的步骤在被告的网站上完成全部操作。故被告的主观过错是显而易见的，其抗辩意见不成立。被告擅自在其网站上传播涉案影片的行为侵犯了原告对涉案影片享有的信息网络传播权，应立即停止侵权并承担赔偿责任。

上述判决均认为只要从原告证据中可以明确地看出被告积极传播侵权内容的故意，侵权内容是否在被告服务器上的因素可以不予考虑。本案中第一被告在系争作品已经被起诉的情况下，仍然在其 WAP 频道设立"排行榜单"和"精品推荐榜"主动推荐系争作品，并在其服务器完整复制侵权作品，使得用户可以直接在其网站阅读侵权内容，其行为毫无疑问已经构成直接侵权！

（上海市协力律师事务所傅钢律师、游闽键律师，该案原告玄霆公司代理人）

## 媒体报道

http：//it. people. com. cn/GB/42894/196085/14617014. html

**5月10日，盛大文学委托代理人之一、上海市协力律师事务所律师傅钢正接受新华社"中国网事"记者专访。新华社记者 裴鑫 摄**

盛大文学委托代理人、上海市协力律师事务所主任游闽键接受新华社"中国网事"记者专访时表示，对于判决结果满意。"50万元的赔偿金额也达到了著作权法定赔偿金额的最高额度，表明了司法对于知识产权保护的力度。"他认

# 最贵网络文学侵权案

## ——上海玄霆娱乐信息科技有限公司与北京幻想纵横
## 网络技术有限公司著作权侵权纠纷案

**原告（被上诉人）：** 上海玄霆娱乐信息科技有限公司（以下简称"玄霆公司"）

**被告（上诉人）：** 北京幻想纵横网络技术有限公司（以下简称"幻想公司"）

**一审法院：** 上海市第二中级人民法院

**一审案号：**（2013）沪二中民五（知）初字第 191 号

**一审合议庭成员：** 胡宓、凌宗亮、余震源

**一审结案日期：** 2014 年 5 月 26 日

**二审法院：** 上海市高级人民法院

**二审案号：**（2014）沪高民三（知）终字第 78 号

**二审合议庭成员：** 钱光文、张本勇、马剑峰

**二审结案日期：** 2014 年 9 月 29 日

**案由：** 著作权侵权纠纷

**关键词：** 信息网络传播，对外授权，主观善意

## 涉案法条

《著作权法》第 10 条第 1 款第 12 项、第 48 条第 1 项、第 49 条

《信息网络传播权保护条例》第 18 条第 1 项

《最高人民法院关于审理著作权民事纠纷案件适用法律若干问题的解释》第 28 条

《民事诉讼法》第 170 条第 1 款第 1 项

## 争议焦点

- 幻想公司在纵横中文网上传播《永生》作品的行为是否构成侵权。
- 幻想公司授权案外人中国移动浙江公司及畅声公司使用《永生》作品的行为是否

构成侵权。

- 玄霆公司主张幻想公司赔偿经济损失 1200 万元是否有事实与法律依据。

## 审判结论

一审法院判决：幻想公司立即停止对玄霆公司就《永生》文字作品享有的信息网络传播权的侵害；于判决生效之日起 10 日内赔偿玄霆公司经济损失 300 万元；并赔偿玄霆公司合理费用 3 万元。驳回玄霆公司的其余诉讼请求。

二审法院判决：驳回上诉，维持原判。

## 起诉及答辩

原告诉称：玄霆公司是国内原创文学门户网站"起点中文网"的运营商。2010 年 1 月 18 日，玄霆公司与文字作品《永生》的作者王某（笔名："梦入神机"）签署了《白金作者作品协议》及附属合同，约定在协议期间王某创作的作品的著作权以及相关的一切衍生权利完全排他地归属于原告。2010 年 7 月，玄霆公司发现王某在幻想公司经营的纵横中文网（www.zongheng.com）上发表上述《永生》作品，后经诉讼，已有生效判决确认玄霆公司享有《永生》作品的著作权。但之后幻想公司继续在其经营的纵横中文网上非法传播上述作品，更擅自授权案外人中国移动通信集团浙江有限公司（以下简称"中国移动浙江公司"）及上海畅声网络科技有限公司（以下简称"畅声公司"）在手机阅读基地和畅听网上使用该小说，非法获利数额巨大，严重侵犯了玄霆公司对《永生》作品享有的信息网络传播权等合法权益。故玄霆公司诉至法院，请求判令：①幻想公司立即停止在纵横中文网上传播文字作品《永生》及基于该作品的对外授权行为；②幻想公司赔偿玄霆公司经济损失 1200 万元；③幻想公司赔偿玄霆公司支出的合理费用 51500 元。后在一审庭审中，玄霆公司将第①项诉请改为要求幻想公司停止基于《永生》作品的对外授权行为。同时，玄霆公司明确放弃在该案中追加案外人中国移动浙江公司及畅声公司作为共同被告。

被告辩称：①根据（2011）沪一中民五（知）终字第 136 号民事判决书，王某有权继续在纵横中文网上发布其创作的《永生》作品，因此，幻想公司刊载《永生》作品的行为不构成对玄霆公司就该作品享有的信息网络传播权的侵犯，且上述刊载行为已经在上述生效判决中被处理过，该事实不应再次被审理。另外，幻想公司已经于 2013 年 11 月将《永生》作品从纵横中文网上删除。②幻想公司在前述玄霆公司与王某的著作权合同纠纷诉讼的二审判决作出之前将《永生》作品授权给中国移动浙江公司开展相关业务是善意行为，因此获得的财产权益应受到法律保护，且被告在得知前述二审判决结果之后已经与玄霆公司就《永生》作品开展合作事宜进行协商，直至 2012 年 11 月仍协商未果，被告随即停止了与该案外人的协议。幻想公司没有授权案外人畅声公司使用《永生》作品。③玄霆公司主张的 1200 万元经济损失畸高，且没有事实与法律依据。

## 事实认定

一审法院经审理查明：涉案文字作品《永生》是由案外人王某以"梦入神机"的笔名创作完成的。2010年1月18日，玄霆公司与王某签订了《白金作者作品协议》和《委托创作协议》，约定王某在协议期间创作的作品的包括信息网络传播权在内的著作权归属于玄霆公司。2010年6月18日，王某与幻想公司签订了《劳动合同书》，约定王某按照幻想公司要求创作的职务作品的著作权归幻想公司所有。2010年7月18日，王某以"梦入神机"的笔名开始在纵横中文网上发表《永生》作品。2010年7月23日，玄霆公司以著作权合同纠纷为案由起诉王某，要求王某继续履行前述两份协议，停止在包括纵横中文网在内的其他网站发布其创作作品的行为并承担违约金101万元，同时要求法院确认《永生》的著作权归玄霆公司所有；在同案中，王某亦提起反诉，要求撤销和解除前述两份协议。幻想公司在该案中的诉讼地位为有独立请求权第三人。2012年5月4日，上海市第一中级人民法院对该案［（2011）沪一中民五（知）终字第136号］作出二审判决：王某与玄霆公司签订的两份协议于二审判决生效之日予以解除；王某向玄霆公司支付违约金60万元；王某创作的《永生》的著作权（除法律规定不可转让的权利以外）归玄霆公司所有；驳回王某及幻想公司的其余上诉请求；驳回玄霆公司的一审其余诉讼请求。

2010年11月10日，幻想公司（乙方）与案外人中国移动浙江公司（甲方）签订了《手机阅读内容合作协议》，约定："乙方同意按本协议的约定将授权书所列的作品（包括其封面图片）的信息网络传播权许可给甲方使用""对乙方授权甲方的作品甲方按实收信息费收入的40%向乙方支付使用费""本协议自2010年11月10日开始，合作期限为贰年"。在该协议所附授权作品目录中包括该案系争《永生》作品。幻想公司（甲方）与案外人畅声公司（乙方）的《合作协议》约定："甲方将附件中授权使用作品列表中的作品（包括本案系争《永生》作品）授权乙方以本协议约定的方式在www.ting85.com上向用户提供收听及下载增值服务"。

幻想公司在纵横中文网上提供《永生》作品供阅读的时间是2010年7月18日至2013年11月。至一审庭审时，幻想公司已经停止了在纵横中文网上传播《永生》作品的行为；中国移动阅读基地上仍然有《永生》作品供手机用户阅读，但中国移动浙江公司已经将《永生》作品自2012年11月之后收取的信息费用全部转付给了玄霆公司。2010年11月10日至2012年10月，中国移动浙江公司支付给幻想公司的收益分成为1737002.11元。

## 一审判决及理由

一审法院认为：鉴于（2011）沪一中民五（知）终字第136号民事判决书已经确认《永生》作品的著作权归玄霆公司所有，幻想公司自2010年7月18日至2013年11月在纵横中文网上传播《永生》作品的行为，构成未经著作权人许可通过信息网络向公众传播其作品的著作权侵权行为。关于幻想公司有权继续发布《永生》作品的辩称意见，一审法院认为上述二审生效判决撤销一审判决主文第③项"王某停止在纵横中文网上继续发表《永生》的行为"的原因在于，二审判决做出前，《永生》作品已经创作并发表完毕，王某的发表权已经一次性用尽，无法再恢复到未发表的状态，一审的此项判决已无实际必要。但该项判决主文的撤销不能视为是对幻想公司继续使用《永生》作品的授权和许可，幻想公司在《永生》作品发表完毕后继续在纵横中文网上传播该作品的行为仍然构成侵害作品信息网络传播权。另外，上述生效判决并未涉及幻想公司的侵权行为，因此该案对于幻想公司侵权行为的审理并不违反一事不再理原则。

另外，根据该案相关证据以及生效判决，可以认定幻想公司未经许可实施将《永生》作品的信息网络传播权授权中国移动浙江公司以及畅声公司使用的行为构成侵害玄霆公司的信息网络传播权。关于幻想公司系善意使用的辩称，一审法院认为，首先，我国著作权法没有关于著作权善意取得的规定，被告认为其可因主观原因免除侵权责任的辩称意见没有法律依据；其次，根据玄霆公司提交的网络微博证据并结合原告、被告本属同业竞争者这一事实，幻想公司关于自己属于善意第三人的主张缺乏事实依据。

关于赔偿额，一审法院认为，根据玄霆公司网站的收费标准，幻想公司网站记载的点击次数并不必然可以转化为玄霆公司的计算依据，完全以点击数作为赔偿计算的依据会导致赔偿数额过高，但幻想公司从案外人中国移动浙江公司处所获分成收益的数额可以作为确定赔偿数额的重要参考。

综上，依照《著作权法》第 10 条第 1 款第 12 项、第 48 条第 1 项、第 49 条，《信息网络传播权保护条例》第 18 条第 1 项之规定，判决如下：

（1）幻想公司立即停止对玄霆公司就《永生》文字作品享有的信息网络传播权的侵害；

（2）幻想公司于该判决生效之日起 10 日内赔偿玄霆公司经济损失人民币 300 万元；

（3）幻想公司赔偿玄霆公司合理费用 3 万元；

（4）驳回玄霆公司的其余诉讼请求。

## 上诉理由

幻想公司不服，向上海市高级人民法院提起上诉。

上诉人幻想公司的主要上诉理由为：①玄霆公司与王某签订的《白金作者作品协议》和《委托创作协议》缺乏合同标的，依法不成立，不能作为《永生》作品归属的判断依据；②《永生》作品著作权的归属于 2012 年 5 月 4 日被终审判决确认，在此之前，幻想公司并不明知该作品的著作权归属，也不具有主观恶意；③ 判决赔偿经济损失 300 万元，数额畸高，缺乏法律依据。根据《最高人民法院关于审理著作权民事纠纷案件适用法律若干问题的解释》（以下简称《著作权司法解释》）第 28 条的规定，确定赔偿数额时只能自起诉之日起向前推算 2 年。2010 年 7 月~2011 年 10 月不应当被计入侵权时间。

## 二审查明事实

经审理查明，一审法院认定的事实属实。

## 二审判决及理由

二审法院认为：（2011）沪一中民五（知）终字第136号民事判决为终审判决，判定王某创作的《永生》著作权（除法律规定不可转让的权利以外）归玄霆公司所有，幻想公司作为有独立请求权第三人亦参与了该案的诉讼。由于玄霆公司依法享有《永生》作品的著作权，幻想公司未经许可在纵横中文网上传播《永生》作品以及授权案外人中国移动浙江公司和畅声公司使用《永生》作品的行为，构成对玄霆公司就《永生》作品享有的作品信息网络传播权的侵害，应当承担停止侵权、赔偿损失的民事责任。

关于幻想公司是否具有主观恶意，二审法院认为：首先，幻想公司与玄霆公司系同业竞争者，根据该行业的惯例，幻想公司在与王某签订《劳动合同书》时应当知晓王某与玄霆公司之间可能存在相关的作品创作协议。其次，自2010年7月《永生》作品涉讼以后，幻想公司在明知该作品著作权权属存在争议的情况下，除了在纵横中文网上持续传播《永生》作品以外，还将该作品的信息网络传播权对外进行授权营利。最后，2012年5月4日，前述生效判决确认《永生》著作权归玄霆公司所有以后，幻想公司仍然没有停止前述行为。因此，一审法院认定幻想公司侵权主观恶意明显，并无不当。

关于赔偿数额，二审法院认为：《著作权司法解释》第28条规定："侵犯著作权的诉讼时效为两年，自著作权人知道或者应当知道侵权行为之日起计算。权利人超过两年起诉的，如果侵权行为在起诉时仍在持续，在该著作权保护期内，人民法院应当判决被告停止侵权行为；侵权损害赔偿数额应当自权利人向人民法院起诉之日起向前推算两年计算。"该案中，2012年5月4日，《永生》作品的著作权由生效判决确认被上诉人玄霆公司所有，因此该案的诉讼时效应当自该判决生效之日起计算，玄霆公司于2013年11月向一审法院提起该案诉讼，并未超过两年的诉讼时效，因此该案并不适用前述"侵权损害赔偿数额应当自权利人向人民法院起诉之日起向前推算两年计算"的规定。一审法院综合考虑《永生》作品的实际价值、幻想公司的侵权行为方式、侵权持续时间、侵权损害后果、幻想公司从案外人处的获利分成收入等因素，酌情确定的300万元赔偿数额并无不当。

综上，幻想公司的上诉请求与理由缺乏事实和法律依据，应予驳回。依据《民事诉讼法》第170条第1款第1项之规定，判决如下：

驳回上诉，维持原判。

 **承办律师办案心得**

（2011）沪一中民五（知）终字第136号上海玄霆娱乐信息科技有限公司与王某、

北京幻想纵横网络技术有限公司著作权合同纠纷案〔(2011)沪一中民五(知)终字第136号〕其实是关联案件，在前案中确定了《永生》作品的著作权归属于原告所有，则前案的挖角公司使用该作品必然构成侵权，于是原告方继续委托笔者就该作品提起侵权之诉，要求纵横公司停止侵权，赔偿损失。这种诉讼策略是在前案伊始即确定的，但由于诉讼周期冗长，使得两案时间间隔非常长。

一、全面收集索赔证据，积极举证是获得高额判赔的关键

笔者接受代理后，认为尽可能全面地收集被告的侵权范围，并尽可能锁定索赔证据是该案的关键，就此展开了广泛的取证工作。被告为了获取流量，在其平台上采取了免费的方式进行传播，故其直接获利很难确定。但所幸的是，被告同时将该小说放在中国移动阅读基地上进行收费传播，而移动阅读基地的收费方式和下载数量是相对比较明确的，这为原告锁定被告的获利提供了一个很好的参考标准，故笔者重点公证了这部分证据，并围绕这部分证据展开了重点公正，取得了很好的效果。

该案法院判赔了300万元的赔偿金，这可能是迄今为止单部网络文学作品侵权案件中赔偿数额最高的一起。该案原告提出了高达1200万元的赔偿诉请，并且提供了具有合理性的计算依据，比如，原告认为，按涉案作品《永生》在被告网站以及移动阅读基地网站上的点击次数(超过2亿次)乘以原告网站的收费标准，原告损失至少为4.2亿元。被告无法预测法院是否会采纳原告的主张，因而承受着巨大的诉讼压力。在此压力之下，被告主动向法院提交了"《永生》作品在中国移动阅读基地收入明细"，以表明其从涉案作品中的获利远远不及1200万元，但已显示其从中国移动浙江公司移动阅读基地处所获得的收益分成已经高达173万余元。笔者结合被告提交的其与中国移动浙江公司移动阅读基地的合作协议以及被告提交的分成结算清单指出，在2010年11月至2012年10月，被告基于非法授权《永生》在移动阅读基地上获取的分成费为1737002.11元，按照被告与中国移动浙江公司之间的收益分配约定，被告获得的分成费为该作品总实收收益的40%，因此小说《永生》在移动阅读基地上所产生的实收信息费共计$1737002.11 \div 40\% = 4342505.275$元。即因被告非法授权中国移动浙江公司使用原告享有著作权的作品《永生》，被告及中国移动浙江公司因共同侵权所获的违法所得至少为4342505.275元。根据《民法通则》第130条的规定：二人以上共同侵权造成他人损害的，应当承担连带责任；因此，对于被告与中国移动浙江公司共同侵犯原告著作权的行为，原告有权要求被告对已经有充分证据证明的全部侵权违法所得4342505.275元向原告承担赔偿责任。虽然法院最终没有判决全部支持原告的赔偿诉请，但以被告提交的前述"收入明细"为主要依据，判赔了数额仍然较高的300万元。可见，虽然业内一直诟病知识产权案件赔偿额低，但很多时候是原告方主张不够多，举证不够充分。如果能够大胆主张，积极举证，在法官的心证中形成高度盖然性，还是有可能获得高额判赔的。

近年来，各地法院都在积极采取加大知识产权损害赔偿力度的有力措施，比如上海市浦东新区人民法院在2019年4月26日发布的《浦东法院加大知识产权损害赔偿力度服务保障中国(上海)自由贸易试验区建设白皮书》(节选)中提出了以下措施：

1. 贯彻严格保护政策，实现损害赔偿充分有效

加大侵权惩罚力度，针对严重侵权行为，按照法定赔偿上限确定损害赔偿数额。对重复侵权、恶意侵权及其他严重侵权行为，权利人虽不能准确证明实际损失和侵权获利，以致无法适用惩罚性赔偿的，在适用法定赔偿方式确定赔偿额时，仍应结合被侵权作品或标识的商业价值、侵权行为的性质和侵权人的主观过错程度等因素，予以顶格判赔。

结合现有证据，积极运用裁量性方式酌定赔偿数额，使权利人获得足额赔偿。权利人提供了用以证明其实际损失或者侵权人违法所得的部分证据，足以认定计算赔偿所需的部分数据的，可以参考许可费、行业一般利润率、侵权行为的性质和持续时间、当事人的主观过错等因素，运用酌定赔偿方法确定损害赔偿数额。根据现有证据虽不能准确计算实际损失或侵权获利的具体数额，但该数额明显超过法定赔偿最高限额的，可运用裁量性方式在法定最高限额以上酌定赔偿数额。在原告上海壮游信息科技有限公司与被告广州硕星信息科技有限公司等侵害著作权、商标权及不正当竞争纠纷案中，法院查明原告将涉案网络游戏《奇迹MU》授权案外人改编为网页游戏的许可费用，表明被告的侵权行为给原告造成许可费利益上的损失，已超过了法定赔偿的最高限额，综合考虑涉案游戏的商业价值和知名度、被告侵权行为的方式和影响以及被告的主观故意等因素，在法定赔偿最高限额以上确定赔偿数额500万元。

2. 坚持市场价值导向，确保损害赔偿科学合理

以实现知识产权市场价值为指引，合理确定损害赔偿计算方式。在确定知识产权损害赔偿数额时，力求准确反映被侵害的知识产权的相应市场价值，并适当考虑侵权行为人的主观状态，实现以补偿为主、以惩罚为辅的双重效果。合理运用证据规则、经济分析方法等手段，努力实现侵权损害赔偿与知识产权市场价值的协调性和相称性，真正保障权利人恢复到无侵权行为时其应有的市场利益状态。

积极查明知识产权合理许可费，提高损害赔偿计算的科学性和合理性。注重审查授权许可合同的真实性、合理性及合同实际履行情况，增强许可费用的可参照性。充分考虑正常许可与侵权实施在实施方式、时间和规模等方面的区别，确保损害赔偿数额不低于可比较的合理许可费。

加大对合理开支的支持力度，全面覆盖权利人维权成本。全面支持权利人为制止侵权支出的合理费用，并在损害赔偿数额之外单独列出，另行计赔。当事人虽未提交证据证明其维权支出，但根据在案其他证据和已经查明的事实能够推定该项支出确已发生或必然要发生的，可以依照日常生活经验，参考该项支出的市场平均价格予以支持。充分尊重法律服务市场价值，在多起案件中对原告主张的律师费用，给予全额支持。

3. 遵循产业发展规律，优化损害赔偿激励创新

尊重市场和产业规律，不断加大司法惩处力度，推动产业健康有序发展。结合不同产业的发展特点，给权利人提供充分的司法救济，使侵权人付出足够的侵权代价，提高知识产权损害赔偿的针对性和实效性。关注新技术、新产业、新业态、新模式发展，通过合理确定损害赔偿数额，强化知识产权审判对产业升级、形成竞争新优势的推动作用，

保护新兴产业发展壮大。

　　充分认识信息数据的重要价值，依法促进数据经济蓬勃发展。重视数据信息作为企业创新激励和商业优势的关键作用，鼓励数据的开发应用，保障数据信息依法有序自由流动。在认定涉及数据信息案件的损害赔偿时，既要依法维护数据信息作为企业核心资产和关键竞争优势的价值，又要防止因过度保护而导致数据持有人对数据信息的垄断。在原告上海汉涛信息咨询有限公司与被告北京百度网讯科技有限公司等不正当竞争纠纷案中，法院认定被告大量、完整使用原告的点评信息，被告对原告数据信息的使用方式，超过了适当使用的合理限度，实质替代了原告向用户提供信息，构成不正当竞争。法院综合考虑被告的市场地位、被告使用涉案数据信息的方式和范围、不正当竞争行为持续的时间、原告获取数据信息的难易程度等因素，判决被告赔偿经济损失300万元和合理费用23万元。

　　4. 积极运用证据规则，准确查明损害赔偿事实

　　强化诉讼指引，完善程序保障，鼓励当事人提供能证明实际损失或侵权获利的损害赔偿证据。针对知识产权诉讼的特点，向当事人积极释明侵权损害赔偿的举证要求及法律后果，推动并引导当事人在提交证据、质证以及庭审中最大限度呈现知识产权的市场价值。鼓励当事人委托审计、会计等专业领域的专家辅助人出庭对销售数额、行业利润率、同类产品单价及财务报表等作出评价和说明。根据当事人申请依法启动鉴定、评估程序，发挥第三方在损害赔偿事实查明中的功能作用。对当事人提出的证据保全申请，积极受理、迅速审查、依法裁定、立即执行，充分发挥保全制度效能，及时准确固定损害赔偿证据。

　　结合适用证据披露和举证妨碍制度，督促侵权人披露损害赔偿证据，提高损害赔偿计算的准确性。对确由一方当事人掌握的财务账册、经营数据等损害赔偿证据，根据对方当事人的申请，责令证据持有人披露该等证据。持有证据的当事人无正当理由拒不提交，或者故意毁灭有关证据、提交虚假证据、作出虚假陈述妨碍诉讼活动的，可以依法作出不利于该方当事人的事实推定。对证据保全的被保全人隐匿、毁损、更换已采取保全措施证据的，依法予以民事制裁，并结合相关情况推定证据保全申请人主张的赔偿数额成立。

　　准确把握损害赔偿证明标准，合理分配举证责任，适当减轻权利人举证负担。在损害赔偿事实认定中积极运用优势证据规则，全面、客观地审核计算赔偿数额的证据，充分运用逻辑推理和日常生活经验，对有关证据的真实性、合法性和证明力进行综合审查判断。当事人在诉讼中和诉讼外进行自认的，在没有相反证据推翻自认内容的情况下，应作为认定案件事实的依据。

　　作为代理律师应该深入把握法院的审判精神及具体措施，大胆主张，积极举证，合法合理地追求当事人利益的最大化。

　　二、著作权转让不适用善意取得

　　该案被告在庭审中主张了善意取得的抗辩，但事实上著作权的转让不适用善意取得

制度，代理人在庭审阶段从法理上进行了说明，也列举了一系列参考案例供法庭参考。

现有判决如广东飞乐影视制品有限公司与北京太格印象文化传播有限公司侵犯著作权纠纷上诉案［（2006）一中民终字第 2500 号］判决、扬州扬子江音像有限公司与刘耕源等侵犯著作权纠纷上诉案［（2009）苏民三终字第 0196 号］判决就明确否认现行著作权法有适用善意取得的空间。法官专门就善意取得论述道：我国现行著作权法并无关于善意取得制度的规定，对于作为无形财产的著作权来讲，现并无与之相关的适当公示方法及相应的公信力，在著作权曾数次转让情况下适用善意取得制度可能发生诸多被告均享有著作权之冲突，从而导致无法保障真正权利人的利益，亦无法保护交易安全，故判决著作权属于最初与作者签约的公司。原告依据该案系争两合同已经自始即获得了《永生》的著作权，而王某在与该案被告签订著作权转让合同时已不再是系争作品的著作财产权人，该转让行为应属无权处分。被告可以向王某主张违约责任，但是其对《永生》的著作权没有任何权益。

该案被誉为"最贵网络文学侵权案"，是当时国内法院对单部文字作品信息网络传播权侵权作出的最高额判决，入选上海市知识产权联席会议办公室发布的"2014 年上海市保护知识产权十大典型案例"和上海市高级人民法院发布的"2014 年度上海法院知识产权司法保护十大案件"。该案的典型意义在于表明了司法机关保护知识产权、打击非法网络转载乱象的决心和力度。

## 代理词节选

根据庭审过程的情况，原告发表以下代理意见：

一、原告自始即拥有《永生》的完整著作权

（2011）沪民五字（知）终字第 4136 号终审判决书认为：依法成立的合同，对双方均具有拘束力，守约方有权请求违约方承担继续履行、支付违约金、赔偿损失等违约责任。玄霆公司与王某于 2010 年 1 月 18 日先后签订了两份合同，即《白金作者作品协议》《委托创作协议》。该两份合同系双方当事人真实意思表示，内容并不违反法律的强制性规定，双方均应依约履行合同义务。根据《委托创作协议》的相关规定，《永生》的著作权自始就归属原告所有，因此，终审判决首先判决：

"一、维持上海市浦东新区人民法院（2010）浦民三（知）初字第 424 号民事判决第五项，即王某创作的《永生》著作权（法律规定不可转让的权利除外）归上海玄霆娱乐信息科技有限公司所有"。

著作权是一项高度垄断的私权，未经许可任何人都不得使用，本案被告的系列使用行为当然构成侵权。

二、被告对《永生》的使用行为系未经授权的侵权行为

被告对（2011）沪民五字（知）终字第 4136 号终审判决书第二项判决的二、撤销上海市浦东新区人民法院（2010）浦民三（知）初字第 424 号民事判决第三项的解读完全是错误的，其得出自己在纵横中文网刊载《永生》的行为属于合法行为的结论更是荒

谬之极。

二审判决的核心在于，两份协议约定的部分义务，"涉及王某的创作自由，具有人身属性，在性质上并不适于强制履行……在王某违约时，玄霆公司不得请求王某继续履行，只能请求王某支付违约金或者赔偿损失。但是，对于已经创作出的作品的权利归属，并不属于不能强制履行的义务，玄霆公司主张依据合同享有《永生》著作权于法有据。因此，玄霆公司请求继续履行合同将涉及对王某创作行为的强制，本院难予支持，但其主张享有《永生》著作权的请求于法有据，本院应予支持。同时，由于前述合同义务在性质上不适于强制履行，合同目的因王某的违约行为不能实现，故而王某请求解除合同本院可予支持，但王某应当承担支付违约金等违约责任。"

从判决书内容及判决主文可以看出，王某已经完成的《永生》的著作权归属于原告的事实是确定无疑的，但是对于除《永生》之外的、王某尚未创作完成的作品，因为法院判决合同解除，王某可以不再履行合同义务，则原告不享有著作权，原告对于王某未来的创作行为及其创作成果不再享有合同利益，故而撤销上海市浦东新区人民法院（2010）浦民三（知）初字第424号民事判决第一、第二项与王某继续履行有关的义务。

而对一审判决第三项，一审、二审判决都认为《白金作者作品协议》《委托创作协议》系合法有效的，则作者王某在被告网站上发表系争作品的行为因为系严重的违约行为，当然应该予以制止，故一审判决第三项判定"被告王某停止在纵横中文网上继续发表《永生》的行为"。而在2012年5月4日二审宣判时，王某创作的《永生》已经于2012年2月5日创作完成并在被告网站上发表完毕，此时王某的发表权已经一次用尽，无法再回复到未发表的状态，因此一审判决第三项判定"被告王某停止在纵横中文网上继续发表《永生》的行为"已经无法实现，故二审撤销了一审的第三项判决。这绝不能倒推出"王某有权在包括纵横中文网等在内的网站上发布其创作的作品《永生》"这样的结论。

二审判决书无论主文还是判决都没有任何文字涉及将原告享有著作权的作品授权给作者王某在第三方网站上发布的权利，更没有授权被告使用。判决书第18页第1段也明确驳回了被告对系争作品的任何权利的诉求："两上诉人还分别主张《永生》应属于上诉人王某在上诉人幻想公司工作期间的职务作品，或者还有他人参加了该作品的创作，本院认为，根据一审原告、被告所签订协议，《永生》创作完成后，财产权利即归玄霆公司所有，而《永生》是否还有他人参与创作并无充分证据加以证实，故本院对该等上诉主张亦应予以驳回。"著作权毕竟是具有独占性的私权，法院不可能既判决著作权归属于原告，又允许王某和被告随意使用。被告的解读简直是对二审法官智商的侮辱！

三、二审的第四项判决并未豁免被告的侵权责任

首先，二审判决针对的是合同之诉，其判决王某承担60万元的违约金，是对王某违约行为的一种责任承担方式。根据合同的相对性原理，其只解决原告与王某之间的合同纠纷，不涉及第三方，当然不豁免被告的侵权责任。被告与原告并无合同关系，本案也不涉及违约之诉和侵权之诉竞合的问题，本案是典型的侵权之诉！

其次，判决书第 17 页第 2 段的表述是"在合同义务不适于继续履行的情况下，玄霆公司依据该条款主张违约金于法有据。鉴于《永生》著作权应判归玄霆公司所有，可以视为合同部分履行利益已经实现，故而本院应相应调减违约金至 60 万元予以支持。"从该表述可以看出，法院认为王某部分履行了合同义务，毕竟其已经依约创作了《永生》且著作权已经归属于原告了，所以 60 万元违约金是针对除创作完成了《永生》之外的其他违约行为的救济，并未填补因被告的侵权所造成的原告的损失。

事实上，由于被告的侵权行为给原告造成了数亿元的损失，又岂是区区 60 万元可以补偿的？

四、被告对侵权具有重大恶意

原告是中国网络文学领域的领导者，首创了在线付费阅读的商业模式，这是中国唯一原创的商业模式，并扶持和发展了一大批知名的网络原创作家，在业内具有极高口碑和市场占有率。

被告旗下的纵横中文网也复制了原告的商业模式，从事同业经营，但是其采取的却是通过不正当竞争的形式挖角行为，妄图直接将原告培养的一批在业内具有较高知名度的作者直接挖到其旗下，从而打击原告，发展自己。《永生》的作者王某作为与原告签约的白金作家，在原告长期、大量投入全方位宣传资源、创作培训等的鼎力支持下逐步成为知名的网络作家，自然是被告旗下的纵横中文网挖角的主要目标之一。

被告的纵横中文网是原告旗下起点中文网的直接竞争者，熟知原告与王某之间的合同关系及权利归属关系，其与王某的签约行为完全是恶意的。原告证据（2010）沪卢证经字第 1735 号公证书第 37 页表明：直接实施挖角行为的纵横中文网的总编"邪月"对被告转会行为的发言，说 2010 年 4 月跟王某、方某等知名作者就开始接触了，只是 2010 年 6 月份才得手而已，这恰恰证明被告王某签约系处心积虑的恶意行为。被告的副主编"蛋妈"就是以前原告的编辑。2010 年 6 月 18 日被告王某签约，而王某依据与原告签署的协议所创作的上一部作品《阳神》直到 2010 年 7 月 3 日才结尾，该小说具有巨大知名度，在起点中文网及百度网的排行榜上长期排名前列，纵横中文网作为原告的竞争对手不可能不知道王某跟原告的合同关系。

不仅如此，在原告于 2010 年 7 月 23 日向上海市浦东新区人民法院提起违约之诉时，被告替王某聘请了律师，并作为第三人参与了诉讼，掌握了原告提交的包括《白金作者协议》《委托创作协议》在内的所有证据，其对系争作品的著作权归属早已明知而仍然肆意使用。

退一步讲，在 2012 年 5 月 4 日二审判决明确确定《永生》的著作权归属于原告的情况下，被告作为一家进行版权运营，熟知《著作权法》相关规定的业内同行，肯定知道其无权使用系争作品，然而其不仅继续维持与中国移动浙江公司的合作，更继续收取巨额分成到 2012 年年底，直到原告自行与中国移动浙江公司协调后才放弃，而其自己的网站则一直持续侵权到本案起诉后半个月。

以上种种，可见被告完全置法律与行业道德于不顾，具有重大的侵权恶意。

五、著作权转让不适用善意取得

被告所谓的劳动合同完全是被告串通王某刻意伪造的证据。原告在庭审中已经指出了该证据的诸多谬误荒诞之处，上海市第一中级人民法院也未认可该证据的效力。

即便为论证方便而先假定该劳动合同真实，也不能因此改变系争作品著作权的归属，因为我国对著作权的转让不适用善意取得，而原告依据本案系争合同已经自始即获得了《永生》的著作权，而王某在与本案被告签订著作权转让合同时已不再是系争作品的著作财产权人，该转让行为应属无权处分。被告可以向王某主张违约责任，但是其对《永生》的著作权没有任何权益。现有判决如（2006）一中民终字第 2500 号广东飞乐影视制品有限公司与北京太格印象文化传播有限公司侵犯著作权纠纷上诉案判决、（2009）苏民三终字第 0196 号扬州扬子江音像有限公司与刘耕源等侵犯著作权纠纷上诉案判决就明确否认现行著作权法有适用善意取得的空间。法官专门就善意取得论述道：我国现行著作权法并无关于善意取得制度的规定，对于作为无形财产的著作权来讲，现并无与之相关的适当公示方法及相应的公信力，在著作权曾数次转让情况下适用善意取得制度可能发生诸多被告均享有著作权之冲突，从而导致无法保障真正权利人的利益，亦无法保护交易安全，故判决著作权属于最初与作者签约的公司。

六、关于被告赔偿金额的确定

（一）关于著作权侵权赔偿额的确定方式

《著作权法》第 49 条规定：侵犯著作权或者与著作权有关的权利的，侵权人应当按照权利人的实际损失给予赔偿；实际损失难以计算的，可以按照侵权人的违法所得给予赔偿。赔偿数额还应当包括权利人为制止侵权行为所支付的合理开支。

根据《最高人民法院关于民事诉讼证据的若干规定》第 73 条规定，双方当事人对同一事实分别举出相反的证据，但都没有足够的依据否定对方证据的，人民法院应当结合案件情况，判断一方提供证据的证明力是否明显大于另一方提供证据的证明力，并对证明力较大的证据予以确认。《最高人民法院关于当前经济形势下知识产权审判服务大局若干问题的意见》（法发〔2009〕23 号）指出，在确定损害赔偿时要善用证据规则，全面、客观地审核计算赔偿数额的证据，充分运用逻辑推理和日常生活经验，对有关证据的真实性、合法性和证明力进行综合审查判断，采取优势证据标准认定损害赔偿事实。对于难以证明侵权受损或侵权获利的具体数额，但有证据证明前述数额明显超过法定赔偿最高限额的，应当综合全案的证据情况，在法定最高限额以上合理确定赔偿额。故此，相关司法精神及司法实践明确了在认定侵犯知识产权的赔偿数额时，要注意用好优势证据规则，综合全案的证据情况，在法定最高限额以上合理确定赔偿额。

实践中多见的是将实际查明数额与酌定数额相结合计算实际损失或侵权获利。对于难以准确计算或现有证据无法直接证明的损失，可参照一定的标准进行推算。如根据原告提供的证据能够对权利人销售情况的变化做出大致相当的推断，并足以令独立而公正的裁判者产生内心确信，就应当对相关证据和权利人据此提出的请求予以采纳；又如当事人提供了据以计算权利人损失或侵权人获利所需的销售数量等数据，其他所需数据尚不能确定的，可以参考许可费、行业一般利润率、类似商品利润率、侵权行为的性质、持续时间、当事人的主观过错等因素，酌定计算赔偿所需的其他数据，从而计算实际损失或侵权获利赔偿数额。

（二）原告证据已经充分证明在无线网络领域，被告给原告造成了超过434万元的巨大经济损失

本案中，在2010年11月至2012年10月，被告在明知自己不具有系争作品《永生》著作权的情况下，仍然将该作品的信息网络传播权授权给中国移动浙江公司进行收费传播，中国移动浙江公司未尽到充分的注意义务，大肆传播了系争作品，并收取了巨额收入，两者就该作品构成了共同侵权，其所获的总收益为共同侵权所得。相应地，其所获得的收益就是原告作为权利人在同一市场上的损失。

根据贵院调取的被告与中国移动浙江公司签署的合作协议（以下简称"合作协议"）证明，2010年11月，被告非法将系争作品《永生》授权给中国移动浙江公司阅读基地（以下简称"阅读基地"），双方在合作协议第6条的收益分配和结算中进行如下约定：甲、乙双方以乙方提供的作品在手机阅读平台上产生的实收信息费为基础进行结算，对乙方授权甲方的作品甲方按实收信息费收入的40%向乙方支付使用费，实收信息费指用户定购乙方作品而产生并已经实际支付给甲方的内容费用，不包括使用甲方网络而产生的通信费用，通信费用归甲方所有。

合作协议以及被告提交的分成结算清单均显示，在2010年11月至2012年10月，被告基于非法授权《永生》在阅读基地上获取的分成费为1737002.11元，按照被告与中国移动浙江公司之间的收益分配约定，被告获得的分成费为该作品总实收收益的40%，因此小说《永生》在移动阅读基地上所产生的实收信息费共计 $1737002.11 \div 40\% = 4342505.275$ 元。即因被告非法授权中国移动浙江公司使用原告享有著作权的作品《永生》，被告及中国移动浙江公司因共同侵权所获的违法所得至少为4342505.275元。根据《民法通则》第130条的规定：二人以上共同侵权造成他人损害的，应当承担连带责任；因此，对于被告与中国移动浙江公司共同侵犯原告著作权的行为，原告有权要求被告对已经有充分证据证明的全部侵权违法所得4342505.275元向原告承担赔偿责任。

除此之外，中国移动浙江公司还将系争作品用于移动书包进行打包包月出售，其一般的做法为将一部著名作品配4部普通作品打成书包出售，也获利颇丰。因为有其他作品捆绑，且中国移动浙江公司是比较谨慎保守的国有企业，故中国移动浙江公司拒绝出具关于系争作品就该种使用方式的获利明细和官方情况说明。但据中国移动浙江公司向原告透露的情况，其就书包使用方式支付给被告的费用至少为110万元，则该种使用方式实际获利至少为 $1100000 \div 40\% = 2750000$ 元。

（三）在互联网领域，被告掠夺原告的用户量，对原告造成了巨大的经济损失

除了已经证明了明确金额的移动网络领域，在互联网领域的非法传播方面，原告提供了据以计算权利人损失或侵权人获利所需的销售数量等数据，并且提供了阅读基

地的购买单价和原告自身通过互联网进行传播的许可费（千字 5 分钱每次），法院可以参考许可费、行业一般利润率、类似商品利润率、侵权行为的性质、持续时间、被告的主观过错等因素，酌定计算赔偿所需的其他数据，从而计算实际损失或侵权获利赔偿数额。

原告证据 2 [（2013）沪卢证经字第 2597 号公证书第 29 页] 表明，截至 2013 年 9 月 10 日，被告网站上系争作品的点击数已经达到 2715272202 次。根据原告证据 2 证明，被告网站小说阅读方式为按章节阅读，即用户每点击一次最少是阅读一章，本案系争小说平均每章的字数约为 5089110 字（小说总字数）÷1634 章≈3114 字，即用户每点击一次最少阅读字数约为 3114 字。根据原告网站每千字 0.05 元的收费标准，则原告至少应获得收入：（5089110÷1634）×2715272202×0.05÷1000=422837176 元，而这些收入却因为被告非法传播系争作品而化为乌有，给原告造成了巨大损失。即便假定系争小说每章只有 1000 字，则给原告造成的损失也有 135763610 元 [计算公式为：2715272202 点击数（每次点击 1 章）×0.05 元=135763610]，而事实上系争小说没有一章低于 1000 字的。

并且根据原告证据 2 [（2013）沪卢证经字第 2597 号公证书第 116 页] 表明，截至 2013 年 8 月 13 日，在被告非法授权的阅读基地网站上，系争作品的点击数达到 244263735 次，而双方的合作协议表明，仅在 2010 年 11 月至 2012 年 10 月，双方因共同侵权所获违法所得就达 4342505.275 元；而被告网站《永生》作品的点击数为 2715272202 次，是阅读基地网站上的 11 倍之多，可见，被告擅自在其网站提供《永生》小说免费阅读的行为对原告造成的损失金额也远远高于 4342505.275 元。

对于被告这种以免费阅读方式来增加网站浏览量获利的行为，在上海市浦东新区人民检察院诉瑞创公司、韩某等人侵犯著作权刑事案件中，被告人同样是向用户提供免费下载已经植入自己网站地址的盗版 windows 软件，通过提高网站浏览量来赚取利益。在对该案被告网站非法经营数额的认定上，采取的就是以被告人提供的侵权软件带来的网站访问量作为计算基数来计算获利金额。在要求证据高度精准的刑事案件中尚且可以采用推定计算的方式，在本案证据充分确凿的情况下可以较为精准地认定被告在互联网领域的损失。

综上所述，就上述两个领域中原告的损失及被告的获利，原告的诉请是合理合法、有证可依的，请求法院支持原告的诉请。

七、纠纷背景概述

原告上海玄霆娱乐信息科技有限公司（以下简称"玄霆公司"）是国内原创文学门户网站"起点中文网"（以下简称"起点网"）的运营商。作为中国网络文学领域的领导者，原告始终致力于整合国内优秀的原创网络文学力量，为原创网络文学提供最好的发表和推广的家园。起点网以推动中国文学原创事业为发展宗旨，长期致力于原创文学作家的挖掘与培养工作，已扶持和发展了一大批知名的网络原创作家，在业内具有极高口碑和市场占有率。

被告旗下的纵横中文网也复制了原告的商业模式，从事同业经营，但是其采取的却

著作权案例

专利权案例

商业标识案例

其他案例

是通过不正当竞争的形式挖角，妄图直接将原告培养的一批包括王某在内的，在业内具有较高知名度的作者直接挖到其旗下，从而打击原告，发展自己。王某作为与原告签约的白金作家，在原告长期、大量投入全方位宣传资源、创作培训等的鼎力支持下逐步成为最知名的网络作家，自然是纵横中文网挖角的主要目标之一。

以王某为代表的大量的原告顶尖级专属作者在被告的蛊惑下集体"出逃"，使原告投入几亿元，花费近十年时间打造的原创网络文学平台受到了极大影响，其本拟于2011年在美国纳斯达克上市的计划也因被告的恶意竞争而不得不中止。而被告则在短短四年内从一家初创的小网站成长为国内排行第三的网络文学网站，并于2013年年底被百度公司以近2亿元的价格收购。

因此，请法院考虑本案的具体背景，从保护原创文学环境，保护创新性企业合法利益的角度出发，对本案作出公正的判决。综上所述，原告的诉请是合理合法、有证可依的，请求法院支持原告的诉请。

原告代理人：傅钢

2014 年 1 月 10 日

（上海市协力律师事务所傅钢律师、余凌英律师，

该案原告玄霆公司代理人）

## 媒体报道

# 《永生》委托创作合同纠纷案

## ——上海玄霆娱乐信息科技有限公司与王某、北京幻想纵横网络技术有限公司著作权合同纠纷案

**原告（反诉被告、被上诉人）：** 上海玄霆娱乐信息科技有限公司（以下简称"玄霆公司"）

**被告（反诉原告、上诉人）：** 王某

**第三人（上诉人）：** 北京幻想纵横网络技术有限公司（以下简称"幻想公司"）

**一审法院：** 上海市浦东新区人民法院
**一审案号：** （2010）浦民三（知）初字第 424 号
**一审合议庭成员：** 杜灵燕、张毅、沈卉
**一审结案日期：** 2011 年 5 月 4 日

**二审法院：** 上海市第一中级人民法院
**二审案号：** （2011）沪一中民五（知）终字第 136 号
**二审合议庭成员：** 刘军华、陆凤玉、胡瑜
**二审结案日期：** 2012 年 5 月 4 日

**案由：** 著作权合同纠纷

**关键词：** 违约责任，继续履行，人身属性

## 涉案法条

《合同法》第 8 条、第 44 条、第 60 条、第 94 条第 4 项、第 107 条、第 110 条第 1 项、第 114 条

《著作权法》第 10 条、第 11 条、第 25 条第 1 款

《最高人民法院关于民事诉讼证据的若干规定》第 2 条

## 争议焦点

- 《白金作者作品协议》是否应当被撤销。
- 《委托创作协议》是否应当解除。
- 《永生》著作权的归属。
- 违约金的处理。

## 审判结论

一审法院判决：原告、被告继续履行《白金作者作品协议》及《委托创作协议》；被告王某停止在纵横中文网上继续发表《永生》并向原告支付违约金20万元；被告王某创作的《永生》的著作权（除法律规定不可转让的权利以外）归原告所有；驳回原告的其余诉讼请求；驳回反诉原告王某的全部诉讼请求。

二审法院判决：上诉人王某与被上诉人玄霆公司签订的《白金作者作品协议》《委托创作协议》于二审判决生效之日予以解除；上诉人王某向被上诉人支付违约金60万元；上诉人王某创作的《永生》的著作权（除法律规定不可转让的权利以外）归被上诉人所有；驳回上诉人王某及幻想公司的其余上诉请求；驳回被上诉人玄霆公司的原审其余诉讼请求。

## 起诉及答辩

原告诉称：原告系起点中文网的运营商，被告系原告的签约作家。双方自2006年起即有合作。2010年1月18日，双方签订了《白金作者作品协议》及其从合同《委托创作协议》。原告按约定向被告支付了预付款10万元，并积极履行约定义务。但自2010年7月起，原告发现被告在纵横中文网（www.zongheng.com）上发布其创作的名为《永生》的小说，并在博客文章及其他言论中明确表示要离开起点中文网，不再继续履行合同规定的义务。故原告起诉，要求判令被告：①继续履行《白金作者作品协议》及其从合同《委托创作协议》，停止在其他网站（包含且不限于纵横中文网www.zongheng.com）发布其创作作品的行为；②被告承担违约金101万元；③确认被告创作的《永生》著作权归原告所有。

被告辩称：①原告没有为被告投入大量的宣传资源，网站推介的也只是网络作品而非网络写手个人。②《白金作者作品协议》的文本是原告提供的，大多数条款显失公平，故应被撤销。《委托创作协议》约定创作内容不明确，难以履行。③原告并不享有《永生》作品的著作权。《永生》不属于原告、被告约定的协议作品范畴，而是被告加入第三人公司后的职务作品，其著作权归属于第三人。④原告主张的违约金数额过高。

被告同时反诉诉称：双方确实于2010年1月18日签订了讼争的两份协议，但该两份协议均系原告提供的格式合同。《白金作者作品协议》显失公平，依法应予撤销。《委托创作协议》关于委托事项的约定极不明确，无法履行，请求解除。遂要求判令：①撤销《白金作者作品协议》；②解除《委托创作协议》。

第三人幻想公司述称：

其与被告签订了劳动合同，《永生》是被告入职后创作的作品，属于职务作品，因此《永生》的著作权归第三人所有。

针对反诉，原告玄霆公司辩称：

两份协议真实有效，不应被撤销和解除，而应继续履行。

## 事实认定

一审法院经审理查明：

玄霆公司是国内原创文学门户网站"起点中文网"的运营商。自 2006 年起，王某与玄霆公司签订多份协议，将相关作品的信息网络传播权等著作权独家授权或转让给玄霆公司。在此期间，玄霆公司向王某陆续支付了共计 200 余万元的稿酬。

2010 年 1 月 18 日，玄霆公司（甲方）与王某（乙方）签订《白金作者作品协议》一份。协议第 3.2.1 条约定：乙方同意并确认将自本协议生效之日起四年内所创作的所有作品在全球范围内的信息网络传播权及协议作品电子形式的汇编权、改编权、复制权、发行权等全部永久转让于甲方。并约定：乙方保证并承诺在全球范围内未曾自行或授权许可任何第三方可对该作品（含协议作品）进行任何电子形式的发表、使用或开发。合同还约定了当事人的违约责任以及违约金条款。

同日，玄霆公司（甲方）与王某（乙方）还签订了《委托创作协议》一份。该协议约定乙方作为专属作者，在协议期间内乙方承诺只为甲方创作作品，或只创作协议作品，故乙方承诺在协议期间创作的作品的著作权以及相关的一切衍生权利完全排他性地归属于甲方（包括乙方于协议期间内受甲方委托创作的作品、协议作品，以及乙方于协议期间内受甲方书面许可或擅自而未经甲方许可为第三方创作的任何作品）。否则乙方同意退还甲方所有由甲方支付于其的相关费用并承担相应的违约责任。合同还约定了当事人的违约责任以及违约金条款。

2010 年 2 月 10 日，玄霆公司依约向王某预付了 10 万元创作资金。

2010 年 6 月 18 日，王某（乙方）与幻想公司（甲方）签订《劳动合同书》一份，约定王某在幻想公司处担任游戏策划部门总监一职，合同期限 5 年，月薪 5000 元。乙方的岗位职责为：按公司要求进行职务作品创作。合同还约定，乙方按照甲方要求创作的职务作品著作权归公司所有，因创作职务作品所产生的任何第三方纠纷均由甲方负责处理。

2010 年 7 月 18 日，王某以"梦人神机"的笔名开始在纵横中文网（www.zongheng.com）上发表作品《永生》，连载至 2012 年 2 月 5 日结束。

著作权案例

专利权案例

商业标识案例

其他案例

## 一审判决及理由

一、《白金作者作品协议》是否应当被撤销

一审法院认为：该案中的作品实际就是著作权法所称的智力创作成果，因很难计算其实际价值，不适用显失公平制度。另外，从涉案协议内容来看，协议对于原告、被告双方来讲是互惠互利的，符合合同法的平等自愿互利的原则，因此，《白金作者作品协议》不存在显失公平的情形，不符合合同法规定的撤销条件。

二、《委托创作协议》是否应当解除

一审法院认为：首先，文学作品的委托创作协议不同于合同法中的委托合同，该案并不适用《合同法》第410条关于"委托人或者受托人可以随时解除委托合同"的规定。其次，该案讼争的《委托创作协议》中虽然对于协议作品未确定名称，但由于文学作品创作的特殊性及其必须依附于作者智力创作的特点，作品名称在协议签订时未予确定，亦符合常理。且协议并未限定作品的创意、思想等，亦明确了被告最迟开始交稿的时间为签约之日起一年后，并由原告向被告先预付了10万元的创作款，可见原告已给予被告足够的时间进行大纲甚至作品的构思与创作。故该协议不符合法定解除的条件，且原告亦不同意解除，而协议尚在履行期内，故该案讼争的《委托创作协议》应当继续履行。

三、《永生》著作权的归属

一审法院认为：现从被告、第三人对于《永生》创作过程的陈述来看，该作品的主创人还是被告，其他人员只是一般的辅助人员。被告主要是在老家进行创作，大纲也是由被告完成，发表亦是以被告笔名发表。故《永生》应当属于被告的作品，而从其创作时间来看，是在原告、被告约定的创作时间内，所以《永生》的著作权属于原告。

四、违约金的处理

违约金作为合同的一部分，兼有补偿性质和惩罚性质，但主要以补偿性为主，且不应超过原告实际损失。虽然双方在协议中约定了违约金的计算依据及方法，但该案中原告对其实际损失并未举证，从实际来看，被告在第三人网站发布小说，对于原告来讲损失的是点击率，而点击率转化成经济损失并无相关标准。再者，双方还要继续履行合同，故违约金可适当予以调低。

综上，依照《合同法》第8条、第44条、第60条、第107条、第114条，《著作权法》第10条、第11条、第25条第1款和《最高人民法院关于民事诉讼证据的若干规定》第2条之规定，判决如下：

（1）原告玄霆公司与被告王某继续履行双方于2010年1月18日签订的《白金作者作品协议》；

（2）原告玄霆公司与被告王某继续履行双方于2010年1月18日签订的《委托创作协议》；

（3）被告王某停止在纵横中文网上继续发表《永生》的行为；

（4）被告王某应于该判决生效后十日内支付原告玄霆公司违约金200000元；

（5）被告王某创作的《永生》著作权（除法律规定不可转让的权利以外）归原告玄霆公司所有；

（6）驳回原告玄霆公司的其余诉讼请求；

（7）驳回反诉原告王某的全部诉讼请求。

## 上诉理由

王某和幻想公司不服，向上海市第一中级人民法院提起上诉。

上诉人王某的上诉理由为：①《永生》是职务作品，著作权属于幻想公司；②《委托创作协议》是王某与玄霆公司之间以信任为基础建立的委托创作网络文学作品的委托合同关系，其中智力创作活动本身具有极强的人身专属性，合同义务性质不适于强制履行；③《白金作者作品协议》是玄霆公司利用自身在行业内的优势地位以及王某没有经验而签订的合同，其内容违反了公平和等价有偿原则；④玄霆公司未基于《白金作者作品协议》支付任何费用，且其亦未举证证明其遭受了实际损失，一审法院判决王某承担20万元违约金没有任何事实和法律依据；⑤《委托创作协议》已变更了《白金作者作品协议》约定的委托创作期限，因此，一审法院以《白金作者作品协议》约定的内容认定事实有误。据此，请求二审法院撤销一审判决第1~7项，改判驳回玄霆公司的全部诉讼请求，支持上诉人王某的反诉请求。

上诉人幻想公司的上诉理由为：①《永生》是职务作品，著作权属于幻想公司；②一审法院依玄霆公司请求直接追加幻想公司为无独立请求权的第三人参加诉讼，属法律程序错误，即使幻想公司参与诉讼，亦应当属于有独立请求权的第三人；③作者在《委托创作协议》中的合同义务属于《合同法》第110条规定的可要求继续履行的例外情形，依法不适用继续履行。王某已明确表示不再履行系争《委托创作协议》，其与玄霆公司间的委托合同不应继续履行。据此，请求二审法院撤销一审判决第3项和第5项。

## 二审查明事实

上诉人王某与被上诉人玄霆公司均在庭审中确认双方先签订《白金作者作品协议》，之后签订《委托创作协议》。后者是前者的补充和具体化，部分条款有所变更。二审审理期间，纵横中文网的"书讯频道"项下"杂谈"栏目内出自 http://www.zongheng.com 的"梦入神机新书发布活动神机营 ipad2 馈书友"一文中提到：2012 年 2 月 5 日，创造了无数奇迹的《永生》完本。梦入神机新书将于 2012 年 3 月 1 日 10 时整在纵横中文网首发。

## 二审判决及理由

据合同双方当事人庭审时的陈述，虽然玄霆公司与王某的《白金作者作品协议》与《委托创作协议》签署时间为同一日，但实际上《委托创作协议》在后签订，因此，可将《委托创作协议》视为对《白金作者作品协议》的修改、补充和具体化。合同当事人之间的权利义务关系应当根据两份合同所规定的条款来确定，如果约定存在矛盾或不一致，则应以《委托创作协议》为准。该两份合同系双方当事人真实意思的表示，王某通过声明和行为明确表示不再履行合同义务，构成对合同义务的违反，依法应当承担相应的违约责任。

在《委托创作协议》中，双方约定王某为玄霆公司的"专属作者"，只能创作"协议作品"，不得为他人创作作品或者将作品交于第三方发表，在协议期间以外创作的作品还应当由玄霆公司享有优先受让权等。这些义务，涉及王某的创作自由，具有人身属性，在性质上并不适于强制履行，并且如果强制王某不得创作协议作品以外的作品，也不符合著作权法鼓励创作的立法目的。在王某违约时，玄霆公司不得请求王某继续履行，只能请求王某支付违约金或者赔偿损失。但是，玄霆公司主张依据合同享有《永生》的著作权于法有据。据此，该院相应调减违约金至60万元。

对于上诉人幻想公司的主张，二审法院认为，一审法院通知其参加诉讼并对《永生》的著作权权属予以判定的行为并无不当。根据审原告、被告所签订协议，《永生》创作完成后，财产权利即归玄霆公司所有，而《永生》是否还有他人参与创作并无充分证据加以证实，故对该等上诉主张亦应予以驳回。

综上所述，依照《民事诉讼法》第153条第1款第2项，《合同法》第94条第4项、第107条、第110条第1项、第114条第1款和第2款之规定，判决如下：

（1）维持上海市浦东新区人民法院（2010）浦民三（知）初字第424号民事判决第5项，即王某创作的《永生》的著作权（除法律规定不可转让的权利以外）归玄霆公司所有；

（2）撤销上海市浦东新区人民法院（2010）浦民三（知）初字第424号民事判决第1项、2项、3项、4项、5项、7项；

（3）上诉人王某与被上诉人玄霆公司于2010年1月18日签订的《白金作者作品协议》《委托创作协议》于该判决生效之日予以解除；

（4）上诉人王某应于该判决生效之日起十日内向被上诉人玄霆公司支付违约金60万元；

（5）驳回上诉人王某其余上诉请求；

（6）驳回上诉人幻想公司的其余上诉请求；

（7）驳回被上诉人玄霆公司一审其余诉讼请求。

## 🖊 承办律师办案心得

网站经营者买断网络作家未来作品的合同，由于其中含有作者创作行为的因素，使其效力和能否强制履行成为该案核心问题。由于合同内容很丰富，并非《合同法》中的有名合同，再加上合同双方结合网络文学市场的特点，作了很多在传统的文学创作领域不曾有的创造性约定，故合同目的和条款的理解成为该案的难点。作为代理人，最核心的工作在于通过双方实际履约的情况向法院证明该协议签署时的真实意思表示，并通过大量举证帮助法官理解网络文学市场的特点、合作中平台方和作者之间的一些具体合作方式的合理性。而这些都需要收集大量的合作证据及行业证据来支持，这是对代理人最具挑战的部分。

该案的终审判决成功解决了这一新类型和疑难问题，认为确定著作权合同的法律性质时，法院不应仅以合同名称作为认定标准，还应当根据合同约定的当事人权利义务关系，并结合合同目的来认定；当事人就未来作品的权利转让所达成的协议具有法律效力，但合同义务涉及作者的创作行为或创作自由时，对方当事人不得主张强制履行。该案终审适用法律正确，利益平衡得当，可资同类案件借鉴。

一、玄霆公司与王某法律关系的性质

该案当事人在同一天签订了两份协议，即《白金作者作品协议》《委托创作协议》。两份合同在内容上既有相同部分，也有不同部分。最本质的区别在于，《白金作者作品协议》约定著作权处分的方式为转让，而《委托创作协议》约定为委托创作。显然，就王某在协议期间创作完成的作品，玄霆公司不可能既因受让方式，又因委托创作方式而取得著作权。庭审中，当事人确认，两份合同中的《委托创作协议》签订在后，且是前者的补充和具体化，部分条款有所变更。因此，合同当事人之间的权利义务关系应当依据两份合同共同确定，如果合同间约定不一致，应以《委托创作协议》为准。

同时，在确定涉案合同法律关系的性质时，法院不应拘泥于当事人使用的合同名称，而必须结合合同中的权利义务条款，并斟酌当事人所追求的缔约目的来确定。该案中，双方所签订的《委托创作协议》虽然选择了"委托创作"这个名称，但从合同内容看，合同并未详细约定王某创作的内容和形式，合同重点在于确定协议作品的权属。结合双方同日签订的《白金作者作品协议》内容可知，双方当事人缔约的真实目的在于"买断"王某未来创作的所有作品的著作权。因此，双方当事人之间的法律关系应当定性为著作权转让关系。

二、转让未来作品权利合同的效力

《著作权法》明确规定，著作权中的财产权利可以转让。但该案中，双方签订合同转让协议作品著作权时作品还未创作，涉案合同实际为约定未来作品著作权转让的合同。就这种转让行为的法律效力，著作权法没有明确规定。

根据《合同法》第52条规定，只有符合该条规定的5种情形时，合同才属于无效。该条第（一）、（二）、（三）、（五）项显然不能适用于该案情形。但是否应从保护社会公共利益的角度，依该条第（四）项规定将此类合同归属于无效，则需要进一步斟酌考量。

第一，从域外立法情况看。对于未来作品权利的转让，有明文规定的国家中，立法者态度并不一致。有的国家完全承认其效力，例如英国、南非、印度。有的国家承认其效力，但作一定限制，例如巴西、法国、德国。也有个别国家完全不承认其效力，如埃及。总的看来，明文禁止未来作品权利转让的立法例并不多见。

第二，从法理角度看。著作权中的财产权利并不存在转让的障碍。而就未来作品权利转让而言，常见的疑问是作品还不存在，何谈权利之转让。但这一问题只与合同的履行有关，与效力判断并无关系。实际上，在有体物的买卖中，买卖合同订立当时，出卖人没有取得货物所有权，或者出卖之标的物本身尚不存在的情况也极为常见。一些国家对未来作品权利转让效力不予承认，或者进行一定的限制，主要是出于对公共政策和利益衡量的考虑。正如法国学者克洛德·科隆贝所认为：在作者转让他的现有权利时，一般合同法看来是足够的，但当合同的标的为未来作品时，问题就暴露了，即作者不公平地受到合同的约束。例如，他在初出茅庐时，没有知名度，满腔热忱地接受了合同的条件，后来，他终于成了名却发现报酬很低，对他的约束过分，总之令人失望。由于作者和出版商、录音录像制作商、电视广播组织等作品传播者的力量对比一般较为悬殊，在合同谈判时常处于不利的地位，如果立法对权利转让作一定的限制，在某种意义上有利于维护作者权益。

但法律承认未来作品权利转让，对促进作品的创作和传播，亦不无积极作用。首先，在版权贸易中，约稿的现象屡见不鲜，很多情况下作者与作品传播者间不存在力量对比悬殊的问题。其次，作品的创作除了依赖于作者的智力创造外，也常依赖于资本的支持。有些作品，例如影视作品、计算机软件、地图等，资本的前期投入对作品的完成有时具有关键作用，如果不允许对未来作品权利进行处分，将不利于保障作品获得充分的资金支持。最后，在文学艺术领域，允许对未来作品的转让，将有利于作者，尤其是初出茅庐的作者获得稳定和可预期的收入，保障其创作活动进行。

总之，对于未来作品权利的转让行为，无论从比较法观察的角度，还是从公共利益衡量的角度考察，都不应简单地将其认定为无效行为。

三、转让未来作品权利合同的违约责任

转让未来作品权利合同具有法律效力，守约方自可依照合同法之规定，要求违约方承担违约责任。有疑问的是，在作者违约时，受让人能否要求其继续履行。

根据《合同法》第110条之规定，债务在法律上不能履行或者债务标的不适于强制履行的，守约方不得请求违约方继续履行。在未来作品转让过程中，创作属于作者的智力创造活动，具有人身的属性，性质上并不适于强制履行；而对创作自由进行限制，又有违著作权法促进作品创作和传播的立法目的，在法律上也不能强制履行。因此，如果合同订立时，作品本身尚未创作完成，之后相对方要求作者交付未完成作品或者让渡权利的，有些情况下会导致对作者创作行为的强制或者创作自由的限制，此时不宜强制作者继续履行。

在该案中，玄霆公司请求判令王某继续履行《白金作者作品协议》及《委托创作协议》，停止在其他网站发布其创作作品的行为，并确认王某创作的《永生》的著作权归玄霆公司所有，属于请求王某承担继续履行合同的义务。首先，在《委托创作协议》中，双方约定王某为玄霆公司的"专属作者"，只能创作"协议作品"，不得为他人创作作品或者将作品交于第三方发表，在协议期间以外创作的作品还应当由玄霆公司享有优先受让权，并且规定了王某交稿时间和字数等。这些义务，涉及王某的创作行为和创作自由，在性质上并不适于强制履行。故王某违约时，玄霆公司不得请求王某继续履行，只能请求王某支付违约金或者赔偿损失。其次，对于已经创作出的作品的权利让渡和转移，则不属于不能强制履行的义务，玄霆公司主张依据合同享有《永生》的著作权于法有据。据此，二审在此基础上对一审相关判决作了改判。该案入选上海市高级人民法院发布的"2012年度上海法院知识产权司法保护十大案件"和最高人民法院发布的"2012年度全国知识产权司法保护五十大案件"。

## 代理词节选

一、一审原告、被告双方是委托创作的法律关系

本案中，一审原告、被告双方一共签署了两份合同，《白金作者作品协议》和《委托创作协议》。

《白金作者作品协议》

第1.1.7款规定，协议作品：是指乙方于本协议约定的期限内所创作的所有作品（可能是单一作品或是数部作品），作品形式包括但不限于《著作权法》第3条所列的所有作品种类，作品的主要内容将以乙方提交于甲方的每部作品大纲为主要蓝本和创作基础，同时乙方根据作品大纲完成作品后，围绕已完成作品主要内容、作品大纲、作品中已出现人物及相关已完成作品的内容线索继续创作的该部作品前传、后传及所有有关已完成作品内容、人物后续发展的一切作品均属协议作品，甲、乙双方同意并确认本协议包含并适用于上述所有的协议作品。

第3.2.1款规定，乙方在协议生效之日起4年内将所创作的所有作品在全球范围内的信息网络传播权及电子形式的其他权利永久转让给甲方。

第3.2.8款规定，协议签署后乙方不得与第三方达成或签订关于协议作品权利归属、转移、授权等内容的任何电子、口头或书面协议。

第4.2.5款规定，协议签订后及协议作品支付完毕后，乙方承诺不使用其真实姓名、笔名或其他姓名、名称等任何名义，为己方及任何第三方以与该部协议作品下共同或相似的标题创作作品或作为其作品中主要章节的标题。

《委托创作协议》

第1.1.7款规定，专属作者：指在协议期间内未经甲方书面许可，乙方不得以真实姓名、笔名或其他姓名、名称等任何名义，将乙方在协议期间内创作的包括协议作品在内的各类作品交于或许可第三方发表、使用或开发，或者为第三方创作各类作品，作品的形式包括但不限于《著作权法》第3条所列的所有作品种类。乙方在本协议内为专属作者。

第1.1.9款规定，协议作品：是指本协议中涉及的甲方委托乙方所创作的作品，作品形式包括但不限于《著作权法》第3条所列的所有作品种类，作品的主要内容将以乙方提交于甲方的作品大纲为主要蓝本和创作基础，同时乙方根据作品大纲完成作品后，围绕已完成作品主要内容、作品大纲、作品中已出现人物及相关已完成作品的内容线索

继续创作的作品前传、后传及所有有关已完成作品内容、人物后续发展的一切作品均属协议作品，甲、乙双方同意并确认本协议包含并适用于上述所有的协议作品。

第3.2.1款规定乙方作为专属作者，甲、乙双方均同意乙方受甲方委托创作的上述协议作品的著作权以及相关的一切衍生权利完全排他性地归属于甲方（本协议所列排他性地范围均包括排除乙方自己，且无论乙方是否将协议作品创作完稿或将协议作品全部交付于甲方，甲方对乙方已完成并交稿于甲方的协议作品内容或甲方自行组织创作的作品均排他性地享有完整的著作权），甲方享有的著作权的内容包括但不限于《著作权法》第10条所列的各种著作权人身权和财产权。

第3.2.2款规定，乙方为专属作者，在协议期内乙方承诺只为甲方创作作品。

第3.2.4款规定，乙方承诺未经甲方许可，本协议签署后乙方不与第三方达成或签订关于本协议期内乙方创作作品相关事宜及作品权利归属、转移、授权等事宜的任何电子、口头、书面形式的协议。

首先，这两份合同是一脉相承的，都属于复合合同。一方面具有艺人经纪的性质：都是规定了乙方为甲方的专属作者，在协议期内乙方承诺只为甲方创作作品，乙方承诺未经甲方许可，本协议签署后乙方不与第三方达成或签订关于本协议期内乙方创作作品相关事宜及作品权利归属、转移、授权等事宜的任何电子、口头、书面形式的协议。另一方面具有委托创作协议或者说承揽协议的约定，王某向玄霆公司交付创作成果。

其次，这两份合同在签署时间上有先后关系，在后签订的《委托创作协议》修订了在先签订的《白金作者作品协议》中的部分规定。

本案中，在王某与玄霆公司签署的上一份《白金作者作品协议》到期后，双方就继续签署《白金作者作品协议》达成了一致，王某将《白金作者作品协议》合同文本签署后寄交玄霆公司，由玄霆公司走合同流程进行盖章。

此后，王某专程飞到上海，与玄霆公司的编辑进行了深入交流，提出了每千字330元等个性化的要求，双方根据交流的情况签署了《委托创作协议》，将稿酬支付标准调整为每千字330元，同时乙方作为专属作者，甲、乙双方均同意乙方受甲方委托创作的上述协议作品的著作权以及相关的一切衍生权利完全排他性地归属于甲方。自此，根据本合同约定，王某在合同期间创作的协议作品自创作完成之时其著作权自然属于玄霆公司，玄霆公司对该著作权的取得方式是原始取得。

根据合同法的基本原理，合同是双方意思自治的结果，在后签订的合同与在先签订的合同同时生效，两份合同不相冲突的条款同时约束双方的权利义务，如果有冲突的条款，则以在后的双方最新的意思表示为准。在该部作品创作的过程中，双方主要依据《委托创作协议》的约定来执行；《委托创作协议》未约定的但是《白金作者作品协议》有约定的，从《白金作者作品协议》之约定。二者是互为补充的关系，而非替代的关系。

因此，本案中王某是玄霆公司的专属作者，就像作家刘恒签约小马奔腾公司或者导演冯小刚签约华谊兄弟一样，将自己未来数年创作的成果专属性地给予了原告；双方实际上是委托创作的法律关系，并基于委托创作合同的约定，王某所创作作品的著作权归属于一审原告。上海市浦东新区人民法院曾经就北京书生公司买断多名知名作家未来十年的著作权作出了认定该约定有效的判决，贵院也维持了一审判决，再次证明了该类合同的有效性。

二、两合同已经依法成立并生效

原告与被告共同签署的《白金作者作品协议》以及《委托创作协议》是双方依法协商一致的结果，是合同自由的表现，均具有合同的法律效力。

本案两合同从其本质上讲是原告针对其专属作家的委托创作合同，原告作为委托方支付高额报酬及其他对价，对受委托人的创作提出要求，并约定著作权归属于原告，是完全符合《合同法》《著作权法》的立法精神及具体规定的。

两协议的标的是王某未来四年的创作行为及其创作的所有作品，暂未定名恰恰说明了合同约定是开放性的，涵盖了四年内的全部作品。

合同自由原则是私法上意思自治原则的主要内容和基本表现。本案系争的两份合同就是双方充分意思自治的表现。早在2006年年初开始，被告已作为原告的白金作家开始了作品的创作。2006年4月，原告、被告签署就《佛本是道》的《文学作品独家授权协议》以及《白金作者作品协议》，以及2008年签署《委托创作协议》，之后，针对被告创作的多部作品，包括《黑山老妖》《龙蛇演义》《阳神》以及本案系争作品《永生》（签订时尚未确定作品名称）均签署了相关的《白金作者作品协议》以及《委托创作协议》。被告在2009年底双方上一期合作合同即将到期之时，专门到原告住所地与双方后续的合作方式进行了充分的沟通，并提了很多新的要求，比如10万元的预付款，比如将支付方式改为根据字数按每千字330元付费，原告、被告双方协商一致后在合同上签字确认，这些都体现在两份合同当中。事实上，基于对被告的重视，原告和被告签署的《白金作者作品协议》和《委托创作协议》是表明被告专属作家的地位，并就被告合同期限内受委托完成的作品著作权的权属，以及被告在取得除根据字数计算的固定收益外，将获得高额的销售分成等内容进行约定，合同约定的双方权利义务是平衡对等的。可以说这两份合同是合同自由最集中的体现，当然应该依法得以遵守。

三、合同的履行情况

合同签订后，原告依约将10万预付款支付到王某的账户，王某依约继续创作并在原告网站上发表小说《阳神》，其间从未有不予履约的意思表示，也未将其从原告处获得的10万元预付定金归还原告，直至2010年7月高调宣布开始为第三人纵横公司进行创作，并开始在纵横中文网上发表小说《永生》及《圣王》，违背了两合同关于专属作者及委托创作等的相关规定。王某曾经于2011年2月向原告提交了一份流水账式，具有挑衅意味的大纲《我在纵横的日子》，写的是在纵横的一些工作的情况，而不是双方约定俗成的仙侠类小说。该大纲与双方签订的合同的基本目的相违背，且并未实际交付后续的实际操作的作品，故当然无法在玄霆公司的网站上发表，也就无法获得玄霆公司支付的报酬。王某的该行为表明其并不想解除合同，只是想选择性地履约，而且其继续履行合同从主观方面来看是没有问题的，从客观操作性方面来看也是完全可行的。对方代理人在庭审中的表述也表达了相同的意思。玄霆公司除已经支付的 10 万元预付款外未再支付费用，也是其行使后履行抗辩权的正常权利。

四、王某解除《委托创作协议》，撤销《白金作者作品协议》并无依据

（一）《委托创作协议》不应被解除

（1）从性质上讲《委托创作协议》不属于《合同法》项下的委托合同，不应当适用委托合同的规定，王某不享有任意的合同解除权。

一审判决书认为："文学作品的委托创作协议不同于合同法中的委托合同，合同法中的委托合同是指委托人和受托人约定，由受托人处理委托人事务的合同，其合同目的是为他人处理事务。委托合同订立后，受托人在委托的权限内实施的行为，等同于委托人自己的行为。而委托创作协议的文学作品必须有赖于作者的创造性智力劳动，即使委托人有思想、观点的要求，也只是受托人创作的限定范围，并不能取代受托人的智力创造。因此两者在性质、内容和法律适用上显然是不同的。"该判决书在对委托关系和委托创作关系的性质分析及认定上有理有据，应为可取。

《合同法》规定的委托合同，有三个特点与委托创作合同的特征有重大区别。

首先是标的与目的不同。根据《合同法》前述规定及法理通说，委托合同是以为他人处理事务为目的的合同，是一种典型的以当事人特定的社会技能提供劳务以完成一定任务的合同，其目的是处理委托人的事务。合同订立后，受托人在委托的权限内所实施的行为，等同于委托人自己的行为。委托合同的标的是以受委托人代为处理委托人事务，委托创作合同的标的是交付作品，前者为劳务或服务而后者为智力成果。

其次是履行方式不同。委托合同的委托事务以代理委托人与第三方为法律行为居多，如代理诉讼、代理申报、代理买卖等，即《合同法》第 402 条及第 403 条专门所规范受托人以自己的名义在委托授权内与第三人订立合同的内容。这些委托处理的事务与委托创作合同中"委托"的创作相差甚远。而第 402 条及第 403 条所规定在合同第三方或委托方违约后受委托人的披露义务及被披露方救济请求权选择，在委托创作关系中也没有适用空间和理由。

最后是解除权不同。委托合同的订立以委托人和受委托人之间的相互信任为前提。委托关系以当事人双方的相互信任为基础，一旦任何一方对对方的信任不复，则合同的履行失去意义和基础。因此，《合同法》第 410 条规定委托人和受托人均可以随时解除委托合同。委托创作关系中，通常仅委托人对受委托人的创作能力须有一定信任，与委托关系中的双方信任明显不同。如果认定委托创作双方均有解除权，不仅与委托创作的性质不符，也将使委托创作合同的履行陷于过大的不确定当中。因此涉案《委托创作协议》与合同法意义上的委托合同在性质和内容上存在很大差别，不应当适用《合同法》关于委托合同的规定，上诉人不享有任意的合同解除权。

（2）本案的《委托创作协议》从性质上讲属于《合同法》项下的承揽合同。

《合同法》第 251 条规定："承揽合同是承揽人按照定作人的要求完成工作，交付工作成果，定作人给付报酬的合同。承揽包括加工、定作、修理、复制、测试、检验等工

作。"其第 261 条规定:"承揽人完成工作的,应当向定作人交付工作成果"。

承揽合同以完成一定工作为目的。承揽合同中,承揽人应当按照与定作人约定的标准和要求完成工作;定做人主要目的是取得承揽人完成的工作成果。换言之,定作人订立合同的目的,并非仅仅是为了获得承揽人提供劳务的过程本身,而是为了获得承揽人所完成的工作成果。本代理人认为,委托创作合同从性质上讲属于承揽合同而不是名称更接近的委托合同。主要理由如下:

首先是合同标的及履行方式相同。承揽合同以完成一定工作为目的。承揽合同中承揽人应当按照与定作人约定的标准和要求完成工作;定作人的主要目的是取得承揽人完成的工作成果。换言之,定作人订立合同的目的,并非仅仅是为了获得承揽人提供劳务的过程本身,而是为了获得承揽人所完成的工作成果。委托创作合同标的是交付约定的创作成果,在合同标的及履行方式上均符合承揽合同的规定,应得直接援引。

其次是解除权规定相同。委托创作关系主要在委托人选择受委托人时需有一定信任作为前提。如委托人对受委托人失去信任,就无法对委托作品抱有期待。委托人合同目的既难实现,继续履行则对其失去意义。《合同法》第 268 条规定承揽合同中的定作人"可以随时解除承揽合同,造成承揽人损失的,应当赔偿损失"。任意解除权的规定对委托人保护自己的利益十分重要,而受委托方的合同权利既以金钱给付请求权为主,以充分赔偿方式实现其利益并无不可。

由于委托创作合同、承揽合同在合同标的完整性、劳动成果特定性、履行行为独立性等重要特征均存在相同之处,因此二者可以受到同一法律规范调整,《合同法》中的承揽合同分则条款可以作为确定委托创作合同双方权利义务的法定依据。承揽合同的客体并未排除著作权,著作权如同传统加工承揽成果的物权一样可以成为交付客体。以此理解,承揽合同足以包容委托创作与著作权归属两项内容的约定。

既然委托创作合同属于承揽合同,则仅原告作为委托人享有合同解除权,而王某作为被委托人不享有解除权。

(3)双方的合作基础依然存在。

在本案中,上诉人(原审被告)从未举证证明任何双方之间的信任关系出现裂痕。事实上,早在 2006 年年初,王某已作为玄霆公司的白金作家开始了作品的创作。王某在长达 6 年的时间内一直与玄霆公司有良好的合作,是玄霆公司力捧的作者之一,玄霆公司给王某的分成比例远高于其自身的获利,也曾经多次召开新闻发布会表彰宣传王某,甚至为其发行邮票。在与其的上一期合同结束后,玄霆公司接受了王某的很多新要求,将报酬提高至保底的每千字 330 元这一远远高于行业平均价格的标准。基于双方之间的良好合作,王某从一位默默无闻的网络写手一跃成为知名的网络文学作家,其经济收入也逐年飙升。在本《委托创作协议》订立之初,玄霆公司已经向王某支付 10 万元的预付款,充分显示了玄霆公司对王某的信任以及与王某进一步合作的诚意。玄霆公司根据其交付的作品,分批次付款是合理的。

因此,本案中的《委托创作协议》不应当被认定为《合同法》项下的委托合同。即

著作权案例 专利权案例 商业标识案例 其他案例

使《委托创作协议》被认定为《合同法》项下的委托合同，王某也不得行使任意解除权，因为双方之间的合作基础依然维系着，任意解除权行使的前提条件不具备，应当继续履行《委托创作协议》。

（二）《白金作者作品协议》是双方意思自治的产物，不存在显失公平的情形，不应当被撤销

《最高人民法院关于贯彻执行〈民法通则〉若干问题的意见》对显失公平的认定作了司法解释，即"一方当事人利用优势或者对方没有经验，致使双方的权利与义务明显违反等价有偿原则的，可以认定为显失公平。"

（1）玄霆公司并未滥用其优势地位。

王某称玄霆公司在网络文学领域占有80%以上的市场份额，具有绝对的垄断地位，使得王某没有其他选择的余地，并且利用这种优势地位与王某订立了所谓的显失公平的合同。这种说法没有事实依据和法律依据。

首先，本案中王某被第三人"挖墙脚"正说明了王某对于签约网站有其他选择的余地，玄霆公司在这个行业中并不是处于绝对的市场支配地位。王某对签约网站有充分的选择权，其与玄霆公司签约完全是其自由意志的体现。

其次，王某称玄霆公司具有绝对垄断地位的说法没有事实依据和法律依据。王某对于玄霆公司在网络文学业占有的市场份额没有提供任何依据，且上海市第一中级人民法院在（2009）沪一中民五（知）初字第113号判决书中已经认定原告不具有垄断地位。此外，王某也未证明玄霆公司存在滥用市场支配地位的情形。因此，玄霆公司不存在《反垄断法》意义上的垄断行为，自然也就不具有垄断地位。

（2）王某熟知合同条款的内容。

王某与玄霆公司在案发前曾多次合作，王某对合同的条款已经相当熟悉。早在2006年4月，原告、被告就签署了《佛本是道》的《文学作品独家授权协议》以及《白金作者作品协议》，2008年签署了《委托创作协议》。之后，针对被告创作的多部作品，包括《黑山老妖》《龙蛇演义》《阳神》以及本案系争作品《永生》（签订时尚未确定作品名称）均签署了相关的《白金作者作品协议》以及《委托创作协议》。由此，王某对合同的相关条款，对整个签约流程以及其中的权利义务不可谓不熟悉。

（3）《白金作者作品协议》中约定的权利与义务并没有明显违反等价有偿原则，因而不存在显失公平的情形。

1）何谓公平。

对于公平的认知没有一个明确的界定。合同的公平究竟体现在合同各方的主观认知，还是应该有一个普遍的客观标准呢，众说纷纭。而著作权的价值本身就是个主观的概念，被上诉人支付给王某的费用远远高于业内平均标准。

一般来说，当事人出于真正自愿的交易才是平等的，只有平等的交易才可能是公平的，换句话说，合同双方完全出于真意而达成的合同，尽管以通常的、普遍的价值标准和公平标准来评价，双方利益出现了失衡，但对合同当事人来讲，只要他认为是公平的，

法律应该尊重当事人的意思自治，而不应加以干涉。显失公平原则是指当事人并不是完全出于真意签约而导致的利益的失衡，其所以签约，是因为其欠缺交易经验，欠缺判断力，过于草率或对方有某些方面的明显优势。总之，只要合同的缔结是双方的真实意思表示，不存在一方欠缺交易经验或者对方利用其明显优势的情形，就不应当被认定为显失公平。本案中，如前文所述，双方自愿缔结了《白金作者作品协议》，上诉人王某在缔结该协议之前，已经与玄霆公司缔结若干类似协议，交易经验丰富，玄霆公司也并未滥用市场支配地位，因此不存在显失公平的可能性。

2）"显"的标准。

"显"失公平指的是，一方获得了超过法律允许限度的利益，而另一方却因此而可能遭受重大损失，合同双方的权利义务明显不对等，如标的价款大大超过了市场同类物品或劳务的价格。本案中，合同条款对于双方权利义务作出了明确约定，王某通过创作作品获得报酬，并借助玄霆公司的网站提升知名度；玄霆公司也支付高额费用并对王某及其作品进行不遗余力地推广，通过行使转让或授权得到的著作财产权获取相应的经济利益。协议对双方的权利义务的规定是互惠互利的。不存在显失公平的情形。

综上所述，玄霆公司并未利用己方优势，且上诉人在合同签订时对于合同条款已经熟知，合同的权利义务分配也不存在明显违反等价有偿原则的情形，因此，《白金作者作品协议》不应当以显失公平为由被撤销，应当继续履行。

五、系争作品《永生》《圣王》的著作权应该归属于原告所有

上诉人以所谓《永生》《圣王》是其加入案外纵横公司后的职务作品作为上诉的理由，依法不应予以采信。

（1）上诉人无权处分。

《白金作者作品协议》第3.2.8款之规定"乙方承诺未经甲方书面许可，在本协议签署之后乙方不与第三方达成或签订关于协议作品权利归属、转移、授权等内容的任何电子、口头、书面等形式的协议（相关出版协议签订之约定参见本协议第3.2.5款）；为保证协议作品的品质及质量，在本协议签署之后至协议作品创作完稿前，乙方承诺也不与第三方达成或签订关于其他作品权利归属、转让、授权等事宜的任何电子、口头、书面等形式的协议；……而且除非获得甲方书面同意并认可，否则乙方与第三方的该等协议约定的内容、权利归属等事项以及法律效力均不能对抗和超越本协议及本协议中甲、乙双方约定的相关内容"。以上条款即使在合同本身被解除之后仍然适用。上诉人王某违反上述合法约定与纵横公司签署的《知识产权归属及保密协议》中涉及协议作品著作权归属的约定完全不具备对抗在先著作权转让约定的法律效力。

请法庭注意，玄霆公司与王某直接签订的系列协议约定了系争小说《永生》的著作权归属，已产生著作权变动的法律事实，玄霆公司对《永生》《圣王》的著作权的取得系原始取得。上诉人王某违反上述合法约定，在已经无权处分的情况下与一审第三人签署所谓《知识产权归属及保密协议》。该协议既不能对抗在先的著作权转让约定，也不能对抗玄霆公司获得系争作品著作权的事实。

同时一审第三人也无法依据善意取得获得《永生》《圣王》的著作权。因为我国对著作权的转让不适用善意取得制度，根据我国《物权法》第106条规定，善意取得的客体仅包括动产和不动产，不包括无形财产。参考现有判例如（2006）一中民终字第2500号判决（"广东飞乐影视制品有限公司与北京太格印象文化传播有限公司侵犯著作权纠纷上诉案"）、（2009）苏民三终字第0196号判决（"扬州扬子江音像有限公司与刘耕源等侵犯著作权纠纷上诉案"）就明确否认现行著作权法有适用善意取得的空间。法官专门就善意取得论述道：我国现行著作权法并无关于善意取得制度的规定，对于作为无形财产的著作权来讲，现并无与之相关的适当公示方法及相应的公信力，在著作权曾数次转让情况下适用善意取得制度可能发生诸多一审第三人均享有著作权之冲突，从而导致无法保障真正权利人的利益，亦无法保护交易安全，故判决著作权属于最初与作者签约的公司。

（2）两上诉人恶意缔约无效。

纵横公司的纵横中文网是玄霆公司旗下起点中文网的直接竞争者，熟知王某与玄霆公司之间的合同关系及权利归属关系，其与上诉人王某的签约行为完全是双方恶意串通、恶意缔约。

无论是王某还是纵横公司，在订立所谓《知识产权归属及保密协议》时均系明显恶意。纵横中文网是答辩人在网络小说产业界最大的竞争对手。为争夺业内第一长期竞争，两家网站竞争的激烈程度可比谷歌和百度、华为和中兴。上诉人王某是答辩人多年培养、包装和推广的顶尖作者，为网络读者和小说网站所熟知。在这样的情形下，王某违背与答辩人的约定而投入纵横中文网阵营，显然不是巧合。

玄霆公司证据公证书第37页表明：直接实施挖角行为的纵横中文网的总编"邪月"对上诉人转会行为的发言，说2010年4月跟神机、方想等知名作者就开始接触了，只是2010年6月才得手而已，这恰恰证明纵横公司与上诉人签约是处心积虑的恶意行为。纵横公司的副主编"蛋妈"就是以前玄霆公司的编辑。2010年6月18日纵横公司与王某签约，而王某依据与玄霆公司签署的协议所创作的上一部作品《阳神》直到2010年7月3日才结尾，该小说具有巨大知名度，在起点中文网及百度网的排行榜上长期排名前列，纵横公司作为玄霆公司的竞争对手不可能不知道王某跟玄霆公司的合同关系。

上诉人所谓的劳动合同完全是王某串通作为利害关系人的纵横公司刻意伪造的证据。玄霆公司在一审庭审中已经指出了该证据不具真实性与合法性之处：①该合同上的王某签字与王某之前的签字笔迹具有巨大差距。②纵横公司仅仅是与玄霆公司相同的"大型中文原创阅读网站"，并无游戏制作或策划的业务内容，纵横中文网连载《永生》也证明其恶意引诱王某跳槽唯一目的就是让王某创作小说，不可能是所谓游戏策划。③王某的专长仅仅是写作，且没有举出任何证据证明做过任何除了小说写作之外的任何"游戏策划"工作；而王某只在第三方网站发表小说的行为也证明了其并非担任了"游戏策划总监"。④纵横公司在加入王某与玄霆公司双方的诉讼后，经玄霆公司要求出具社保缴纳证明才去为王某补缴社保，恰恰证明了其作伪证的行为。⑤上诉人放弃在玄霆公司处每月 10 万元的超高收入，却委身纵横公司只有 5000 元月薪的"游戏策划"，完全不合常理。⑥纵横公司当庭陈述其将《永生》制作成网络游戏是很遥远的事情，至于对上诉人进行奖励更没有具体计划，对于上诉人这样异常在意自己经济收入的年轻人，其不可能接受这样的"空中楼阁"似的奖金安排。以上事实均证明该劳动合同是上诉人在纵横公司与玄霆公司进行不正当竞争的情况下，与纵横公司串通伪造的证据，与客观事实相悖。

另外，上诉人纵横公司认为，根据一审判决认定的事实，王某与上诉人存在合法有效的劳动关系。这是对一审判决的曲解。事实上，一审判决并未就《劳动合同》的有效性问题作出判断。

综上所述，根据《合同法》第 52 条之规定，恶意串通，损害国家、集体或者第三人利益的合同无效。上诉人王某与上诉人纵横公司恶意串通，其签订在后的《劳动合同》严重侵犯了玄霆公司的著作权，该合同应当被认定为无效。系争作品应当被认定为上诉人王某接受玄霆公司委托而创作的委托作品，其著作权根据约定由玄霆公司享有。

（3）退一步讲，即使劳动合同合法有效，系争作品也不应当被认定为职务作品，其著作权不应当由纵横公司享有。

我国《著作权法》对于职务作品的规定是指公民为完成法人或者其他组织的工作任务所创作的作品。其特征是：作者与所在工作机构应具有劳动关系；创作的作品应当属于作者的职责范围；对作品的使用应当属于作者所在单位的正常工作或业务范围之内。在本案中，一方面，依照上诉人与纵横公司签订的劳动合同，上诉人的职务为游戏策划总监，总监是个管理岗位，并非业务岗，上诉人创作网络小说的行为并非其职务行为；另一方面，纵横公司仅仅是与玄霆公司相同的"大型中文原创阅读网站"，其经营范围并不包括游戏制作或策划等内容，庭审中其也承认其对将系争作品改为网络游戏并无计划，因此其设定的"游戏策划总监"的岗位本身就莫名其妙。因此，系争协议作品不是上诉人履行与纵横公司劳动合同的职务作品，纵横公司不享有系争协议作品的著作权。

（4）再退一步讲，即使《劳动合同》被认定为有效，系争作品被认定为职务作品，系争作品的著作权也应当归属玄霆公司。

《著作权法》第 16 条规定："公民为完成法人或者其他组织工作任务所创作的作品是职务作品，除本条第二款的规定以外，著作权由作者享有，但法人或者其他组织有权在其业务范围内优先使用。作品完成两年内，未经单位同意，作者不得许可第三人以与单位使用的相同方式使用该作品。

"有下列情形之一的职务作品，作者享有署名权，著作权的其他权利由法人或者其他组织享有，法人或者其他组织可以给予作者奖励：

"（一）主要是利用法人或者其他组织的物质技术条件创作，并由法人或者其他组织承担责任的工程设计图、产品设计图、地图、计算机软件等职务作品；

"（二）法律、行政法规规定或者合同约定著作权由法人或者其他组织享有的职务作品。"

根据上述规定，即便王某的劳动合同成立，其在工作期间完成的作品也是一般职务

著作权案例

专利权案例

商业标识案例

其他案例

作品，根据上述规定，著作权应该由王某本人享有，纵横公司对其并不享有任何著作权。纵横公司与王某签订的《知识产权归属及保密协议》因为违反著作权的明确规定而无效。基于王某与玄霆公司签订的两份协议，该作品自创作伊始其著作权就归玄霆公司所有，纵横公司连在其业务范围内优先使用的权利没有。

再加上劳资双方的不对等性是劳动合同的天然属性，我国的《劳动合同法》并不隶属于民法体系也恰好印证了劳资双方并非平等主体这一事实。此外，在本案中，《劳动合同》签订于《委托创作协议》之后。综上，从权利的性质和权利获得的先后顺序来说，玄霆公司基于意思自治且取得在先的系争作品著作权应当优先于上诉人纵横公司基于不对等的《劳动合同》且取得在后的系争作品著作权得到保护。

（5）无任何证据证明系争作品是王某和纵横公司其他工作人员共同创作的。

"王某和纵横公司其他工作人员共同创作系争作品"的这一说法是违反常识、违反逻辑的。王某是玄霆公司签约的最知名的网络写手，其写作功力已经得到充分的证明，根本不需要其他人指导或参与。

《著作权法实施条例》第3条规定："著作权法所称创作，是指直接产生文学、艺术和科学作品的智力活动。为他人创作进行组织工作，提供咨询意见、物质条件，或者进行其他辅助工作，均不视为创作。"《著作权法》第11条规定著作权属于作者，无相反证明，在作品上署名的公民、法人或者其他组织为作者。

上诉人称，系争作品是上诉人和纵横公司其他工作人员共同创作的，一审法院事实认定错误。但是一审过程中王某、纵横公司除了当事人陈述之外并未提供任何其他人参与系争作品实际创作的证据。一审中，法庭曾经反复要求一审被告及纵横公司就其他人曾经参与创作作出说明并提供证据，一审被告及第三人均未提供，相反一审被告及第三人承认一审被告在签订所谓劳动合同后一直在湖南老家从事网络小说创作，并未到第三人处上班，可见系争作品并非是主要利用单位物质技术条件创作的作品。

另外，从王某、纵横公司的当庭陈述来看，系争作品的创作人是王某，其他人员只是一般的辅助人员，并未实际参与作品的创作。上诉人王某在上诉状中也称，上诉人还利用了包括段某和许某在内的纵横公司工作人员提供的大量创作资料，并征求了纵横公司相关员工对作品创意、基本世界观设定等方面的意见。由此可见，段某和许某等仅仅是提供咨询意见、物质条件或者其他辅助工作，并未进行创作。因此，系争作品是《委托创作协议》项下的"协议作品"，按照约定，玄霆公司对此享有著作权。

虽然《委托创作协议》对于协议作品未确定名称，但由于文学作品创作的特殊性，协议未对作品名称加以确定符合常理。《委托创作协议》并未约定需要签订补充协议约定作品的名称，合同对于协议作品以及其著作权归属的约定已经十分明确：玄霆公司享有系争作品的著作权，有权要求上诉人停止在第三人网站继续发表作品。

六、关于纵横公司在本诉中的法律地位及北京市海淀区人民法院判决的效力问题

（一）纵横公司在本诉中应当被列为第三人

确权是本案答辩人一审的诉讼请求，本案法律性质就是通过确认答辩人与上诉人王

某之间系列合同的法律效力以确认系争作品著作权归属,使得合同目的得以实现。纵横公司并没有加入答辩人与上诉人王某之间的系列合同,但却通过与王某恶意串通企图侵害答辩人对系争作品享有的著作权。纵横公司自始至终就不拥有系争作品的著作权,其对本案争议的标的没有独立的请求权,只是利害关系人而已,一审法院依法追加其为第三人从程序上是没有问题的。

(1)从实质上讲,纵横公司无独立请求权。

第三人纵横公司自始至终就不拥有系争作品的著作权,其对本案争议的标的没有独立的请求权,只是利害关系人而已,一审法院依法追加其为第三人从程序上是没有问题的。

第一,《委托创作协议》并未约定需要签订补充协议约定作品的名称,合同对于协议作品以及其著作权归属的约定已经十分明确,玄霆公司享有系争作品的著作权,第三人纵横公司自始至终就不拥有系争作品的著作权。

第二,根据《合同法》第52条之规定,恶意串通,损害国家、集体或者第三人利益的合同无效。上诉人王某与上诉人纵横公司恶意串通,无论其签订的所谓《劳动合同》还是《知识产权归属及保密协议》均严重侵犯了答辩人的著作权,应当被认定为无效。

第三,上诉人纵横公司认为其不应被追加为本案无独立请求权的第三人。其认为,根据《最高人民法院关于在经济审判工作中严格执行〈民事诉讼法〉的若干规定》第11条的规定,人民法院对已经履行了义务,或者依法取得了一方当事人的财产,并支付了相应对价的原、被告之间法律关系以外的人,不得作为无独立请求权的第三人通知其参加诉讼。本案中,由于纵横公司与王某就系争作品著作权的归属的约定因违法而无效,且著作权归属问题不适用善意取得制度,纵横公司根本未取得系争作品的著作权,根本未依法取得诉讼一方当事人的财产,根本不适用上述司法解释的规定,因此纵横公司以此认为其不应当被追加为无独立请求权的第三人没有事实依据和法律依据。

如上诉人所述,作为具有独立请求权的第三人以拥有著作权为前提。一审判决直接依据答辩人和王某之间的系列协议确认系争作品著作权归属答辩人,纵横公司与王某的所谓协议对与确认系争著作权并无关联。即使依据纵横公司所援引的《最高人民法院关于在经济审判工作中严格执行〈民事诉讼法〉的若干规定》第11条的规定,上诉人也从实体到程序都完全没有主张作为独立第三人的权利。

(2)从程序上讲,一审法院追加上诉人纵横公司为无独立请求权的第三人符合法定程序,并无不当之处。

作为有独立请求权的第三人,必须以本诉的双方当事人为共同被告。只以一方当事人为被告,而与另一方当事人利益一致的,则非有独立请求权的第三人。本案中,上诉人幻想公司与上诉人王某的利益一致,不可能将本诉的双方当事人作为共同被告,因此其不是有独立请求权的第三人。而无独立请求权的第三人总是协助一方当事人进行诉讼,只要他协助的乙方当事人胜诉,其利益通常也能得到维护。

纵横公司在一审中未对其第三人身份提出任何异议,并出具委托书派出其法务人员出庭参加诉讼，提交了证据并详细阐述了其主张，其已经认同了一审法院的相关处理方式，也充分行使了诉讼权利，在二审中再次将已经认可的程序事项拿出来质疑一审判决是不合理的，也与民事诉讼禁止反言的基本规则不符。

七、关于《白金作者作品协议》与《委托创作协议》的可履行性

（1）上诉人曲解了宪法中关于人身自由权的规定，更违背了合同法的基本精神。

两上诉人认为，继续履行上述协议是对作者实施的人身强制，与我国宪法和法律关于公民人身自由不受侵害的规定相违背。这种说法曲解了宪法中关于人身自由权的规定，其实是在偷换概念。《宪法》是制定部门法律的根本依据，《合同法》和《著作权法》都是为具体实施《宪法》而制定的部门法。上诉人闭口不谈具体法律规定却转弯抹角援引《宪法》的原则性规定，足见其理由之贫乏。

《宪法》的主要功能或者目的在于限制国家权力，并将某些权利在国家和公民之间作出合理的分配。《宪法》第47条规定："中华人民共和国公民有进行科学研究、文学艺术创作和其他文化活动的自由。国家对于从事教育、科学、技术、文学、艺术和其他文化事业的公民的有益于人民的创造性工作，给予鼓励和帮助。"上述公民的创作自由权是针对国家而言的，是说国家不能对公民的创作自由权加以限制，应当予以鼓励和帮助。2008年12月18日，最高人民法院发布公告，废止了27项司法解释，其中一条是当时被称为"宪法司法化第一案"的齐玉苓案的司法解释——《关于以侵犯姓名权的手段侵犯宪法保护的公民受教育的基本权利是否应承担民事责任的批复》，正式宣布在民事个案中不得直接援引宪法。

上诉人王某自愿与玄霆公司签订了《白金作者作品协议》与《委托创作协议》。王某根据协议应当履行的义务应当被视为其对享有的创作自由权作出了一定限制。王某在享有创作自由权的同时，也应当履行其自己作出的承诺，这种承诺的履行与创作自由权的享有并不矛盾，否则合同法的意义也荡然无存。

（2）王某继续履行与玄霆公司的协议没有任何客观障碍。

全面履行是《合同法》的基本原则，继续履行是《合同法》规定最重要的违约救济方式。当事人一方不履行非金钱债务或者履行非金钱债务不符合约定的，对方可以要求继续履行。违约方不得以违约金等责任形式拒绝实际履行。

根据《合同法》第110条之规定，当事人一方不履行非金钱债务或者履行非金钱债务不符合约定的，对方可以要求履行，但有下列情形之一的除外：（1）法律上或者事实上不能履行；（2）债务的标的不适于强制履行或者履行费用过高；（3）债权人在合理期限内未要求履行。

王某继续履行与玄霆公司的协议没有任何客观障碍：一方面，法律上不存在禁止的规定；另一方面，事实上不存在履行不能的情况，而且不存在履行费用过高的情况，依法应当继续履行。由于一审被告系自由网络作家，其创作形式是在家根据其事先梳理的大纲，逐日创作一定字数的小说章节发布于网站上，而其发布于哪一个网站对其创作并无任何影响。因此，判决其继续履行合同，将其创作的作品发布于原告网站是完全合法

而且可行的。一审被告一面以臆想的，且在原告多年经营中从未发生的"违约"情形作为借口，且从未将其从原告处获得的 10 万元预付定金归还原告，一面另投新欢且埋头发稿乐此不疲，实在是自相矛盾，故其解除合同的要求不应予以准许。

（3）纵横公司的劳动合同本身就是为了挖角和诉讼的需要签订的，本身不具备合法性，自然无法对抗玄霆公司与王某的在先的合法的合同。一审法院判决继续履行也只是让三方的关系回复至纵横公司恶意挖角之前的状态，非常公平、合理。

若放任王某的毁约如愿以偿，守约人所受严重侵害就得不到应有的补救，恶意毁约将得到强力的刺激与助长，王某的恶劣先例就有强烈的示范作用。不仅原告不惜成本苦心打造的原创网络文学平台面临危境，网络文学行业的秩序和道德水准也将受到极大冲击。

八、关于诉讼的合并问题

《永生》和《圣王》是在系争合同有效期内连续创作的作品，其著作权归属是系争合同的基本约定和核心标的，关于著作权权属的判定是违约责任和著作权确权的一个竞合，也是合同纠纷的自然延伸。原告认为，对系争合同约定效力的裁判是系争作品著作权归属确定的前提，约定有效则著作权必然归属原告，否则系争合同意义何在？权属的确定是一审原告在起诉时明确提请法庭裁判的诉讼请求，该诉求既有利于查清事实，又有利于节省诉讼资源，并无不妥。类似的案件在司法实践中非常多见，比如苹果公司在深圳市中级人民法院对唯冠的商标纠纷案［案号（2010）深中法民三（知）初字第 233 号］，比如美国雅培公司诉上海和亭商贸有限公司利舒坦商标纠纷案［案号（2010）黄民三（知）初字第 371 号］都是既涉及合同纠纷又涉及确权的。

综上所述，一审判决合情合理合法，恳请贵院驳回上诉人的诉请，维护玄霆公司的合法权益，维持原判。

上海市协力律师事务所傅钢律师

2012 年 3 月 20 日

（上海市协力律师事务所傅钢律师，

该案原告玄霆公司代理人）

著作权案例

专利权案例

商业标识案例

其他案例

## 媒体报道

### 网络写手违约"起点中文网"获赔60万元

发布时间：2012/5/23 15:38:02　来源：本网　分享到

　　知名网络写手"梦入神机"私下与另一家网站签约发表连载作品，被原东家"起点中文网"的运营商告上法院索赔100余万。近日，上海一中院审结了王钟与上海玄霆娱乐信息科技有限公司之间的这起著作权合同纠纷案，终审判决连载作品《永生》著作权归玄霆公司所有，王钟赔偿玄霆公司60万元，同时解除双方签订的协议，撤销原审其余判决。

　　起点中文网是国内最大的文学阅读与写作平台之一，玄霆公司是这家原创文学门户网站的运营商。2006起，王钟以"梦入神机"的笔名，先后在玄霆公司网站上发表了《佛本是道》、《黑山老妖》等多部作品，一跃成为知名网络写手。

　　2010年1月18日，玄霆公司与王钟签订《白金作者作品协议》和《委托创作协议》各一份，约定王钟为玄霆公司的专属作者，在协议期间创作的作品著作权均归玄霆公司所有。若违约，王钟须向玄霆公司支付1万元人民币并加上王钟从玄霆公司获得的相关费用总额的十倍金额的违约金。2010年2月10日，玄霆公司依约向王钟预付了10万元创作资金。

　　然而仅仅过了4个月，王钟与第三人北京幻想纵横网络技术有限公司签订劳动合同，并以"梦入神机"的笔名开始在幻想公司运营的纵横中文网上发表连载作品《永生》。

玄霆公司起诉要求判令王钟继续履行协议，停止在其他网站发布其创作作品的行为，承担违约金101万元，并确认王钟创作的《永生》著作权归玄霆公司所有。王钟则反诉请求撤销《白金作者作品协议》及解除《委托创作协议》。

　　一审法院判决玄霆公司与王钟之间的协议继续履行，王钟停止在纵横中文网上继续发表《永生》，并赔偿玄霆公司违约金20万元，确认《永生》著作权归玄霆公司所有。

# 诉前停止侵害著作权行为保全

## ——亚拓士公司与娱美德公司著作权纠纷案

**申请保全人**：Actoz Soft Co.，Ltd.（亚拓士软件有限公司，以下简称"亚拓士公司"）

**被保全人 1**：Wemade Entertainment Co.，Ltd.（娱美德娱乐有限公司，以下简称"娱美德公司"）

**被保全人 2**：上海恺英网络科技有限公司（以下简称"恺英公司"）

**审理法院**：上海知识产权法院

**案号**：（2016）沪 73 行保复 1 号民事裁定书

**合议庭成员**：陈惠珍、吴盈喆、刘静

**结案日期**：2016 年 9 月 21 日

**案由**：著作权侵权纠纷

**关键词**：授权许可合同，共有著作权人，诉前禁令

## 涉案法条

《著作权法》第 13 条

《著作权法实施条例》第 9 条

《民事诉讼法》第 101 条、第 102 条

## 争议焦点

被申请人是否侵害申请人作为共同著作权人的权利。

## 审判结论

上海知识产权法院认为，亚拓士公司与娱美德公司共同拥有涉案游戏软件的著作权，娱美德公司若未与亚拓士公司协商一致而签订对外授权许可合同，涉嫌侵害亚拓士公司作为共有著作权人的权利。鉴于两被申请人签订合同后可能投入商业运营，如不及时制止将会对共有著作权人的权利造成难以弥补的损害，遂裁定两被申请人立即停止履行涉

案合同。后两被申请人不服，提出复议申请称：该案不具备采取诉前行为保全应具备的情况紧急、不保全将无法弥补损失的条件；亚拓士公司与娱美德公司曾达成"和解笔录"，双方都可单独与海外第三方签署授权许可协议；共有著作权人事先协商一致并非行使著作权的法定前提；娱美德公司已善意通知，亚拓士公司未在合理时间内提出异议和反对许可的正当理由；在娱美德公司承诺分享许可收益的情况下，亚拓士公司不可能遭受不可弥补的损害；恺英公司已开始履行涉案合同并将合同事宜通过其母公司（上市公司）向社会进行了公告，若授权许可合同停止履行，将影响正常经营并波及股价而损害社会公共利益。

上海知识产权法院复议认为，"和解笔录"并未明确娱美德公司就涉案软件拥有单独对外授权许可的权利，涉案合同若履行，必然对共有著作权人产生实际损害后果，及时制止一个可能侵害他人权利的合同的履行，也有利于合同当事人及时止损；维持公司业绩形象不应建立在可能侵害他人权利的基础之上，行为保全裁定会影响股价而侵害公共利益的观点难谓合理合法。故裁定驳回复议请求。

## 申请事项

禁止被保全人 1 与被保全人 2 实际履行其非法签署的《MIR 2 Mobile Game and Web Game License Agreement》（中文名称：《热血传奇移动游戏和网页游戏授权许可合同》）。

## 事实和理由

申请保全人韩国亚拓士公司和被保全人 1 娱美德公司是网络游戏《热血传奇》的共同著作权人，被保全人 1 娱美德公司向申请保全人亚拓士公司作出《软件许可协议》《补充协议》等一系列协议文件，授权申请保全人亚拓士公司在中国行使其作为共同著作权人的一切权利，期间为 2002 年 7 月 14 日至 2017 年 9 月 28 日，该授权不可撤销。

近日申请保全人发现，被保全人 1 娱美德公司擅自与被保全人 2 恺英公司恶意串通签署了《MIR 2 Mobile Game and Web Game License Agreement》（中文名称：《热血传奇移动游戏和网页游戏授权许可合同》），被保全人 1 从未就此项授权与申请保全人进行过任何协商，严重侵犯申请保全人的著作权。根据《著作权法》第 13 条以及《著作权法实施条例》第 9 条之规定，共有著作权人在行使著作权时不得侵犯作品整体的著作权，作品不可分割使用时，共同著作权人在行使著作权时必须先进行协商，并经协商一致才能行使。"协商"应为合作作品著作权行使中的必经程序和前置程序，否则就构成著作权侵权行为。

申请保全人曾委托盛大游戏在中国通过各种方式不遗余力地打击各种侵权盗版行为，使得《热血传奇》成为最成功的网络游戏之一。被保全人 2 恺英公司就曾多次被盛大游戏起诉并签署了《和解协议》等文件，对《热血传奇》的权利状态非常了解，其与被保全人签署系争合同存在明显恶意。被保全人 1 与被保全人 2 恶意串通签署的《MIR 2 Mobile Game and Web Game License Agreement》应当被认定为无效合同，被保全人 2 也不得依据该非法协议从事开发和运营侵权游戏，否则，两被保全人的行为必将造成市场的混乱，使《热血传奇》作为知名 IP 的价值降低，并严重贬损申请保全人的声誉，使得申请保全人正常的运营秩序及根据统一市场计划所应分得的游戏分成等预期收入受到严重影响，该损失极其巨大。

不仅如此，鉴于被保全人 1 还在中国四处兜售《热血传奇》相关著作权，由于网络游戏开发及市场推广成本很高，被保全人 1 实施的严重侵权的授权行为，将给其他潜在的被授权方及其相关用户也造成无法挽回的重大损失，并对网络游戏市场秩序造成严重不良影响。

依据《著作权法》第 50 条规定：著作权人或者与著作权有关的权利人有证据证明他人正在实施或者即将实施侵犯其权利的行为，如不及时制止将会使其合法权益受到难以弥补的损害的，可以在起诉前向人民法院申请采取责令停止有关行为和财产保全的措施。《民事诉讼法》第 100 条规定：人民法院对于可能因当事人一方的行为或者其他原因，使判决难以执行或者造成当事人其他损害的案件，根据对方当事人的申请，可以裁定对其财产进行保全、责令其做出一定行为或者禁止其做出一定行为；当事人没有提出申请的，人民法院在必要时也可以裁定采取保全措施。

 ## 承办律师办案心得

诉前禁令，又称诉前行为保全。诉前禁令的效果堪比终审的判决，一纸诉前禁令的裁定书就能立即叫停即将开播的"中国好声音"，禁售 OPPO 手机，禁播 QQ 音乐中的歌曲。

该案系知识产权诉前禁令中的一种，知识产权相关的诉前禁令主要有诉前停止侵犯专利权行为、诉前停止侵犯商标权行为和诉前停止侵犯著作权行为。有学者认为，诉前禁令的引进首先是从专利法的修正开始的，2000 年 8 月第二次修正的《专利法》第 61 条第 1 款规定："专利权人或者利害关系人有证据证明他人正在实施或者即将实施侵犯其专利权的行为，如不及时制止将会使其合法权益受到难以弥补的损害的，可以在起诉前向人民法院申请采取责令停止有关行为和财产保全的措施。"紧接着，2001 年修订的《商标法》和《著作权法》都吸纳了这一制度。2002 年最高人民法院相继制定了《最高人民法院关于对诉前停止侵犯专利权行为适用法律问题的若干规定》《最高人民法院关于诉前停止侵犯注册商标专用权行为和保全证据适用法律问题的解释》《最高人民法院关于审理著作权民事纠纷案件适用法律若干问题的解释》等司法解释，对诉前进行的操作进行了进一步细化。上述规定一定程度上确立了知识产权诉前禁令制度以及标准，但是仍然存在不完善之处，该案的办案过程中也遇到很多困难。

困难一：诉前停止侵害著作权相关法律规定不完善、类似的参考案例非常少。

该案发生时存在两个背景。一方面，法律法规不完善，2016 年关于著作权侵权纠纷的诉前行为保全（诉前禁令）尚未有详细的规定，仅仅只有 2012 年的《民事诉讼法》

第 101 条以及 2010 年《著作权法》第 50 条非常笼统的规定，关于如何申请、申请审查条件、"情况紧急"的认定等均未有明确规定。2015 年 2 月 26 日，最高人民法院发布了《最高人民法院关于审查知识产权与竞争纠纷行为保全案件适用法律若干问题的解释（征求意见稿）》，但当时还处于征求意见阶段而尚未生效。由于缺乏具体的规定，司法实践中，法院会参考 2001 年《最高人民法院关于对诉前停止侵犯专利权行为适用法律问题的若干规定》以及 2002 年《最高人民法院关于诉前停止侵犯注册商标专用权行为和保全证据适用法律问题的解释》。另一方面，案例非常少，基于目前的公开数据显示，截至 2016 年 8 月 5 日，著作权侵权纠纷相关的诉前行为保全案例也只有 1 件，无法形成普遍的指导作用。

结合案件情况，基于对诉前禁令制度的理解，一方面，参照 2002 年《最高人民法院关于诉前停止侵犯注册商标专用权行为和保全证据适用法律问题的解释》，结合《最高人民法院关于审查知识产权与竞争纠纷行为保全案件适用法律若干问题的解释（征求意见稿）》；另一方面，从权利的合法且稳定性、侵权行为的明显性、禁令的必要性及紧迫性、是否存在金钱难以弥补的损失等方面组织证据，并进行详细的论证。

2018 年 12 月 12 日，最高人民法院发布了《最高人民法院关于审查知识产权纠纷行为保全案件适用法律若干问题的规定》，自此，著作权侵权纠纷的诉前禁令有了较为详尽的规定，为司法实践提供了更准确的指导。

困难二：案件历史背景复杂、跨国证据收集困难。

诉前禁令的申请主体是韩国企业亚拓士公司，被申请主体包括娱美德公司以及恺英公司。亚拓士公司与娱美德公司系《热血传奇》网络游戏的共有著作权人。亚拓士公司认为 2002 年开始，娱美德公司已经将其作为共有著作权人的一切权利委托亚拓士公司行使，娱美德公司擅自与恺英公司签署关于《热血传奇》网络游戏的著作权的授权协议，侵犯了亚拓士公司对《热血传奇》网络游戏的著作权。娱美德公司则认为，其与亚拓士公司 2004 年签署的"和解笔录"第 7B 条约定，娱美德公司可以不经与亚拓士公司协商即可对外进行授权活动。因此，为还原整个案情，需要从 2002 年或者更早的时间开始取证，且由于亚拓士公司与娱美德公司系韩国企业，两者相关的文书在具体解读时需要结合韩国当地的法律法规进行。

对此，一方面，笔者积极与客户进行沟通，尽可能还原 2002 年甚至更早时候的双方约定情况，笔者收集了从 1999 年至 2016 年各方之间几十份的合同、函件以及邮件等资料；另一方面，笔者结合韩国当地法律、历史背景情况对于双方没有明确约定的部分进行合理的解读。经过分析，笔者发现基于两方面原因导致案发时双方对于合同的理解存在差异：第一，娱美德公司在成立之初，亚拓士公司曾是其股东、持有 40% 的股权，双方当时合作非常紧密、对于合同理解更偏向于统一权利，对外经营主要以亚拓士为主，但是 2007 年后亚拓士退出娱美德的投资，两者股权互相独立、各自为政；第二，游戏产业发生变化较大，2014 年之前对外的经营方式较为单一，即为对自身开发的游戏授权，而自网页游戏、手机游戏等不同形式游戏发展成熟以后，对于游戏元素的授权方式成为对外经营方式的非常重要的一种，游戏衍生的"蛋糕"变大了。

困难三：共有著作权人的法律论证。

该案不同于一般的著作权侵权案件，被申请主体娱美德公司也是著作权人的一方，其在未与亚拓士公司协商的情况下向第三方的授权行为，是否可以被认定为著作权侵权行为，还需要进一步论证。

一方面，关于共有作品的著作权行使的规则，由于现行的法律规定并不完善，一直存在较大的争议，目前法律依据仅仅只是《著作权法实施条例》第 9 条的规定："合作作品不可以分割使用的，其著作权由各合作作者共同享有，通过协商一致行使；不能协商一致，又无正当理由的，任何一方不得阻止他方行使除转让以外的其他权利，但是所得收益应当合理分配给所有合作作者。"但对于如何定义协商一致、正当理由以及未经协商的后果都没有进一步的解释。基于此，笔者回归到著作权保护的本质，作者的著作权保护应当包含两个部分：一部分是精神上的，作品与一般的商品不同，其承载着作者精神的延续，作者对于自己的作品有较大的控制力，并非是物质可以替代的；另一部分是经济上的，作者有权就作品的授权、转让获得合理的经济利益。因此，即便在共有著作权人的情况下，一方如果没有与对方协商，精神上剥夺了对方对于自身权利的控制权，经济上导致对方的议价、决定权的丧失，本质上与一般侵权行为无异。

另一方面，笔者对当时关于共有著作权人的侵权案件进行海量的检索，并从以下案件的法院认定中获得了理论支持。北京大恒医疗设备有限公司诉被告姚毅、被告成都司徒天际科技有限责任公司、被告中国人民解放军总医院第一附属医院侵犯计算机软件著作权纠纷案［(2008) 海民初字第 22800 号］，上海书画出版社与吴思欧等侵犯著作财产权纠纷上诉案［(2009) 苏民三终字第 0101 号］，兰万玲诉孙德民等著作权权属、侵权纠纷案［(2013) 东民初字第 00538 号］，以及北京金色里程文化艺术有限公司与上海晋鑫影视发展有限公司等著作权权属、侵权纠纷申请再审［最高人民法院 (2015) 民申字第 131 号］民事裁定书中总结道："与通常情况下他人行使权利必须经过权利人同意不同，共有权利人可以有条件地单独行使权利，但这种单独行使只有在具备以下四个条件，即与对方协商不成、对方无正当理由、行使的权利不含转让、与对方分享收益时方能成立。"

在多方面的举证、论证下，该案的诉前禁令得以下达，及时保护了申请人的合法权益。当然，该案的实体审理部分在本书出版时仍在进行中，笔者期待实体的判决给予进一步的判定。

（上海市协力律师事务所游闽键律师、傅钢律师、张玲娜律师，<br>该案申请保全人共同代理人）

## 社会影响

入选"2016 年上海法院知识产权司法保护十大案件""2016 年度上海十大版权典型

案例""2016 年中国十大最具研究价值知识产权裁判案例"。

## 上海高院首次发布2016年知识产权审判白皮书中英文版并公布知识产权司法保护十大案件

作者：上海法院 发布时间：2017-04-25 10:00:00　　🖨 打印　　Tr 字号：大 | 中 | 小

# 擅自使用他人舞美设计图进行
# 装修装潢构成著作权侵权

——上海视觉空间设计有限公司与上海雅琴文化传媒有限公司、

上海强峰音视技术发展有限公司、

德清县广播电视台著作权侵权纠纷案

**原告：**上海视觉空间设计有限公司（以下简称"视觉空间公司"）

**被告：**上海雅琴文化传媒有限公司（以下简称"雅琴公司"）

**被告：**上海强峰音视技术发展有限公司（以下简称"强峰公司"）

**被告：**浙江省湖州市德清县广播电视台（以下简称"德清电视台"）

**一审法院：**上海市杨浦区人民法院

**一审案号：**（2015）杨民三（知）初字第 535 号

**一审合议庭成员：**何敏、黄洋、吴奎丽

**一审结案日期：**2016 年 3 月 28 日

**二审法院：**上海知识产权法院

**二审案号：**（2016）沪 73 民终 126 号

**二审合议庭成员：**易嘉、杨馥宇、凌崧

**二审结案日期：**2016 年 10 月 20 日

**案由：**侵害作品复制权纠纷

**关键词：**舞美设计，美术作品，图形作品，复制权

**涉案法条**

《著作权法》第 3 条、第 10 条、第 11 条、第 47 条、第 48 条、第 49 条，《最高人民法院关于审理著作权民事纠纷案件适用法律若干问题的解释》第 25 条第 1 款和第 2 款、第 26 条

## 争议焦点

- 原告设计的立体效果图、施工图是否构成著作权法意义上的作品。
- 该案应为合同之诉还是侵权之诉。
- 三被告是否实施了侵害著作权的行为。
- 三被告是否应当承担责任。

## 审判结论

一审法院：原告视觉空间公司创作的《德清电视台演播室设计方案》的立体效果图及施工制作图分别构成著作权法保护的美术作品和图形作品。三被告虽然与原告进行过磋商，但未就价款达成一致，未签订合同，双方之间不存在合同关系。经比对，被告德清电视台演播室整体的线条、色彩及其组合等，与原告立体效果图构成实质性相似，是对原告作品从平面到立体的复制。强峰公司将原告作品提供给雅琴公司用于投标、施工，并向德清电视台提供了施工完成的演播室，共同侵害了原告对作品的复制权、发表权、署名权。德清电视台在英溪网上提供《英溪论坛》《德清教育》的在线点播服务，同时也通过网络向公众提供了原告作品，侵害了原告的复制权和信息网络传播权。但对于施工制作图，著作权法的保护不包括按照工程设计图纸及其说明进行施工，因此在原告未能举证演播室的具体施工图纸以证明雅琴公司等确实以印刷、复印、翻拍等复制形式复制了视觉空间公司的施工图的情况下，对原告关于侵害了图形作品（施工图）的署名权、复制权、信息网络传播权、发表权的主张不予支持。

二审法院：一审判决认定事实清楚，适用法律正确，应予维持。

## 起诉及答辩

原告视觉空间公司诉称：被告雅琴公司和被告强峰公司是关联公司。2013年，原告应被告雅琴公司和强峰公司的邀请，数次前往被告德清电视台开展新大楼演播室的设计，并于2013年5月24日设计完成了《德清电视台演播室设计方案》，后分别将设计方案和施工图通过电子邮件发送给被告强峰公司，后续又将相关修正稿陆续交付给被告强峰公司，并就实际施工和报价问题与强峰公司磋商。2013年11月12日，被告雅琴公司向原告发送了《采购合同》，因主要条款并未达成一致，原告就上述设计方案保留了著作权。2015年年初，原告发现被告德清电视台未经原告许可采用了原告的设计方案，该演播室录制的《德清新闻》等节目在德清电视台播出并通过英溪网供公众点播。经查，德清电视台演播室舞美工程的中标和实际施工单位是被告雅琴公司。三被告未经原告许可，擅自使用原告作品，侵害了原告的著作权。请求判令：①被告德清电视台停止使用侵权演播室；②三被告共同支付原告经济损失200000元、律师费30000元；③被告雅琴公司和强峰公司在《新民晚报》中缝以外版面向原告公开致歉，被告德清电视台在节目中播出累计时长不少于60秒的道歉声明。原告明确，其主张保护的是四套设计方案图纸及施工图纸，认为四套设计方案图纸构成美术作品，施工图纸构成图形作品，三被告共同侵害了其复制权和发表权，被告雅琴公司侵害了其署名权，被告德清电视台还侵害了其信息网络传播权。

被告雅琴公司和强峰公司共同答辩称：

①雅琴公司和强峰公司是关联公司，但强峰公司与该案无关联；②该案是合同之诉，双方之前就涉案项目进行协商与准备，由于在设计费用上没有达成一致，产生了纠纷，原告才提起了该案诉讼；③所有广播电视台演播室的背景画面都是大同小异的，背景的色彩和灯光没有独创性，不构成作品，而原告提供的仅是设计方案，雅琴公司在生产制作过程中对设计方案不断进行修改、改造，不存在侵犯原告设计方案著作权的情况；④原告发给雅琴公司的邮件中有方案和报价，包括设计及监理费用，合计只有100000元，但其向雅琴公司收取的费用是200000元，该收费不合理，所以双方没有达成一致；⑤涉案设计图是被告委托原告设计的，之后将受委托创作的作品用于双方约定的被告德清电视台演播室设计，不构成著作权侵权；⑥由于演播室的特性是无法署名，原告对雅琴公司和强峰公司侵害署名权的主张不成立。

被告德清电视台辩称：

①各地电视台演播室的灯光效果、几何背景给人的美感大同小异，原告的设计方案没有独创性；原告主张的施工图不属于著作权法规定的工程设计图，工程设计图是委托方、设计方、施工方共同会审和确认、按图施工的图纸，即使其构成工程设计图，也需要经过三方确认。②德清电视台不是该案适格的被告，涉案演播室的舞台设计纳入政府采购项目，雅琴公司在招投标中中标，德清电视台在该案中没有侵权的事实；即使雅琴公司和强峰公司存在侵权行为，德清电视台对设计图纸等也是善意取得。③该案应是原告和雅琴公司、强峰公司之间的合同纠纷，不属于侵权之诉；④被告德清电视台现在使用的演播室和原告主张权利的图纸上的状态有巨大的差异；⑤要求被告德清电视台停用演播室会造成公共利益的损失。

## 事实认定

2013年5月24日，原告创作完成《德清电视台演播室设计方案》，该设计方案包含新闻演播室效果图和三个专题演播室的效果图共计39张，标有尺寸的平面图2张。2013年5月28日和6月25日，原告陆续通过电子邮件将设计方案发送给强峰公司；2013年7月7日，又通过电子邮件将制作图及报价单发送至强峰公司。原告制作的《德清电视台演播室设计方案》结尾处写有"德清新闻、专题演播室设计方案设计创作著作权属于上海视觉空间设计有限公司版权所有……本作品未投入使用和授权公开发表切勿外泄"的启示。2013年9月13日，被告德清电视台发布演播室舞美工程项目公开招标文件，采购内容为演播室舞美工程。2013年11月4日，被告雅琴公司和被告德清电视台签订《舞美设计及制作合同》，约定采取被告雅琴公司包工、包料的承包方式。施工图纸由德清电视台委托雅琴公司设计，设计费为120000元。被告雅琴公司在若邻网上发布的公司简介中介绍"先后承揽了常州电视台舞美工程项目……德清电视台系列演播室舞美工程项目等"。英溪网系被告德清电视台的官方网站，该网站上提供当月《英溪论坛》等在德清电视台录制的节目的在线点播。经当庭比对，德清电视台新闻演播室布局、各区域演播台大屏幕的位置、灯带的设计与原告立体效果图基本一致。

## 一审判决及理由

法院认为：

一、原告创作的《德清电视台演播室设计方案》的立体效果图及施工制作图分别构成著作权法保护的美术作品和图形作品

《著作权法实施条例》第4条规定，美术作品，是指绘画、书法、雕塑等以线条、色彩或者其他方式构成的有审美意义的平面或者立体的造型艺术作品。原告创作的《德清电视台演播室设计方案》中，新闻演播室整体和局部立体效果图21张和专题演播室立体效果图15张通过线条、色彩及其组合的运用，创作出演播室的立体效果，其天花板、墙壁的LED灯带造型和专题演播室背景墙上折叠型线条设计等具有审美意义并达到一定的艺术高度，属于我国著作权法保护的美术作品。图形作品，是指为施工、生产绘制的工程设计图、产品设计图，以及反映地理现象、说明事物原理或者结构的地图、示意图等作品。原告制作的《德清电视台演播室设计方案》中的平面图和施工制作图上标注有具体的施工尺寸和各区域物品尺寸、位置等，属于我国著作权法保护的图形作品。

对于三被告认为原告《德清电视台演播室设计方案》及施工制作图不构成著作权意义上的作品的主张，法院认为：首先，被告德清电视台举证的其他电视台演播室的图片均只能反映这些演播室的局部，与原告的立体效果图不具有实质性相似且这些演播室设计方案的完成时间无法确认，因此，被告不能举证证明原告的作品与已有的在先设计方案存在实质性相似且不具有独创性；其次，被告德清电视台的评标标准中对舞美设计方案的艺术性设置了专门的分值，而被告雅琴公司承认使用了原告的立体效果图参加被告德清电视台的投标后中标，由此可见，在被告德清电视台选择原告设计中标时亦已认可了其作品的艺术高度。因此，对三被告的这一主张，法院不予采信。

二、三被告是否侵害了原告的著作权

首先，虽然原告与被告雅琴公司、强峰公司曾就合作投标、施工事宜进行磋商，但由于双方在价款问题上未达成一致，而未能签订合同，因此双方之间不存在合同关系，故法院对被告雅琴公司和强峰公司提出的其与原告是合同关系，不存在侵权行为的主张不予采信。

其次，三被告是否侵害了美术作品（立体效果图）的复制权、信息网络传播权、发表权、署名权。

1. 被告强峰公司将原告发送给其的美术作品交由被告雅琴公司参加投标并施工，共同侵害了原告享有的著作权。

（1）复制权指以印刷、复印、拓印、录音、录像、翻录、翻拍等方式将作品制作一份或者多份的权利。复制包括从平面到立体的复制。经比对，被告德清电视台的演播室

整体的线条、色彩及其组合，尤其是墙壁 LED 灯带造型、专题演播室背景墙折叠线条、悬吊摆设的造型等，与原告的立体效果图构成实质性相似，是对原告作品的复制。被告强峰公司与雅琴公司系关联公司，强峰公司将原告作品提供给雅琴公司用于投标、施工，并向被告德清电视台提供了施工完成的演播室，共同侵害了原告对作品享有的复制权。

（2）发表权指决定作品是否公之于众的权利。原告将作品发至被告强峰公司的电子邮箱时，在作品最后声明"本作品未投入使用和授权公开发表切勿外泄"。因此，原告并未发表该作品。强峰公司将作品披露给雅琴公司，雅琴公司使用原告作品参加投标、施工，该两被告未经许可将原告作品公之于众，共同侵害了原告的发表权。

（3）署名权，即表明作者身份，在作品上署名的权利。虽然雅琴公司辩称演播室这一载体特殊，无法署名，但其既没有在投标文件中表明该立体效果图是原告所设计，又在网络宣传中表示"德清电视台系列演播室舞美工程项目"系其施工的工程，实质上是一种向公众表明自己是该设计方案作者的行为。故该行为侵害了原告作为作品作者的署名权。

2. 德清电视台在英溪网上提供在涉案演播室录制的视频节目的点播，侵害了原告对作品享有的复制权、信息网络传播权。信息网络传播权，即以有线或者无线方式向公众提供作品，使公众可以在其个人选定的时间和地点获得作品的权利。如前所述，德清电视台的演播室复制了原告的作品，《英溪论坛》《德清教育》系在该演播室内录制，而德清电视台在英溪网上提供上述节目的在线点播服务，同时也通过网络向公众提供了原告作品，因此侵害了原告作品的复制权和信息网络传播权。

再次，就三被告是否侵害了图形作品（施工图）的复制权、信息网络传播权、发表权、署名权，法院认为，著作权法保护工程设计图纸及其说明，仅指以印刷、复印、翻拍等复制形式使用图纸及其说明，不包括按照工程设计图纸及其说明进行施工。因此，在原告未能举证证明被告确实以印刷、复印、翻拍等复制形式复制了原告的施工图的情况下，法院对原告主张被告侵害了图形作品（施工图）的署名权、复制权、信息网络传播权、发表权的主张不予支持。

三、三被告应当承担的民事责任

由于原告并无证据证明被告德清电视台在招投标、施工过程中即知道相关方案系原告的作品，因此其对侵害著作权的行为事先并无主观过错，且其系通过公开招投标并支付合理的对价后使用涉案演播室，而如判令其停止侵权则会造成社会资源的极大浪费，故法院对原告要求被告德清电视台停止侵权的主张不予支持。

判决如下：①雅琴公司、强峰公司于判决生效之日起 10 日内共同赔偿视觉空间公司经济损失 150000 元；②德清电视台于判决生效之日起 10 日内赔偿视觉空间公司经济损失 30000 元，雅琴公司、强峰公司对上述赔偿责任承担连带责任；③雅琴公司、强峰公司、德清电视台于判决生效之日起 10 日内共同赔偿视觉空间公司为制止侵权行为支出的律师费 20000 元；④雅琴公司、强峰公司于判决生效之日起 30 日内在德清电视台的电视节目中连续 7 日，每日在 20 时至 22 时发布致歉声明三次，并于判决生效之日起 30 日内在 www. yingxi. tv 网站首页连续 7 日刊登致歉声明；⑤驳回视觉空间公司的其他诉讼请求。

## 上诉理由

雅琴公司及强峰公司上诉：①该案为视觉公司与雅琴公司之间的合同纠纷，一审法院将合同纠纷误判为侵权纠纷；②即使该案为著作权侵权纠纷，雅琴公司、强峰公司的行为也属于在委托创作的目的范围内使用涉案作品，没有侵犯视觉空间公司对涉案作品的署名权、发表权、复制权，德清电视台的行为亦未侵犯视觉空间公司对涉案作品的信息网络传播权以及复制权。

## 二审查明事实

一审法院认定事实属实，二审法院予以确认。

## 二审判决及理由

二审法院认为，根据一审以及二审法院查明的事实，视觉空间公司与雅琴公司、强峰公司之间并未订立有效的委托设计合同。视觉空间公司以雅琴公司等未经许可擅自使用其创作的设计作品为由提起著作权侵权诉讼，具有事实和法律依据。对于视觉空间公司主张的被侵犯著作权的类型以及一审法院对于雅琴公司等侵权行为的认定，二审法院认同一审法院的观点。

一审判决认定事实清楚，适用法律正确，应予维持。

## 承办律师办案心得

根据《著作权法实施条例》的规定，图形作品是指"为施工、生产绘制的工程设计图、产品设计图，以及反映地理现象，说明事物原理或结构的地图、示意图等作品"。美术作品虽然也是以图形作为表现形式，但其与图形作品不同。美术作品属于艺术领域，主要功能是给人以艺术上的享受，而图形作品处于科学领域，虽然其能够展现严谨、精确、简洁、和谐的科学之美，但主要服务于实用性功能，图形作品的功能性决定了其受著作权法保护的独特性。著作权法的基本原则是不保护任何技术方案和实用功能，因此在图形作品的美感和实用功能不能分离的情况下，按照图形作品进行施工或加工的行为是不构成侵权的。

基于上述原因，最初与该案原告口头沟通案情时，笔者对于原告所称的装修设计图纸被侵权的主张并不乐观。因为原告并无证据证明被告直接复制了图纸本身，所指向的侵权行为是按图施工。一般室内装修设计师所绘制的装修设计图纸，其图纸本身可能因绘图的"科学之美"而构成美术作品，但被图纸所描述的装修布局、家具或设备的尺寸、比例、与排列组合却具有一定的实用功能，按照设计图纸进行装修施工，其行为并不属于著作权法意义上的"从平面到立体的复制"，换句话说，也就不构成侵犯设计图纸的著作权。

然而，该案的设计图纸是较不常见的室内舞美装潢设计图，相比日常生活中接触较多的室内装修设计，舞美装潢设计往往具有更高的艺术创造性。笔者在接触到该案原告的《演播室设计方案》后，很高兴地发现原告的舞美装潢设计图纸和常见的装修装潢设计图纸有很大不同，原告的胜诉概率还是较高的。首先，舞美装潢设计重点关注的是背景墙的设计、灯饰组合、灯光颜色的搭配和舞台布景的形状布局，无论是图纸本身还是最终形成的演播室本身，都具有较高的艺术美感。其次，相比普通的装修装潢设计，原告图纸中的背景墙设计、灯带装饰、灯光组合等并非简单的装修布局和家具摆设的描述，功能性是服务于艺术性的，且即便是设计中带有功能性的部分，其美感设计和实用功能也是能够分离的。

基于此，也为了将原告利益最大化，笔者将原告主张权利的设计图纸进行了逐页分析，并进行了分类。第一类是美术作品，即新闻演播室效果图和三个专题演播室效果图共计39张（其中新闻演播室整体和局部立体效果图21张、三角形主播台材质和主持人在大屏幕前的位置、包装画面3张，专题演播室立体效果图15张）。第二类才是图形作品，也就是标有尺寸和比例、注明了部分材料的规格和材质的平面设计图2张。如此一来，图纸中的绝大多数是按照美术作品的作品类型进行起诉的，即主张对方的施工行为构成"平面到立体的复制"，从而构成对原告享有著作权的美术作品的侵权。

虽然，按照上述法理，涉案设计方案中的2张施工图纸以及3张包装画面的侵权主张未被支持，但除此以外的36张效果图构成侵权的意见全部被法院采纳，使得原告在较大范围内维护了自身的合法权益。

此外，该案还涉及盗用他人设计图参与招标是否构成署名权侵权，以及招标单位是否构成所谓的"著作权善意取得"的讨论，对当前不少领域中因合作竞标而产生的著作权纠纷问题具有一定参考作用。

（上海市协力律师事务所马远超律师、李圆律师，

该案原告/被上诉人视觉空间公司代理人）

著作权案例

专利权案例

商业标识案例

其他案例

# 门户网站批量抓取其他媒体内容的著作权侵权认定

## ——上海东体传媒有限公司诉北京搜狐互联网
## 信息服务有限公司系列著作权侵权案

**原告：**上海东体传媒有限公司（以下简称"东体公司"）

**被告：**北京搜狐互联网信息服务有限公司（以下简称"搜狐公司"）

**一审法院：**上海市普陀区人民法院

**一审案号：**（2017）沪 0107 民初 24615 号

**二审法院：**上海知识产权法院

**二审案号：**（2018）沪 73 民终 346 号

**二审合议庭成员：**胡宓、黄旻若、杨馥宇

**二审结案日期：**2018 年 9 月 30 日

**案由：**著作权侵权

**关键词：**职务作品，避风港，赔偿责任

## 涉案法条

《著作权法》第 10 条第 1 款第 5 项和第 12 项、第 12 条第 2 款、第 48 条第 1 项、第 49 条

《最高人民法院关于审理著作权民事纠纷案件适用法律若干问题的解释》第 7 条

## 争议焦点

- 东体公司是否享有涉案作品的著作权。
- 搜狐公司是否侵犯东体公司对涉案作品的著作权。
- 如果搜狐公司的行为构成侵权，应当承担怎样的民事责任以及如何确定赔偿的金额。

## 审判结论

东体公司对作品享有的著作权受法律保护，搜狐公司未经东体公司许可，使用了东体公司享有著作权的作品，侵犯了东体公司对涉案作品享有的著作权。根据法律规定，搜狐公司应承担相应的停止侵权、赔礼道歉、赔偿损失的民事责任。

## 起诉及答辩

东体公司诉请：

①搜狐公司立即停止并删除转载涉案文章；②搜狐公司赔偿东体公司经济损失 10000 元；③搜狐公司承担东体公司为制止侵权支付的合理费用 1400 元；④搜狐公司在"搜狐"体育网站 http：//sprots. sohu. com 首页醒目位置公开道歉，持续时间不短于 7 天；⑤搜狐公司承担本案全部诉讼费。

搜狐公司答辩：

①涉案作品为简单的事实记录，不构成文字作品；②原告并非涉案作品的著作权人；③涉案作品为第三方上传，被告作为平台方可依据"避风港"规则免除侵权责任。

## 事实认定

东体公司注册了微信公众号"上港发布"（微信号：dftysgfb）。刘某超是案外人上海东方国际传媒人才有限公司（以下简称"东方国际公司"）的员工，经劳务派遣至原告方工作，双方于 2017 年 6 月 26 日签订《派遣员工劳动合同》，其中第 5 条规定："甲方派遣乙方至上海东体传媒有限公司担任记者工作。"第 25 条规定："乙方为完成甲方和/或租用单位安排的工作任务而创作形成的作品的知识产权，包括但不限于著作权、专利权和商标权等，归属甲方和/或租用单位所有。"

刘某超于 2017 年 9 月 2 日作出声明："……在职期间，在公众号'上港发布'和'申花发布'中创作完成的一切职务作品，包括但不限于文字、图片、视频或其他作品，其著作权及知识产权均归属于上海东体传媒有限公司。"

2016 年 11 月 11 日，微信公众号"上港发布"发表署名为刘某超的"心声｜一年半的蜕变故事，石柯：明年要冠军，也想要个孩子……"一文。

2017 年 5 月 11 日，东体公司委托代理人徐某向上海市卢湾公证处申请保全证据公证。当日，该公证处公证员倪宏霞与该处工作人员顾嵘监督徐洁使用公证处的计算机，连接互联网登录 http：www. sohu. coma×××××××_487976，发现在该网址上刊登有"心声｜一年半的蜕变故事，石柯：明年要冠军，也想要个孩子……"一文，文章旁边显示"搜狐体育正文"，并有"上港发布"的图标及字样，刊登日期显示"2016 年 11 月 11 日 7：49"。网站 www. sohu. com 的主办单位是搜狐公司。

### 一审判决及理由

一审法院认为，涉案文章并非简单的事实记录，故对搜狐公司认为涉案文章不构成文字作品，一审法院不予采信。根据法律规定，公民与法人可以合同约定职务作品的著作权由法人享有，作者享有署名权，著作权其他权利由法人享有。东体公司注册并运营微信公众号"上港发布"，结合刘某超的劳动合同和声明函可以确认涉案文章职务作品的性质，一审法院予以采信，故该案中东体公司享有涉案文章的著作权。

搜狐公司认为涉案文章系搜狐自媒体账号"上港发布"自行发布并上传，现已删除涉案文章并封禁该帐号，已尽到网络服务提供者的义务，应适用"避风港"原则免责。东体公司否认搜狐自媒体平台上的自媒体账号"上港发布"系其注册，但即便是东体公司注册并运营该账号，公证书确认的涉案文章的刊载网址为搜狐体育网站，而非搜狐自媒体的网址，且搜狐公司亦未提供证据证明涉案文章系东体公司自行上传至涉案网站，故对搜狐公司的上述意见一审法院不予采信。

东体公司对作品享有的著作权受法律保护，搜狐公司未经东体公司许可，使用了东体公司享有著作权的作品，侵犯了东体公司对涉案作品享有的著作权。根据法律规定，搜狐公司应承担相应的停止侵权、赔礼道歉、赔偿损失的民事责任。法院判决搜狐公司于判决生效之日起 10 日内赔偿东体公司 1600 元及负担合理费用 1400 元。

### 上诉理由

上诉人搜狐公司上诉请求：撤销一审判决，依法改判驳回被上诉人一审全部诉请。事实和理由：①被上诉人仅提交了涉案文章作者的《派遣员工劳动合同》及《声明函》，但《派遣员工劳动合同》签订主体并非被上诉人，亦无法证明涉案文章系职务作品，故被上诉人未能证明其为涉案文章的著作权人；②被上诉人主张的赔偿及合理费用明显高于国家稿酬支付规定的标准，且被上诉人未证明其实际损失及上诉人侵权获利，金额过高，应予调整。

### 二审查明事实

对一审法院查明的事实，予以确认。

### 二审判决及理由

二审法院认为，结合涉案作品的发布时间、涉案作品的内容以及刘某超的《派遣员工劳动合同》，可以认定涉案作品系刘某超在职期间创作。根据《著作权法》第 16 条第 2 款规定，有下列情形之一的职务作品，作者享有署名权，著作权的其他权利由法人或者其他组织享有，法人或者其他组织可以给予作者奖励：①主要是利用法人或者其他组织的物质技术条件创作，并由法人或者其他组织承担责任的工程设计图、产品设计图、地图、计算机软件等职务作品；②法律、行政法规规定或者合同约定著作权由法人或者其他组织享有的职务作品。该案中，被上诉人提供的《派遣员工劳动合同》第25条约定："乙方为完成甲方和/或租用单位安排的工作任务而创作形成的作品的知识产权，包括但不限于著作权、专利权和商标权等，归属甲方和/或租用单位所有。"同时，刘某超出具《声明函》认可相关文章著作权归属东体公司，上述证据可以证明东体公司享有涉案作品的著作权，上诉人主张被上诉人对涉案文章不享有著作权但未提交相应证据予以证明，故一审法院据此认定被上诉人系涉案作品的著作权人并无不当。对于上诉人该项上诉请求，二审法院不予支持。

根据《著作权法》第49条规定，侵犯著作权或者与著作权有关的权利的，侵权人应当按照权利人的实际损失给予赔偿；实际损失难以计算的，可以按照侵权人的违法所得给予赔偿；赔偿数额还应当包括权利人为制止侵权行为所支付的合理开支；权利人的实际损失或者侵权人的违法所得不能确定的，由人民法院根据侵权行为的情节，判决给予50万以下的赔偿。该案中，双方均未就权利人实际损失及侵权人违法所得予以充分举证，故一审法院综合考虑了涉案文章的创作难易程度、侵权时间、搜狐公司的主观过错等因素，对赔偿金额及合理费用予以酌定，该酌定数额尚属合理，应予支持。上诉人关于一审法院判决明显高于国家稿酬支付规定的标准，判赔金额过高的上诉主张，依据不足，不能成立。

 ## 承办律师办案心得

该案是典型的互联网环境下，部分门户网站通过自动抓取技术，未经授权批量转载其他媒体享有著作权的文章的案件。虽然对于专业知识产权律师而言，该案的难度系数并不高，但该案的典型意义在于原、被告双方围绕权利基础、侵权证据、免责事由和判赔标的这四大争议焦点展开了交锋，几乎涵盖了著作权侵权所涉的每一环节的可争议点。

即便该案的侵权证据完整扎实，被告依旧在庭审中攻击：①涉案作品是否为著作权法保护的作品；②原告是否为涉案作品的权利人；③涉案作品为第三方上传至被告平台，被告因受"避风港"规则保护而应予免责；④参考稿酬标准，原告索赔金额过高。

所幸，即便案件事实清楚、简单，笔者代理原告在起诉之前仍针对权利证据和索赔证据做了完整而周密的准备。首先，在被告转载的数以百计的文章中筛选出了字数较多，独创性较高的独家报道作为首批索赔文章。其次，在原告主体资格方面，周密地准备了相关记者的劳动合同和著作权声明，确保涉案文章作为职务作品的著作权归属于原告。但由于涉案文章作者当时与原告的劳动关系为劳务派遣，被告抓住劳务派遣合同中的部分用词大做文章，在案件审理过程中给原告制造了不小麻烦。再次，被告当庭提交了所谓的其网页后台注册信息，用以证明涉案文章是第三方注册账号后上传。然而该份证据真实性存疑，且即便为真，其缺乏基本的第三方身份信息和上传记录，并且即便涉案文章为第三方上传，被告搜狐公司的转载页面亦为其门户网站本身，其自身主体身份并非

"避风港"规则所针对的"网络服务提供者"而系直接的内容提供方。最后，被告参考了国家稿酬标准，主张原告的索赔金额过高。在这一点上，笔者代理原告在办理侵权公证时即注意到了对被告侵权规模（侵权文章数以百计）、侵权性质（实时抓取，严重分流了原告即时性文章的流量）、点数阅读数量以及在转载过程中穿插商业广告等细节的证据固定。最终一审和二审法院均参考文章的创作难易程度、被告侵权时间、主观过错等因素，支持了1600元赔偿金和1400元合理费用的判决金额。该些判决在2000左右字数的纯文字作品的信息网络传播权侵权中，属于较高金额的判决。

　　该案为著作权批量维权中的一起，难度系数并不高，但系列案件却往往因为案件数量多、判赔金额低、工作量大而让很多律师和当事人望而却步，从而纵容了许多媒体不劳而获或以低成本侵权换来数量可观的流量。所幸上海较好的知识产权司法环境，以及原告东体公司（编辑出版《东方体育日报》）在传统纸媒向互联网时代，尤其是自媒体时代迈进过程中强烈的知识产权保护意识的觉醒给予了原告律师极大的鼓舞。但由于数以百计的被抓取文章分别构成独立的侵权行为，法院在受案和审理过程中均不允许将侵权文章合并于一个案件中进行处理，使得批量维权案件进展缓慢。鉴于搜狐公司在败诉了数十起案件后依旧拒绝整体和解，截至本书出版时，原告及原告律师依旧在漫漫维权路上继续为了权利而奋斗。

（上海市协力律师事务所祝筱青律师、李圆律师，

该案原告东体公司代理人）

# 《我叫MT》：游戏名称的保护路径及非法演绎作品的保护范围

## ——北京乐动卓越科技有限公司与北京昆仑乐享网络技术有限公司、北京昆仑在线网络科技有限公司、北京昆仑万维科技股份有限公司侵犯著作权及不正当竞争纠纷案

**原告：**北京乐动卓越科技有限公司（以下简称"乐动卓越公司"）
**被告：**北京昆仑乐享网络技术有限公司（以下简称"昆仑乐享公司"）
**被告：**北京昆仑在线网络科技有限公司（以下简称"昆仑在线公司"）
**被告：**北京昆仑万维科技股份有限公司（以下简称"昆仑万维公司"）

**一审法院：**北京知识产权法院
**一审案号：**（2014）京知民初字第 1 号
**一审合议庭成员：**陈锦川、芮松艳、彭文毅
**一审结案日期：**2015 年 7 月 20 日

**案由：**著作权侵权及不正当竞争纠纷

**关键词：**动漫名称，人物名称，知名服务特有名称，改编权

## 涉案法条

《民法通则》第 134 条
《反不正当竞争法》第 5 条第 2 项、第 9 条第 1 款、第 20 条
《最高人民法院关于审理不正当竞争民事案件应用法律若干问题的解释》第 2 条

## 争议焦点

- 乐动卓越公司是否为该案适格原告。
- 昆仑在线公司是否为该案适格被告。
- 被诉行为是否构成对原告乐动卓越公司文字作品改编权和信息网络传播权的侵犯。

- 被诉行为是否构成对原告乐动卓越公司改编作品署名权、复制权和信息网络传播权的侵犯。
- 被诉行为是否构成擅自使用原告乐动卓越公司知名服务特有名称的不正当竞争行为。
- 被诉行为是否构成虚假宣传的不正当竞争行为。

## 审判结论

1. 被告昆仑乐享公司、昆仑在线公司、昆仑万维公司于该判决生效之日起，立即停止不正当竞争行为。

2. 被告昆仑乐享公司、昆仑在线公司、昆仑万维公司于该判决生效之日起 10 日内，连带赔偿原告乐动卓越公司经济损失 50 万元以及合理支出 35000 元。

3. 驳回原告乐动卓越公司的其他诉讼请求。

## 起诉及答辩

原告诉称：

一、三被告开发并运营的移动终端游戏《超级 MT》侵犯了原告的著作权

原告乐动卓越公司是移动终端游戏《我叫 MT online》《我叫 MT2》[以下统称《我叫 MT》] 的著作权人，前述游戏改编自系列 3D 动漫《我叫 MT》。该动漫的著作权人为北京七彩之源文化传播有限公司（以下简称"七彩公司"）。该公司将对该作品改编成游戏的权利，以及对该作品及其要素独占使用的权利均授予原告乐动卓越公司。基于七彩公司的授权，乐动卓越公司对于《我叫 MT》动漫名称以及其中"哀木涕、傻馒、劣人、呆贼、神棍德"五个人物名称等享有文字作品的独占被许可使用权。三被告未经乐动卓越公司许可，将其开发和运营的游戏命名为《超级 MT》，并将相应人物命名为"小 T、小德、小劣、小呆、小馒"，该行为侵犯了乐动卓越公司对上述文字作品的改编权。三被告向网络用户提供被诉游戏客户端下载，亦侵犯了乐动卓越公司对上述文字作品的信息网络传播权。

原告乐动卓越公司游戏中的前述五个人物形象系在动漫《我叫 MT》中相应人物形象的基础上重新绘制而成，已形成新的改编作品，乐动卓越公司对该五个形象享有美术作品的著作权。三被告未经乐动卓越公司许可，向网络用户提供被诉游戏客户端下载，在被诉游戏中抄袭乐动卓越公司游戏中前述五个人物形象，且将乐动卓越公司游戏中的呆贼形象作为其游戏 APP 头像。三被告的前述行为侵犯了乐动卓越公司对该五个人物形象所享有的署名权、复制权及信息网络传播权。

二、三被告的行为构成擅自使用原告知名服务特有名称的不正当竞争行为

原告乐动卓越公司开发和运营的《我叫 MT》游戏在业内享有广泛知名度，获得众多奖项，并且拥有上千万玩家。乐动卓越公司的《我叫 MT》游戏名称及其中的五个人物形象名称在手机游戏类服务上已构成知名服务的特有名称。而三被告开发和运营的游戏《超级 MT》不仅抄袭了《我叫 MT》游戏的名称，且两款游戏的人物名称也十分相似。此外，三

被告在其对游戏的宣传中亦充斥大量《我叫 MT》游戏的创作元素，误导公众和消费者。被告的此种行为已构成擅自使用原告知名服务特有名称的不正当竞争行为。

三、三被告的行为构成虚假宣传的不正当竞争行为

三被告在对其游戏的宣传中使用与原告乐动卓越公司游戏人物相似的形象及含有原告游戏名称《我叫 MT》的宣传用语，且其游戏的 APP 头像抄袭了原告游戏《我叫 MT》中的呆贼形象。被告此种行为会让相关公众误认为被告游戏与原告乐动卓越公司存在某种关联，误导公众，损害乐动卓越公司的合法权益，已构成虚假宣传行为。

三被告实施的侵犯著作权行为及不正当竞争行为已使其获得巨额利润，并同时给原告乐动卓越公司造成巨大损失，据此，请求法院依法判令：①三被告在新浪网、网易、腾讯网、搜狐网、17173、techweb 媒体及昆仑游戏官网、《超级 MT》游戏内公告向原告赔礼道歉；②三被告立即停止侵犯著作权行为及不正当竞争行为；③三被告连带赔偿原告因侵犯著作权行为对原告造成的损失 200 万元；④三被告连带赔偿原告因不正当竞争行为对原告造成的损失 200 万元；⑤三被告连带承担原告为制止其侵犯著作权行为所支付的律师费用、公证费用 10.5 万元；⑥三被告连带承担原告为制止其不正当竞争行为所支付的律师费用、公证费用 10.5 万元。

被告昆仑乐享公司、昆仑在线公司、昆仑万维公司共同辩称：

一、原告乐动卓越公司不享有独立的诉权

原告乐动卓越公司主张著作权的游戏《我叫 MT》来源于七彩公司的动漫《我叫 MT》，但依据乐动卓越公司与七彩公司签订的许可协议，乐动卓越公司获得的仅是对作品的非独占被许可使用权。依据相关法律规定，非独占被许可使用权人不具有独立的诉权，因此在七彩公司未参与诉讼的情况下，乐动卓越公司不得单独提起诉讼。另外，乐动卓越公司并非游戏《我叫 MT》的唯一运营商，不能单独享有该游戏的经营利益，据此，针对不正当竞争这一诉由，原告亦不享有独立的诉权。

二、第二被告昆仑在线公司并非该案适格被告

第二被告昆仑在线公司与《超级 MT》游戏并无关联。《超级 MT》游戏官网下端虽有昆仑在线公司的标注，但该标注仅是用以推广"快乐游"的友情链接。昆仑在线公司是快乐游网站的运营商，其并未参与该游戏的开发及运营。

三、原告乐动卓越公司对游戏《我叫 MT》、游戏名称、五个游戏人物名称及形象均不享有著作权

首先，现有证据不足以证明七彩公司为动漫《我叫 MT》的著作权人，因此，七彩公司无权授权原告乐动卓越公司对该动漫进行改编，相应地，乐动卓越公司依据七彩公司与其所签合同，亦无法获得相应著作权。即便七彩公司享有动漫《我叫 MT》的著作权，但该动漫本身亦为改编作品，乐动卓越公司虽获得改编者七彩公司的授权，但其并未获得原权利人的许可，因此该游戏属于侵权游戏，乐动卓越公司对该侵权游戏亦不享有著作权。其次，《我叫 MT》动漫名称及五个人物名称均不构成文字作品。再次，将乐

动卓越公司主张其享有著作权的五个人物形象与动漫《我叫MT》中的相应形象对比可以看出，二者并未存在实质性区别，据此，上述人物形象未构成改编作品，乐动卓越公司对其不享有改编作品著作权。

四、第一、第三被告未实施侵犯原告乐动卓越公司著作权的行为

被告游戏中并无原告乐动卓越公司所指控的游戏人物名称及形象，即便原告所主张人物名称构成文字作品，人物形象构成改编作品，两被告亦未实施侵犯其著作权的行为。

五、第一、第三被告未实施不正当竞争行为

原告乐动卓越公司《我叫MT》的游戏名称及人物名称均未构成知名服务的特有名称。被告自身具有强大的研发和运营能力，无搭他人便车之必要，且在宣传过程中明确指出该游戏来源于被告，因此，相关公众不会产生混淆误认，被告行为未构成擅自使用原告知名服务特有名称的行为。被告在宣传过程中虽采用了《我叫MT》原班人马配音这一用语，但因该宣传用语系被告对事实的客观描述，且在宣传中明确指出游戏出自被告，因此，该行为并非虚假宣传行为。此外，原告指控的其他虚假宣传行为亦均不成立。

六、第一、第三被告不应承担相应的民事责任

鉴于被告并未实施侵犯原告著作权的行为，且被告行为亦未构成不正当竞争，因此，原告乐动卓越公司要求被告承担停止侵权、赔礼道歉、赔偿损失等民事责任的主张于法无据。

## 事实认定

一审法院经审理查明：

2013年12月24日，成都完美时空网络技术有限公司（以下简称"成都完美公司"）将《我叫MT》及其中全部动漫形象的著作权永久转让与七彩公司。2014年3月17日，七彩公司就《我叫MT》动漫向国家版权局申请了作品登记。2014年1月1日，原告乐动卓越公司与七彩公司就动漫《我叫MT》签订许可协议，约定原告享有"在全球范围内自行或委托第三方改编授权作品、使用授权作品或任何授权作品要素研发编制合作游戏的手机游戏和网页游戏版本，以及出版（包括委托出版）、运营（包括与第三方合作运营）和以其他任何方式使用该等游戏的一项独占许可（授权作品独占许可）"。

第一被告昆仑乐享公司是被诉游戏《超级MT》的开发商，第三被告昆仑万维公司是被诉游戏《超级MT》、昆仑游戏网站的运营商。在被诉游戏《超级MT》的官方网站网页下端显示有"北京昆仑在线网络科技有限公司"字样。原告乐动卓越公司系游戏《我叫MT》的经营者。被诉《超级MT》游戏中有"小T""小德""小馒""小劣""小呆"的人物形象，并使用了"我叫MT原班人马打造/配音""我叫MT动画原班人马打造"等宣传用语。

## 一审判决及理由

一、原告乐动卓越公司是否为该案适格原告

因原告乐动卓越公司与七彩公司针对动漫《我叫MT》所签授权许可协议第2条明确

载有"独占许可"的表述及相关约定，因此，该协议可初步证明乐动卓越公司针对动漫《我叫 MT》（包括动漫名称及人物形象名称）享有独占被许可使用权。针对不正当竞争这一诉由，原告乐动卓越公司是否享有独立的诉权，取决于其与该诉由是否有直接利害关系。在现有证据证明原告开发并运营了《我叫 MT》游戏的情况下，无论其是否为该游戏唯一的开发及运营商，其与该诉由均有直接利害关系，有权针对他人损害这一经营利益的行为提起诉讼。

二、第二被告昆仑在线公司是否为该案适格被告

因在网页下方标注经营者名称是网站通常作法，而被诉游戏官网网页下端显示有第二被告名称"北京昆仑在线网络科技有限公司"，故上述标注足以认定第二被告系该网站的经营者，其与被诉游戏的下载及经营等行为具有关联关系，应对上述行为承担相关责任。

三、被诉行为是否构成对原告文字作品改编权和信息网络传播权的侵犯

对于名称、标题等词组或短语而言，判断其是否有创造性，应考虑其是否同时具有以下特征：其一，该词组或短语是否存在作者的取舍、选择、安排、设计；其二，该词组或短语能否相对完整地表达或反映出作者的思想情感，传达一定的信息。具体至该案，"我叫 MT"这一动漫名称整体属于现有常用表达，并非涉案动漫作者独创，不具有独创性。至于"哀木涕""傻馒""劣人""呆贼""神棍德"五个人物名称，其并未表达较为完整的思想，未实现文字作品的基本功能。因此，上述名称并未构成受著作权法保护的文字作品，原告乐动卓越公司的侵犯文字作品著作权的主张不能成立。

四、被诉行为是否构成对原告改编作品署名权、复制权和信息网络传播权的侵犯

经比对发现，游戏《我叫 MT》中五个人物形象与动漫《我叫 MT》中对应人物形象的面部形象无实质性区别，但在武器和服饰方面具有明显差异，且差异程度已达到美术作品所要求的基本的创作高度，因此，原告游戏中的上述五个游戏形象已构成改编作品。原告提交的证据可以初步证明其对游戏及其中人物形象的改编系获得原著作权人许可；即便其未经许可，原告对该改编作品亦享有著作权。另外，除去原有动漫形象的面部形象部分，经对比可以看出，被诉游戏中的五个人物形象的武器及服饰与原告游戏中五个对应形象的武器与服饰差异较大，未构成实质性近似。因此，原告认为被诉游戏中相应人物形象的使用构成对其改编作品的署名权、复制权及信息网络传播权的侵犯的主张不能成立。

五、被诉行为是否构成擅自使用原告知名服务特有名称的不正当竞争行为

首先，法院结合原告游戏已获得数十个奖项等因素，认定相关公众足以依据原告《我叫 MT》的游戏名称及涉案的五个人物名称识别该游戏的来源，上述名称已构成原告在手机游戏类服务上的知名服务特有名称。其次，各被告将其游戏命名为《超级MT》，将游戏中五个人物形象命名为"小 T、小馒、小劣、小呆、小德"，并同时进行相关宣传的行为，容易使相关公众误认为被诉游戏是原告游戏的衍生游戏或者与原告

著作权案例

专利权案例

商业标识案例

其他案例

游戏存在某种特定联系，从而导致相关公众的混淆误认。再次，各被告与原告同为手机游戏经营者，原告游戏系在先上线且具有一定知名度，各被告对此显然知晓，其不仅不避让还通过宣传希望用户误解，具有明显的搭便车恶意。综上，上述行为构成不正当竞争。

六、被诉行为是否构成虚假宣传的不正当竞争行为

该案中，原告主张被告虚假宣传行为的表现形式主要分为两种：使用与原告游戏中人物相近的APP头像；使用虚假的宣传用语。对于APP头像的使用行为，虽然被诉游戏的APP头像与原告游戏中"呆贼"形象相近，但被告对于头像的使用行为并不属于通常意义上的宣传行为，因此，上述行为构成虚假宣传的主张不能成立。对于各被告"我叫MT原班人马配音"这一宣传用语的使用，因各被告提交的与配音人员的合同以及配音人员的微博可以初步证明被诉游戏确与动漫《我叫MT》配音人员就游戏配音的事宜进行合作，不构成虚假宣传。各被告关于"我叫MT原班人马打造/加盟"等宣传用语表述会使用户认为被诉游戏系源于《我叫MT》动漫或游戏，而各被告并未举证证明上述宣传内容为客观事实，因此，各被告的上述宣传构成虚假宣传。

综上所述，依照《民法通则》第134条、《反不正当竞争法》第5条第2项、第9条第1款、第20条，《最高人民法院关于审理不正当竞争民事案件应用法律若干问题的解释》第2条之规定，法院判决如下：

（1）被告昆仑乐享公司、昆仑在线公司、昆仑万维公司于该判决生效之日起，立即停止不正当竞争行为；

（2）被告昆仑乐享公司、昆仑在线公司、昆仑万维公司于该判决生效之日起10日内，连带赔偿原告乐动卓越公司经济损失50万元以及合理支出35000元；

（3）驳回原告乐动卓越公司的其他诉讼请求。

## 承办律师办案心得

受客户委托接触该案件的时候，笔者觉得除了是北京知识产权法院设立后民事1号案外，似乎并不是特别有挑战性的案件。但正所谓"没有小案子，只有小律师"，每个案件都有其特殊性和可挖掘的地方，随着分析的步步深入，笔者发现这个案件无论从证据挖掘还是法律适用方面均有很多可做工作的空间。法律适用方面，仅仅从合议庭归纳的裁判要点就可见一斑：

"（1）简短的词组或短语无法相对完整地表达作者的思想情感，不符合独创性的要求。

"（2）原告只要举出能证明自己是权利人的初步证据即完成证明责任，被告提出异议的，应举证证明；被告不能提供证据或者提供的证据不充分的，确认原告享有权利。

"（3）作品自创作完成之日起产生著作权，即便未经原著作权人许可而创作的改编作品，亦是作者创作活动的产物，创作者所付出的创作性劳动应受到保护。

"（4）被诉游戏未使用原告在其改编作品中的独创性表达，未侵犯原告著作权。

"（5）公证用手机虽未进行清洁度检查，但现有证据无法看出市场上存在与公证下载游戏相同或实质相同的游戏，且此类手机游戏具有较高的开发成本，原告并无动机为本案诉讼目的开发一款新游戏，故对于公证下载被诉游戏的真实性予以确认。

"（6）原告游戏名称及人物名称构成手机游戏类服务上的特有名称，各被告在主观明知的情况下提供被诉游戏的下载及宣传，构成擅自使用原告知名服务特有名称的行为。

"（7）各被告宣传的内容并非客观事实，构成虚假宣传行为。"

上述每个要点其实都有很大抗辩的空间，因此笔者的证据收集及法律分析工作也相对应而展开。

笔者在客户初步证据的基础上进行了大量的外部证据挖掘，除了一般的举证套路之外，还重点收集了以下七部分证据：

（1）在游戏中"MT"是一种通用名称，早在2005年已经存在。

（2）有多款游戏名称中含有"MT"字样，如MT大冒险、MT英雄传等，MT大冒险在2010年6月也已经存在，因此MT并非是原告的特有名称。

（3）游戏《我叫MT》改编自动画片《我叫MT》，该片2009年起发表，并不断有新的剧集出现，截至2014年10月23日推出第六季第24集后，停止更新，该动画的著作权人不明。

（4）动画《我叫MT》并非纯原创作品，其核心设计改编自知名网络游戏《魔兽世界》，以及韩国的动漫作品《我们小时候》。特别需要说明的是，韩国动画《我们小时候》在2006年已经产生，2007年在中国已广为游戏玩家知晓。

（5）动画《我叫MT》并未获得上述两部在先的知名作品的改编权授权，属于"非法演绎作品"。原告游戏《我叫MT》侵犯暴雪公司《魔兽世界》版权，原告对于与暴雪公司之间的版权纠纷是自认的，且至今并未获得暴雪公司的授权。

（6）被告自行研发设计游戏《超级MT》，依法享有著作权，与原告主张享有著作权的游戏《我叫MT》完全不同。

（7）被告聘请《我叫MT》动画团队的原班人马进行配音，并如实进行宣传，相关的配音人员也对此认可并为被告推广《超级MT》游戏，完全未侵犯原告的任何权益。

这些证据的挖掘，为该案诉讼取得良好的结果打下了坚实的基础。

一、关于非法演绎作品的保护范围问题

在该案中，有一个被原告及部分学者质疑的要点，即原被告五个主要人物形象的对比范围问题。原告认为：原告获得的是动漫作品改编成游戏的独占性授权，被告未经授权改编成游戏，侵犯了原告的独占改编权；美术作品是以整体形象展示给受众的，在比对时也应该以整体进行比对，而不是拆分成武器和服装分别比对。而该案中法庭先是用动漫作品和原告游戏比对，比对出独创性的差异，认为原告拥有差异部分的著作权，再用差异部分和被告游戏比对，而被告游戏正是在差异部分和原告游戏有差异，从而未被认定侵权，这是不是限缩了原告的权利范围？

原告游戏中的五个主要人物形象哀木涕、傻馒、劣人、呆贼、神棍德系在动漫《我叫MT》同名人物形象的基础上重新绘制而成，构成新的改编作品，原告拥有动漫作品作者对动漫作品及其要素的独占性使用和改编授权。被告游戏中的五个名称相似的人物，其形象也与原告的构成实质性相似。原告认为被告侵犯了原告独占的改编权和对五个人物形象美术作品的著作权。

法庭认为原告主张涉案游戏中的五个人物形象系在动漫《我叫MT》相关形象上进行创作而形成的改编作品。改编作品是指在保留原作品的基本表达的情况下进行独创性劳动而形成的新作品。判断原先游戏中的五个人物形象是否构成改编作品的关键在于，该五个人物形象是否是在原有动漫形象的基础上，经过独创性劳动而得到的新作品。鉴于原告主张涉案游戏形象构成美术作品，而美术作品强调的是作者在作品造型上所付出的创造性劳动，因此，对这一问题的判断应考虑的是原告涉案游戏形象在造型上是否具有新的独创性的表达。

法庭从面部形象、服装及武器三个方面比对了动漫《我叫MT》与游戏《我叫MT》的五个人物形象。通过比对显示，游戏《我叫MT》中五个人物形象与动漫《我叫MT》中对应人物形象的面部形象无实质性区别，但在武器和服饰方面具有明显差异，且差异程序已达到美术作品所要求的基本的创作高度，因此上述五个游戏形象已具有不同于原作的新表达，构成改编作品。

法庭又对被诉游戏中相应人物形象与原告游戏形象中的独创性部分进行了比对。法庭认为因原告五个游戏人物形象系以原有动漫形象为基础而创作的改编作品，故只有被诉游戏中的人物形象使用了原告游戏中对应人物形象不同于原有动漫形象的独创性表达时，该使用才可能构成对原告改编作品著作权的侵犯。因此，法庭仅将五个人物形象武器及服装部分进行了对比。通过对比，法庭认为被诉游戏的五个人物形象的武器及服饰与原告游戏中五个对应形象的武器与服饰差异较大，未构成实质性相似。因此，被诉游戏中的人物形象未使用原告独创性的表达，不构成侵权。

笔者认为，该案合议庭正是基于被告充分的举证及说理，充分把握原告权利基础的特殊性，即原告作品实际上是一个非法演绎作品，进而针对该非法演绎作品的特点采取了正确的对比方式和对比范围，从而得出了正确的结论。唯一可惜的是，法庭在写判决书的时候，没有明确地将该问题表述出来，导致部分没有了解该案证据及庭审过程的评论者出现认知偏差。下面笔者简单谈谈对非法演绎作品的著作权保护范围的理解。

在我国关于演绎作品的规定是改编、翻译、注释、整理已有作品或者其他材料而产生的新作品。如果对于被演绎作品而言，是享有著作权保护的作品，那么演绎人在演绎的过程中首先要征得被演绎作品的著作权人的许可，而且演绎人在使用自己演绎作品的时候不能侵害原作品的著作权。而非法演绎作品就是指演绎人在改编、翻译、注释、整理已有作品或者其他材料而产生新作品的过程中，没有经得原作品著作权人的许可。演绎作品与非法演绎作品的差别就在于有无原作品著作权人的许可。

非法演绎作品的产生，是在原作品的产生基础上进行的，也就是说没有原作品的创作，也就没有演绎作品的产生。在没有原著作权人的许可的情况下，这种非法演绎的行为可能就会对原作品的收益问题造成一定的冲击，在民法公平原则的基础上，理应认为非法演绎作品属于侵权的产物。但是，非法演绎作品当中也有一定原创部分，一味地否认非法演绎作品的著作权不存在也是不合理的。非法演绎作品的著作权可以归属于演绎

著作权案例

专利权案例

商业标识案例

其他案例

人，因为演绎作品也是具有一定的原创性质的，在一定程度上表达了演绎人的独创思想，从有利于文艺繁荣的角度对这部分独创性的内容应当给予一定程度的著作权保护，换个角度说，对非法演绎作品给予一定程度有限制的著作权保护应该是合理的。

综观全球，世界各国对于非法演绎作品是否受法律保护主要存在两种观点：一种观点认为非法演绎作品不应该受法律保护，以美国为主要代表。另一种观点认为非法演绎作品应该受法律保护，即侵权的归侵权，创作的归创作，侵权人对演绎作品付出了一定的创造性劳动成果，也应享有著作权，以瑞士为主要代表。

我国对于非法演绎作品是否受法律保护未有明确规定，一直存有争议。梳理一下相关的司法实践中，还是有多数判决认为非法演绎作品应该受法律保护，只是有一个保护度的问题，如北京市海淀区人民法院（2007）海民初字第22050号民事判决书、广州市越秀区法院（2014）穗越法知民初字第437号判决书等。笔者认为，非法演绎作品本身具有独创性，消费市场区别于原作品，且未为我国法律所明确不予保护，因此，应当对非法演绎作品予以保护，但应该只保护非法演绎作品独创性的部分。

该案证据证明，《我叫MT》动画中的形象并非原创，其本身就是改编自韩国的动漫作品《我们小时候》及其前手《魔兽世界》的。根据著作权法的相关规定，改编作品再授权时要获得原权利人的许可，且不得侵犯原权利人的权益，否则授权本身就是一种侵权，原告作为后手的被授权人也不能据此主张权利。另外，作为非法衍生作品的权利人，其即便主张维权也只能就其由独创性的部分进行主张，而不能自说自话地将原权利人的独创性部分非法据为己有。《我叫MT》动画中的形象仅仅在韩国的动漫作品《我们小时候》的基础上做了小幅的改编，从整体而言是非常相似的，即便是《我叫MT》动画的权利人作为原告也需将二者之间的差别也就是其独创性部分列举出来作为侵权对比的权利侵权，更何况原告这种非法演绎作品的后手被授权人呢？在庭审中，笔者作为代理人在积极举证的同时，也特别要求原告对其所主张的权利范围进行明确，到底是完整的五个人物的形象，还是仅仅是其在原有五个形象的基础上所做的独创性改编的部分。此时原告存在两难，其需要在较短时间内确定其对比的权利基础，如果其坚持认为其主张的形象就是动画中的形象，则有可能因为本身的非法演绎而失权，如果其选择其进行改变时的独创性部分，则有可能因为被告的作品与其独创性部分差别较大而不认为构成实质性相似。最终原告选择了后者，被告特别要求书记员将该点记录在案，并要求法庭以此为基础进行侵权对比的审理，因此而导致了法庭所采取的上述对比方式和认定结果。

综上，考虑原告作品本身是非法演绎作品的事实，以及原告在庭审中所做的权利基础的陈述，合议庭的对比方式及结论都是正确的。

二、关于诉权的举证责任分配问题

对于该案的判决，笔者认为有一个比较大的遗憾是法庭在诉权的举证责任分配问题的尺度有待商榷。法庭认为"原告只要举出能证明自己是权利人的初步证据即完成证明责任，被告提出异议的，应举证证明；被告不能提供证据或者提供的证据不充分的，确认原告享有权利。"单独看这句话本身似乎没错，但问题在于原告举出的能证明自己是权利人的初步证据"初步"到什么程度，如果原告的权利证据前手权利人信息不明确，转让协议中签字权利人缺失，关键证据无原件，授权协议本身条款已经载明了该授权仅仅是普通授权而非独占性授权的情况下，原告举证的权利证据并未形成一个有效的链条。笔者认为，此时原告举出的证据并不能证明自己就是有效的独占性改编权的被权利人，在原告不能就被告的上述有力质疑作出补充举证的话，应该判决驳回原告的起诉，待原告获得充分的权利证据后可以另行起诉，而不是将举证责任轻率地转移给被告，由并非合同当事人的被告来举反证。或者换一个角度讲，根据距离权利证据的远近来说，由原告进行充分的举证确有必要性和现实性，而被告如果能从原告举证的证据中发现其自相矛盾或权利链条缺失的内容，这本身就应该算作被告尽到了举证义务，此时原告不能补充证据弥补上述缺失，应当承担举证不能的不利后果，否则很可能使得原告获得不当的诉讼利益而造成事实上的不公平及其他严重后果。

该案作为原告权利来源的原作品《我叫 MT》动画，其著作权人的认定应当根据《著作权法》第 11 条，即根据作品的署名确定著作权的归属，除非有相反的证明。《我叫 MT》动画自 2009 年产生至今，共分为六季，在不同的时期动画上的署名分别为：

（1）2009 年第一季第一集"核桃 2009""wow.178.com"；

（2）第 13 集"核桃 七彩映画 178.com"；

（3）2011 年 9 月第四季"纵横中文网""178.com"；

（4）2013 年 3 月第五季"纵横动漫""178.com""七彩映画""核桃"；

（5）2014 年 10 月第六季"七彩映画"。

很明显，作品著作权经过了一个变化的过程，那么，上述署名人具体指代哪个民事主体，各个民事主体之间是并存关系从而共有著作权，还是通过权利转让而将著作权转由某方享有，在转让过程中是否有权利的保留和限制等，原告均未能举证证明，另外通过原告的证据表明，某一时期还出现过"成都完美""幻想纵横"这些主体，原告也未能举证证明其如何获得著作权，获得了哪项权利，并如何将著作权再次进行转让。因此，原告现有证据未能证明该动画著作权的归属。在转让协议及授权协议部分，转让协议中签字权利人缺失，关键证据无原件，授权协议本身条款已经载明了该授权仅仅是普通授权而非独占性授权等情况（具体可参见代理词）。法庭也给了原告的充分的时间去补充证据，但是一直到判决原告都无法补充，最终法庭只能对原告权利证据作了诸多的推论而忽视被告的质疑，不能说不是该案的一个遗憾。

诚然，不能说判决的认定尽善尽美或者毫无争议，但判词分析详尽，论述清晰。对于《著作权法》和《反不正当竞争法》的司法适用而言，该判决皆有非常重要的典型性和示范意义。

该案涉及移动终端游戏的著作权侵权及不正当竞争纠纷。被控侵权游戏《超级 MT》在游戏名称、人物名称、游戏的宣传、APP 头像等多方面均存在与《我叫 MT》游戏靠近的情形，导致该案的事实细碎且复杂，涉及的法律问题繁多且疑难。该案对移动终端游戏著作权权属证明责任的分配、游戏名称及人物名称等简短词组能否构成文字作品、改编作品的著作权保护、存在瑕疵的公证书效力的认定、移动终端游戏名称是否能够构成知名商品特有名称、虚假宣传行为的认定等诸多法律问题，均作了详尽、细致的分析阐述；在民事责任承担上，充分考虑了权利游戏的市场份额、被控侵权人的主观过错等因素，最大程度上保护了游戏权利人的利益。该案明确了对移动终端游戏知识产权法律保护的思路和方向，对通过司法保护推动移动终端游戏产业的健康有序发展，起到了重要影响和示范作用。该案一审判决后，原告、被告胜负皆服，均未提起上诉。该案入选北京市高级人民法院发布的"2015 年度北京法院知识产权司法保护十大典型案例"并入选最高人民法院公报。

## 代理词节选

总体来讲，根据一案不二诉的原则，对于同一个行为，原告不可以既主张著作权侵权，又主张不正当竞争，应当予以明确划分，因此，既然原告已经主张《超级 MT》这一名称以及"小 T"等五个角色名称，五个角色形象侵犯著作权，那么就不可以再以此为由主张被告构成不正当竞争。下面针对著作权侵权和不正当竞争的诉由分述如下。

一、著作权侵权部分

四个争议焦点：

（1）原告是否获得了动漫《我叫 MT》的独占性改编权，是否有权提起本诉；

（2）被告二昆仑在线是否为适格的被告；

（3）原告对作品名称、角色名称及改编后的美术作品是否享有著作权；

（4）被告是否侵害了原告改编后作品的复制权。

（一）原告是否获得了动漫《我叫 MT》的独占性改编权，是否有权提起本诉

首先，从原作品的权利归属来看，原告无诉权。

作为原告权利来源的原作品动漫《我叫 MT》，其著作权人的认定应当根据《著作权法》第 11 条，即根据作品的署名确定著作权的归属，除非有相反的证明。动漫《我叫 MT》自 2009 年产生至今，共分为六季。

很明显，作品著作权经过了一个变化的过程，那么，上述署名人具体指代哪个民事主体，各个民事主体之间是并存关系从而共有著作权，还是通过权利转让而将著作权转由某方享有，在转让过程中是否有权利的保留和限制等，原告均未能举证证明。另外通过原告的证据表明，某一时期还出现过"成都完美""幻想纵横"这些主体，原告也未能举证证明其如何获得著作权，获得了哪项权利，并如何将著作权再次进行转让。因此，原告现有证据未能证明该动画著作权的归属。

至于原告辩称在作品上出现的这些名称并非表明其为著作权人，那么其就应当举证这些名称的标注是何意义，它们享有什么权利，因为：（1）按照这些署名的标注方式，是在整个视频最醒目的片头位置，符合一般的作品著作权人标注的习惯；（2）在作品上连配音、导演、演唱者等都进行了详细的署名，权利人却没有署名吗？原告的说法没有道理；（3）在第四季动画中，是在同样的片头位置，明确写明了出品人纵横中文网、

178. com（2011 年 9 月 15 日），而纵观全部六季的视频，其他署名人的标注位置也均在此，很显然，权利人就是在这个位置上进行了署名；（4）在 178. com 网站上也明确将《我叫 MT》动画获奖作为其自身的荣誉来刊登，也可以看出其认为本身对于该作品享有权利，其又在作品的署名上出现，不是权利人之一，又是什么？

而原告仅凭单一的一份权利证据，即七彩公司关于动漫《我叫 MT》的版权登记，是不能够证明原作品的权利归属的，因为：①登记不是作品著作权产生的必要条件，中国版权保护中心也不对登记内容做实质性审查；②该版权登记是发生在作品发表后的 5 年，而且权利是继受取得，所以如果没有完整的从始至终的权利转让协议，并且与作品的署名相对应上，形成完整的证据链，就无法确认作品的著作权归属。

因此，原告现有证据不足以证明七彩公司为动漫《我叫 MT》的著作权人，应承担相应的不利后果。

其次，从授权协议本身看，原告也无诉权。

原告提供的几份协议相互矛盾，包括北京幻想纵横网络技术有限公司（以下简称"幻想纵横"）与原告 2012 年 5 月 20 日签署的 5 年期授权协议，成都完美公司 2013 年 12 月 24 日与七彩公司签署的著作权转让协议，以及 2014 年 1 月 1 日七彩公司与原告的 5 年期授权协议，我方坚持认为这几份协议是不真实的。从形式上看，成都完美公司与七彩公司的协议无原件；幻想纵横与原告的协议以及七彩公司与原告的协议均是早已签署，却在 2014 年 11 月 5 日缴纳印花税，不合常理；七彩公司与原告 2014 年 1 月 1 日签署合同，可作为附件一的版权登记证书却是 2014 年 3 月 17 日才有的，显然合同签署时间是虚假的；从内容上看，几份协议相互矛盾。即使假设原告的证据是真实的，而且成都完美公司就是原权利人，那么仍有如下问题。

（1）按照 2012 年 5 月幻想纵横与原告的授权协议，幻想纵横明确了本身就是经过授权获得的动漫《我叫 MT》的改编权（见下图），然后再授权给原告，授权给原告的性质是独家。

根据《中华人民共和国合同法》《中华人民共和国著作权法》及其他相关法律、法规，甲乙双方经过友好协商，就甲方就其享有游戏改编权或获得相关授权的动画作品《我叫 MT》授权乙方进行游戏改编及有关事宜达成协议如下：

首先，就有一个疑问：幻想纵横获得的权利是不是独家的，可以转授权的呢？答案是否，因为同时期，原告提供的成都完美公司与七彩公司的著作权转让协议，披露清单中披露的已经签署的协议（见下图），还有 2012 年 8 月 25 日与七彩公司的全版权授权协议，2013 年 5 月 1 日授权合肥完美的手机游戏改编权的协议，可见幻想纵横很显然没有独家的授权，它再下一步的转授权又怎么可能是独占性的呢？

（2）成都完美公司与七彩公司 2013 年 12 月 24 日的转让合同的第 1 条第 3 款约定如下：

"3. 甲方、乙方进一步同意：甲方针对作品和/或其包含的动漫形象在本协议生效之日前已签署的且仍有效的协议（见附件二：披露清单）中的全部权利义务自本协议签署之日起转让与乙方，但甲方基于已签署之有效协议，在本协议生效日之前所产生的应款及或应收款项仍应由甲方按照已签署之有效协议款和/或收款。"

附件二：披露清单

| 合同名称 | 基本内容简介 | 签约主体（相对方） | 有效期 |
| --- | --- | --- | --- |
| 《我叫 MT》游戏改编授权协议 | 《我叫 MT》手机游戏、网页改编授权 | 北京乐动卓越科技有限公司 | 2012 – 05 – 20 至 2017 – 05 – 19 |
| 著作权授权协议 | 《我叫 MT》全版权授权 | 北京七彩之源文化传播有限公司 | 2012 – 08 – 25 至 2022 – 08 – 25 |
| 合作游戏改编授权协议及补充协议 | 授权合肥完美《我叫MT》手机游戏改编权 | 合肥完美世界网络技术有限公司、北京乐动卓越科技有限公司 | 2013 – 05 – 1 至 2017 – 05 – 19 |
| MT 形象授权协议、魔晶岛 | MT 形象授权 | 合肥完美世界网络技术有限公司、北京乐动卓越科技有限公司 | 2013 – 08 – 15 至 2017 – 08 – 14 |

也就是说已经披露的协议中，成都完美公司与幻想纵横、合肥完美的授权协议依旧有效，只是权利义务由七彩公司承受，因此这些主体仍旧是被授权方，原告也没有证据证明七彩公司收回了这些授权，所以七彩公司再授权原告，也显然不是独占性的授权许可，其证据已经清楚证明还存在其他被授权人。无独占性被授权，原告也就无权提起本诉。

（3）比较幻想纵横与原告，以及七彩公司与原告的两份协议，既然七彩公司全面继受成都完美公司之前签订的全部授权协议，那么也就不存在七彩公司与原告重新签订协议的事由，因为幻想纵横本身这个主体还在，协议仍旧有效，而且幻想纵横没有明确放弃合同的权利义务，七彩公司无权单方宣布继承幻想与原告的合同权利义务，更何况按照成都完美公司与七彩公司的转让协议，原先授权的协议依旧由完美公司收取费用，因此，七彩公司当然更无权再签署与之前的授权期限部分重合的授权协议并收取费用。

因此，在幻想纵横的授权期间 2012 年 5 月 20 日至 2017 年 5 月 19 日，如果原告没有证据证明其按约定每月支付分成给幻想纵横的话，其便是没有真实履行该协议，也证明其并没有获得授权。并且按照幻想纵横与原告的协议第 2.2.3 款，"乙方保证使用合作游戏时，需在明显位置注明本游戏根据动画作品《我叫 MT》改编而成等字样"，而游戏中并没有这样的表述，所以，笔者认为如果这些协议不是虚假的，那么就是双方并没有履行协议。

（4）比较成都完美公司与七彩公司的转让协议，以及七彩公司与原告的协议，按照原告的说法，如果是七彩公司与原告在 2014 年 1 月 1 日签订了协议，距离七彩公司与成都完美公司的协议相距 6 天，可是连协议签章上的企业注册号都不一致，笔者有理由相信协议都是虚假的。

（5）原告作为其授权基础的七彩公司与原告的协议第 6 条 "特别事项" 专门规定："4. 在授权期内，甲方在经乙方事先书面同意的情况下，可以授权其他第三方公司或者甲方自己开发根据授权作品改编而成的与合作游戏不同类的游戏作品，包括单不限于手机游戏作品（包括但不限于适用于 iOS 操作系统、安卓手机操作系统、Windows Phone 操作系统性以及其他手机操作系统及移动终端等版本的游戏）、网页游戏作品。"

这说明该授权认可七彩公司及其他第三方公司对动漫《我叫 MT》的游戏改编权，作为特别条款其效力优于一般约定，可以看出该授权实际是普通授权，而非独占性授权，故原告不享有单独的诉权。

因此，综合来看，鉴于几份证据存在如此多的矛盾之处，笔者有理由相信协议不真实；退一步讲，即使是真实的，能看到的著作权的源头是成都完美公司，那么它是不是真实享有完整的著作权，原告没有证明；再退一步讲，如果是真实的，并且成都完美公司享有完整的著作权，那么从其披露的协议看，原告显然没有获得独占性的授权。因此，原告无权提起本诉。

再次，从改编作品的权利限制来看，原告也无诉权。

现有证据证明，动画《我叫 MT》中的形象并非原创，其本身就是改编自韩国的动漫作品《我们小时候》。根据著作权法的相关规定，改编作品再授权时要获得原权利人的许可，且不得侵犯原权利人的权益，否则授权本身就是一种侵权，原告作为后手的被授权人也不能据此主张权利。另外，作为非法衍生作品的权利人，其即便主张维权，也只能就其有独创性的部分进行主张，而不能自说自话地将原权利人的独创性部分非法据为己有。动画《我叫 MT》中的形象仅仅在韩国的动漫作品《我们小时候》的基础上做了小幅的改编，从整体而言是非常相似的，即便是动画《我叫 MT》的权利人，作为原告也需将二者之间的差别，也就是其独创性部分列举出来作为侵权对比的权利侵权，更何况原告这种非法演绎作品的后手被授权人呢？而原告在本诉中并未做这些梳理，也就是其并未明确其权利基础，应该承担不利的诉讼结果。

动画《我叫 MT》的著作权人不明，原告提供的几份协议相互矛盾，不真实，并且协议本身说明了原告无独占性授权，以及动画《我叫 MT》作为改编作品，再授权本身即构成侵犯韩国著作权人的权利，从这三方面的任何一方面都能够得出原告无诉权的结论，更何况，将三方面综合到一起，原告很明显不享有诉权。

（二）被告二昆仑在线公司是否为适格的被告

……

（三）原告对作品名称、角色名称及改编后的美术作品是否享有著作权

首先，原告对作品名称、角色名称不享有著作权。

一部受著作权法保护的作品，应当具备两方面的要素：一是能独立表达意见、思想等内容；二是具有独创性。"我叫 MT"一词并不具备一部完整的文学作品应当具备的要素。首先，该词由一个常用语"我叫"和一个名词"MT"组成，在文字上不能独立表达意见、思想等内容；其次，众所周知，"MT"作为游戏中通用名，早已有之，并不是原告独创。因此，"我叫 MT"一词只有与作品内容一起共同构成一部完整的作品，才受我国著作权法保护。此外，就本案而言，可以肯定的是，"我叫 MT"一词不论从形式上

还是从内容上均不构成动画的实质或者核心部分。如果对其单独给予著作权法保护，禁止他人使用"MT"一词，有悖于社会公平理念。如果作品名称有一个独立的著作权，正文又有一个著作权，那么基于同一部作品，相同的作者可以享有两个或两个以上的著作权，这既不符合法律逻辑，也不符合法律规定。因此，作品名称仅是作品的组成部分，不具备法律意义上的作品的要素，不具有作品属性，不应受著作权法保护。角色名称同理，比如"哀木涕"是 MT 的音译。而且，根据国家版权局的意见以及司法实践，特别是 2003 年的五朵金花案之后，已有定论，单独的作品名称或者角色名称不构成作品。

因此，原告所主张的作品名称和角色名称均不能单独构成作品，本身不适用著作权法保护，更何况原告无授权，而且所主张的名称与被告作品中名称差别很大，不构成实质性相似的情况。

其次，原告对改编后的形象不享有著作权。

在庭审中，经法庭及被告的反复询问，原告确认其主张权利的形象并非动画《我叫MT》中的几个形象，而是其在将动画《我叫MT》改编为《我叫MT》游戏的过程中经演绎之后形成的 5 个新的形象。原告认为其通过改编原作，从而获得了 5 个新的人物形象的著作权。但是，通过对比，我们发现，且不谈《我叫MT》动画中的人物形象来自韩国的动漫作品，原告主张的游戏作品《我叫MT》中的相关角色形象与《我叫MT》动画中的角色形象是无差别的，未体现出任何原告的独创性，这也就是说原告所谓的其演绎之后形成的 5 个新的形象并没有相应的独立的著作权，原告所主张的权利基础就不存在。

最后，原告主张的署名权更无从谈起。从原告能提供的最早的权利源头来看，即使成都完美公司的转让合同是真实的，成都完美公司本身也仅是经受让获得了著作权的财产权，作为仅为著作财产权后手的被授权人，原告无权主张作为人身权的署名权。

（四）被告是否侵害了原告改编后作品的复制权

首先，通过上述对比，可以明显看出，原告的改编体现不出任何的独创性，因此也就没有相应的著作权，原告所主张的权利基础就不存在。

其次，原告公证取证的证据有重大瑕疵，其真实性与合法性无法被予以确认。

在原告所提供的侵权证据当中，针对网页公证和手机录屏的公证，公证处不仅没有对计算机进行清洁，还对原告自己提供的手机没有进行清洁性检查，并且是在该手机已经预装的"91助手"上下载了《超级MT》游戏，就无法排除此"91助手"不是公共网络上彼"91助手"的可能性，也无法排除下载的软件是事先预存在本地或者网络上某处，定向搜索到的假《超级MT》游戏APP，而不是公共网络真实存在的这个APP的可能性。实际上，从技术上很容易实现虚拟一个搜索软件，通过搜索，然后安装一个本地内容，而且这种公证的重大瑕疵在多个案件中也都通过技术上的模拟再现予以证实，完全可以预先设置好内容。所以，公证员如果没有监督对手机进行恢复出厂设置，即使全程监督，也是看不到这背后可能存在的内容，这样的公证也就没有证明力。

对于网页公证的证据，最高人民法院通过申诉案件最高人民法院（2008）民申字第926号民事裁定建立了一个公证证据审查规则，因为在技术上确实存在可以预先在本地

著作权案例

133

著作权案例

专利权案例

商业标识案例

其他案例

计算机中设置目标网页，通过该计算机访问互联网时，该虚拟的目标网页与其他真实的互联网页同时并存的可能性。当公证书没有记载是否对该计算机及移动硬盘的清洁度进行检查的情况下，虽然此类公证书能证明在公证员面前发生了公证书记载的行为，但还不足以证明该行为发生于互联网环境之中，其公证的网页的客观性存疑。

被告研发并推出的《超级MT》游戏与该份公证书中所公证的内容有明显的不同。《超级MT》在游戏下载及安装或运行页面中都会出现"昆仑游戏"四个字及昆仑的标识，而原告公证的APP中不存在任何内容指向三被告。被告为了向法院明确展示其游戏的角色和内容，将被告游戏中的全部角色都进行了公证，并无任何一个与原告所主张的形象相一致的形象。这更加可以反证原告证据的虚假性。

再次，原告在本案中主张的权利基础是"复制权"和"信息网络传播权"，该两项权利都要求原、被告双方的内容存在一致性，在视觉上无差别。即便为了论证的需要，假定原告公证证据具有真实性，那么《超级MT》里几款形象与原告主张的差距相当大，远非视觉上无差异，谈何侵犯复制权？

更何况，一些元素是早已有之，在韩国的动漫作品中已经充分体现（见下图），如蓝色、绿色的皮肤，鸡冠头，大大的尖牙，大鼻子，光头等。

除此之外，原告所主张的内容中还有一些是有限的表达，比如牛有犄角，大大的鼻孔等，这些有限表达均不能为某人所专有，比如下面的对比图：

《超级MT》牛斗人形象　　　　《我叫MT》动画牛斗人形象

因此，原告本身就未形成新的著作权，双方美术形象完全不同，根本无从谈起复制权，更遑论信息网络传播权？

二、不正当竞争部分

主要的两个争议焦点：

（1）原告是否享有知名商品的特有名称；

（2）被告是否进行了虚假宣传，从而造成相关公众的混淆误认。

首先，原告在《超级MT》的运营过程中一直坚持诚信合法经营，并无任何不正当竞争行为。

（一）原告是否享有知名商品的特有名称

所谓知名商品的特有名称，是指不为相关商品所通用，具有显著区别性特征，并通过在商品上的使用，使消费者能够将该商品与其他经营者的同类商品相区别的商品名称。特有名称必须与特定商品产生一一对应关系，使得消费者将特定商品与"特有名称"产生特定联系。原告的《我叫MT》游戏显然不符合上述要求。

首先，原告未证明《我叫MT》游戏是其知名商品，其在举证期限之后提交的18项获奖证据中，仅有1项是与《我叫MT》游戏相关，其余均指向原告公司或是某个团队，与涉案游戏无关，不能证明涉案游戏的知名度。根据《最高人民法院关于审理不正当竞争民事案件应用法律若干问题的解释》第1条："在中国境内具有一定的市场知名度，为相关公众所知悉的商品，应当认定为反不正当竞争法第五条第（二）项规定的'知名商品'。人民法院认定知名商品，应当考虑该商品的销售时间、销售区域、销售额和销售对象，进行任何宣传的持续时间、程度和地域范围，作为知名商品受保护的情况等因素，进行综合判断。原告应当对其商品的市场知名度负举证责任。"所以，对知名商品的认定，应当综合考虑该商品在特定市场的生产销售历史和市场占有率，商品的质量、信誉情况及其广告投资和覆盖面等因素。同时，作为原告，应当对上述证明市场知名度的几个要素承担举证责任。原告怠于举证，应承担不利的后果。

其次，"特有"，是指商品名称非为相关商品所通用，并具有显著的区别性特征。《我叫MT》并非是特有名称。MT这个词汇在游戏领域早已有之，游戏玩家均知晓，并不是如原告所称仅存在于《魔兽》游戏中。从我方提交的证据看，通过对不同关键词的搜索，包括"MT是什么意思""游戏中的MT是什么意思""魔兽中的MT是什么意思"，已经充分证明MT在游戏领域已被通用。还有大量含有MT这个角色的游戏，包括《龙之谷》《征途》《奇迹世界》《英雄联盟》《星际争霸》《最终幻想》等多个游戏。因此，原告陈述是不合实际的。即使退一万步讲，只有在《魔兽》游戏中出现了MT这个词汇，原告与《魔兽》权利人是何关系？基于什么情况原告就可以使用，成了他的特有呢？显然原告的说法是无理的。

其将游戏领域中如此通用的一个词语用在游戏名称上，而非毫不相关的其他领域，再加上一个常用语"我叫"，并不能体现显著性，并且含有MT字样的游戏名称也早已存在，尽管原告辩称，其他人可能是未获授权的，或者也是来自《我叫MT》这部动画的，但是原告并未提交证据证明其观点。无论如何，从消费者的角度来讲，并不关注游戏开发商是不是获得授权，而是关注是不是存在这样一个游戏名称，只要存在，而且早于原告，那么原告的游戏名称就不是唯一和特有的。而且通过原告提交的协议，可知原告并非是独占授权人，所以也完全不能排除其他家获得了授权的可能性。并且，《我叫MT》动画积累的商誉也不能延续到游戏名称上。本案中要证明的是《我叫MT》是不是作为游戏的特有名称，而不是动画的特有名称，不能追溯到动画产生的时间，如果按照原告的逻辑，游戏面世的第一天就成了知名商品，并且有特有名称了，这显然是不成立的。

再次，被告的证据及庭审中原告的自我陈述表明，《我叫 MT》游戏的运营方非原告，其无权对于运营中的利益单独主张权利。

最后，根据《反不正当竞争法》第 5 条第 2 款，"擅自使用知名商品特有的名称、包装、装潢，或者使用与知名商品近似的名称、包装、装潢，造成和他人的知名商品相混淆，使购买者误认为是该知名商品"，即使退一万步讲，原告能够证明涉案游戏知名，《我叫 MT》是特有名称，那么《超级 MT》与《我叫 MT》相同的部分只是 MT，MT 又不专属于原告，其余部分有极大的差别，而且含有 MT 的游戏还有很多，怎么可能有玩家会认为他玩的《超级 MT》就是《我叫 MT》游戏呢？显然不会。游戏玩家更不会单单看一个名字就对游戏产生误认，而且双方的游戏本身根本无可比性。原告认为但凡含有 MT 的就侵犯了他的权益，是毫无道理的，也是侵犯公共利益的。

（二）被告是否进行了虚假宣传，从而造成相关公众的混淆误认

原告仅仅泛泛地指责被告从事搭便车式虚假宣传和引人误解的恶意混淆，但是都无准确的立脚点。其认为被告的宣传会造成相关消费者关于游戏生产商的误解更是与事实不符的。

第一，客观上，被告完全进行如实的宣传，聘请了动画《我叫 MT》的配音团队进行配音，双方履行了协议，被告支付了相应的费用，之后在《超级 MT》上线之时，配音团队的组成人员分别在各自的新浪认证微博里对参与配音这个事实予以确认，被告的宣传合理、合情、合法。

根据 2014 年 4 月 20 日昆仑乐享公司与《我叫 MT》动画团队签订的合同，昆仑游戏聘请《我叫 MT》动画团队共 8 名成员参与网络游戏《超级 MT》创作，为该游戏进行配音。该合同中专门约定：昆仑游戏拥有"以'我叫 MT 团队原班人马配音'这个名号进行宣传"的权利，并且"该宣传适用于昆仑游戏所能覆盖的任何渠道以及任何形式"。合同签订后，被告依约支付了报酬，而这八位我叫 MT 动画团队成员也依约参与了创作，结合游戏角色特征创作了个性化的对白，并进行了生动的配音，在该游戏正式推出时还纷纷通过自己的微博进行宣传，配合游戏的运营。因此，《超级 MT》上述宣传用语是对客观事实的描述，而且得到了相关团队的专门授权，是完全合法的。

在现实生活中，艺术创作团队利用其以往的知名作品进行宣传是行业惯例，比如《阿凡达》3D 制作团队、《魔兽》配音团队又加盟了什么新片或新游戏的制作的宣传新闻比比皆是。这样的指称方式也是符合新闻传播学的基本原理的，比如提到 Chunk Comisky 这个名字，大概没有人知道他是谁，但是说《阿凡达》3D 制作团队的核心人物，大家都了解了他的身份和特长。本案被告在邀请了这支具有鲜明特色的团队参与《超级 MT》手机游戏的制作后，用其参与过的成功的动漫作品来指称该团队进行宣传，告知喜欢该团队配音的公众，不仅是完全符合行业惯例的，而且是必要的。

第二，从被告的主观意图来看，被告具有强大的研发、运营的能力，在游戏行业中的排名也是位于前列的，完全没有搭他人便车的必要。

第三，被告的宣传不足以造成相关公众混淆。

被告认为，原告针对虚假宣传的诉讼请求需要明确一些基本的前提：首先，原告需

要明确其认为造成公众的混淆是跟《我叫MT》动画的混淆，还是跟原告推出的《我叫MT》游戏混淆；其次，原告从未说明被告的宣传会造成什么方面的误解，比如商品或服务的质量、制作成分、性能、用途、生产者、有效期限、产地等，这使得被告无从进行反驳，法庭也无从进行审理。被告代理人以下分析基于对原告本项诉讼请求的假设。

如果原告认为造成公众的混淆是跟《我叫MT》动画的混淆，那么被告认为两者一个是动画，一个是游戏，在产品或服务特点及消费者群体上存在重大差别，根本不会造成混淆。

如果原告认为造成公众的混淆是跟《我叫MT》游戏的混淆，那么请法庭注意，原告公证的所有所谓虚假宣传的证据，没有一句话提到过《我叫MT》游戏，更没有提到过原告的企业名称。综观原告所指责虚假宣传的文章，其无一例外地强调的都是被告游戏区别于其他游戏的特色，并以这些特色为卖点进行宣传，而且文章中仅仅涉及《我叫MT》动画，无一处涉及原告的《我叫MT》网络游戏，《我叫MT》更不是单独指向原告或者其游戏，相关公众也是先知晓《我叫MT》动画而后知晓的《我叫MT》游戏，如何能造成与原告产生关联的误认呢？

如果是针对游戏的来源，那么原告所有的宣传中均明确指出游戏出自昆仑公司，完全没有提到过原告，更何况原告的游戏也没有配音，而被告的游戏特色却在其配音，怎么可能会被误认为被告所聘请的配音团队来自原告呢？即使在个别表述上有提到《我叫MT》原班人马，但综合全文也可以明确看出是指《我叫MT》这部动画团队的原班人马，而且是这个团队中的配音，而不是指设计动画形象的团队，表述是清楚不会产生误认的。即使退一万步讲，如果只是断章取义地看，认为某句话是虚假的，使相关公众产生了误认，也只有可能是认为设计动画的团队加盟了，那么也应当是这个设计动画形象的团队来主张权利，而与原告无关。

因此，被告从主观上无虚假宣传的意图，客观上无虚假宣传的行为，如实宣传，公平竞争，更没有造成相关公众的混淆，原告的指责是无理的。

第四，原告关于"赔礼道歉"的责任承担方式在本案中不存在适用基础。赔礼道歉的民事责任承担方式主要适用于对自然人权利人的精神权利侵权的案件当中，而本案原告的请求权基础是复制权这一财产性权利。由于本案原告是法人单位，其感受到自身人格屈辱，"名誉感"受损的基础不存在。《北京市高级人民法院关于确定著作权侵权损害赔偿责任的指导意见》也明确规定："侵犯法人的著作权人身权的，一般不予支持。"

第五，被告停止侵权的要求不合理。《超级MT》一共创造了108个人物，形象名称各不相同，而且有数不清的场景、道具、技能、玩法、视频等诸多要素，是个综合性很强的复合作品，被告为该游戏的研发和运营投入了大量人力、财力、物力。原告诉讼请求2和3，仅仅以一个没有著作权的名称和5个不相似的形象作为基础，就要求被告删除"侵权"人物形象和人物名称，关闭游戏微博，还要关闭游戏官方网站，停服，删除下载链接，实属欺人太甚！

第六，原告的高额索赔没有依据。原告的用户数量不减反增，更不能证明被告所谓的非法所得，更何况原告获得整部游戏的改编权授权费用仅 50 万元，其却针对 5 幅美术作品的复制权索赔高达 400 万元，简直匪夷所思，其索赔的诉求不应该被支持。

因此，无论是从著作权侵权的各个构成要件来分析，还是从不正当竞争行为的表现和结果来分析，被告均不构成侵权。恳请贵院依法驳回原告的全部诉请。

（上海市协力律师事务所傅钢律师、王慧君律师，
该案三被告共同代理人）

## 媒体报道

## "超级MT"著作权侵权及不正当竞争案入十大典型案例榜

 游戏日报 ＋关注

2016.04.14 15:02* 字数 1384 阅读 378 评论 0 喜欢 0

游戏日报讯 4月14日消息 北京高院4月13日正式发布2015年知识产权司法保护年度"十大典型案例"和"十大创新性案例"。其中涉及游戏的有乐动卓越诉昆仑乐享、昆仑在线和昆仑万维的"超级MT著作权侵权及不正当竞争案"。

**2015年度北京市法院知识产权司法保护十大典型案例**

**案例七："超级MT"著作权侵权及不正当竞争案**
原告：北京乐动卓越科技有限公司（简称乐动卓越公司）
被告：北京昆仑乐享网络技术有限公司（简称昆仑乐享公司）
被告：北京昆仑在线网络科技有限公司（简称昆仑在线公司）
被告：北京昆仑万维科技股份有限公司（简称昆仑万维公司）

# 美术作品临摹行为是否侵犯复制权的司法判断

## ——项某仁与彭某冲侵害著作权纠纷

**原告（被上诉人）：** 项某仁

**被告（上诉人）：** 彭某冲

**一审法院：** 北京市朝阳区人民法院

**一审案号：**（2015）朝民（知）初字第 9141 号

**一审合议庭成员：** 李自柱、朱阁、杨占珍

**一审结案日期：** 2015 年 8 月 3 日

**二审法院：** 北京知识产权法院

**二审案号：**（2015）京知民终字第 1814 号

**二审合议庭成员：** 陈锦川、袁伟、冯刚

**二审结案日期：** 2017 年 7 月 31 日

**案由：** 著作权侵权纠纷

**关键词：**《醉荷》，临摹，复制权

## 涉案法条

《著作权法》第 10 条第 1 款第 5 项、第 22 条第 1 款第 10 项、第 47 条第 6 项、第 48 条第 1 项、第 49 条第 2 款

《涉外民事关系法律适用法》第 8 条、第 50 条

《最高人民法院关于适用〈中华人民共和国涉外民事关系法律适用法〉若干问题的解释（一）》第 8 条

## 争议焦点

- 本案是否为涉外民事案件及如何适用法律。
- 彭某冲的《荷中仙》是否系临摹了项某仁的《醉荷》。

- 彭某冲的涉案临摹行为是否属于著作权法上的复制行为。
- 彭某冲的涉案行为是否侵害项某仁的著作权及其应当承担的民事责任。

## 审判结论

1. 被告彭某冲于判决生效之日起 10 日内销毁涉案侵权复制品《荷中仙》；

2. 被告彭某冲于判决生效之日起 30 日内履行在《法制日报》上刊登致歉函的义务，向原告项某仁公开赔礼道歉（致歉函内容须于判决生效后 10 日内送一审法院审核，逾期不履行，一审法院将在相关媒体上刊登判决主要内容，所需费用由被告彭某冲承担）。

3. 被告彭某冲于判决生效之日起 10 日内赔偿原告项某仁经济损失 10 万元。

4. 驳回原告项某仁的其他诉讼请求。

二审驳回上诉，维持原判。

## 起诉及答辩

原告项某仁诉称：原告是国家一级美术师，创作了上万幅美术作品，曾参加全国美展和国际美展，荣获大奖，且荣膺"1999 中国百杰画家""2001 中国山水画二百家"等称号。2007 年 6 月，福建美术出版社出版发行了原告创作的工笔人物画册《彩炫笔歌——项某仁工笔人物画》，其中收录了美术作品《醉荷》，该作品展现的是月下荷塘中两朵白莲花袅娜盛开，一裸体仙子斜卧于荷叶之上，头戴花环、花瓣散落。2014 年 10 月 1 日，人民网上发布了题为"心似莲花·胸怀天下'鬼才彭某冲'欧洲巡回展莫斯科拉开帷幕"的文章，该文章介绍了被告彭某冲在莫斯科举办画展的情况，其中展出有一幅美术作品《荷中仙》，文章中配有人民网记者拍摄的该作品的照片。2014 年 11 月 17 日，人民网又发布了题为"心似莲花·胸怀天下 柏林中国文化艺术展倒计时100 天"的文章，该文章介绍说"绢画《荷中仙》等作品也将亮相柏林"，且文章前面附有该作品，并标注"绢画作品《荷中仙》作者：彭某冲"。经比对，《荷中仙》除画幅上部有红色文字外，整个画面的构图、造型、色彩、线条等与《醉荷》完全一致，属于《醉荷》的复制品。彭某冲擅自复制《醉荷》，并将复制件展览，经人民网一再报道，侵犯了原告对《醉荷》享有的复制权、展览权、信息网络传播权。彭某冲在《荷中仙》上擅自署名并加盖其名章，侵害了原告对《醉荷》享有的署名权。在《醉荷》中有题款的文字表述"醉荷丙戌某仁书于青岛"以及压角章"驰神印思"、引首章"宁神"、人名章"项氏某仁"，但彭某冲将该题款及印章全部删除，并对画面的颜色深浅做了处理，侵害了原告对《醉荷》享有的修改权。彭某冲在《荷中仙》上部用红色字体书写了《心经》经文，与原告创作的作品主题完全不符，且破坏了画面的美感，侵害了原告对《醉荷》享有的保护作品完整权。故原告请求法院判令被告：①在《法制日报》中缝以外版面连续七日刊登声明，向原告赔礼道歉（声明中须登载原作品和侵权作品）；②赔偿原告经济损失 43 万元、精神损害抚慰金 5 万元；③销毁侵权复制品《荷中仙》。

被告彭某冲辩称：（1）涉案美术作品《荷中仙》是被告于2008年临摹天津杨柳青画社出版发行的《项某仁人物线描画稿》中的一幅作品所创作完成的，不是临摹自《彩炫笔歌——项某仁工笔人物画》中的美术作品《醉荷》，该《项某仁人物线描画稿》是为广大绘画者临摹、借鉴之用的。该临摹行为并非著作权法意义上的复制行为，故被告未侵害原告的复制权。（2）被告在临摹作品《荷中仙》中增加了自己的创造性劳动，该作品具有一定的独创性，是一幅新作品。（3）被告未将临摹作品《荷中仙》进行著作权法意义上的使用，未侵害原告的著作权；（4）无论该临摹作品《荷中仙》是否能够成为符合具有独创性标准的作品，其都不是一个著作权法意义上的复制件，因此被告对于该临摹作品原件的展览，不应受到项某仁作品复制件展览权的限制；（5）被告参加的涉案展览是为纪念中俄建交65周年而举办的公益性展览，被告未对《荷中仙》进行商业性使用。综上，被告请求法院驳回原告的诉讼请求。

## 事实认定

一审法院经审理查明：

2007年1月，福建美术出版社出版发行了项某仁创作的工笔人物画册《彩炫笔歌——项某仁工笔人物画》，书号为ISBN 978-7-5393-1812-7，该画册封面及版权页均有项某仁署名。2007年6月，该画册第二次印刷。在该画册第77页收录有项某仁主张权利的涉案彩色美术作品《醉荷》。在该美术作品右侧中间部位有题款的文字表述"醉荷丙戌某仁书于青岛"以及红色的引首章"宁神"、人名章"项氏某仁"，在左下角有红色的压角章"驰神印思"。

2008年1月，天津杨柳青画社出版发行了项某仁创作的人物线描画稿《项某仁人物线描画稿》，书号为ISBN 978-7-80738-278-2。在该画稿封面右上方有文字"美术教学示范作品"。在百度百科对该《项某仁人物线描画稿》介绍的"编辑推荐"中有文字"本书收录了画家近40幅线描人物，为广大绘画爱好者提供了临摹、借鉴、学习的机会，是一本不可多得的人物绘画工具书"。在该画稿第28页收录有一幅黑白色的美术作品，该作品与《醉荷》相比，两者画面内容一致，差别在于前者是黑白色，后者是彩色。

2014年10月1日，彭某冲的画展"心似莲花·胸怀世界慈善天缘作品欧洲巡回展"在莫斯科中央美术宫举办。该画展是为庆祝中俄建交65周年而由中国驻俄罗斯大使馆主办，莫斯科中国文化中心承办的。在该画展上展出的美术作品是由彭某冲提供的。在该画展中展出了《荷中仙》。

该《荷中仙》是画在绢布材质上的。将《荷中仙》与《醉荷》进行比对，两者的画面内容、人物造型、荷叶及花瓣形状、元素布局、构图、线条、色调等一致，不同之处在于前者尺寸大、后者尺寸小，两者人物眼神有稍许不同，前者色彩比后者色彩深。另外，《荷中仙》画面上方用红色字体从左至右竖行书写有佛经《心经》。该《荷中仙》中无《醉荷》中的题款文字及印章，但在画面的左右两侧加盖了五个与《醉荷》中的印章不同的红色引首章、压角章、人名章，并署名有彭某冲的笔名"彭某冲"。在该画上端背面粘贴有一纸条,上面写有"荷中仙绢临摹 2008 年习作"。

2014 年 10 月 1 日,域名为 people.com.cn 的人民网上发布了记者撰写的题为《心似莲花·胸怀天下"鬼才彭某冲"欧洲巡回展莫斯科拉开帷幕》的报道,内容如下:"被誉为'中国文化走向世界的和平使者',杰出的青年艺术家'鬼才彭某冲'先生的'心似莲花·胸怀世界'慈善天缘作品欧洲巡回展今日在莫斯科中央美术宫正式拉开帷幕。本次画展筹备历时达 3 年之久,共展出彭某冲先生作品近百幅,包括'仕女''动物'及'先贤人物画像'等系列作品,其中'仕女'系列旨在用最细腻的笔法,结合中国传统文化,将东方女性美展示给世人……在体现手法上,每幅作品都由'诗赋经文、书法、画、印章'组合而成,彰显出作品独特性的同时,更体现出画家独具天赋的创作内涵。据悉,本次欧洲巡回展将走访俄罗斯、英国、法国、德国、荷兰、意大利等 12 个国家,展出作品总数将超过 200 幅。"在该报道中有记者拍摄的一幅照片,其中显示有参展的《荷中仙》的部分内容。另外,2014 年 11 月 17 日,该网站上又发布了一篇文章《心似莲花·胸怀天下柏林中国文化艺术展倒计时 100 天》,介绍有如下内容:彭某冲"心似莲花·胸怀世界"慈善天缘作品欧洲巡回展之柏林中华文化艺术展筹备倒计时 100 天,该展览是彭某冲欧洲巡回展第二站,此前曾在中国与俄罗斯建交 65 周年、中俄青年友好交流年之际成功举办莫斯科中华文化艺术展,绢画《荷中仙》等作品将亮相柏林。在该文章文字之前附有涉案《荷中仙》,并在下方有文字"绢画作品《荷中仙》作者:彭某冲"。

上述事实,有画册《彩炫笔歌——项某仁工笔人物画》、《项某仁人物线描画稿》、《荷中仙》、公证书、网页打印件及当事人陈述等在案佐证。

## 一审判决及理由

一审法院认为:项某仁是涉案美术作品《醉荷》的作者,对该美术作品享有著作权。

原告项某仁涉案美术作品《醉荷》发表于 2007 年 1 月,被告彭某冲自认《荷中仙》形成于 2008 年,故在《荷中仙》产生时,彭某冲具有接触《醉荷》的客观条件和可能性。将《荷中仙》与《醉荷》相比,两者在画面内容、人物造型、荷叶及花瓣形状、元素布局、构图、线条、色调等方面均一致,但前者附着在绢材质上而后者附着在纸材质上,且前者尺寸大、后者尺寸小,据此可以认定前者是临摹后者所形成的。项某仁发表在《项某仁人物线描画稿》中的作品是黑白的,而《荷中仙》对于色彩的运用与《醉荷》一致,因此彭某冲辩称其未见过《醉荷》,其《荷中仙》仅是对《项某仁人物线条画稿》中作品的临摹的意见不能成立,一审法院不予采信。

我国现行《著作权法》中未明确规定临摹的性质,彭某冲因此提出其涉案临摹行为不是著作权法意义上的复制行为,进而据此认为其不构成侵权。《著作权法》第 10 条第 1 款第 5 项规定,复制权是指以印刷、复印、拓印、录音、录像、翻录、翻拍等方式将作品制作一份或者多份的权利。虽然该条规定的复制权所控制的复制行为中未明确列举有临摹,但在《著作权法》对"权利的限制"中第 22 条第 1 款第 10 项规定有,即"对设置或陈列在室外公共场所的艺术作品进行临摹、绘画、摄影、录像",而"权利的限制"

中所规定的作品使用行为本来为著作权人的专有权利所控制，未经许可实施该种行为属于侵权行为，但基于公共政策考量的因素，立法限制了著作权人的权利，使未经许可实施的该种行为不属于侵权行为。故可以得出结论：尽管法律未明确规定临摹属于复制行为，但鉴于法律将一定条件下的临摹规定为合理使用行为，也即该种临摹行为本属于著作权人的专有权利所控制的行为，故不能仅因法律未规定临摹属于复制就当然得出未经许可的临摹一定不构成侵权的结论。故一审法院对被告的上述答辩意见不予支持。

临摹是否属于复制行为，应当根据《著作权法》的规定和基本原理，并结合具体案件情况进行分析和判断。《著作权法实施条例》第 2 条规定，作品是指文学、艺术和科学领域内具有独创性并能以某种有形形式复制的智力成果。根据该规定，独创性是构成作品的实质条件。所谓独创性，即智力劳动成果是由劳动者独立完成的，来源于劳动者，而非抄袭自他人，且该劳动成果具有一定程度的智力创造性，体现出作者独特的智力判断与选择，在一定程度上带有作者的个性。作品是由作者的创作行为产生的，故作者的创作行为必定是能够产生带有作者个性特点的源自作者本人的劳动成果的行为，而不是对他人作品的简单、单纯的再现。

根据《著作权法》的规定，复制是一种将作品制作成一份或多份从而仅仅单纯再现了作品却未产生或增加源自作者本人的劳动的行为。因此，临摹是创作还是复制，应当根据具体案件情况判断临摹出的成果仅仅是单纯地再现了原作品，还是产生了源自临摹者的带有临摹者个性的劳动成果。如果临摹品仅仅是对原作品的单纯的再现，或者虽与原作品相比有一定的差异，但该差异过于细微，在视觉上与原作品差异很少，体现不出临摹者的个性、判断或选择，那么该临摹品就是原作品的复制件，该临摹行为就应当属于复制行为。如果临摹品在原作品的基础上加入了源自于临摹者本人的创造性劳动，与原作品在视觉上差异明显，且该差异部分也能够体现临摹者的个性、判断或选择，那么该临摹品即属于在原作品基础上创作的演绎作品，该临摹行为即属于演绎创作行为。

不可否认，无论是属于复制行为还是演绎创作行为，临摹者在临摹过程中均需要一定的技巧，甚至有时还需要临摹者具有并运用高超的绘画技能，但技巧和技能不是区分复制行为与创作行为的关键因素，两者区分的关键是否产生了带有劳动者本人个性的源自于其本人的劳动成果，因此以临摹者具有并运用了一定的绘画技能和技巧为由一概否定临摹有可能属于复制而一概认为临摹属于创作的观点不可取。该案中，将彭某冲的临摹品《荷中仙》与项某仁的美术作品《醉荷》相比，两者在画面内容、人物造型、荷叶及花瓣形状、元素布局、构图、线条、色调等美术作品的实质性要素方面均一致，不同之处仅在于材质不同、尺寸大小不同、人物眼神有稍许不同、色彩深浅略有差异。材质与尺寸的不同在两者相同或实质性近似的判断中无实际意义；两者人物眼神及颜色深浅的些许不同过于细微，并无显著的视觉差异。因此，彭某冲在《荷中仙》中并未表现出源自于其本人的带有其个性的劳动成果，而仅仅是在不同的材质上以不同的尺寸再现了项某仁的美术作品《醉荷》，故《荷中仙》实为《醉荷》的复制品，彭某冲涉案临摹行为属于对《醉荷》的复制。一审法院对被告提出其涉案临摹行为不是著作权法意义上的复制行为的答辩意见不予支持。

临摹作为一种学习书画的手段，无论是属于复制行为还是属于演绎创作行为，在未经原作品作者许可的情况下，如果符合《著作权法》第22条规定的合理使用的条件，指明了原作品名称和原作品作者姓名，未侵害原作品作者的其他权利，且未影响原作品的正常使用，也未不合理地损害原作品作者的合法利益，就不构成侵权，否则即属于侵权行为。该案中，彭某冲在以临摹的手段复制项某仁的涉案美术作品《醉荷》后，将该复制品公开用于展览，且未标明临摹自《醉荷》，也未指明项某仁的姓名，却直接在复制品《荷中仙》上标明自己的笔名及名章。彭某冲的上述行为不属于合理使用，且会使人误以为《荷中仙》为被告自己独立创作的作品，会严重影响项某仁对自己作品《醉荷》的正常使用，损害了项某仁的合法利益。故，被告彭某冲的上述行为侵害了原告项某仁对《醉荷》享有的署名权、复制权、展览权。中国画以"诗书画印，相得益彰"为主要特点，因此画中的题款、印章具有补画之空、营造绘画意境、阐发绘画主题、拦边封角、调整稳定画面等的作用，因此题款、印章与画面内容往往紧密结合，成为一幅美术作品不可或缺的组成部分。彭某冲在临摹品《荷中仙》中将《醉荷》中的题款和印章删除，在不同的位置又加盖上了不同的印章，在画面上方书写了佛经《心经》，且对画面颜色深浅做了处理，侵害了项某仁对《醉荷》享有的修改权。彭某冲上述书写佛经《心经》的行为未达到歪曲、篡改美术作品《醉荷》的程度，不构成对项某仁保护作品完整权的侵害。因在人民网上的相关报道不是彭某冲所为，故彭某冲未侵害项某仁的信息网络传播权。对于彭某冲提出因其在《荷中仙》中增加了自己的创造性劳动，该《荷中仙》具有一定的独创性，是一幅新作品，故其不构成侵权的答辩意见，首先需要指出的是独创性是构成作品的条件，被控侵权成果是否具有独创性与其是否构成侵权无关。是否构成侵权需要遵循接触加实质性近似原则，而不是考虑被控侵权成果是否具有独创性。被控侵权成果是否具有独创性仅在判断被控侵权行为侵害了何种著作权权项上具有意义。而且，前已述及，彭某冲的涉案临摹品《荷中仙》实为《醉荷》的复制品，其中并无彭某冲的独创性劳动。故一审法院对被告的该答辩意见不予支持。

综上，被告彭某冲的涉案行为侵害了原告项某仁对美术作品《醉荷》享有的署名权、修改权、复制权、展览权，应当为此承担销毁侵权复制品、公开赔礼道歉、赔偿经济损失的法律责任。尽管彭某冲辩称其参加的涉案展览属于公益性展览，但鉴于其在该展览中公开展出了临摹品《荷中仙》，且经过网络媒体报道，客观上会对项某仁行使自己作品的著作权并据此获得经济利益造成不利影响，故彭某冲仍应当为此承担赔偿经济损失的法律责任。对于赔偿经济损失的具体数额，一审法院将综合考虑原告项某仁涉案作品的独创性程度、被告彭某冲涉案侵权行为的性质和情节、被告主观过错程度等因素，酌情予以确定。原告项某仁未举证证明其因涉案侵权行为遭受了严重的精神伤害，且公开赔礼道歉也能够在一定程度上起到抚慰精神伤害的作用，故一审法院对原告要求被告赔偿精神损害抚慰金的诉讼请求不予支持。

一审法院依照《著作权法》第47条第6项、第48条第1项、第49条第2款之规

著作权案例

专利权案例

商业标识案例

其他案例

定，判决如下：

（1）被告彭某冲于判决生效之日起 10 日内销毁涉案侵权复制品《荷中仙》；

（2）被告彭某冲于判决生效之日起 30 日内履行在《法制日报》上刊登致歉函的义务，向原告项某仁公开赔礼道歉（致歉函内容须于判决生效后 10 日内送一审法院审核，逾期不履行，一审法院将在相关媒体上刊登判决主要内容，所需费用由被告彭某冲承担）；

（3）被告彭某冲于判决生效之日起 10 日内赔偿原告项某仁经济损失 10 万元；

（4）驳回原告项某仁的其他诉讼请求。

如果未按本判决指定的期间履行给付金钱义务，应当依照《民事诉讼法》第 253 条之规定，加倍支付迟延履行期间的债务利息。

## 上诉理由

被告上诉的主要理由为：

第一，一审法院认定涉案美术作品《荷中仙》系临摹《醉荷》所形成明显属于认定事实不清，彭某冲系临摹《项某仁人物线描画稿》第 28 页署名为《绿风》的线描图作品：①《荷中仙》的细节与《绿风》线描图的相同，与《醉荷》的不同；②彭某冲在绢布上临摹作品增加创作难度，体现了新的构思和判断；③《荷中仙》在色彩选择方面存在表达的唯一性，难以得出必然是临摹彩色绘制的《醉荷》的结论。

第二，一审法院认定涉案美术作品《荷中仙》系《醉荷》的复制品、彭某冲的临摹行为系复制行为，属于适用法律错误。复制应当是指通过一定的技术手段，由普通人即可以较为经济的方式将原作品制作成一份或多份复制件的行为。临摹作品不侵犯原作品的复制权。

第三，彭某冲在涉案的《荷中仙》临摹作品中增加了自己的创造性劳动，具有一定的独创性。该《荷中仙》是一幅新作品。

第四，彭某冲并未将涉案《荷中仙》临摹作品进行著作权法意义上的使用，不侵犯项某仁的著作权。

第五，一审法院判决上诉人赔偿项某仁经济损失 10 万元没有依据。项某仁未提供证据证明其经济损失和《醉荷》作品的市场价值，彭某冲涉案作品亦没有商业营利行为，涉案画展系公益行为，与商业利益无关。即使临摹作品侵犯原作品著作权，在考虑侵权赔偿数额时，仅应考虑原作品著作权人因被侵权而导致的著作权损失，原作品由于临摹作品出现而降低的市场价值不是需考量的因素。

## 二审查明事实

二审中，双方当事人没有提交新证据，二审法院对于一审查明的事实予以确认。

二审法院另查明：项某仁在一审法庭辩论时主张，依据我国《著作权法》第 22 条的规定，上诉人彭某冲的行为是非法复制，而非临摹。彭某冲的委托诉讼代理人在一审的代理词中指出：2001 年《著作权法》修改时明确将"临摹"从著作权法意义上的"复制"行为中去掉，因此临摹作品并不侵犯原作品的复制权。

彭某冲在上诉状中重复了有关上述意见，同时指出：分析《著作权法》第10条第1款第5项关于"印刷、复印、拓印、录音、录像、翻录、翻拍"这7种具体的列举形式，不难发现，所谓的复制，应当是指通过一定的技术手段，由绝大多数的普通人员就可以进行的以较为经济的方式，将原作品制作成一份或多份复制件的行为。

## 二审判决及理由

二审法院认为：该案的焦点问题为该案是否为涉外民事案件及如何适用法律，彭某冲的《荷中仙》是否系临摹了项某仁的《醉荷》，彭某冲的涉案临摹行为是否属于著作权法上的复制行为，彭某冲的涉案行为是否侵害项某仁的著作权及其应当承担的民事责任等问题。

一、关于该案是否为涉外民事案件及如何适用法律

涉外民事关系是指具有涉外因素的民事关系。具有涉外因素的民事关系通常会涉及冲突规范及其实体法的适用。因此，确认该案是否属于涉外民事关系是审理该案的前提和基础。

《涉外民事关系法律适用法》第8条规定：涉外民事关系的定性，适用法院地法律。据此，二审法院作为审理该案的法院，应当根据我国的法律确定该案是否属于涉外民事关系。

《最高人民法院关于适用〈中华人民共和国民事诉讼法〉的解释》第522条规定，有下列情形之一，人民法院可以认定为涉外民事案件：①当事人一方或者双方是外国人、无国籍人、外国企业或者组织的；②当事人一方或者双方的经常居所地在中华人民共和国领域外的；③标的物在中华人民共和国领域外的；④产生、变更或者消灭民事关系的法律事实发生在中华人民共和国领域外的；⑤可以认定为涉外民事案件的其他情形。

该案的双方当事人均为中国公民，项某仁主张彭某冲在俄罗斯联邦莫斯科市、德意志联邦共和国柏林市展览的《荷中仙》系擅自复制其《醉荷》作品，彭某冲的行为侵犯其复制权、展览权和信息网络传播权。因此，该案产生的侵权民事关系的法律事实发生在俄罗斯莫斯科、德国柏林，依据上述规定，该案属于涉外民事案件。

《涉外民事关系法律适用法》第50条规定：知识产权的侵权责任，适用被请求保护地法律，当事人也可以在侵权行为发生后协议选择适用法院地法律。该案系侵害著作权纠纷，故除了可以适用被请求保护地法律外，也可以由当事人在侵权行为发生后协议选择适用法院地法律。关于协议选择适用法院地法律，《最高人民法院关于适用〈中华人民共和国涉外民事关系法律适用法〉若干问题的解释（一）》第8条规定：当事人在一审法庭辩论终结前协议选择或者变更选择适用的法律的，人民法院应予准许。各方当事人援引相同国家的法律且未提出法律适用异议的，人民法院可以认定当事人已经就涉外民事关系适用的法律做出了选择。

该案中，项某仁在一审中虽然没有明确列明其法律适用的选择，但其起诉状所列理由

完全系从我国《著作权法》的规定出发；项某仁在一审法庭辩论时明确依据我国《著作权法》第22条的规定，主张上诉人彭某冲的行为是非法复制，而非临摹。彭某冲亦是依据我国《著作权法》对其行为进行了辩论，即双方当事人均引用了我国《著作权法》。因此，可以认定，双方当事人已经就该案应适用的法律做出了选择，故该案适用《著作权法》。

二、彭某冲的《荷中仙》是否系临摹了项某仁的《醉荷》

该案中，项某仁涉案的美术作品《醉荷》公开发表于2007年1月，应当认定彭某冲具有接触《醉荷》的客观条件和可能性。将《荷中仙》与《醉荷》相比，两者在画面内容、人物造型、荷叶及花瓣形状、元素布局、构图、线条、色调等方面均一致。前者附着在绢材质上而后者附着在纸材质上，前者尺寸大、后者尺寸小。据此可以认定前者是临摹后者所形成的。彭某冲主张《荷中仙》系临摹《项某仁人物线描画稿》第28页署名为《绿风》的黑白美术作品，但《绿风》为黑白线描人物作品，其并不存在与构图、线条等方面相配合的色彩元素，而《荷中仙》在构图、线条等方面相配合的色彩元素恰恰与《醉荷》高度一致。彭某冲还主张《荷中仙》中的部分细节与《绿风》一致，与《醉荷》不一致，例如侍女右手中指与无名指是否并列，再如侍女右眼处刘海的两缕头发是交叉还是粘连。经查，相对于画面内容、人物造型、荷叶及花瓣形状、元素布局、构图、线条、色调等内容，彭某冲主张的这些区别均非常细微，且均为中国传统绘画中因不同绘画者对细节的描绘方式不同而惯常出现的区别，该细微区别亦无法否定《荷中仙》与《醉荷》整体上高度近似。故彭某冲关于《荷中仙》系临摹《绿风》的主张没有事实依据，对于彭某冲的该项主张二审法院不予支持。

三、彭某冲的涉案临摹行为是否属于《著作权法》上的复制行为

《著作权法》第10条第1款第5项规定，复制权，即以印刷、复印、拓印、录音、录像、翻录、翻拍等方式将作品制作一份或者多份的权利。该条文采用列举加"等方式"的立法模式，表明复制权所控制的复制既包括明确列举的印刷、复印、拓印、录音、录像、翻录、翻拍等，也包括上述列举之外的能将作品制作成一份或者多份的其他方式。因此，复制权所控制的复制行为是指以任何方式将作品制作成一份或者多份的行为，临摹并没有被排除出复制的范围。此外，复制权所控制的复制是指单纯再现了原作品或者保留了原作品的基本表达，同时又没有增加源自"复制者"的独创性劳动从而形成新的作品的行为。只要符合上述两个条件，即构成复制权所控制的复制。彭某冲关于"复制应当是指通过一定的技术手段，由普通人即可以较为经济的方式将原作品制作成一份或者多份复制件的行为"的主张没有法律依据，二审法院不予支持。

1991年实施的《著作权法》第52条第1款规定，本法所称的复制，指以印刷、复印、临摹、拓印、录音、录像、翻录、翻拍等方式将作品制作一份或者多份的行为。该规定将临摹作为了复制的一种方式。现行《著作权法》第10条第1款第5项规定与1991年实施的《著作权法》第52条第1款规定基本相同，但删去了"临摹"。这一立法变化本身并非意味着法律认为临摹不是复制，而是因为临摹的情况比较复杂，有的是复制，有的是创作，亦有可能为改编，必须区别对待，不能都认为是复制。因此，某一种临摹

著作权案例

147

著作权案例

专利权案例

商业标识案例

其他案例

是属于复制还是其他行为，应该根据其是增加了独创性的表达还是单纯再现了原作品或者保留了原作品的基本表达来判断。彭某冲关于"临摹作品不侵犯复制权"的主张同样没有法律依据，二审法院不予支持。

该案中，将彭某冲的《荷中仙》与项某仁的《醉荷》相比，两者在画面内容、人物造型、荷叶及花瓣形状、元素布局、构图、线条、色调等美术作品的实质性要素方面均一致，不同之处仅在于尺寸大小不同、人物眼神有稍许不同、色彩深浅略有差异。尺寸的不同并不影响对两者是否相同或实质性相同的判断；两者人物眼神及颜色深浅的些许不同过于细微，且为中国传统绘画中因不同绘画者对细节的描绘方式不同而惯常出现的区别。因此彭某冲的《荷中仙》并未体现出其本人的具有独创性的劳动成果，而仅仅是再现了项某仁的美术作品《醉荷》的表达，故《荷中仙》实为《醉荷》的复制品，彭某冲涉案的临摹行为属于对《醉荷》的复制。综上，二审法院对彭某冲提出其涉案临摹行为不是《著作权法》意义上的复制行为的主张不予支持。

此外，鉴于二审法院已经认定彭某冲在《荷中仙》中并未体现出其本人的具有独创性的劳动成果，而仅仅是再现了项某仁的美术作品《醉荷》，故对于彭某冲关于《荷中仙》已经构成新作品的主张亦不予支持。

四、彭某冲的涉案行为是否侵害项某仁的著作权及其应当承担的民事责任

该案中，彭某冲在以临摹的手段复制项某仁的涉案美术作品《醉荷》后，将该复制品用于公开展览。该行为未经项某仁的许可，同时亦未标明系临摹《醉荷》及指明项某仁的姓名，其行为属于对他人作品进行著作权法意义上的使用行为，侵害了项某仁的署名权、复制权、展览权。中国画中的题款、印章与画面内容紧密结合、遥相呼应，系一幅美术作品不可分割的组成部分，并不因文字和画面之别即可随意分割。彭某冲在临摹品《荷中仙》中将《醉荷》中的题款和印章删除，在不同的位置又加盖上了不同的印章，在画面上方书写了佛经《心经》，且对画面颜色深浅做了处理，侵害了项某仁对《醉荷》享有的修改权和保护作品完整权。彭某冲应对其上述侵权行为承担停止侵权、公开赔礼道歉、赔偿经济损失的法律责任。

彭某冲主张其参加的涉案展览属于公益性展览，但鉴于其在该展览中公开展出了临摹品《荷中仙》，且经过网络媒体予以报道，客观上会对项某仁行使自己作品的著作权并据此获得经济利益造成不利影响，故彭某冲仍应当为此承担相应的民事责任。

鉴于书画作品的特点，相对于承载了书画作品的载体的价值，未承载书画作品的载体本身的价值微乎其微，故而一审法院判决销毁侵权复制品并无不当。对于赔偿经济损失的具体数额，一审法院综合考虑项某仁涉案作品的独创性程度、彭某冲涉案侵权行为的性质和情节、彭某冲主观过错程度等因素，酌情确定彭某冲赔偿项某仁经济损失10万元并无不当，二审法院予以支持。

综上所述，彭某冲的上诉请求不能成立，应予驳回；一审判决认定事实清楚，适用法律正确，应予维持。依照《民事诉讼法》第170条第1款第1项之规定，二审法院判决驳回上诉，维持原判。

## 承办律师办案心得

因为这个案子，人送我佳誉——"法律界的方舟子"，言下之意是案中的彭某冲是文艺界的骗子，而我作为一位律师揭穿了彭某冲欺骗世人的真面目。

该案涉及的法律问题并不复杂，画家项某仁先生在有法可依的前提下完全可以维护自己的著作权。临摹，作为学习绘画、提升技能的途径，法律不禁止，画家本人也不禁止。法律所不允许的，也是画家所深恶痛绝的，就是彭某冲的这种抄袭他人画作并自署己名还要欺骗公众的行径。

彭某冲不是孤军作战，围绕着他的有一个完整的团队，包括负责服装形象的、负责印刷的，尤其是负责公关的联系了各种媒体，主要是几大门户网站，还有联系各类各级官员包括驻外与驻华外交官、各地市县级官员不可胜记。后来法院判决一下，这个团队作鸟兽散。

彭某冲被冠以"中国文化艺术走向世界的和平使者"，我在函中严厉指出：《左传》载"掠美曰昏"，依律"昏墨贼，杀"。抄袭画作，掠人之美，这是中国儒、释、道、墨任何一家学说所不容许的，你究竟代表什么中国文化走向世界？我希望他认识到错误，主动去拜望项老，取得谅解，虚心求学，以望业成。彭某冲置之不理。

法院判决：彭某冲登报道歉，赔偿10万元并销毁复制件。彭某冲败诉后便在各大网络发帖，诬陷我擅闯民宅、敲诈勒索、违反职业道德，并向司法局和律师协会递交书面材料投诉我。

相当长的一段时间内，我非常苦恼。我好不容易与一位知名画家签订了常年维权协议，当天下午他爱人就来电，断然要求终止协议，因为网上有人投诉我，声势很大。

我只好向各大网站致函删帖。友人劝我报警抓捕彭某冲，我担心矛盾激化，只把诉求限制在为画家维护著作权。

好在公理自在人心，此案入选了"2018年北京法院十大知识产权经典案例"。在后续的诉讼中，法院又判决彭某冲赔偿40万元。

案件至今已有四年多了，我为画家垫付的维权成本分文没有收回，更不要说创收了。但此案意义重大，不仅仅是在法律的教育和警示上面，也体现在法律人为了激浊扬清，维护正义而忍辱负重，艰难前行的精神上面。

律师的执业环境需要大家共同来营造和维护。再次感谢项先生的托付，感谢律师事务所同仁的支持，感谢律师协会和司法局的理解。

（上海市协力律师事务所李俊律师，

该案原告/被上诉人项某仁代理人）

## 媒体报道

拍案 A15

# 《荷中仙》抄袭《醉荷》？画家对簿公堂

**原告画家：画面构图、造型、线条完全一样；被告画家：临摹也是创作，未用于商业用途**

左图为临北冲张裁的画作《荷中仙》，右图为原浦仁的原画作《醉荷》。

### 临摹而成的画作是否侵权？

# "非遗"第一案：安顺地戏状告张某谋《千里走单骑》侵犯署名权

——安顺文化局与新画面公司、张某谋著作权侵权纠纷案

原告（上诉人）：贵州省安顺市文化和体育局
被告一（被上诉人一）：张某谋
被告二（被上诉人二）：张某平
被告三（被上诉人三）：北京新画面影业有限公司（以下简称"新画面公司"）

一审法院：北京市西城区人民法院
一审案号：（2010）西民初字第 2606 号
一审合议庭成员：武彧、田燕、洪成宇
一审结案日期：2011 年 5 月 24 日

二审法院：北京市第一中级人民法院
二审案号：（2011）一中民终字第 13010 号
二审合议庭成员：芮松艳、王东勇、穆颖
二审结案日期：2011 年 9 月 14 日

案由：著作权侵权纠纷

关键词：安顺地戏，非物质文化遗产，署名权

涉案法条
《著作权法》第 3 条、第 6 条、第 9 条、第 10 条第 1 款第 2 项、第 11 条、第 12 条、第 15 条
《著作权法实施条例》第 19 条
《非物质文化遗产法》第 7 条、第 44 条
《民事诉讼法》第 108 条（现第 119 条）、第 153 条第 1 款第 1 项（现第 170 条第 1 款第 1 项）

## 争议焦点

- 安顺市文化和体育局是否有资格提起该案诉讼。
- 张某谋、张某平、新画面公司是否应为被控侵权行为承担民事责任。
- 上诉人安顺市文化和体育局认为涉案电影中对于"安顺地戏"的使用方式构成对"安顺地戏"署名权侵犯的上诉理由是否成立。
- 上诉人安顺市文化和体育局认为一审判决认定事实及适用法律错误的上诉理由是否成立。

## 审判结论

一审法院判决：涉案影片《千里走单骑》使用"安顺地戏"进行一定程度创作虚构，并不违反我国著作权法的规定。故驳回原告贵州省安顺市文化和体育局之诉讼请求。

二审法院驳回上诉，维持原判。

## 起诉及答辩

一审原告（上诉人）安顺市文化和体育局诉称：

由新画面公司作为出品人、张某平为制片人、张某谋为编剧和导演的电影《千里走单骑》，在拍摄时邀请了安顺市詹家屯的詹某彦等 8 位地戏演员前往丽江，表演了"安顺地戏"传统剧目中的《战潼关》和《千里走单骑》，并将 8 位地戏演员表演的上述剧目剪辑到了电影《千里走单骑》中。但该影片中却将其称为"云南面具戏"，且上述三被告没有在任何场合为影片中"云南面具戏"的真实身份正名，以致观众以为影片中的面具戏的起源地、传承地就在云南。该影片中将具有特殊地域性、表现唯一性的"安顺地戏"误导成"云南面具戏"，歪曲了"安顺地戏"这一非物质文化遗产和民间文学艺术（以下简称"非遗"），侵犯了"安顺地戏"的署名权，违反了《著作权法》的相关规定，并在事实上误导了中外观众，造成慕名者前往云南寻找影片中的面具戏的严重后果。据此，安顺市文化和体育局请求法院判令：张某谋、张某平、新画面公司分别在《法制日报》《中国日报（英文）》中缝以外版面刊登声明消除影响；新画面公司在以任何方式再使用影片《千里走单骑》时，应当注明"片中的'云南面具戏'实际上是'安顺地戏'"。

被告（被上诉人）张某谋、张某平、新画面公司辩称：影片《千里走单骑》的出品人是新画面公司，出品人是电影作品的所有人，故要求驳回安顺市文化和体育局对张某谋、张某平的诉讼请求。《千里走单骑》拍摄于 2004 年 11 月，上映于 2005 年 12 月，而"安顺地戏"列为国家级非物质文化遗产是在 2006 年 5 月，安顺市文化和体育局无权追溯主张署名权。况且，《千里走单骑》是一部虚构的故事片，而非一个专门介绍傩戏、面具戏或地戏的专题片或纪录片，安顺市文化和体育局不能要求作为艺术创作者的被告承担将艺术虚构与真实存在相互对接的义务。综上，请求法院驳回安顺市文化和体育局的诉讼请求。

著作权案例

专利权案例

商业标识案例

其他案例

## 事实认定

一审法院经审理查明：根据史料记载，"安顺地戏"是我国贵州省安顺地区历史上"屯田戍边"将士后裔屯堡人为祭祀祖先而演出的一种傩戏，是流行于我国贵州省安顺地区的一种地方戏剧。2006 年 6 月，国务院将"安顺地戏"列为国家级非物质文化遗产。

2004 年 11 月 11 日，国家广播电视总局电影事业管理局为新画面公司、香港精英集团（2004）企业有限公司（以下简称"香港精英集团"）颁发《中外合作摄制电影许可证》。该许可证载明："影片名称《千里走单骑》，中方摄制单位北京新画面影业有限公司，外方摄制单位香港精英集团（2004）企业有限公司"。

2005 年 7 月 14 日，国家广播电视总局电影事业管理局颁发《电影公映许可证》，该许可证载明电影《千里走单骑》的出品人为新画面公司。该影片片头字幕显示的相关制作人员包括编剧、导演张某谋，制片张某平等。

影片《千里走单骑》讲述的是两对父子的故事，反映的外景环境为中国云南省的丽江。影片放映至 6 分 16 秒时，画面出现了戏剧表演《千里走单骑》，此时出现画外音："这是中国云南面具戏"。影片中戏剧表演者有新画面公司从贵州省安顺市詹家屯"三国戏曲演出队"所聘请的演员。在该影片片尾字幕出现的演职员名单中标示有"戏曲演出：贵州省安顺市詹家屯三国戏队詹某彦等八人"字样。

以上事实，有涉案影片《千里走单骑》光盘、摄制许可证、公映许可证、涉案电影海报、影院入场券以及庭审笔录等材料在案佐证。

## 一审判决及理由

一审法院认为，根据史料记载，"安顺地戏"是我国贵州省安顺地区历史上"屯田戍边"将士后裔屯堡人为祭祀祖先而演出的一种傩戏。在世代相传、继承、修改和丰富下形成了现有的民间文学艺术。"安顺地戏"作为国家级非物质文化遗产，应当依法受到国家的保护、保存。任何非法侵占、破坏、歪曲和毁损等侵害和不利于非物质文化遗产保护、保存、继承和弘扬的行为都应当予以禁止和摒弃；任何使用者包括出品人、制片人、编剧和导演等都应当尊重和保护非物质文化遗产。通过审理该案，已经看到"安顺地戏"不断得到包括原告在内的国家各级有关机关和社会公众的重视，保护、保存意识和措施也不断增强和完善。然而，作为负有保护、保存非物质文化遗产工作之责任的地方政府文化主管部门，在以自己名义提起与他人的著作权侵权诉讼时，应当严格依照现有《著作权法》和相关法规的规定行事。

涉案电影《千里走单骑》是一部关注人性、亲情的故事影片，贯穿全剧表达的中心思想是父子情。就整体影片来说，联系两对父子的"傩戏"仅仅是故事的一个引子，并非该影片的重心。被告将真实存在的"安顺地戏"作为一种文艺创作素材用在影片《千里走单骑》作品中，但被告在具体使用时，就戏剧表演的配器及舞台形式加以一定的改动，使之表现形式符合电影创作的需要而更加丰富与感人，并为了烘托整个影片反映的大环境与背景，将其称为在现实中并不存在的"云南面具戏"。此种演绎拍摄手法符合电影创作的规律，区别于不得虚构的新闻纪录片。

影片《千里走单骑》所使用"安顺地戏"片断虽根据剧情称为"云南面具戏"，但被告在主观上并无侵害非物质文化遗产的故意和过失，从整体情况看，也未对"安顺地戏"产生法律所禁止的歪曲、贬损或者误导混淆的负面效果。故一审法院对原告的诉讼请求不予支持。同时，一审法院也愿意提醒作为电影事业从业者的被告，今后更应当增强对我国《著作权法》和新颁布的《非物质文化遗产法》的学习运用，谨慎从业，尽可能预防和避免民事纠纷的发生。

综上所述，"安顺地戏"作为我国非物质文化遗产项目之一，应当依法予以高度的尊重与保护，这并无疑义。但涉案电影《千里走单骑》使用"安顺地戏"进行一定程度创作虚构，并不违反我国《著作权法》的规定。

综上，一审法院依照《著作权法》第3条、第6条、第9条、第10条、第11条，《著作权法实施条例》第19条之规定，判决驳回安顺市文化和体育局的诉讼请求。

## 上诉理由

安顺市文化和体育局上诉的主要理由为：

1. "安顺地戏"是国家级非物质文化遗产，属于《著作权法》第6条规定的民间文学艺术作品

涉案电影中将"安顺地戏"称之为"云南面具戏"，却未在任何场合对此予以澄清，其行为构成了对"安顺地戏"这一民间文学艺术作品署名权的侵犯，违反了《著作权法》对于民间文学艺术作品署名权保护的相关规定，构成著作权侵权行为。据此，请求二审法院支持上诉人一审的全部诉讼请求。

2. 一审判决认定事实及适用法律错误，请求法院依法予以改判

（1）上诉人在一审程序中始终主张的是被控侵权行为侵犯了"'安顺地戏'的署名权"，从未提及"安顺地戏"的著作权人是安顺市文化和体育局，也从未提及上诉人安顺市文化和体育局的署名权被侵犯，但在一审判决书的"原告贵州省安顺市文化和体育局诉称"部分却被写成了"侵犯了原告的署名权"。一审判决的这一认定属于认定事实不清。

（2）一审判决将案件的重点放在影片是否可以利用"安顺地戏"进行虚构演绎，歪曲了上诉人的诉讼本意。上诉人无意也无权禁止被上诉人使用'安顺地戏'进行虚构创作，而仅是要求被上诉人在使用"安顺地戏"后应当标注其名称，也就是说，上诉人不是要求将影片中的画外音"这是中国云南省的面具戏"改成"这是中国贵州省的安顺地戏"，而是要求在被上诉人保留影片原有画外音的情况下，在片尾或其他场合标明影片中的云南面具戏的艺术元素来自"安顺地戏"。但一审判决中认定，"涉案电影《千里走单骑》使用'安顺地戏'进行一定程度创作虚构，并不违反我国《著作权法》的规定"，这是对上诉人真实意思的误解，属于认定事实错误。

（3）一审判决认定"影片《千里走单骑》所使用'安顺地戏'片段虽根据剧情称为'云南面具戏'，被告在主观上并无侵害非物质文化遗产的故意和过失。从整体情况看，

也未对'安顺地戏'产生法律所禁止的歪曲、贬损或者误导混淆的负面效果"。上述认定与事实不符。实际情况是被上诉人不仅主观上存在过错，其行为客观上亦已造成误导的实际后果，上诉人在一审程序中亦已提交证据证明误导后果的存在。据此，一审判决中的上述认定属于认定事实错误。

（4）《著作权法》第12条规定，"改编、翻译、注释、整理已有作品而产生的作品，其著作权由改编、翻译、注释、整理人享有，但行使著作权时不得侵犯原作品的著作权"。一审判决认定影片《千里走单骑》在具体使用"安顺地戏"时，就戏剧表演的配器及舞台形式加以一定的改动，但却未依据上述法律规定认定上述使用行为构成对"安顺地戏"署名权的侵犯，该认定属于适用法律错误。

综上，一审判决认定事实及适用法律错误，请求二审法院判决依法改判，支持上诉人一审的全部诉讼请求。

被上诉人张某谋、张某平、新画面公司仍坚持一审诉讼中的答辩意见，并认为，"安顺地戏"并不能够依据《著作权法》享有署名权，涉案电影中对于"安顺地戏"的使用并未违反《著作权法》的规定。同时，上诉人安顺市文化和体育局与"安顺地戏"并无直接利害关系，其并无资格提起该案诉讼，据此，上诉人的上诉理由均不能成立，请求二审法院依法予以驳回。一审判决认定事实清楚，适用法律正确，请求二审法院依法予以维持。

## 二审查明事实

因各方当事人对一审判决查明的事实均无异议，故二审法院依法予以确认。

二审法院另查明下列事实：

一审判决在"原告贵州省安顺市文化和体育局诉称"部分有"侵犯了原告的署名权"这一表述。

一审起诉状中针对被控侵权行为的相应表述为"三被告在影片《千里走单骑》中使用了'安顺地戏'，并把'安顺地戏'说成是'云南面具戏'，却没有在任何场合进行说明，澄清事实，这种行为违反了诚信原则，侵犯了'安顺地戏'的署名权。"

庭审中，上诉人安顺市文化和体育局认为，《著作权法》规定署名权中的"名"应理解为既包括作者的名称，亦包括作品的名称，而该案中则指向的是作品的名称；"安顺地戏"虽是一种剧种，但其亦属于作品，被上诉人在使用时应对该作品名称予以标注，但其并未标注，故其行为构成对"安顺地戏"署名权的侵犯。

上述事实有一审判决、一审起诉状及庭审笔录在案佐证。

## 二审判决及理由

二审法院认为，该案涉及以下焦点问题：

一、安顺市文化和体育局是否有资格提起该案诉讼

由《民事诉讼法》（2007年）第108条（现第119条）规定可知，民事案件的适格原告应是与案件有直接利害关系的公民、法人和其他组织。该案中，因安顺市文化和体

育局提起诉讼的理由是涉案电影《千里走单骑》中对于"安顺地戏"的使用侵犯了"安顺地戏"的署名权，故安顺市文化和体育局只有在与"安顺地戏"具有直接利害关系的情况下，才有资格作为原告提起该案诉讼。

由查明事实可知，"安顺地戏"系国家级非物质文化遗产，其由安顺地区的人民世代相传、继承、丰富而成。因这一文化遗产系安顺地区人民共同创作并拥有的精神文化财富，并不归属于某个特定民事主体，因此，当他人的使用行为对这一文化遗产造成损害时，难以由特定的公民、法人或其他组织主张权利。

该案中，安顺市文化和体育局虽然并非"安顺地戏"的权利人，但依据《非物质文化遗产法》第7条的规定，安顺市文化和体育局作为县级以上地方人民政府的文化主管部门负责本行政区域内非物质文化遗产的保护、保存工作。在"安顺地戏"已被认定为国家级非物质文化遗产的情况下，作为"安顺地戏"的管理及保护机关，安顺市文化和体育局有资格代表安顺地区的人民就他人侵害"安顺地戏"的行为主张权利并提起诉讼。据此，二审法院认为，安顺市文化和体育局与该案有直接利害关系，其有权提起该案诉讼。

二、张某谋、张某平、新画面公司是否应为被控侵权行为承担民事责任

该案中，上诉人安顺市文化和体育局指控的侵权行为系涉案电影《千里走单骑》中将"安顺地戏"错误地称之为"云南面具戏"，却不对其予以澄清的行为。因此，判断张某谋、张某平、新画面公司是否应为这一被控侵权行为承担民事责任的关键在于其是否均有义务对涉案电影对外承担民事责任。

《著作权法》第15条规定，电影作品和以类似摄制电影的方法创作的作品的著作权由制片者享有，但编剧、导演、摄影、作词、作曲等作者享有署名权，并有权按照与制片者签订的合同获得报酬。

由该规定可知，电影作品的著作权归电影作品的制片者享有，制片者有权就电影作品对外行使著作权并获得利益。编剧、导演等民事主体虽享有署名权，但其并非电影作品的著作权人，无权就电影作品对外行使著作权并获益。虽然《著作权法》中对基于电影作品而产生的民事责任的承担主体并无明确规定，但基于民事权利与民事责任相对等的原则，权利人在行使民事权利的同时亦有义务承担基于该权利客体而产生的相应责任，故电影作品的制片者作为著作权人在行使权利的同时亦当然应承担基于该电影作品而产生的民事责任。据此，该案中，基于涉案电影而产生的民事责任应由涉案电影的制片者，而非编剧、导演等其他民事主体承担。

因《著作权法》中对于作为著作权人的"制片者"在电影作品中的标注形式并无要求，且实践中亦存在多种标注方式，故对制片者身份的认定应结合案件具体事实予以考虑，而不能仅依据电影作品中的标注形式予以确定。同时应注意的是，《著作权法》中规定的"制片者"并不等同于具体电影作品中标注的"制片"或"制片人"，前者系著作权法意义上的用语，是指对电影作品享有权利并承担义务的主体，后者系电影行业中的用语，二者并非当然是同一主体。

具体到该案，虽然张某平在涉案电影中被标注为"制片人"，但这一标注并不相当

于著作权法意义上的制片者。在涉案电影中标注的出品单位及《电影公映许可证》中载明的出品人均为新画面公司的情况下，结合电影行业的惯例，二审法院合理认为涉案电影的制片者应为新画面公司，以及新画面公司对涉案电影享有权利并承担义务，其系该案被控侵权行为的民事责任承担主体。张某谋仅系涉案电影的编剧、导演，并非涉案电影的制片者，张某平亦非涉案电影的制片者，故张某谋、张某平均非该案被控侵权行为的民事责任承担主体，不应对被控侵权行为承担民事责任。

三、上诉人安顺市文化和体育局认为涉案电影中对于"安顺地戏"的使用方式构成对"安顺地戏"署名权侵犯的上诉理由是否成立

上诉人安顺市文化和体育局主张："安顺地戏"是国家级非物质文化遗产，属于《著作权法》第6条规定的民间文学艺术作品，涉案电影中将"安顺地戏"称之为"云南面具戏"，却未在任何场合对此予以澄清，其行为构成了对"安顺地戏"这一民间文学艺术作品署名权的侵犯，违反了《著作权法》对于民间文学艺术作品署名权保护的相关规定。

对此，二审法院认为，《非物质文化遗产法》与《著作权法》属于不同的法律体系，《非物质文化遗产法》侧重于行政保护，《著作权法》则侧重于民事保护，二者具有不同的立法宗旨、保护方式及保护条件。同时，《非物质文化遗产法》第44条亦规定，"使用非物质文化遗产涉及知识产权的，适用有关法律、行政法规的规定"，故"安顺地戏"被认定为国家级非物质文化遗产这一事实仅意味着其应受《非物质文化遗产法》的保护，至于其是否受《著作权法》保护，还要看其是否符合《著作权法》的相应规定。

具体到该案，因上诉人安顺市文化和体育局主张的是"安顺地戏"作为民间文学艺术作品的署名权，故该案的审理应以《著作权法》中有关民间文学艺术作品及署名权的相关规定为法律依据。

对于民间文学艺术作品这一特殊类型的作品，《著作权法》中尚无具体规定，只是在第6条中规定，"民间文学艺术作品的著作权保护办法由国务院另行规定"。但迄今为止，国务院尚未制定出相关的著作权保护办法。尽管如此，这并不意味着民间文学艺术作品无法受到著作权法保护。因对于民间文学艺术作品的保护应立足于著作权法，故在国务院尚未出台相关著作权保护办法的情况下，对于民间文学艺术作品的保护可以依据《著作权法》的基本原则和规定，对其署名权的保护亦不例外。

《著作权法》第10条规定，"署名权，即表明作者身份，在作品上署名的权利"。由上述规定可知，署名权的权利主体是"作者"，权利客体是具体的"作品"，权利内容是在作品上标注作者的名称。也就是说，署名权中的"名"指的是权利主体（作者）的名称，而非权利客体（作品）的名称，他人只有在使用作品而未署"作者"的名称时，其行为才可能构成对署名权的侵犯，至于是否标注了"作品"的名称，则并非署名权调整的范围。上诉人安顺市文化和体育局将署名权理解为对"作品"名称的标注，这一理解有悖于上述法律规定，二审法院不予支持。

在此基础上，依据《著作权法》第10条署名权的规定，如果该案事实同时符合下述两要件，则可以认定涉案电影中的使用行为构成对"安顺地戏"署名权的侵犯：首先，"安顺

地戏"符合《著作权法》第 10 条中有关署名权的要求；其次，涉案电影中将"安顺地戏"称之为"云南面具戏"的行为属于受《著作权法》第 10 条署名权控制的署名行为。

对于"安顺地戏"是否符合《著作权法》第 10 条中有关署名权的要求，二审法院认为，依据上述规定，只有当"安顺地戏"或者是署名权的权利主体（作者），或者是权利客体（作品）的情况下，其才可能获得《著作权法》署名权的保护。因"安顺地戏"显然并非权利主体（作者），故该案的判断关键在于其是否构成署名权的权利客体（作品）。如"安顺地戏"构成作品，则应进一步对上诉人安顺市文化和体育局主张的"安顺地戏"这一标注方式是否属于"作者"的署名予以判断。

对于"安顺地戏"是否是受著作权法保护的作品，二审法院认为，依据著作权法基本原理，只有对思想的具体表达才可能构成受著作权法保护的作品，但"安顺地戏"作为一个剧种，其仅是具有特定特征的戏剧剧目的总称，是对戏剧类别的划分，而非对于具体思想的表达，故"安顺地戏"并不构成受著作权法保护的作品，任何人均不能对"安顺地戏"这一剧种享有署名权。上诉人安顺市文化和体育局认为"安顺地戏"虽是一种剧种，但其亦属于作品的主张不能成立，二审法院不予支持。

鉴于"安顺地戏"作为一个剧种不构成作品，并非署名权的权利客体，故对于"安顺地戏"这一标注方式是否属于符合《著作权法》第 10 条规定的"作者"的署名方式这一问题已无探讨的必要，二审法院对此将不予论及。

在此基础上，二审法院进一步对于涉案电影中将"安顺地戏"称之为"云南面具戏"这一行为是否属于受署名权控制的署名行为予以评述。二审法院认为，基于与"安顺地戏"相同的理由，涉案电影中对于"云南面具戏"这一名称的使用，亦仅属于对于特定剧种名称的使用，其既非对署名权权利主体（作者）的标注，亦非对权利客体（作品）的标注，故这一使用方式不属于著作权法意义上的署名行为。同时，二审法院亦认为，涉案电影在进行艺术创作时对使用的艺术元素进行相应虚构，具有其合理性。

综上所述，二审法院认为，虽涉案电影中实施了将"安顺地戏"称之为"云南面具戏"的行为，且未对此予以澄清，但鉴于"安顺地戏"既非署名权的权利主体，亦非署名权的权利客体，其不符合《著作权法》第 10 条署名权的规定，任何主体无法对"安顺地戏"这一剧种享有署名权，且涉案电影中"云南面具戏"这一名称的使用亦并非著作权法意义上的署名行为，故在《著作权法》的框架下，上述行为不可能构成对"安顺地戏"署名权的侵犯，上诉人安顺市文化和体育局认为上述行为侵犯了"安顺地戏"署名权的上诉理由不能成立，二审法院不予支持。

应指出的是，因上诉人安顺市文化和体育局明确主张构成作品且享有署名权的是"安顺地戏"，而非其中的"具体剧目"，故二审法院做出的上述认定仅针对"安顺地戏"这一剧种，而未涉及其中的"具体剧目"。对于"安顺地戏"中的具体剧目（如涉案电影中使用的《千里走单骑》等剧目），二审法院认为，因其属于对于思想的具体表达，故可以认定构成受著作权法保护的作品，属于民间文学艺术作品，民事主体可以针对具体剧目主张署名权。

著作权案例

专利权案例

商业标识案例

其他案例

　　四、上诉人安顺市文化和体育局认为一审判决认定事实及适用法律错误的上诉理由是否成立

　　上诉人安顺市文化和体育局认为，一审判决中将一审起诉状中表述的"侵犯了安顺地戏的署名权"理解为"侵犯了原告的署名权"，这一理解属于认定事实错误。对此，二审法院认为，上诉人安顺市文化和体育局在一审起诉状中确有"侵犯了安顺地戏的署名权"这一表述，依据上述表述进行字面理解，通常会理解为其主张享有署名权的权利主体为"安顺地戏"，但因署名权的权利主体只能是民事主体，而"安顺地戏"显非民事主体，其不可能成为署名权的权利主体，故上述字面理解显然既不符合上述法律规定，亦不符合常理。在此情况下，一审法院考虑到上诉人安顺市文化和体育局系作为"安顺地戏"权利人代表提起诉讼这一因素，将上述表述合理理解为"侵犯了原告的署名权"，其虽在表述上有失严谨，但尚不属于事实认定错误，据此，上诉人安顺市文化和体育局认为一审判决认定事实错误的这一上诉理由不能成立，二审法院不予支持。

　　上诉人安顺市文化和体育局认为，一审判决中认定"涉案电影《千里走单骑》使用'安顺地戏'进行一定程度创作虚构，并不违反我国《著作权法》的规定"，这一认定系对上诉人真实意思的误解，属于认定事实错误。对此，二审法院认为，一审法院对于上诉人一审诉讼本意的理解来源于其起诉状中的具体文字表述，起诉状中对于被控侵权行为的表述主要为"三被告在影片《千里走单骑》中使用了'安顺地戏'并把'安顺地戏'说成是'云南面具戏'，却没有在任何场合进行说明，澄清事实，这种行为违反了诚信原则，侵犯了'安顺地戏'的署名权"。二审法院认为，起诉状中上述文字表述可以合理理解为，安顺市文化和体育局认为涉案电影中将"安顺地戏"称之为"云南面具戏"的行为构成侵犯著作权的行为。对于上诉人所主张的其仅是要求"被上诉人保留影片原有画外音的情况下，在片尾或其他场合标明影片中的云南面具戏的艺术元素来自安顺地戏"这一含义，仅从上述文字表述中无法当然得知，据此，一审法院基于其对一审起诉状的理解，对于"涉案电影《千里走单骑》使用'安顺地戏'进行一定程度创作虚构"是否违反我国《著作权法》规定予以认定，并未违反上诉人一审起诉状中所体现出的意思表示，不属于认定事实错误，上诉人安顺市文化和体育局的该上诉理由不能成立，二审法院不予支持。

　　上诉人安顺市文化和体育局认为，一审判决认定"影片《千里走单骑》所使用'安顺地戏'片段虽根据剧情称为'云南面具戏'，被告在主观上并无侵害非物质文化遗产的故意和过失。从整体情况看，也未对'安顺地戏'产生法律所禁止的歪曲、贬损或者误导混淆的负面效果"，上述认定与事实不符，属于认定事实错误。对此，二审法院认为，因该案为侵犯著作权纠纷案件，故一审法院应依据《著作权法》的相关规定对案件进行审理。在"安顺地戏"既非署名权的权利主体，亦非署名权的权利客体的情况下，其并不受著作权法的保护，因此，从著作权法角度进行判断，被上诉人对于"安顺地戏"的使用行为在主观上并无过错，客观上亦未对著作权本身造成损害后果。据此，一审判决的上述认定无误，上诉人安顺市文化和体育局的该上诉理由不能成立，二审法院

不予支持。

　　上诉人安顺市文化和体育局认为,一审判决在认定影片《千里走单骑》在具体使用"安顺地戏"时,就戏剧表演的配器及舞台形式加以一定的改动的情况下,却未依据《著作权法》第 12 条的规定认定上述使用行为构成对其署名权的侵犯,该认定属于适用法律错误。对此,二审法院认为,《著作权法》第 12 条规定,"改编、翻译、注释、整理已有作品而产生的作品,其著作权由改编、翻译、注释、整理人享有,但行使著作权时不得侵犯原作品的著作权"。依据上述规定,只有他人改编、翻译、注释、整理的系"已有作品"的情况下,才需要经过原著作权人的许可并在行使著作权时不得侵犯原作品的著作权。鉴于二审法院已认定"安顺地戏"作为一个剧种不构成作品,并非著作权法保护的客体,故上述法律规定并不适用于该案。一审判决未依据上述法律规定认定涉案电影中的使用行为构成侵权,其适用法律正确。上诉人安顺市文化和体育局认为一审判决适用法律错误的上诉理由不能成立,二审法院不予支持。

　　综上,依据《著作权法》第 6 条、第 10 条第 1 款第 2 项、第 12 条之规定,上诉人安顺市文化和体育局的全部上诉理由均不能成立,二审法院不予支持。一审法院认定事实清楚,适用法律基本正确,二审法院依法予以维持。依照《中华人民共和国民事诉讼法》(2007 年)第 153 条第 1 款第 1 项(现第 170 条第 1 款第 1 项)之规定,二审法院判决驳回上诉,维持原判。

 **承办律师办案心得**

　　重提此案,五味杂陈。

　　一审法院并没有抓住案件的焦点,误以为原告方面要求法院制止张某谋利用非遗进行艺术虚构的权利。笔者一再澄清,张某谋当然可以进行虚构,但必须在影片中标明片中的"云南面具戏"实际上是"安顺地戏"。

　　二审阶段,法院进行了纠偏,但纠结的重点落在"安顺地戏"是不是作品名这一问题上。可以说,二审法院抓住了案件的核心。在这一点上,笔者作为原告方面的代理人深表惭愧。

　　张某谋的影片具体使用的是"安顺地戏"中的两出剧目:《战潼关》和《千里走单骑》,因此"安顺地戏"中的这两出剧目才是作品名,而"安顺地戏"本身并不是作品名。根据《著作权法》关于署名的规定,使用者应该署名的是"作者名和作品名",又因为安顺地戏剧目的具体作者不明确,所以,张某谋的署名义务为:标注安顺地戏剧目的名称即作品名。而笔者在诉讼中要求的是张某谋应该标注"安顺地戏"这一名称。但从现有的《著作权法》介入的话,诉请得到支持是有难度的,虽然并非完全不可能的。研究者找出早年的乌苏里船歌案的判决书,指出法院判决的是应该标明使用了赫哲族民间曲调,并没有要求标明赫哲族民间曲调中的具体曲调。所以,专家学者纷纷对安顺地

著作权案例

专利权案例

商业标识案例

其他案例

戏案判决提出质疑。

　　依笔者个人的经验分析，乌苏里船歌案较之安顺地戏案，非常幸运。乌苏里船歌案维权的法律依据仅仅是民法的诚信原则。笔者代理安顺地戏案，也以此原则作为依据，但在立案时就被法官要求明确张某谋究竟侵犯了安顺地戏的什么权利？在非遗的权利一直没有法律规定的情况下，如果遵照立案庭的要求，都无法立案。于是，就有了从著作权法规定的署名权入手的考虑。

　　当然，如果安顺地戏作为一项国家级非遗，也享有与署名这一表述相类似的权利，这一诉讼显然不会这么被动和尴尬。

　　此案被列为2011年北京知识产权十大案例，不久，最高人民法院出台文件，明确"使用非遗进行创作，应当标注来源"。

（上海市协力律师事务所李俊律师，
该案原告贵州省安顺市文化和体育局代理人）

## 媒体报道

# 临摹美术作品的侵权判定

## ——黄某水等与戴某邦、项某仁著作权侵权纠纷

**原告（被上诉人）：** 戴某邦

**原告（被上诉人）：** 项某仁

**被告（上诉人）：** 黄某水

**被告（上诉人）：** 墨宝斋（北京）文化艺术有限责任公司（以下简称"墨宝斋公司"）

**一审法院：** 北京市朝阳区人民法院

**一审案号：** （2015）朝民（知）初字第 55581 号（戴某邦）

（2015）朝民（知）初字第 55578 号（项某仁）

**一审合议庭成员：** 林子英、裴晖、丁京莉

**一审结案日期：** 2016 年 4 月 11 日（戴某邦）

2016 年 4 月 12 日（项某仁）

**二审法院：** 北京知识产权法院

**二审案号：** （2016）京 73 民终 339 号（戴某邦）

（2016）京 73 民终 340 号（项某仁）

**二审合议庭成员：** 杜长辉、王东、袁伟

**二审结案日期：** 2018 年 3 月 9 日

**案由：** 著作权侵权纠纷

**关键词：** 鼻烟壶，合理使用，复制权，修改权，署名权

## 涉案法条

《著作权法》第 10 条第 1 款第 2 项、3 项、5 项、6 项，第 47 条第 7 项，第 48 条第 1 项，第 49 条

《最高人民法院关于民事诉讼证据的若干规定》第 2 条

《民事诉讼法》第 170 条第 1 款第 1 项

## 争议焦点

- 被告黄某水是否侵犯原告戴某邦、项某仁美术作品的复制权。
- 被告黄某水是否侵犯原告戴某邦、项某仁美术作品的修改权。
- 被告黄某水是否侵犯原告戴某邦、项某仁美术作品的署名权。
- 判赔数额的认定。
- 赔礼道歉的方式。

## 审判结论

一审法院判决：（1）黄某水于判决生效之日起 30 日内在全国发行的专业报刊上刊登致歉函，公开赔礼道歉。（2）黄某水于判决生效之日起 10 日内赔偿戴某邦经济损失 42 万元，赔偿原告项某仁经济损失 3 万元。（3）墨宝斋公司于判决生效之日起立即停止派送含有涉案作品的《方寸天地——黄三论内画艺术》画册（以下简称"《方寸天地》画册"）；（4）驳回戴某邦、项某仁的其他诉讼请求。

二审法院判决：驳回上诉，维持原判。

## 起诉及答辩

戴某邦诉称："我是著名的国画画家，是中国美术协会会员、上海市美术家协会理事、中国工笔画会理事、中国连环画研究会理事、上海交通大学教授。我从事绘画五十多年，创作了大量具有影响力的画作。黄某水，又名黄三，其在《方寸天地——黄三论内画艺术》画册登载了其制作的鼻烟壶照片，其中的鼻烟壶擅自使用了我的《菩萨蛮》《江南曲（其三）》等 14 幅美术作品，其在使用我的作品时有裁切、修改。墨宝斋公司是黄某水的妻子陈某和儿子黄某共同出资成立的公司，该公司派送了《方寸天地》画册。黄某水将我的作品复制到鼻烟壶上标注为自己的作品，并出版画册，严重侵犯了我对作品享有的署名权、修改权、复制权、发行权、获得报酬权。故我诉至法院请求判令黄某水在《法制日报》中缝以外版面连续三日刊登声明，向我赔礼道歉（声明中须登载原作图案和侵权产品图案），判令黄某水赔偿我经济损失 100 万元，判令墨宝斋公司停止派送《方寸天地》画册。"

项某仁诉称："我是中国美术协会会员、中国工艺美术学会会员、中国连环画研究会理事、青岛书画研究院副院长、国家一级美术师等。我创作作品上万幅，曾在全国美展和国际美展上荣获大奖。黄某水，又名黄三，其在《方寸天地——黄三论内画艺术》画册登载了其制作的《孔子行教图》鼻烟壶照片，该鼻烟壶擅自使用了我的美术作品《孔夫子杏坛讲学图》，且有裁切、修改。墨宝斋公司是黄某水的妻子陈某和儿子黄某共同出资成立的公司，该公司派送了《方寸天地》画册。黄某水将我的作品复制到鼻烟壶上标注为自己的作品，进行展览并出版画册，严重侵犯了我对作品享有的署名权、修改权、复制权、发行权、展览权、获得报酬权。故我诉至法院请求判令黄某水在《法制日报》中缝以外版面连续三日刊登声明，向我赔礼道歉（声明中须登载原作图案和侵权产品图案），判令黄某水赔偿我经济损失 12 万元，判令墨宝斋公司停止派送《方寸天地》画册。

黄某水和墨宝斋公司共同答辩称："（1）《戴某邦画谱·中国高士图》一书上有戴某邦的印刷签名和亲笔签名，本案民事起诉状上戴某邦的签名与前述签名不符，本人及本公司有理由怀疑本诉讼为虚假诉讼，请求法院予以核实并驳回起诉。（2）本人临摹戴某邦、项某仁先生的作品是为个人学习、研究使用他人已发表作品，从未利用该作品进行销售或其他经营行为，属合理使用，未侵犯戴某邦、项某仁先生的著作权。（3）本人没有侵犯戴某邦、项某仁先生的署名权、修改权、复制权、发行权和获得报酬权。我在创作的鼻烟壶上均指明了戴某邦、项某仁先生的姓名及相关作品名称，在《方寸天地》画册附页中也指明了鼻烟壶作品临摹的原作名称及作者，故未侵犯戴某邦、项某仁先生的署名权；内画临摹并非复制而是全新的工艺创作，且因鼻烟壶的内堂非常狭小，对所临摹的作品进行一定的局部选取和结构改变是必然的，因此未侵犯戴某邦、项某仁先生的复制权和修改权；内画作品需要拿到实物，使用放大镜才能进行鉴赏，因此《方寸天地》画册并不影响戴某邦、项某仁先生对相关作品发行权的行使；根据《著作权法》的相关规定，合理使用他人作品无须支付报酬。故我请求法院驳回戴某邦、项某仁对本人的诉讼请求。（4）《方寸天地》画册与墨宝斋公司无关，故请求法院驳回戴某邦、项某仁对本公司的诉讼请求。"

## 事实认定

一审法院经审理查明：戴某邦系中国美术协会会员、上海市美术家协会理事、中国工笔画会理事、中国连环画研究会理事、上海交通大学教授，其为涉案《江南曲（其三）》等 14 幅美术作品的绘制者。项某仁系中国美术协会会员、中国工艺美术学会会员、中国连环画研究会理事、青岛书画研究院副院长、国家一级美术师，其为涉案美术作品《孔夫子杏坛讲学图》的绘制者。

黄某水自认在其制作的 8 个鼻烟壶上使用了戴某邦、项某仁的上述美术作品，并在《方寸天地》画册中予以了刊载。

将戴某邦享有权利的美术作品与《方寸天地》画册中鼻烟壶上的图案比较，两者的画面主体部分一致。两者差异如下：前者每一幅原作中均有提款印章，其中均有"戴某邦"的落款，而在鼻烟壶中则将上述的提款印章全部删除；鼻烟壶中增加了题字及"黄三"的落款；鼻烟壶中的画面对原作品有局部裁剪或个别颜色的改变；从画册看，黄三的落款均在鼻烟壶的显著位置，但无法看出戴某邦的署名。

将黄某水使用戴某邦享有权利的 14 幅美术作品制作的鼻烟壶实物与《方寸天地》画册中刊登的作品相比较，除《方寸天地》画册第 87 页上中使用了涉案美术作品《珍惜》的鼻烟壶，与使用了该美术作品的鼻烟壶实物在题字和印章上存在明显差异外，其余鼻烟壶实物与画册中的鼻烟壶未见明显差异。该8个鼻烟壶实物的侧面或底部可见"临戴某邦笔意"的字样，与黄三的署名不在同一部位。上述"临戴某邦笔意"字样从鼻烟壶实物的正面无法看出，与其"黄三"署名相比较，字样明显缩小，且部分鼻烟壶实物侧面的字样与画面颜色接近，难以辨认。黄某水自称涉案制作的8个鼻烟壶各自只做了一个，且从未售出。

将项某仁享有权利的美术作品与《方寸天地》画册中鼻烟壶上的图案比较，两者的画面主体部分一致。两者差异如下：前者有"孔夫子杏坛讲学图"提款、印章，而在鼻烟壶中则将上述的提款、印章删除，改为"孔子行教图"及"克己复礼"等题字及"三"的落款、印章；鼻烟壶中的画面对原作品有局部裁剪或个别颜色、装束的改变；从画册看，黄三的落款"三"在鼻烟壶的显著位置，但无法看出项某仁的署名。

将黄某水使用项某仁享有权利的美术作品制作的鼻烟壶实物与《方寸天地》画册中刊登的作品照片相比较，除《方寸天地》画册第88页右上的鼻烟壶照片落款为"三"，而使用了该美术作品的鼻烟壶实物的落款为"黄三"外，鼻烟壶实物与画册中的鼻烟壶未见其他明显差异。该鼻烟壶实物正面显著位置有黄三的署名，底部有"临项某仁孔夫子杏坛讲学图"的字样。黄某水自称涉案制作的鼻烟壶只做了一个，且从未售出。

戴某邦、项某仁和黄某水均提交了上述画册。黄某水提交的《方寸天地》画册中夹有一张附页，附页上一一指明了画册中鼻烟壶所临摹的原作品及相应原作者，其中包括涉案鼻烟壶临摹的涉案美术作品名称及作者戴某邦、项某仁之名。戴某邦、项某仁提交的画册中没有该附页。

《方寸天地》画册系黄某水和墨宝斋公司自行印制的非公开出版物，在该书的封面上署有：黄三著。该画册第161页上注明了"著作者：黄三、设计：黄某、摄影：黄某、地址：北京市朝阳区亮马桥路27号亮马国际珠宝古玩城3608室"。

在淘宝网上有商品名为"黄三内画工作室内画鼻烟壶水晶鼻烟壶作品《江南曲》"的页面，该页面标注的价格为120000元，卖家为黄三内画工作室，掌柜为zifenghpzx。此页面鼻烟壶上的《江南曲》使用了戴某邦的涉案作品中的《江南曲（其三）》。前述网页戴某邦于2015年7月17日进行了公证。

经向浙江淘宝网络有限公司调查，上述淘宝店的开店人为黄某，店铺认证时间为2015年3月5日，所有产品下架时间为2015年12月5日，在上述期间内该店铺的产品没有售出。经查，该淘宝店铺开店人黄某系黄某水之子，也是墨宝斋公司的法定代表人。另查，墨宝斋公司的股东为黄某、陈某。又查，根据戴某邦本人的视频资料，戴某邦委托李俊律师作为该案的诉讼代理人的情况属实。

项某仁公证了美术视界网2013年6月14日的"中艺（香港）在京举行黄三大师内画烟壶珍藏展"网页，其中可见涉案鼻烟壶参加了展览，并标有售价。

上述事实，有双方各自提供的出版物、画册、公证书、鼻烟壶，浙江淘宝网络有限公司的回函，墨宝斋公司的工商登记信息，戴某邦的视频资料及当事人陈述等在案佐证。

### 一审判决及理由

一审法院认为：戴某邦是涉案美术作品《江南曲（其三）》《菩萨蛮》《漫成一首》《江村晚眺》《秋圃文苑图》《品茗图》《新岁》《元宵》《春早》《立夏》《秋色》《中秋》《腊八》《珍惜》的作者，对上述作品享有著作权。项某仁是涉案美术作品《孔夫子杏坛讲学图》的作者，对该作品享有著作权。

该案中，黄某水在其制作的涉案鼻烟壶上使用了涉案美术作品，但其使用未经戴某邦、项某仁的许可。

从黄某水使用戴某邦、项某仁作品的形式看，一是制作鼻烟壶，二是在刊物上展示其作品，三是在网络上销售载有戴某邦作品内容的鼻烟壶商品，展览载有项某仁作品内容的鼻烟壶并标有售价。其制作的实物与画册的对比存在不同的情况，可以判定其实物的制作并非具有唯一性。尽管网络销售行为非黄某水直接所为，但查证开店人与其特定的关系，足以判断因其向开店人的交付行为导致淘宝网上的销售，因而可以认定黄某水的行为亦构成销售行为。在展览过程中标有售价的行为，可以认定其有销售展物的主观意图，应属于销售的要约行为。故上述行为，包含了复制、出版、发行、销售行为，远远超出了仅为个人学习、研究所进行临摹的合理使用，同时也当然地侵犯了戴某邦、项某仁对其作品享有的复制权、发行权。故法院对黄某水提出的其使用属合理使用的抗辩，不予支持。同时，对戴某邦、项某仁提出的判令墨宝斋公司停止派送《方寸天地》画册，法院予以支持。

署名权是表明作者身份的权利，故署名是表明作者身份的形式，是为了使他人对作者的劳动创作予以知晓的途径。首先应当说明，涉案的署名方式不属于不宜署名的情形。在此前提下，从黄某水的涉案作品在画册上刊登的画面上看，没有反映出戴某邦、项某仁的署名；从其制作的实物上看，虽有戴某邦、项某仁的署名，但该署名极难辨认。在这里尤其应指出的是，黄某水在实物中对自己署名的标注是清晰的，达到了表明作者身份的作用；而在同一制作中，对权利人戴某邦、项某仁署名的标注则明显缩小，以至于无法辨认，不能起到表明作者身份的作用。两种署名方式的对比，表明黄某水对标注署名形式的故意，以表明自己而忽略他人。对于黄某水提出在《方寸天地》画册的附页上指明了原作品作者一节，因其提供的为附页，且其无法合理解释戴某邦持有的相同画册中没有该附页的事实，故对此抗辩法院不予支持。综上，黄某水的使用行为，尽管有的标注了戴某邦、项某仁的名字，但这种署名方式仍不能体现作者的身份，加之其他没有标注署名的情形，法院认定黄某水侵犯了戴某邦、项某仁对其作品享有的署名权。

黄某水对戴某邦、项某仁作品的使用，虽然依据其制作作品的独特性对被使用的作品进行一定的局部选取和改变，但这种使用构成了对原作品的修改，故亦侵犯了戴某邦、项某仁对其作品享有的修改权。

鼻烟壶作品的价值，主要体现在制作技艺上，但对于作品的选择、使用也是体现作品艺术造诣的不可缺失的部分，因此，其画作本身的价值构成了鼻烟壶价值的组成部分。从戴某邦、项某仁所担任的相关职务，以及其出版的著作可以判断出其作品的价值，故对此将作为该案考虑赔偿数额的依据。

依据上述论述，该案涉及了著作权中人身权的侵权事由，故对戴某邦、项某仁提出的赔礼道歉的请求，予以支持。但因涉案侵权行为的发生范围与《法制日报》产生影响的范围并不对等，故仅需在相关媒体上予以发表。同时，对戴某邦、项某仁提出的停止侵权的请求予以支持。

综上，依照《著作权法》第10条第1款第2项、3项、5项、6项，第47条第7项，第48条第1项，第49条之规定，判决如下：

（1）被告黄某水于判决生效之日起30日内在全国发行的专业报刊上刊登致歉函，公开赔礼道歉（致歉函内容须于判决生效后10日内送法院审核，逾期不履行，法院将在相关媒体上刊登判决主要内容，所需费用由被告黄某水承担）；

（2）被告黄某水于判决生效之日起10日内赔偿原告戴某邦经济损失42万元、赔偿原告项某仁经济损失3万元；

（3）被告墨宝斋公司于判决生效之日起立即停止派送含有涉案作品的《方寸天地》画册；

（4）驳回原告戴某邦、项某仁的其他诉讼请求。

## 上诉理由

黄某水上诉理由：（1）一审法院关于侵犯作品复制权的认定有误；（2）一审法院关于黄某水存在销售行为的认定有误；（3）一审法院关于侵犯作品修改权的认定有误；（4）一审法院关于侵犯作品署名权的认定有误；（5）一审法院判赔数额过高；（6）一审法院判令黄某水在全国发行的专业报刊上刊登致歉函，已经超出了戴某邦、项某仁的诉讼请求范围。

墨宝斋公司上诉理由：（1）一审法院判令墨宝斋公司停止派送《方寸天地》画册缺乏事实及法律依据；（2）其他的事实理由与黄某水的上诉理由一致。

## 二审查明事实

二审期间，黄某水为证明一审法院判赔数额过高，向二审法院提交了其销售鼻烟壶及购买鼻烟壶白坯、包装盒等材料的相关证明材料；同时，提交了部分文献资料，用以证明在鼻烟壶侧面及底部署名亦符合行业惯例。对于前述证据，戴某邦、项某仁认为，由于黄某水用以证明其鼻烟壶销售价格及原材料购买价格的主要证据为案外人出具的书面证明，尽管有银行交易记录佐证，但交易记录本身未反映款项用途，在案外人未作为证人出庭的情况下，案外人出具的书面证言的真实性难以确定。至于黄某水提交的用以证明鼻烟壶底部署名亦符合行业惯例的文献资料，则因资料上所显示的鼻烟壶在材质、署名方式等方面均与涉案鼻烟壶不同，故不具有参照性，与该案无关。对于一审法院认定的事实，双方均无异议，二审法院经审查予以确认。另查明，一审庭审过程中，墨宝斋公司明确认可《方寸天地》画册第161页上载明的地址为其营业地址，戴某邦、项某仁持有的《方寸天地》画册亦从该处取得。

## 二审判决及理由

一、一审法院关于侵犯作品复制权的认定是否正确

黄某水主张一审法院关于侵犯作品复制权的认定有误的理由主要有二：一是鼻烟壶内画与所临摹的国画作品在创作技艺方面截然不同，不属于单纯的复制；二是从复制权的法律规定演变来看，临摹已不再属于法定的复制方式。

首先，从法律规定来看。如黄某水所言，1991年施行的《著作权法》第52条规定，复制指以印刷、复印、临摹、拓印、录音、录像、翻录、翻拍等方式将作品制作一份或者多份的行为。但2001年修改后，《著作权法》第10条第1款第5项在对复制权进行定义时，未再将临摹明确列举为一种复制方式。对于该变化，法院认为，并非是著作权法将"临摹"排除了复制方式，而是立法者对于临摹行为的法律性质有了更为科学的认识。2001年的《著作权法》与现行的2010年《著作权法》对于复制权的定义相同，即"复制权，即以印刷、复印、拓印、录音、录像、翻录、翻拍等方式将作品制作一份或者多份的权利"。该规定采用的是不完全列举的方式，表明复制权所控制的复制行为实质是将作品制作一份或者多份的行为，手段既包括印刷、复印、拓印等明确列举的方式，亦包括其他能够实现前述效果的方式。临摹是否构成复制，不再一概而论，而应根据具体事实加以判断。倘若临摹达到了复制效果，则构成复制。

其次，就技艺的不同是否会对临摹行为法律性质的认定产生影响这一问题，二审法院认为，著作权法保护的是作品的独创性表达，而非创作的过程。对于美术作品而言，其独创性体现在点、线、面组合而成的艺术造型，倘若高精度的临摹达到了再现他人作品独创性表达的程度，则不论该过程是否需要艰辛的劳动和高超的技艺，均因未产生新的点、线、面设计，而构成对他人作品的复制。就该案而言，黄某水在鼻烟壶内画上具有很高的技艺及艺术造诣，也为我国非物质遗产的传承作出了很大贡献，同时，二审法院亦认可黄某水关于鼻烟壶内画与国画创作技艺不同的主张，但是，技艺的差异并不必然导致作品独创性的产生。该案中，黄某水自认涉案鼻烟壶系临摹戴某邦、项某仁作品制成，且经一审法院查明，两者画面主体部分一致。在此情况下，黄某水将涉案鼻烟壶拍摄后置于《方寸天地》画册中发行，构成对戴某邦、项某仁作品复制权的侵犯。

基于上述分析，二审法院认为，一审法院关于黄某水侵犯戴某邦、项某仁作品复制权的认定正确。黄某水关于其涉案临摹行为未侵犯戴某邦作品复制权的主张缺乏事实及法律依据，二审法院不予支持。

二、一审法院关于侵犯作品修改权的认定是否正确

黄某水主张鼻烟壶内画创作过程中须根据鼻烟壶的特性对临摹作品进行局部选取和改变，这种改变体现了内画创作者独特的思想、判断、技术和风格，而不构成对原作品作者修改权的侵犯。对此，二审法院认为，根据《著作权法》第10条第1款第3项的规定，修改权是指作者享有的修改或者授权他人修改作品的权利。该案中，黄某水制作的

涉案鼻烟壶内画均对戴某邦、项某仁作品的内容进行了局部变更，故一审法院认定黄某水侵犯了戴某邦、项某仁对其作品享有的修改权并无不当。

三、一审法院关于侵犯作品署名权的认定是否正确

黄某水主张其在涉案鼻烟壶的侧面或底部进行了署名，且在《方寸天地》画册中附有记载有鼻烟壶临摹画作原作及作者的附页，故未构成对戴某邦、项某仁作品署名权的侵犯。对此，法院认为，根据《最高人民法院关于民事诉讼证据的若干规定》第2条的规定，当事人对自己提出的诉讼请求所依据的事实或者反驳对方诉讼请求所依据的事实有责任提供证据加以证明。没有证据或者证据不足以证明当事人的事实主张的，由负有举证责任的当事人承担不利后果。该案中，黄某水主张其在《方寸天地》画册中进行了署名，则有义务举证证明。虽然其向一审法院提交的《方寸天地》画册中的确包含有附页，但由于《方寸天地》画册系其自制证据，且其所主张的附页系单独一页，未与画册本身形成整体，且附页所使用的字体、设计风格、纸张大小与画册亦不统一，故在戴某邦、项某仁提交有未含附页的相同画册的情况下，黄某水仍需对其已履行署名义务的主张进一步加以举证，否则，应由其承担举证不利的法律后果。据此，黄某水关于一审法院加重其举证责任的主张不能成立。至于黄某水所持其在涉案鼻烟壶的侧面或底部均对戴某邦、项某仁进行了署名，故未侵犯戴某邦、项某仁署名权之主张，法院认为，尽管从黄某水提交的涉案鼻烟壶实物来看，在各个鼻烟壶的侧面或底部确有署名，但由于该鼻烟壶系黄某水自行制作并保存，在无其他证据相佐证的情况下，尚难以认定署名字样的形成时间。据此，二审法院认为，黄某水关于其在鼻烟壶侧面或底部进行了署名，故未构成对戴某邦、项某仁署名权侵犯的主张，事实依据不足，难以予以支持。

四、一审法院关于判赔数额的认定是否正确

《著作权法》第49条规定："侵犯著作权或者与著作权有关的权利的，侵权人应当按照权利人的实际损失给予赔偿；实际损失难以计算的，可以按照侵权人的违法所得给予赔偿。赔偿数额还应当包括权利人为制止侵权行为所支付的合理开支。权利人的实际损失或者侵权人的违法所得不能确定的，由人民法院根据侵权行为的情节，判决给予50万元以下的赔偿。"该案中，一审法院在综合考量戴某邦、项某仁涉案美术作品的独创性程度、戴某邦、项某仁作品的市场价值等因素的情况下，酌定的赔偿数额并未超出法律规定的范围和幅度。尽管黄某水于二审期间提交了三份由案外人出具的购买证明，共涉及黄某水制作的四只鼻烟壶的销售价格，但由于出具前述书面证明的案外人并未作为证人出庭接受质询，且身份无法核实，在戴某邦对前述书面证明的真实性不予认可的情况下，二审法院对此亦不予采信。并且，即便前述购买证明内容属实，但由于所涉交易数量十分有限，尚不足以借此认定黄某水鼻烟壶的一般市场销售价格。因此，在缺乏调整一审法院根据该案具体情况而酌定的赔偿数额的充分依据的情况下，出于对一审法院自由裁量权的尊重，对一审法院酌定的赔偿数额，二审法院予以维持。黄某水的相关上诉理由事实依据不足，二审法院不予支持。

五、一审法院判令黄某水在全国发行的专业报刊上刊登致歉函是否恰当

一审法院认为，涉案侵权行为的发生范围与《法制日报》产生影响的范围并不对等，故判令黄某水仅需在相关专业报刊上刊登致歉函。黄某水虽主张专业报刊的影响范围大于《法制日报》，但未提交任何证据予以佐证，且从一审法院的裁判理由来看，一审法院系在戴某邦、项某仁诉讼请求的范围内，对戴某邦、项某仁所主张的赔礼道歉的方式做出适当调整。故黄某水关于一审法院判令其在全国发行的专业报刊上刊登致歉函，已经超出了戴某邦、项某仁的诉讼请求范围的主张，缺乏事实依据，不能成立。

此外，关于黄某水所持一审法院认定其存在销售行为有误之主张，二审法院认为，从一审判决内容来看，一审法院并未认定黄某水存在对于涉案鼻烟壶的销售行为，故黄某水前述主张缺乏事实依据，不能成立。

关于墨宝斋公司所持一审法院判令其停止派送含有涉案鼻烟壶图片的《方寸天地》画册不当的上诉理由，二审法院认为，由于涉案鼻烟壶图片侵犯戴某邦、项某仁著作权，且墨宝斋公司于一审庭审期间自认《方寸天地》画册第161页上载明的地址系其营业地址，戴某邦、项某仁所持《方寸天地》画册亦从该处取得，故一审法院判令其停止派送含有涉案鼻烟壶图片的《方寸天地》画册，并无不当。

综上所述，黄某水、墨宝斋公司的上诉请求不能成立，应予驳回。依照《民事诉讼法》第170条第1款第1项之规定，判决如下：驳回上诉，维持原判。

## 承办律师办案心得

囿于国家对非物质文化遗产（以下简称"非遗"）的保护和扶持，社会上包括法律界有个先入为主的误解，就是非遗始终是处在被侵权的状态，知识产权要为非遗保驾护航。这显然以偏概全了。非遗传承人同样也会侵犯他人的知识产权。笔者亲身经历，"个别非遗"传承人作为社会的宠儿，有负世人的期望。鼻烟壶内画传人侵犯画家著作权就是一起典型案例。

黄某水，中国工艺美术大师，鼻烟壶内画技艺国家级传承人，在北京发展，多次在海内外举办鼻烟壶展览。

据笔者初步调查统计，黄某水在鼻烟壶的内壁上使用了戴某邦、项某仁两位国画大师总共100幅画作，有的画作被使用多次，即同一画面在多只不同器型的鼻烟壶上再现。

考虑到黄某水的成就和声誉，为避免诉讼的不利影响，画家嘱咐笔者先行致函征求和解意向，但黄某水未回复。

庭上，黄某水配偶一再逼问我：黄某水使用画作是怎么被发现的？为什么我事先不表明律师身份？黄某水的儿子诉苦：画家这样起诉，是把内画的传承逼到绝路？

我说，使用画作之前，就应该征得授权，为原作者署名，支付报酬。鼻烟壶内画，是一种绘画技艺，它和国画一样，都是非遗的范畴。国家鼓励和扶持非遗的发展，是要

让非遗技艺传承下去，并没有赋予非遗从业者侵犯他人知识产权的权利。非遗从业者仅仅是传承技艺，从这一角度而言，非遗都不能算是智力劳动成果。非遗从业者掌握了非遗技艺，但缺少美术作品外在表达的创作能力，就应当尊重他人的智力劳动成果，购买他人的作品使用权。这不但不会将非遗从业者逼上绝路，反而是引导他们合法发展。

我的苦口婆心并没有引起对方的理解和共鸣。庭后，黄某水配偶在法院外面对我破口大骂，她带来的两个大汉威胁我。我纳闷，一个国家级工艺美术大师，怎么会猖狂低级到这种地步？

法官助理在庭审之前，就对我说："非遗，我们要保护！"庭后，我费了很多时间，跟她阐述艺术家之间要相互尊重，非遗技艺当然要传承，但画家的著作权同样也要保护。

最终，判决很理想，画家们的著作权得到了维护。

二审后，黄某水拒不履行生效判决。诉前调查时，黄某水之妻告诉我他家在北京买了两套房。我代理画家申请强制执行，执行法官打电话给黄某水之妻，希望切实履行判决义务，岂知黄某水之妻在电话里对法官一通臭骂。

黄某水侵犯画家著作权的情形，在工艺美术界不是个别现象，与黄某同样态度的也大有人在，直把戴老气得骂道"一个个江湖老手"。

这个案例可以说给工美界上了生动的一课。"相互尊重，合法发展"，但这道路显然是"道阻且长"！

（上海市协力律师事务所李俊律师，
该案原告戴某邦、项某仁代理人）

# 专利权案例

# 专利侵权中专家辅助人员的运用

## ——惠普公司专利侵权纠纷案件

**原告：** 惠普发展公司（有限责任合伙企业）、惠普开发有限公司

**被告：** 上海胤嘉国际贸易有限公司

**一审法院：** 上海知识产权法院

**一审案号：** （2015）沪知民初字第 16 号

**一审合议庭成员：** 黎淑兰、刘军华、凌崧

**一审结案日期：** 2015 年 11 月 9 日

**案由：** 侵害专利权纠纷

**关键词：** 知识产权法院，专利侵权，专家辅助人员

## 涉案法条

《专利法》第 11 条第 1 款。

## 争议焦点

- 被控侵权产品的技术方案是否落入涉案专利权保护的范围。
- 被告实施了何种侵权行为。
- 被告应承担的法律责任。

## 审判结论

双方最终达成了一揽子的调解方案，以民事调解书的形式结案。

## 起诉及答辩

原告系第 ZL01813341.X 号、第 ZL01813337.1 号、第 ZL200580011727.9 号发明专利的专利权人。原告发现被告生产、销售的墨盒产品中实施了原告的涉案专利，被告还通过会展等形式对外许诺销售被控侵权产品。

被告认为被控侵权的墨盒产品没有落入涉案专利的权利要求所保护的范围。此外，被告提出被控侵权产品自第三方购得，有合法来源，不应当承担赔偿责任。

## 案件情况

原告系第 ZL01813341.X 号、第 ZL01813337.1 号、ZL200580011727.9 号发明专利的专利权人。被告公司成立于 2010 年，注册号 310000400637775，是一家从事打印机耗材、电脑配件的贸易公司。

2013 年起，原告发现被告制造、销售、许诺销售的产品中涉嫌实施了原告的涉案专利。之后原告通过委托调查人员进行调查取证，并于 2013 年 8 月 1 日通过电子邮件的方式向被告订购了一批墨盒产品，于 2013 年 8 月 5 日签收了被告快递的产品。经原告鉴定，被告墨盒产品所使用的技术方案落入了原涉案专利专利权的保护范围，已经侵害了原告涉案专利的专利权。原告还发现被告于 2014 年 10 月 15 日至 16 日参加了"2014 中国（珠海）国际打印耗材展览会"（C120 展台），并在该展览会上对外推广、许诺销售侵权产品。

被告提出，其并无侵权的故意，被控侵权产品均来自我国台湾某公司，但无法提供能够核实真实性的证据予以证明。此外，被告对被控侵权产品是否落入涉案专利专利权保护范围进行了抗辩。

为说明该案所涉的技术问题，原告特申请北京联合大学微电子技术研究所副所长、教授、硕士研究生导师刘元盛教授作为鉴定人出庭作证，并申请美国惠普公司的工程师葛宁作为专家辅助人员出庭。

最终双方在法院的主持下达成了调解，被告自愿履行了民事调解书的相关义务。

## 承办律师办案心得

首先，从审理角度来看，该案系上海知识产权法院成立后受理的"第一案"，法院给予了高度的重视，由时任副院长、庭长和资深法官组成合议庭。

合议庭在庭审组织上有三项创新举措：一是在法庭庭审调查辩论前增设法律释明程序，增强当事人尊重司法、敬畏法律、诚信诉讼的意识自觉；二是法官助理参与庭审工作，使合议庭法官从事务性工作中解脱出来，有效提升了审判效率；三是创新庭审程序，围绕案件的争议焦点，将法庭调查和法庭辩论程序穿插进行，增强了庭审的针对性。

该案庭审邀请了部分市人大代表、知识产权领域的专家学者、中央和上海十余家媒体记者等旁听了庭审。庭审全程通过法制天地频道、中国法院手机电视进行了同步直播。

其次，从案件准备角度来说。该案原告从准备诉讼直到结案，历时超过三年，通过周密的分析和多种调查取证方式相结合，掌握了被控侵权产品的销售、许诺销售行为。特别是针对在"2014 中国（珠海）国际打印耗材展览会"上的被控侵权产品的许诺销售行为，原告律师、公证员、调查人员共同赶赴现场进行调查取证工作。

最后，从庭审中对技术问题分析的角度来说。该案庭审过程中，为了充分解释相关专业的技术问题，在原告律师的申请下，不仅鉴定人出庭接受了合议庭的询问和原被告的质证，原告更邀请了惠普公司在美国总部的华人工程师葛宁作为专家辅助人员出庭，从专业人员的角度为大家深入浅出地剖析专利技术问题。

（上海市协力律师事务所游闽键律师、祝筱青律师，该案原告代理人）

著作权案例

专利权案例

商业标识案例

其他案例

# 专利文件的修改与禁止反悔原则的适用
## ——爱国者 VS 中国惠普专利侵权案

原告（上诉人）：爱国者电子科技有限公司（以下简称"爱国者公司"）
被告（被上诉人）：中国惠普有限公司（以下简称"惠普公司"）

**一审法院：**北京市第一中级人民法院
**一审案号：**（2010）一中民初字第 9612 号
**一审合议庭成员：**芮松艳、陈勇、毛艾越
**一审结案日期：**2012 年 10 月 14 日

**二审法院：**北京市高级人民法院
**二审案号：**（2013）高民终字第 362 号
**二审合议庭成员：**岑宏宇、焦彦、陶钧
**二审结案日期：**2013 年 7 月 12 日

**案由：**侵害发明专利权纠纷

**关键词：**等同侵权，共同侵权，禁止反悔原则

## 涉案法条
《专利法》第 59 条
《最高人民法院关于审理侵犯专利权纠纷案件应用法律若干问题的解释》第 6 条、第 7 条
《民法通则》第 130 条
《关于贯彻执行〈中华人民共和国民法通则〉若干问题的意见（试行）》第 148 条

## 争议焦点
- 被控侵权产品是否落入涉案权利要求 1 的保护范围。
- 被告惠普公司生产及销售涉案电脑的行为是否构成共同侵权行为。

## 审判结论

一审法院判决：驳回爱国者公司的全部诉讼请求。

二审法院判决：驳回上诉，维持原判。

## 起诉及答辩

原告爱国者公司诉称：

原告是发明专利 ZL200610079222.2（SATA 连接器）的专利权人，据原告调查，由第一被告惠普公司制造的便携式计算机上设有侵犯原告上述发明专利权的产品，第二被告世纪公司公开销售上述涉及侵犯相应专利权产品的便携式计算机。上述被告的行为违反了《专利法》第 11 条的规定，构成对原告专利权的侵犯，并给原告带来巨大损失。据此，请求法院判令两被告立即停止侵权并赔偿原告经济损失 100 万元。

被告惠普公司于法定期限内向法院提出管辖异议申请，其理由为："原告指控我公司生产的产品侵犯了其专利权，但并未提供证据证明我公司在北京市第一中级人民法院辖区实施了被控侵权行为，同时，我公司的住所地及实际经营者均在北京市朝阳区，属于北京市第二中级人民法院辖区，故请求将本案移送至北京市第二中级人民法院审理。"

## 事实认定

一审法院认定：爱国者公司系专利号为 ZL200610079222.2、名称为"SATA 连接器"的发明专利（以下简称"涉案专利"）的权利人。2010 年 4 月 14 日，爱国者公司的委托代理人在中关村 e 世界购买了 HPCQ35 系列笔记本电脑（以下简称"涉案电脑 1"）一台。2010 年 8 月 10 日，爱国者公司的委托代理人在中关村 e 世界购买了 HPdv3-4048 笔记本电脑（以下简称"涉案电脑 2"）一台及光驱 Envy133DVDRWSMEXTODD（以下简称"涉案光驱"）一个。上述两次的购买发票中均显示了世纪公司的名称。惠普公司认可其为上述两款笔记本电脑的生产者，但否认其生产了涉案光驱。涉案光驱外包装盒上有如下标注："HPPRODUCT#：NP029AA#AB""HPDESCRIPTION：Envy133DVD""HPS-PARE#：530605-001/SPS-DR"及条形码 0884420790914。涉案光驱内包装中附的文件中有"hp"商标，以及"Aceessorize your HP Notebook"字样。针对上述产品，爱国者公司认为涉案光驱中的插头构成对涉案专利权利要求 1 的等同侵权，而上述两款电脑中的插座因专用于被控侵权插头，故惠普公司生产及销售上述两款电脑的行为构成共同侵权行为。惠普公司认为被控侵权插头与涉案专利权利要求 1 相比，具有两个区别技术特征：①端子的位置不同：涉案专利权利要求 1 的电源端子与数据端子分别位于绝缘本体的"内壁及外壁"，而被控侵权插头的电源端子与数据端子均位于"内壁"。②端子的数量不同：涉案专利权利要求 1 暗含了有 15 个电源端子及 7 个数据端子这一技术特征，但被控侵权插头中却仅有 2 个电源端子及 7 个数据端子。为证明依据禁止反悔原则，涉案专利权利要求 1 中对于端子位置的限定不应包含端子均设置于"内壁"的情形，惠普公司提交了该发明专利申请公布说明书、爱国者公司提交给国家知识产权局的 SATA 连接器的第一次审查意见通知书的意见陈述书。惠普公司主张，由上述意见陈述书可以看出，电源端子与数据端子均位于"内壁"这一技术特征属于涉案专利原权利要求 2 中的技术特征，鉴于该权利要求在授权阶段已被爱国者公司放弃，故这一技术特征亦属于被其放弃的技术特征，依据禁止反悔原则，该特征不属于涉案专利现权利要求 1 的保护范围。涉案专利说明书中有如下表述，"本实施例中该插头符合标准的 SATA 电源插头，可与标准的 SATA 电源插座相配合，其内的电源端子数为 15 根……同样的，该数据端子符合 SATA 标准，共 7 根"。惠普公司主张其使用的系现有技术美国专利 US20050048846A1，该专利的公告日为 2005 年 3 月 3 日，专利名称为"插塞式连接器，插孔式连接器和嵌合式连接器"。爱国者公司虽在起诉状中主张涉案电脑的插座专用于被控侵权插头，故生产及销售该电脑的行为构成共同侵权行为，但一审庭审中，其认可该插座不仅可以用于连接被控侵权插头，亦可用于连接 USB 插头，却认为惠普公司仅是在与被控侵权插头唯一配合的插座上增加两个数据线即可得到这一结果，这一做法并不能否认共同侵权行为的存在。

## 一审判决及理由

一审法院判决：驳回爱国者公司的全部诉讼请求。

一审法院认为：依据现有证据，可以合理认定惠普公司为涉案光驱的生产及销售者，相应地，其亦实施了对被控侵权插头的生产及销售行为。由惠普公司提供的涉案专利原始申请文本及爱国者公司在专利申请阶段提交的意见陈述书可以看出，授权文本权利要求 1 中电源端子与数据端子分别位于绝缘本体的"内、外壁"，而申请文本权利要求 2 中的电源端子与数据端子均位于绝缘本体的"内壁"。之后，爱国者公司在申请程序中对权利要求进行了修改，对于权利要求 2 完全予以删除。由此可以看出，爱国者公司明确放弃了"电源端子与数据端子均位于内壁"这一技术特征，而其之所以做出这一放弃，原因在于其认为包括上述技术特征在内的权利要求 2 的技术方案相对于现有技术不具有实质性进步。综合上述事实可以看出，爱国者公司对申请文本中的"电源端子与数据端子均位于内壁"这一技术特征所做的放弃，足以说明其并非涉案专利权利要求 1 中"所述的数据端子位于绝缘本体的外壁的上侧面，所述的电源端子位于绝缘本体的内壁的下侧面"这一技术特征的等同技术特征，或者说，其并不属于涉案专利现权利要求 1 的保护范围。鉴于此，惠普公司提出的禁止反悔原则的主张成立，爱国者公司认为二者属于等同技术特征的主张不能成立。根据涉案专利说明书的表述，爱国者公司对于 SATA 连接器具有 15 个电源端子及 7 个数据端子这一技术特征是认可的，其虽然在庭审中对此予以否认，但鉴于其并未提交任何反证，故应认为 SATA 标准应包含 15 个电源端子及 7 个数据端子，该技术特征属于涉案专利权利要求 1 隐含的技术特征，应在权利要求 1 的保护范围内。

鉴于被控侵权插头中的"数据端子和电源端子分别位于绝缘本体内壁"这一技术特

征与涉案专利权利要求 1 中"所述的数据端子位于绝缘本体的外壁的上侧面,所述的电源端子位于绝缘本体的内壁的下侧面"这一技术特征并未构成等同的技术特征,且被控侵权插头亦不包含涉案专利权利要求 1 中隐含的"15 个电源端子及 7 个数据端子"这一技术特征,故其未落入权利要求 1 的保护范围。在此基础上,惠普公司虽提出现有技术抗辩的主张,但鉴于在被控侵权插头并未落入涉案专利权利要求 1 保护范围的情况下,现有技术抗辩已无审理的必要。鉴于涉案电脑具有实质性非侵权用途,而爱国者公司并未举证证明惠普公司具有主观过错,且该案中亦不存在直接侵权行为,故惠普公司实施的生产及销售涉案电脑的行为不构成帮助侵权行为。

## 上诉理由

(1)一审判决违背了法不溯及既往的原则,不当适用《最高人民法院关于审理侵犯专利权纠纷案件应用法律若干问题的解释》(以下简称《专利权纠纷案件的解释》)。(2)爱国者公司在涉案专利实质审查过程中并非真实意思表示,不应当适用禁止反悔原则的相关规定。(3)涉案专利权利要求 1 未限定端子数量,更不存在隐含端子数量这一技术特征的情况,一审判决错误地认为"15 个电源端子及 7 个数据端子"为涉案专利隐含的技术特征。(4)一审判决直接将仅仅记载在说明书中的技术特征引入权利要求中,进而缩小权利要求的保护范围的做法违反 2009 年施行的《专利法》第 59 条的规定。(5)一审判决关于被控侵权光驱没有落入涉案专利权利要求 1 保护范围的认定错误。(6)一审判决关于惠普公司生产销售被控侵权电脑不属于共同侵权的认定错误。

## 二审查明事实

经审理查明:涉案专利是专利号 ZL200610079222.2、名称为"SATA 连接器"的发明专利,其申请日为 2006 年 4 月 17 日,授权公告日为 2010 年 2 月 3 日,专利权人为爱国者公司,涉案专利尚处于有效期内。涉案专利授权公告的权利要求 1 为:

"一种 SATA 连接器插头,包括本体和分别于本体两端延伸出来的端子部和电缆部,端子部包括端子承载部和多个端子,所述电缆部包括与端子电性相连的电缆,所述端子包括数据端子和电源端子,两者电性隔离,并分布于同一端子承载部上,其特征在于:所述端子承载部为一绝缘本体,绝缘本体围成一容纳空间,所述的数据端子位于绝缘本体的外壁的上侧面,所述的电源端子位于绝缘本体的内壁的下侧面。"

涉案专利说明书中有如下表述:

"本实施例中该插头符合标准的 SATA 电源插头,可与标准的 SATA 电源插座相配合,其内的电源端子数为 15 根……同样的,该数据端子符合 SATA 标准,共 7 根"。

涉案专利申请公开说明书载明其原始权利要求文本:

"1. 一种 SATA 连接器插头,包括本体和于本体两端延伸出来的端子部和电缆部,端子部包括端子承载部的多个端子,所述电缆部包括与端子电性相连的电缆,其特征在于:所述端子包括数据端子和电源端子,两者电性隔离,并分布于同一端子承载部上。

2. 如权利要求 1 所述的 SATA 连接器插头，其特征在于：所述端子承载部为一绝缘本体，绝缘本体围成一容纳空间，所述数据端子和电源端子分别位于绝缘本体内壁的不同侧面。"

2008 年 11 月 24 日，爱国者公司就涉案专利的第一次审查意见通知书向专利局提交的意见陈述书，其中有如下表述："申请人同意审查员在第一次审查意见通知书所提出的权利要求 1 不具备新颖性，权利要求 2 不具备创造性的审查意见，申请人进行了修改，删除权利要求 2，将权利要求 1、3 进行合并。"

2010 年 4 月 14 日，爱国者公司的委托代理人在中关村 e 世界购买了涉案电脑 1 一台（价格为 4400 元）。2010 年 8 月 10 日，爱国者公司的委托代理人在中关村 e 世界购买了涉案电脑 2 一台（价格为 5450 元）及涉案光驱一个（价格为 315 元）。上述两次的购买发票中均显示了世纪公司的名称。惠普公司认可其为上述两款笔记本电脑的生产者，但否认其生产了涉案光驱。上述过程均由北京市国信公证处进行了现场公证。

涉案光驱外包装盒上有如下标注："HP PRODUCT#：NP029AA#AB""HP DESCRIP-TION：Envy133DVD""HP SPARE#：530605 – 001/SPS – DR"及条形码 0884420790914。涉案光驱内包装中附的文件中有"hp"商标，以及"Accessorize your HP Notebook"字样。其另一文件中有显示"HP 承诺为客户提供有关产品中所用化学物质符合法律法规要求的必要信息。可以从以下网站找到有关此产品的化学信息报告：http：//www. hp. com/goeach"。

惠普公司认为被控侵权插头与涉案专利权利要求 1 相比，具有两个区别技术特征：

1. 端子的位置不同：涉案专利权利要求 1 的电源端子与数据端子分别位于绝缘本体的"内壁及外壁"，而被控侵权插头的电源端子与数据端子均位于"内壁"。

2. 端子的数量不同：涉案专利权利要求 1 暗含了 15 个电源端子及 7 个数据端子这一技术特征，但被控侵权插头中却仅为 2 个电源端子及 7 个数据端子。

为证明依据禁止反悔原则，涉案专利权利要求 1 中对于端子位置的限定不应包含端子均设置于"内壁"的情形，惠普公司提交了如下证据：

惠普公司主张其使用的系现有技术美国专利 US20050048846A1，该专利的公告日为 2005 年 3 月 3 日，专利名称为"插塞式连接器，插孔式连接器和嵌合式连接器"。

在该案二审审理期间，爱国者公司提交了修订时间为 2009 年 5 月 27 日的《串行 ATA 国际组织：串行 ATA 修订版 3.0》复印件及翻译件，其中各 SATA 连接器管脚有不同类型，如信号部分有 7 个管脚、电源部分有 9 个管脚的连接器以及连接器电源部分被缩减到 6 个管脚的情况。

上述事实有专利授权公告文本、年费收据、（2010）京国信内经证字第 1503 号公证书、（2010）京长安内经证字第 18024 号公证书、被控侵权产品、惠普公司的网站打印件、专利申请公布说明书、意见陈述书、美国专利文献 US20050048846A1 及当事人陈述等证据在案佐证。

### 二审判决及理由

驳回上诉，维持原判。

二审法院认为：鉴于被控侵权插头中的"数据端子和电源端子分别位于绝缘本体内壁"这一技术特征与涉案专利权利要求1中"所述的数据端子位于绝缘本体的外壁的上侧面，所述的电源端子位于绝缘本体的内壁的下侧面"这一技术特征并未构成等同的技术特征，且被控侵权插头亦不包含涉案专利权利要求1中隐含的"15个电源端子及7个数据端子"这一技术特征，故被控侵权产品均未落入涉案权利要求1的保护范围。爱国者公司关于被控侵权插头落入涉案专利权利要求1保护范围的上诉主张不能成立，二审法院不予支持。

鉴于惠普公司生产的被控侵权产品未构成侵权，因此，惠普公司生产销售被控侵权电脑也不属于共同侵权行为。《专利权纠纷案件的解释》第19条规定：被诉侵犯专利权行为发生在2009年10月1日以前的，人民法院适用修改前的专利法；发生在2009年10月1日以后的，人民法院适用修改后的专利法。该解释第20条规定，最高人民法院以前发布的有关司法解释与该解释不一致的，以该解释为准。由此可见，《专利权纠纷案件的解释》具有溯及既往的效力。该案被控侵权行为最早发生时间为2010年4月14日，应当适用修订后的专利法，且《专利权纠纷案件的解释》具有追溯的效力，一审法院适用该司法解释的规定并无不当。爱国者公司的相关上诉主张不能成立，二审法院不予支持。

 ## 承办律师办案心得

该案是爱国者电子科技有限公司特意选择在世界知识产权日（4月26日）同时向北京市第一中级人民法院和西安市中级人民法院提交诉状，将中国惠普有限公司和东芝（中国）有限公司及两者的生产商和经销商告上了法庭，要求停止对其SATA连接器专利的侵权行为的大事件。该事件被当时的新闻报道称为"2010知识产权第一案"，原因就在于纠纷一方是中国民族品牌代表爱国者，另一方则是全球多家IT和消费电子巨头的惠普、东芝，该案件的进展和判决结果都被国内外热切关注着。

从该案件立案之日起，爱国者公司就向媒体公布了涉及惠普和东芝的诉讼行动。因此该专利侵权案件已不仅仅是知识产权纠纷，还伴随着不少媒体的舆论声音。因此在处理该案件时，笔者必须以专业、认真、全面的处理视角来为客户惠普公司获得公正的判决。在接受惠普公司的委托后，笔者就积极开展了针对爱国者涉案专利的全面分析工作。通过细致的查阅、检索和梳理，笔者发现爱国者专利的权利要求保护范围，与惠普涉案产品存在较大差异，并成功找到了专利审理过程文件中爱国者对于该专利的答复意见，通过答复意见，笔者发现爱国者在专利申请时对专利技术的解释与其在侵权诉讼中对保护范围的解读存在相互矛盾，为此笔者决定用禁止反悔原则来进行抗辩。

但是在2011年11月西安市中级人民法院的（2010）西民四初字第00154号判决，

一审判决东芝侵权成立，责令东芝公司停止销售包含爱国者 USB PLUS 接口技术的笔记本电脑产品，并赔偿经济损失 20 万元。

爱国者公司的信心倍增，并在针对惠普的侵权诉讼中要求了 100 万元的诉讼标的，并期望就东芝和惠普的判决结果来影响 USB 行业的国际标准。

在庭审中，笔者通过细化的陈述，向法官清楚说明了审查过程文件对于权利要求的保护范围的影响，再进一步阐明并比对客户的涉案产品具体技术细节，使得法官最终作出了不侵权的判决，成为适用禁止反悔原则的经典案例。也为专利侵权案件中等同原则适用、禁止反悔原则适用提供了教材案例。

由于该案也提醒了专利侵权案件的基础是授权专利的权利要求的保护范围，而在专利的申请过程中对于权利要求的修改及陈述应十分谨慎，避免在专利授权后出现禁止反悔的情形。

（上海市协力律师事务所游闽键律师，

该案被告中国惠普有限公司代理人）

## 新闻报道

挑战东芝：爱国者维权胜利的背后

https：//finance. jrj. com. cn/tech/2012/03/25230912571279. shtml

爱国者诉东芝侵权案一审获胜"中国创造"怎样维权

https：//www. chinacourt. org/article/detail/2011/11/id/468402. shtml

2010 知识产权第一案 爱国者诉惠普东芝侵权

https：//www. prnasia. com/story/30756 – 1. shtml

爱国者宣战：中小企业直逼专利巨头

http：//www. techweb. com. cn/news/2010 – 05 – 03/593870. shtml

# 未尽审核义务，展会主办方构成帮助侵权

## ——张某某与北京国展国际展览中心有限责任公司、
## 北京中装华港建筑科技展览有限公司侵害实用新型专利权纠纷案

原告：张某某

被告一：北京国展国际展览中心有限责任公司（以下简称"国展公司"）

被告二：北京中装华港建筑科技展览有限公司（以下简称"中装华港公司"）

一审法院：北京知识产权法院

一审案号：（2015）京知民初字第 907 号

一审合议庭成员：江建中、兰国红、梁京

一审结案日期：2016 年 8 月 18 日

案由：实用新型专利权纠纷

关键词：民事，侵害实用新型专利权，主办方，监管义务，帮助侵权

## 涉案法条

《专利法》（2009 年）第 11 条第 1 款、第 59 条第 1 款、第 65 条

《侵权责任法》（2010 年）第 9 条第 1 款、第 15 条第 1 款第 6 项

## 争议焦点

- 关于被控侵权产品是否落入涉案专利权的保护范围。
- 关于被告应当承担的民事责任。
- 关于赔偿数额的确定。

## 审判结论

1. 被告中装华港公司自判决生效之日起 15 日内赔偿原告张某某经济损失及为制止侵权行为所支付的合理开支共计 2 万元。

2. 驳回原告张某某的其他诉讼请求。

## 起诉及答辩

原告张某某诉称：

原告是专利号为 ZL201320139127.2，名称为"一种门用软包贴片"的实用新型专利（以下简称"涉案专利"）的专利权人，涉案专利目前处于合法有效状态。2015 年 3 月 13 日至 16 日，北京中国国际展览中心（新馆）（以下简称"国展中心新馆"）举办了第十九届中国（北京）国际墙纸布艺地毯暨家居软装饰博览会（以下简称"家居博览会"），在其 W4－C10B 号展位所展售的软包门产品侵犯了涉案专利权。原告依法采取了公证保全措施，形成了（2015）京长安内民证字第 2773 号和 2774 号公证书（以下简称"第 2773 号公证书"和"第 2774 号公证书"）。经过调查，国展公司是国展中心新馆的经营单位，中装华港公司是家居博览会的主办方之一。原告认为，两被告未经其许可，在其举办的展览会上许诺销售涉嫌侵犯涉案专利权的产品（以下简称"被控侵权产品"），已经侵犯了原告的专利权。为了维护自己的合法权益，原告请求人民法院判令：①两被告赔偿原告经济损失 10 万元；②两被告赔偿原告维权合理费用 6310 元。

被告国展公司辩称：

国展公司不是家居博览会的主办方或者承办方，只是国展中心新馆的场地出租方，北京中展投资发展有限公司（以下简称"中展公司"）委托国展公司将国展中心新馆出租。国展公司和承租方签订的租赁合同中已经履行了保护知识产权的告知义务。国展公司不应当承担原告所称的相关义务，请求人民法院判决驳回原告的诉讼请求。

被告中装华港公司辩称：

中装华港公司作为展会主办方，其履行了向参展商提供展位的义务。中装华港公司与实际销售主体之间没有进行共同许诺销售和销售。中装华港公司没有许诺销售和销售的行为。中装华港公司发出的资料有参展指南，里面详细规定了如何保护知识产权，展会期间有知识产权代理机构出席，中装华港公司尽到了足够的义务。原告要求展会主办方承担责任没有依据，请求人民法院判决驳回原告的诉讼请求。

## 事实认定

一审法院经审理查明：

一、有关原告享有涉案专利权的事实

涉案专利系名称为"一种门用软包贴片"的 ZL201320139127.2 实用新型专利，其申请日为 2013 年 3 月 25 日，授权公告日为 2013 年 9 月 4 日，专利权人是张某某。涉案专利目前处于有效状态。涉案专利授权公告的权利要求书如下：

1. 一种门用软包贴片，主要包括皮革层和软材料层，其特征在于：软材料层的长与宽都小于皮革层的长与宽，软材料层粘贴在皮革层的中央。

2. 按照权利要求 1 所述的门用软包贴片，其特征在于：所述皮革层与软材料层之间有 PU 发泡层，PU 发泡层的长与宽都小于软材料层的长与宽。

3. 按照权利要求 1 所述的门用软包贴片，其特征在于：所述软材料层的周边与皮革层之间有间隙。

4. 按照权利要求 2 所述的门用软包贴片，其特征在于：所述软材料层的周边与皮革层之间有间隙。

5. 按照权利要求 1~4 之一所述的门用软包贴片，其特征在于：所述软材料层的周边与皮革层之间隙处和/或软材料层外面有背胶。

6. 按照权利要求 1~4 之一所述的门用软包贴片，其特征在于：所述皮革层中央有压花。

7. 按照权利要求 5 所述的门用软包贴片，其特征在于：所述皮革层中央有压花。

涉案专利说明书载明："本实用新型提供的门用软包贴片，其软材料层的周边与皮革层之间可以有间隙，以便揭开软材料层，切去软材料层大于门面的部分和粘贴到门上。本实用新型提供的门用软包贴片，其皮革层中央可以有压花，以增加美观。"

二、有关被告侵犯涉案专利权的事实

2015 年 3 月 13 日，原告的委托代理人王某与北京市长安公证处（以下简称"长安公证处"）的公证人员一同来到位于北京市顺义区的国展中心新馆，领取了"参观指南"一本，随后王某与公证人员来到"W4 号馆"的"W4-C10B 某东浮雕软包门"处（简称"W4-C10B 展位"），由一位自称该展位工作人员的女士接待了王某，并由王某向其索要了"名片"一张、"宣传资料"两份。最后王某在该展位订购了现场展示的款式为"W-060"的物品一件，并现场支付了货款共计 240 元整，同时取得了"收款收据"一张。王某使用长安公证处提供的相机进行了拍照，现场取得照片 4 张。长安公证处对上述情况进行了公证并于 2015 年 3 月 24 日出具了第 2773 号公证书。此后，张某某申请长安公证处对接收订购物品的过程进行保全公证。2015 年 3 月 17 日，长安公证处公证人员对张某某的委托代理人刘某某接收包裹的情况进行了公证并对包裹及包裹内的物品及封存后的保全物品进行了拍照，现场取得照片 10 张。2015 年 3 月 24 日，长安公证处出具了第 2774 号公证书。张某某支付公证费 6310 元。打开公证处封存被控侵权产品的包装，里面有快递单，上面显示的寄件人为李某某，收件人为王某、刘某某。

第 2773 号公证书所附的部分"参观指南"复印件显示，家居博览会展会时间为 2015 年 3 月 13~16 日，展会地点为国展中心新馆，W4-C10B 展位的参展企业为"某东浮雕软包门"。第 2773 号公证书所附的"收款收据"加盖的章为"凌海市李某东软包装璜装饰"。

2014 年 10 月 30 日，中展公司与中装华港公司签订国展中心新馆租馆合同（以下简称"租馆合同"），约定中装华港公司租赁中展公司拥有的国展中心新馆 W4 号馆等场馆举办展览，租赁期限为 2015 年 3 月 11 日至 2015 年 3 月 16 日，展览会日期为 2015 年 3

月 13 日至 2015 年 3 月 16 日。租馆合同第 7 条第 11 款约定，如无中展公司书面特别许可，违反中国知识产权保护法律、侵犯知识产权的物品禁止进入场馆。租馆合同第 12 条第 17 款约定，中装华港公司有责任要求其参展商在展览会过程中不出现侵犯知识产权、违规销售等情况。如出现上述情况，中展公司将视情节的严重程度，扣罚中装华港公司相应数目的场馆使用押金。

2015 年 6 月 23 日，中展公司出具关于国展公司与中展公司企业关系的说明，其中记载，中展公司是国展中心新馆的产权单位，中展公司委托国展公司全面负责国展中心新馆的经营管理。双方于 2014 年 4 月 10 日签署展馆委托管理合同，合同期限为 2014 年 1 月 1 日至 2014 年 12 月 31 日。国展公司依合同负责展馆租馆合同的洽谈、签署和执行。2014 年 10 月 30 日与中装华港公司签订的租馆合同，因日期跨年度且中展公司与国展公司的展馆委托合同未到期，故租馆合同加盖中展公司公章。双方签署的委托管理合同业经主管部门决定得以自然延续。该说明附有中展公司与国展公司于 2014 年 4 月 10 日签订的展馆委托管理合同，该合同约定中展公司全权委托国展公司在合同期限内对合同中指定的展馆（国展中心新馆）进行经营、管理、监督和指导，中展公司委托国展公司专人签署展馆租馆合同等文件。

国展公司网页上载明：国展公司是中国国际展览中心新老场馆的经营单位，统一负责新老场馆的销售和运营工作。家居博览会参展指南第 55 页为企业参展知识产权告知函，主要包括参展商如何判断其产品是否涉及知识产权风险，展会中如何保护参展商的知识产权。

在该案诉讼过程中，法院当庭对第 2774 号公证书所述的被控侵权产品进行了勘验。被控侵权产品为门用软包贴片，包括皮革层和软材料层，软材料层的长与宽都小于皮革层的长与宽，软材料层粘贴在皮革层的中央，皮革层中央有压花。张某某在庭审中明确主张被控侵权产品侵犯了涉案专利的权利要求 1 和权利要求 6 中引用权利要求 1 的技术方案。张某某认可中装华港公司是家居博览会的主办方。

上述事实，有涉案专利权利要求书及说明书、实用新型专利证书、专利登记簿副本、专利收费收据、第 2773 号公证书、第 2774 号公证书、关于国展公司与中展公司企业关系的说明、家居博览会参展指南、展馆委托管理合同、网页打印件及当事人陈述等证据在案佐证。

## 一审判决及理由

法院认为：

一、关于被控侵权产品是否落入涉案专利权的保护范围

《专利法》第 59 条第 1 款规定，发明或者实用新型专利权的保护范围以其权利要求的内容为准，说明书及附图可以用于解释权利要求的内容。该案中，原告主张被控侵权产品侵犯了涉案专利的权利要求 1 和权利要求 6 中引用权利要求 1 的技术方案。根据法院当庭勘验的结果，被控侵权产品为门用软包贴片，包括皮革层和软材料层，软材料层

的长与宽都小于皮革层的长与宽，软材料层粘贴在皮革层的中央，皮革层中央有压花。因此，被控侵权产品落入了涉案专利权利要求 1 以及权利要求 6 中引用权利要求 1 技术方案的保护范围。因此，被控侵权产品侵犯了涉案专利权。

二、关于被告应当承担的民事责任

《专利法》第 11 条第 1 款规定：发明或者实用新型专利权被授予后，除本法另有规定的以外，任何单位或者个人未经专利权人许可，都不得实施其专利，即不得为生产经营目的制造、使用、许诺销售、销售、进口其专利产品，或者使用其专利方法以及使用、许诺销售、销售、进口依照该专利方法直接获得的产品。

该案中，中展公司是国展中心新馆的产权单位，中展公司委托国展公司全面负责国展中心新馆的经营管理。依照合同约定，中展公司全权委托国展公司在合同期限内对国展中心新馆进行经营、管理、监督和指导，中展公司委托国展公司专人签署展馆租馆合同等文件。因此，国展公司系国展中心新馆的经营管理单位。根据租馆合同的约定，中装华港公司作为展馆整体的承租方，有责任要求其参展商在展览会过程中不出现侵犯知识产权、违规销售等情况。国展公司作为国展中心新馆的经营管理方，其尽到了相应的义务。中装华港公司作为家居博览会的主办方，其承租国展中心新馆举办家居博览会，实质上是将其承租的展馆分割成面积不一的展位并将该展位出租给参展商，供参展商展出其商品或者服务。根据法院查明的事实，W4－C10B 展位的参展商在家居博览会上展出并销售被控侵权产品，侵犯了原告的专利权。对参展商而言，中装华港公司是展览场地的出租方，其负有对参展商的经营活动进行适当监管的义务，包括审查参展商的资质等。但是，中装华港公司并没有尽到相应的义务，客观上起到了帮助侵权的作用。因此，其应当承担赔偿原告经济损失及为制止侵权所支付的合理开支的民事责任。中装华港公司关于其已经履行相应义务的主张缺乏事实和法律依据，法院不予支持。

三、关于赔偿数额的确定

《专利法》第 65 条规定：侵犯专利权的赔偿数额按照权利人因被侵权所受到的实际损失确定；实际损失难以确定的，可以按照侵权人因侵权所获得的利益确定。权利人的损失或者侵权人获得的利益难以确定的，参照该专利许可使用费的倍数合理确定。赔偿数额还应包括权利人为制止侵权行为所支付的合理开支。权利人的损失、侵权人获得的利益和专利许可使用费均难以确定的，人民法院可以根据专利权的类型、侵权行为的性质和情节等因素，确定给予 1 万元以上 100 万元以下的赔偿。

该案中，原告没有提交其因侵权受到的实际损失以及侵权人因侵权获得利益的证据，也没有专利许可使用费可以参照，故法院考虑涉案专利系实用新型专利、侵权行为发生在展会期间、参展持续时间较短、中装华港公司侵权行为的性质和情节等因素，确定该案的赔偿数额。原告为制止侵权行为所支付的合理开支，被告中装华港公司应一并予以赔偿。原告主张的赔偿数额过高，法院不予全额支持。

综上所述，依照《专利法》第 11 条第 1 款、第 59 条第 1 款、第 65 条，《侵权责任

著作权案例　专利权案例　商业标识案例　其他案例

法》第 9 条第 1 款、第 15 条第 1 款第 6 项之规定，法院判决如下：

（1）被告中装华港公司自判决生效之日起 15 日内赔偿原告张某某经济损失及为制止侵权行为所支付的合理开支共计 2 万元。

（2）驳回原告张某某的其他诉讼请求。

如果被告中装华港公司未按判决指定的期间履行给付金钱义务，应当依照《民事诉讼法》第 253 条之规定，加倍支付迟延履行期间的债务利息。案件受理费 2426 元，由原告张某某负担 1426 元（已交纳）；由被告中装华港公司负担 1000 元（于判决生效之日起 7 日内交纳）。如不服判决，各方当事人可在判决书送达之日起 15 日内，向法院递交上诉状及副本，并交纳上诉案件受理费，上诉于北京市高级人民法院。

 ## 承办律师办案心得

在展位商品构成侵权且中装华港公司拒不提供展位参展商信息的情况下，北京知识产权法院裁判认为：

中展公司是国展中心新馆的产权单位，其委托国展公司全面负责国展中心新馆的经营管理。依双方合同约定，中展公司全权委托国展公司在合同期限内对国展中心新馆进行经营、管理、监督和指导，中展公司委托国展公司专人签署展馆租馆合同等文件，因此，国展公司是国展中心新馆的经营管理单位。根据租馆合同的约定，中装华港公司作为展馆整体的承租方，有责任要求其参展商在展会过程中不出现侵犯知识产权、违规销售等情况，国展公司作为国展中心新馆的经营管理方，尽到了相应的义务。中装华港公司作为家居博览会的主办方，对参展商而言，其是展览场地的出租方，其负有对参展商的经营活动进行适当监管的义务，包括审查参展商的资质。但是，中装华港公司并没有尽到相应的义务，客观上起到了帮助侵权的作用，因此，其应当承担赔偿原告经济损失及为制止侵权所支付的合理开支的民事责任。

该案最大的亮点是，展会的主办方并没有实施《专利法》第 11 条所规定的侵权行为，最终却被判决承担责任。但遗憾的是，这并不是一起知识产权间接侵权的典型案例，而是一审法院根据民事侵权理论所进行的裁判。

所谓知识产权间接侵权，王迁教授认为"没有实施受知识产权专有权利控制的行为，但故意引诱他人实施'直接侵权'，或在明知或应知他人即将或正在实施'直接侵权'时为其提供实质性帮助，以及特定情况下'直接侵权'的准备或扩大其侵权后果的行为"。

在专利法领域，第一次明确规定间接侵权的法条始于 2016 年 4 月 1 日施行的《最高人民法院关于审理侵犯专利权纠纷案件应用法律若干问题的解释（二）》第 21 条，该条规定：

"明知有关产品系专门用于实施专利的材料、设备、零部件、中间物等，未经专利权人许可，为生产经营目的将该产品提供给他人实施了侵犯专利权的行为，权利人主张该提供者的行为属于侵权责任法第九条规定的帮助他人实施侵权行为的，人民法院应予支持。

明知有关产品、方法被授予专利权，未经专利权人许可，为生产经营目的积极诱导他人实施了侵犯专利权的行为，权利人主张该诱导者的行为属于侵权责任法第九条规定的教唆他人实施侵权行为的，人民法院应予支持。"

结合上述法条，对于构成侵犯专利权的间接侵权行为，其主观上要满足"明知"这一要件，即主观上必须是故意的。而在该案中，并没有证据能够证明展会主办方明知或应知参展商会侵犯他人专利权，即无法证明展会主办方是故意的，因此该案无法直接适用上述司法解释。

知识产权的间接侵权需要行为人主观是故意的，而知识产权的直接侵权并不需要行为人明知或应知，这就是知识产权侵权的无过错原则，在无法构成直接侵权，也不构成间接侵权的情况下，如果要承担侵权责任，那就得符合一般民事侵权责任的构成条件，包括主观上具有过错，客观上有侵权行为的发生，造成了损害结果，侵权行为和损害结果之间具有因果关系。

一般民事侵权责任的第一个构成要件是过错，这里的过错既包括故意也包括过失。在本案中，中装华港公司并不存在故意，我们仅讨论其是否具有过失的问题。没有注意义务就没有过失，过失是对自己应当负有的注意义务的违反，这种注意义务或来自法律规定，或来自约定，或来自普通人的注意。在该案中，作为展会的主办方，审核确认参展商的身份是其应当负担的注意义务，但是中装华港公司最终让没有企业资质的个人在展位参展，是对其注意义务的违反，主观上具有过失。客观上，有侵犯专利权的行为发生并造成了损害结果，两者具有因果联系。因此判决中装华港公司承担侵权责任是正确的。

综上，随着市场经济的发展，各类展会在全国范围内日益兴盛。作为展会的主办方和承办方一定要遵守展会知识产权保护的相关法律法规，尽心审核参展方的资质情况，留存各参展方的详细信息，以防因展会期间参展方的侵权行为而"引火烧身"。

(上海市协力（南京）律师事务所王晶律师，

该案原告张某某代理人)

著作权案例

专利权案例

商业标识案例

其他案例

# 媒体报道

# 具有方法特征的产品权利要求的侵权判定

## ——赛特 VS 松下电器专利侵权案

**原告（上诉人）：** 松下电器产业株式会社（以下简称"松下"）

**被告（被上诉人）：** 福建赛特新材股份有限公司（以下简称"赛特"）

**一审法院：** 上海知识产权法院

**一审案号：**（2015）沪知民初字第 265 号

**一审合议庭成员：** 凌崧、胡宓、张艳培

**一审结案日期：** 2018 年 5 月 31 日

**二审法院：** 上海高级人民法院

**二审案号：**（2018）沪民终 445 号

**二审合议庭成员：** 马剑峰、陶冶、孔立明

**二审结案日期：** 2018 年 11 月 28 日

## 案由

赛特是国内真空绝热板产品的主要供应商，与原先的主要供货商松下产生强大的竞争。2014 年赛特已向中国证券监督管理委员会福建监管局（以下简称"福建证监局"）进行公司辅导备案申请，并于 2015 年 5 月披露招股书申报稿，准备启动 IPO 上市计划。松下在 2014 年 1 月以侵犯其第 ZL00819446.7 号发明专利为由，向法院提起诉讼。后因赛特向专利复审委员会[1]提出的无效宣告请求理由获得了支持，使得松下涉案的相关专利权要求无效，迫使松下撤回了对赛特的起诉。

在撤回起诉后不久，2015 年 4 月松下立刻以第 ZL201210227893.4 号发明专利发起了针对赛特的第二次专利侵权之诉。

笔者团队全程参与了赛特与松下的专利纠纷事宜，并在代理中采取了多维度的抗辩思路。由于该案中对权利要求保护范围的认定将对司法和无效宣告请求程序产生重要影响，笔者积极准备证据材料，从多角度向法官和审查员展示和陈述本领域技术人员的认

---

[1] 现更名为国家知识产权局专利局专利复审和无效审理部，下同。

知情况，协助赛特进行专利无效宣告请求程序。在司法和行政两个体系下，协助赛特清楚陈述涉案专利的保护范围及涉案产品的不同点；在司法鉴定程序中，详尽细化鉴定方案使得抗辩意见获得司法鉴定报告的支持。上海知识产权法院在 2018 年 5 月 31 日作出了赛特被控侵权产品未落入松下第 201210227893.4 号专利权利要求的保护范围的一审判决。

**关键词：**方法技术特征，性能参数技术特征，效果特征

## 涉案法条

《专利法》第 3 条、第 4 条、第 7 条、第 59 条

《最高人民法院关于审理侵犯专利权纠纷案件应用法律若干问题的解释（二）》第 8 条

## 争议焦点

该案争议焦点在于被控侵权产品是否落入权利要求的保护范围。

一、针对本领域无公知含义的技术特征，应通过说明书及附图的记载，结合本领域技术人员理解，解释其具体结构

原告提出被控侵权产品具有与涉案专利相关具体结构不同的结构是实际工业生产中不能避免的现象，应至少认定具有等同特征的意见。被告依据补充鉴定意见书中的截面照片和结论论证被控侵权产品中的不同结构并非原告所称的偶发现象，且依据说明书及附图对现有技术的记载可见，被控侵权产品中的不同结构正是专利说明书中明确记载的为实现发明目的而在涉案专利技术方案中刻意避免使用的结构。由此，原告的意见未被法院采纳。

二、针对涉及产品权利要求的方法/参数特征，对其限定作用、限定条件、限定范围的判定是该案的亮点

原告认为该方法/参数特征是物理参数，并非产品制备过程中必须使用的检测方法，只要被控侵权产品落入参数范围，即可认定其使用的技术方案包含该技术特征。

首先，笔者认为该方法/参数特征包含的方法步骤应当在生产产品制备过程中完成，对于权利要求具有限定作用。其次，笔者整理举证了该专利、其母案、同族专利的申请文本、授权文本及审查内档文件作为证据和参考文件，充分说明原告对于该方法/参数特征做出过是制备方法特征的解释。因此在原告没有证据证明被控侵权产品采用了该方法/参数特征包含的方法步骤时，被控侵权产品不落入专利权利要求的保护范围。

## 审判结论

法院最终认定权利要求中包含了在指定条件下所能达到的技术效果，且未有证据证

明存在本领域普通技术人员所熟知的使用涉案专利权利要求记载的结构就可实现指定条件下所能达到的技术效果的技术方案，使得本领域技术人员仅通过阅读权利要求即可直接、明确地确定实现上述效果的具体实施方式，故在上述技术特征是以效果进行限定的情况下，应当结合涉案专利说明书和附图描述的该效果的具体实施方式及其等同实施方式，确定该技术特征的内容。由说明书记载的内容可知，检测方法步骤的目的是筛选符合特定要求的纤维以用于制作实现专利发明目的的产品，该检测步骤应当在产品制备过程中完成。现未有证据证明被控侵权产品在制造过程中经历了该检测步骤，故无法认定被控侵权产品包含了该技术特征。

最终法院作出了驳回原告松下的全部诉讼请求的判决。

## 二审情况

一审判决后，笔者代表赛特与松下完成了和解，同意准许松下撤回起诉，并于 2018 年 11 月 28 日由上海市高级人民法院作出了（2018）沪民终 445 号二审民事裁定。

## 承办律师办案心得

这既是一场关乎我国优秀民营企业生死存亡的专利诉讼，也是关乎整个行业命运的专利案件。依据松下的主张，国内真空绝热板生产企业将成为下一轮的被告，该案的结论也将决定这些企业的命运，从而影响我国冰箱行业的节能环保升级方案。为此我们高度重视，不仅针对专利侵权案件全面准备并充分抗辩，同时也积极准备和启动了针对松下专利的无效宣告请求程序。该案中代理律师针对涉案专利中关于自定义的检测步骤得出的参数特征限定的产品的限定作用及其解释等问题进行了多维度探讨和争辩，对于该类专利权利要求的保护范围的界定很有借鉴意义。如按松下的主张，该自定义的检测步骤在产品生产制造过程不起限定作用，则该特征对于专利产品并没有技术贡献，显然有悖于专利授权的初衷，也可在该类权利要求的行政授权审查程序中进行适当把握。由于行政程序和司法程序中对于权利要求的范围解释、现有技术认定等多方面有一定差异，代理律师积极协助委托人充分明确地向审判人员表达意见，最终获得了法院的支持。

另外，从该案件可以看到，国外企业的专利保护意识较强，专利储备较多，在与国内企业竞争时，常常以专利侵权诉讼为手段来争夺市场。我国企业也应积极做好知识产权布局保护，对于竞争对手的专利布局情况应充分了解，未雨绸缪，适时发动无效宣告请求程序，以便应对未来全球化的市场竞争。

（上海市协力律师事务所游闯键律师、郑鸣捷律师，

该案被告赛特代理人）

## 媒体报道

赛特新材完成上市辅导，此前深陷专利纠纷

https：//new. qq. com/omn/20190711/20190711A044RI00. html

专利纠纷再次胜诉 赛特新材 IPO 之旅有望破冰

http：//www. nenn. cn/ny/2018/06/05/122319. html

赛特新材首次公开发行股票并在科创板上市招股说明书

http：//www. sse. com. cn/disclosure/listedinfo/bulletin/star/c/688398_20200205_2. pdf

赛特新材上市：主业做真空绝热板 汪坤明家族财富达 40 亿

https：//cj. sina. com. cn/articles/view/1688779253/64a8b9f500100pues

# 商业标识案例

# 从"捕鱼达人商标异议复审行政诉讼案"
# 看商标的违法使用权益不予保护

——广州市 X 电子科技有限公司、济南 Q 信息科技有限公司与
上海 B 城市网络科技股份有限公司、国家工商行政管理总局
商标评审委员会商标异议复审行政纠纷案

**原告（二审上诉人、再审被申请人）：** 上海 B 城市网络科技股份有限公司［原名为 B 城市网络科技（上海）有限公司，以下简称"B 公司"］

**被告（二审被上诉人）：** 国家工商行政管理总局商标评审委员会（以下简称"商标评审委员会"）

**第三人（再审申请人）：** 广州市 X 电子科技有限公司（以下简称"X 公司"）、济南 Q 信息科技有限公司（以下简称"Q 公司"）

**一审法院：** 北京市第一中级人民法院

**一审案号：**（2014）一中行（知）初字第 9065 号

**一审合议庭成员：** 王暚、王坤、郭灵东

**一审结案日期：** 2014 年 12 月 22 日

**二审法院：** 北京市高级人民法院

**二审案号：**（2015）高行（知）终字第 2075 号

**二审合议庭成员：** 莎日娜、周波、于晔

**二审结案日期：** 2015 年 9 月 11 日

**再审法院：** 最高人民法院

**再审案号：**（2016）最高法行再 96 号

**再审合议庭成员：** 夏君丽、郎贵梅、马秀荣

**再审结案日期：** 2018 年 10 月 19 日

**案由：** 商标异议复审行政纠纷

**关键词：** 捕鱼达人商标，违法使用，在先使用，一定影响

## 涉案法条

《商标法》（2001年）第31条

《最高人民法院关于审理商标授权确权行政案件若干问题的规定》第23条

《行政诉讼法》（1990年）第54条第1项

《行政诉讼法》（2014年）第70条、第89条

## 争议焦点

一审和二审阶段，双方的争议焦点主要是"X公司、Q公司是否先于B公司使用'捕鱼达人'商标并有一定影响"。

再审阶段，双方的主要争议焦点细化为下列两个方面：

（1）X公司对涉案标识所主张的在先使用，是否为在赌博犯罪工具上的使用，是否可以产生合法在先商誉。

（2）X公司和Q公司是否在先使用并有一定影响，且B公司构成以不正当手段的抢注行为。

## 审判结论

一审法院判决：维持商标评审委员会作出的商评字（2014）第58749号关于第9274903号"捕鱼达人"商标异议复审裁定书。

二审法院判决：

一、撤销北京市第一中级人民法院（2014）一中行（知）初字第9065号行政判决。

二、撤销商标评审委员会商评字（2014）第58749号关于第9274903号"捕鱼达人"商标异议复审裁定书。

三、商标评审委员会就X公司和Q公司针对第9274903号"捕鱼达人"商标提出的异议复审申请重新作出裁定。

再审法院判决：维持北京市高级人民法院（2015）高行（知）终字第2075号行政判决。

## 起诉及答辩

原告诉称：

涉案被异议商标在先使用并具有一定知名度，第三人提交的证据不足以证明被异议商标的申请注册系以不正当手段抢先注册第三人在先使用并有一定影响的"捕鱼达人"商标，因此，被异议商标的申请注册未违反《商标法》第31条后半段的规定。综上，原告请求法院判决撤销第58749号裁定，并责令被告重新作出裁定。

被告辩称：

其坚持第 58749 号裁定中的意见，该裁定认定事实清楚、适用法律正确，请求法院予以维持。

第三人 X 公司和 Q 公司均同意第 58749 号裁定，并认为该裁定认定事实清楚、适用法律正确，请求法院维持。

## 事实认定

一审法院经审理查明：

2011 年 3 月 29 日，B 公司向国家工商行政管理总局商标局（以下简称"国家商标局"）提出第 9274903 号"捕鱼达人"商标（以下简称"被异议商标"）的注册申请，指定使用在第 42 类"计算机软件设计、计算机软件更新、技术研究、包装设计、室内装饰设计、服装设计、书画刻印艺术设计、无形资产评估、气象信息、质量体系认证"等服务上，并于 2012 年 1 月 6 日获得初步审定并公告。

在法定期限内，X 公司和 Q 公司针对被异议商标的注册申请向国家商标局提出异议。2013 年 6 月 18 日，商标局作出（2013）商标异字第 17885 号"捕鱼达人"商标异议裁定书（以下简称"第 17885 号裁定"），以 X 公司和 Q 公司提出的证据材料不足以证明其已经在先使用"捕鱼达人"商标并使之具有一定影响为由裁定被异议商标予以核准注册。

X 公司和 Q 公司不服第 17885 号裁定，分别于 2013 年 7 月 9 日和 2013 年 7 月 15 日向商标评审委员会提起异议复审申请，主要理由为：X 公司和 Q 公司在网络游戏领域具有较高的知名度和影响力，"捕鱼达人"游戏系由 X 公司和 Q 公司独创并在先使用，并且进行了著作权登记，在相关公众中具有较高的知名度。被异议商标的申请注册是对两公司在先使用并有一定影响的"捕鱼达人"商标的恶意抢注。

## 一审判决及理由

一审法院认为：该案应适用 2001 年修正的《商标法》进行审理。X 公司提供的证据可以证明其从 2009 年开始在计算机软件等商品上实际使用"捕鱼达人"商标，在 2009 年即进行了计算机软件著作权登记，并且，自 2009 年开始大规模地销售"捕鱼达人"单机版游戏，相关行业杂志对 X 公司的产品进行了宣传报道，使得 X 公司的"捕鱼达人"商标在行业内具有了一定的知名度。Q 公司提供的证据材料亦可以证明其从 2010 年开始推广网页版的"捕鱼达人"游戏并具有了一定的知名度。因此，作为同行业经营者的 B 公司应当知道 X 公司和 Q 公司对"捕鱼达人"商标的实际使用情况，且 B 公司在该案中提交的计算机软件著作权登记证书及相关使用证据均晚于 X 公司和 Q 公司的使用时间，在此情况下 B 公司在"计算机软件设计、更新"等服务上申请注册"捕鱼达人"商标难谓正当。

综上，商标评审委员会认定被异议商标的申请注册违反了《商标法》第 31 条后半段规定的认定正确，商标评审委员会做出第 58749 号裁定的主要证据充分，适用法律正确。

著作权案例

专利权案例

商业标识案例

其他案例

依照 1990 年施行的《行政诉讼法》第 54 条第 1 项之规定，一审法院判决如下：维持商标评审委员会作出的商评字（2014）第 58749 号关于第 9274903 号"捕鱼达人"商标异议复审裁定书。

## 上诉理由

B 公司不服，向北京市高级人民法院提起上诉。

上诉人 B 公司的主要上诉理由为：

（1）商标评审委员会做出第 58749 号裁定的主要证据不足，认定事实不清。

（2）一审法院审理程序不合法，对于 B 公司提交的 23 份证据，一审判决仅列举了 5 份证据，对于其他重要的 18 份证据毫无提及，属于程序违法。

（3）B 公司申请注册被异议商标是其经营行为的自然延伸，不存在任何恶意，更无不正当手段。

（4）X 公司和 Q 公司未提交任何涉及在"计算机软件设计、更新"复审服务上在先使用"捕鱼达人"商标的证据，商标评审委员会和一审法院对被异议商标所述的类别、群组与 X 公司、Q 公司所提供的使用证据之间的巨大差距未作区分。

（5）X 公司和 Q 公司提供的证据无法证明其所使用的"捕鱼达人"商标在被异议商标申请注册日前已成为有一定影响的商标。

（6）多家企业在 2010 年前后同时开发、宣传并推广捕鱼达人这款游戏，且相关公众并未将"捕鱼达人"商标与某一特定主体产生联系，X 公司和 Q 公司无权主张"捕鱼达人"商标为其已经使用并有一定影响的商标，在此情况下，应当根据先申请原则决定"捕鱼达人"商标的归属。

## 二审查明事实

经审理查明，一审法院查明事实基本清楚，予以确认，另查明了当事人提交的相关证据。

## 二审判决及理由

二审法院经审理认为：《商标法》第 31 条规定："申请商标注册不得损害他人现有的在先权利，也不得以不正当手段抢先注册他人已经使用并有一定影响的商标。"根据上述法律规定，在具体案件中，判断诉争商标的注册申请是否属于"以不正当手段抢先注册他人已经使用并有一定影响的商标"的情形，既要考虑相关商标的使用情况及其知名度，也要考虑诉争商标是否是通过不正当手段申请注册的。

就该案而言，虽然 X 公司所提供的证据能够证明其"捕鱼达人"游戏产品在被异议商标申请注册日前进行了一定的使用，曾获得中国软件行业协会游戏软件分会颁发的相关荣誉，并在被异议商标申请注册日前有了一定规模的销售，与 X 公司具有关联关系的力港公司也曾进行过相关游戏的宣传推广，包括《澳门国际电玩》等杂志上也曾有 X 公司"捕鱼达人"游戏机的广告宣传,但是,首先,X公司的上述证据主要涉及的是计算机软件产品及相关游戏机的销售情况,与被异议商标指定使用的"计算机软件设计、更新"服务存在明显区别;其次,X公司相关游戏软件的销售对象除与其具有关联关系的威康公司外,主要是金龙公司,在其他地区的销售对象数量极为有限,而包括《澳门国际电玩》在内的相关杂志亦不属于内地相关公众常见的刊物,在上述杂志上宣传报道不能作为相关商标在内地进行使用并具有一定影响的证据;最后,即使不考虑与X公司具有关联关系的力港公司从事相关游戏经营活动是否符合行政管理方面的有关规定,以及力港公司2012年9月才成为X公司子公司的实际情况,仅从使用时间上看,其对"捕鱼达人"商标的使用也未明显地早于被异议商标的申请注册日,甚至晚于与B公司具有关联关系的长络公司、幻奇公司使用"捕鱼达人"的时间。因此,综合以上证据,商标评审委员会和一审法院关于X公司在与复审服务相同或者类似的商品或者服务上使用了"捕鱼达人"商标并具有一定知名度的认定缺乏充分的事实依据。

Q公司提供的证据彼此之间缺乏紧密的联系,且其真实性难以认定,尚不足以证明Q公司在被异议商标申请注册日前已在与复审服务相同或者类似的商品或者服务上使用了"捕鱼达人"商标并具有一定知名度。

B公司与长络公司、幻奇公司之间具有关联关系,基于长络公司、幻奇公司之前对"捕鱼达人"商标的使用行为,B公司就被异议商标提出注册申请,并不具有抢先注册他人在先使用并有一定影响的商标的主观故意,被异议商标的申请注册不属于以不正当手段抢注他人商标的行为,不属于《商标法》第31条规制的行为。

综上,一审判决的相关认定缺乏事实依据,法律适用亦有不妥,二审法院予以纠正。依照2014年修正的《行政诉讼法》第89条第1款第2项、第3款之规定,二审法院判决如下:

(1)撤销北京市第一中级人民法院(2014)一中行(知)初字第9065号行政判决;

(2)撤销商标评审委员会商评字(2014)第58749号关于第9274903号"捕鱼达人"商标异议复审裁定;

(3)商标评审委员会就X公司和Q公司针对第9274903号"捕鱼达人"商标提出的异议复审申请重新作出裁定。

### 再审申请人的申请理由

X公司及Q公司不服,向最高人民法院申请再审。

X公司申请再审的主要理由为:

(1)被异议商标的申请注册违反了《商标法》第31条关于"不得以不正当手段抢先注册他人已经使用并有一定影响的商标"的规定。

(2)被异议商标的申请注册违反了《商标法》第31条关于"申请商标注册不得损害他人现有的在先权利"的规定。

(3)X公司有新证据证明被异议商标在第42类"计算机软件设计、更新"服务的注册申请不应予以核准。

Q公司申请再审的主要理由为：

（1）Q公司提供的证据足以证明其在被异议商标申请注册日前已经在与被异议商标指定使用的服务相同或者类似的商品或者服务上使用了"捕鱼达人"商标并具有一定知名度。

（2）二审判决关于"B公司并不具有抢先注册他人在先使用并有一定影响的商标的主观故意，被异议商标的申请注册不属于以不正当手段抢注他人商标的行为"的认定错误。

### 再审被申请人答辩意见

B公司认为二审法院对于案件中双方当事人举证责任的分配把握得当，科学区分游戏机商品和第42类"计算机软件设计和更新"服务，其认定的主要事实清楚，法律适用正确，依法应予维持。

相反，在前面的行政复议和一审程序中，X公司并未建立足够的证据优势，其关于在先使用并有一定影响的主张并无充分证据支持，应当承担举证不能的后果，涉案裁定以及一审判决事实认定错误；此外，更重要的是，在法律适用方面，涉案裁定和一审法院仅依据最早开始使用捕鱼达人于游戏机产品上的事实［何况两第三人（再审申请人，下同）并没有充分证据证明其在先使用并有一定影响］就认定B公司的行为构成《商标法》第31条后半句所规定的行为，忽视了《商标法》的注册原则、在先申请原则背景下保护在先合法权益当中的实际使用要求、合法性要求以及保护的必要性要求，未能从诚实信用这个基本原则角度出发来全面理解该条法律规定的构成要件，未能合理划分游戏机商品和第42类"计算机软件设计和更新"服务之间的界限，存在法律适用上的不当。

首先，未考虑到在被异议商标申请日以前客观上存在多个市场主体同时使用"捕鱼达人"标志，而第三人并无充分证据证明其明显在先，B公司没有违反诚信原则搭便车的主观恶意这一事实。

其次，未考虑到适用《商标法》第31条保护在先权益的必要性。在B公司提出商标申请日以前X公司从未合法公开使用且即便存在少量使用也已于距该时间点数月前停止生产销售捕鱼达人游戏机的情况下，已无保护必要。

再次，未考虑到《商标法》第31条所保护的必须是合法的民事权益，在赌博工具等违反国家禁止性规定的设备上于中国境内的使用不应当视为合法的在先使用，不应当作为在先权益予以保护。X公司在复审阶段、一审过程中均作为证据提交的《捕鱼达人单机版使用说明书》（2010年版）以及相关为了证明其使用的广告截图，均显示其销售的游戏机中含有退分、退币、退彩票、以小博大功能。这些特征使得其不敢也不能去向文化部申请市场准入，更不可能大规模向市场公开推广和销售"捕鱼达人"游戏机，这也与其无法提供终端销售的发票的事实相互印证。

最后，未考虑到《商标法》第31条所保护的在先使用必须是与讼争注册商标所使用的商品或服务相同或类似这个前提。2010年《最高人民法院关于审理商标授权确权行政案件若干问题的意见》第18条第3款规定："对于已经使用并有一定影响的商标，不宜在不相类似商品上给予保护。"

## 再审查明事实

经审理查明，一、二审法院查明的事实基本属实。另查明：

（1）关于X公司在先使用"捕鱼达人"的情况

X公司于2009年9月27日开发完成并发表"X捕鱼达人游戏软件V1.0"，并于2009年12月1日取得国家版权局颁发的计算机软件著作权登记证书；X公司的"捕鱼达人"游戏荣获2009年度中国游戏行业优秀游戏产品"金手指奖"；X公司在2009年12月就开始销售"X捕鱼达人游戏软件V1.0"，2010年销售数额较大，但未提供此后的销售证据；2009年和2010年的《电子乐园·电玩风云》《澳门国际电玩》杂志对"捕鱼达人"游戏产品进行了宣传和介绍。

（2）关于Q公司在先使用"捕鱼达人"的情况

Q公司为"17175游戏世界软件""捕鱼达人OL游戏软件"的开发者或者著作权人，在被异议商标申请日即2011年3月29日前，"17175捕鱼达人"在互联网上有一定程度的浏览量和点击量，可以认定Q公司在被异议商标申请日之前在先使用"捕鱼达人"。

（3）关于B公司最早使用"捕鱼达人"的情况

B公司向商标评审委员会和一审法院提交的其他用于证明其在被异议商标申请日前使用"捕鱼达人"的证据，因属于利害关系人单方面提供，又无其他证据予以佐证，不予采信。二审判决认定B公司先于X公司使用"捕鱼达人"错误，再审法院予以纠正。

（4）关于"捕鱼达人"游戏的起源及其他经营者使用"捕鱼达人"的情况（略）

（5）关于"捕鱼达人"游戏机涉及行政或者刑事处罚的情况（略）

## 再审判决及理由

再审法院认为，该案应当适用2001年修改的《商标法》，该案的争议焦点为被异议商标的申请注册是否违反《商标法》第31条的规定。

一、被异议商标的申请注册是否违反《商标法》第31条后半段关于申请商标注册"不得以不正当手段抢先注册他人已经使用并有一定影响的商标"的规定

被异议商标的申请注册构成以不正当手段抢先注册他人在先使用并有一定影响的商标，需要同时满足下列要件：

一是在先使用商标具有一定影响；

二是被异议商标构成以不正当手段抢先注册，即被异议商标申请人具有主观恶意，其明知或者应知在先使用并有一定影响的商标而予以抢注，但其举证证明没有利用在先使用商标商誉的除外；

三是对在先使用并有一定影响的商标的保护限于相同或者类似商品或者服务。

现结合上述要件对该案分析如下：

（一）X 公司、Q 公司在先使用的"捕鱼达人"是否具有一定影响

X 公司提供的证据不足以证明其在被异议商标申请日即 2011 年 3 月 29 日之前使用的"捕鱼达人"已经具有一定影响；Q 公司提交的证据仅反映了 Q 公司对其捕鱼游戏的宣传推广，并不能证明其使用的"捕鱼达人"已经具有一定影响。

（二）B 公司是否构成以不正当手段抢先注册"捕鱼达人"商标

《最高人民法院关于审理商标授权确权行政案件若干问题的规定》第 23 条第 1 款规定，如果在先使用商标已经有一定影响，而商标申请人明知或者应知该商标，即可推定其构成"以不正当手段抢先注册"。该案中，一方面，X 公司、Q 公司在先使用的"捕鱼达人"商标不具有一定影响；另一方面，"捕鱼达人"游戏是对日本世嘉公司游戏的模仿，其游戏内容就是捕鱼，2006 年台湾已经有公司推出"捞鱼达人"游戏机，2009 年国内已经有娱乐场所经营名称为"捕鱼达人"的游戏机，"捕鱼达人"作为游戏名称本身在很大程度上是对于游戏内容的描述。综合考虑上述因素，虽然 2012 年形成的 B 公司简介使用了与 X 公司在先使用的"捕鱼达人"游戏宣传图片实质性相似的图片，但尚不足以据此认定 B 公司在申请被异议商标时明知或者应知 X 公司在先使用"捕鱼达人"并具有一定影响，即不能认定 B 公司申请注册被异议商标构成以不正当手段抢先注册。

（三）被异议商标指定使用的"计算机软件设计、更新"服务与计算机软件产品是否构成类似

人民法院审查判断商品或者服务是否类似，应当考虑商品的功能、用途、生产部门、销售渠道、消费群体等是否相同或者具有较大的关联性；服务的目的、内容、方式、对象等是否相同或者具有较大的关联性；商品和服务之间是否具有较大的关联性，是否容易使相关公众认为商品或者服务是同一主体提供的，或者其提供者之间存在特定联系。该案中，X 公司、Q 公司将"捕鱼达人"使用在游戏软件产品上，而被异议商标指定使用的服务是"计算机软件设计、更新"，二者存在较大的关联性，应当认定属于类似商品或者服务。

（四）X 公司在先使用行为的合法性对在先使用商标保护的影响

该案中，B 公司主张 X 公司是在赌博机上在先使用"捕鱼达人"，因此不应当受到保护。B 公司提交的证据尚不足以证明 X 公司销售的"捕鱼达人"游戏机属于赌博机，虽然 B 公司在再审开庭后还向再审法院提交了相关专家关于赌博机认定的意见和学术论文，以及关于其从二手市场公证购买带有 X 公司标志的游戏机情况的公证书等补充参考证据，并申请再审法院再次公开开庭对上述证据进行审查，但是考虑到上述证据的提交过分迟延，再审法院已经认定 X 公司在先使用的"捕鱼达人"不具有一定影响，X 公司的"捕鱼达人"游戏机是否属于赌博机这一情节不会改变该案的裁判结果等因素，再审法院不再对上述证据进行审查。不过，对于在专门用于赌博的、具有赌博功能的游戏机即赌博机上在先使用的商标，再审法院认为不应当予以保护。

二、被异议商标的申请注册是否违反《商标法》第 31 条前半段关于"申请商标注册不得损害他人现有的在先权利"的规定

被异议商标显然并不侵犯 X 公司主张的"捕鱼达人"美术作品著作权和外观设计专利权。"捕鱼达人"作为 X 公司计算机软件名称的组成部分，不具备法律意义上作品的构成要素，不应脱离作品整体而单独作为作品受到《著作权法》的保护。因此，被异议商标的申请和注册不违反《商标法》第 31 条关于"申请商标注册不得损害他人现有的在先权利"的规定。

综上，二审判决关于 X 公司使用"捕鱼达人"的时间晚于 B 公司的关联公司的认定和被异议商标指定使用的"计算机软件设计、更新"服务与游戏软件产品不构成类似商品或者服务的认定存在错误，再审法院予以纠正。再审法院在进一步查明事实的基础上，维持二审判决结果。依照《行政诉讼法》第 70 条、第 89 条第 1 款和《最高人民法院关于适用〈中华人民共和国行政诉讼法〉的解释》第 119 条第 1 款规定，判决如下：

维持北京市高级人民法院（2015）高行（知）终字第 2075 号行政判决。

 **承办律师办案心得**

该案双方涉案商标涉及几十亿元的市场价值，且因涉及"使用在具有赌博功能的游戏机上的商标能否作为在先权益进而阻止他人注册商标"这一疑难问题引起了实务界和理论界的一场大讨论，具有巨大的影响力。该再审判决书特别认定了法院不保护具有赌博功能的游戏机及赌博机上在先使用的商标，该认定相当于指明对 2013 年《商标法》第 32 条（原 2001 年《商标法》第 31 条）所保护的商誉应根据其违法程度的轻重进行分门别类的保护，与之前最高人民法院指导案例的观点相比有较大变化，会给商标行政案件的司法实践带来一场大的变革，具有深远意义。也因此，该案入选了最高人民法院发布的"2018 年度全国知识产权司法保护五十件典型案件"。

作为该案代理人，主要有以下两点心得分享：

（一）一般而言，作为审判监督程序的再审，特别是最高人民法院作出提审裁定或指定再审的，往往意味着其初步认定前面的终审判决存在一定的改判空间。但这只是一般情况，并非绝对。特别是针对一些司法实践中争议较大的、疑难复杂的典型案件，不排除法院为了在某一问题上做出盖棺定论的回答而作出提审裁定的可能。面对这种已经二审胜诉但是被申请再审的案件，代理律师要有迎难而上的勇气，只要当事人的主张有事实和法律上的依据，就应当据理力争和坚持。特别是针对前面程序上已经固定的证据抽丝剥茧，挖掘出有利于己方当事人的事实，对于再审这类纠纷的处理显得尤其重要。有时候，关键的证据不在于多，而在于质量。

（二）《商标法》作为私法的有机组成部分，诚实信用、不洁之手等基本理论与原则，都应该被融会贯通。针对违法使用是否产生在先权益的问题，虽然最高人民法院曾

著作权案例

专利权案例

商业标识案例

其他案例

有过典型案例表明"经营者是否具有超越法定经营范围而违反行政许可法律法规的行为，不影响其依法行使制止商标侵权和不正当竞争的民事权利""《商标法》上要求的'合法使用'的'合法'所合的'法'仅限于《商标法》，如果没有违反《商标法》的规定，而仅仅是违反其他法律法规的规定，则不影响合法使用的认定"等等看似对我方当事人不利的指导意见，但需要谨记的是，万事皆有边界，矫枉过正也会导致新的不公。因此，在该案中，代理律师结合了"不洁之手"的法谚，提出"违法使用"的分层学说，即违反行政规章或者经营范围，与违反刑法和公共利益的违法，存在本质的不同。最高人民法院在先指导案例关于"超越经营范围的商标使用不影响其行使商标权"的观点对于该案并无参考力。相反，代理人将"任何人不得从自己的违法行为中获利"这一理论适用到《商标法》，提出被保护的权益必须是合法的民事权益，将系争标志用于违法犯罪的产品、内容违禁的产品上，已经不是《商标法》之外的其他法律领域的问题，而是《商标法》在决定一项未注册商标权益是否应该给予保护必须考量的问题，故在赌博机这种违禁品上的商标使用并非合法使用、不能产生在先使用权益的观点，最终得到法院的采纳。

## 代理词节选

一、两异议人并未完成其"在先使用并有一定影响，且 B 公司以不正当手段抢注"的举证责任

我国《商标法》采用注册制和在先申请原则，以保护注册商标制度为主，保护有影响力的未注册商标权益为辅，因此只是在极其例外的情况下，才对未注册商标予以救济。正确理解《商标法》第 31 条不能脱离我国注册制和先申请制这两大原则。在这样一个背景下来看该案两异议人，即便其证据属实，也不过与 B 公司一样，都是在日本世嘉游戏涌入中国境内后，在无明显时间先后的时间段里推出涉案商标（"捕鱼达人"游戏）的市场主体之一。在 B 公司已经于 2011 年 3 月 29 日提出了"捕鱼达人"商标注册申请的情况下，两异议人依据《商标法》第 31 条提出异议，就必须就该条所规定的要件事实承担举证责任，并在该事实真伪不明的状态下承担不利后果。然而，无论是在商标异议复审行政阶段还是后续的行政诉讼阶段中，两异议人始终并未完成该举证责任。尽管是否完成相应的举证责任，是法官心证的范畴，但即便是法官心证，也应当遵循一定的规则，如果裁判者之外的两方当事人证据显而易见地旗鼓相当，甚至主张者一方的证据疑窦丛生、多处自相矛盾甚至明显涉嫌伪证，那么对主张者一方提供的证据的真实性就应当从严把握，并且在另一方当事人已经提出多项有根据的质疑的情况下，不能认为主张者一方已经完成了举证责任，而是应当认定其所主张的事实未脱离真伪不明的境地。商标评审委员会和一审法院对两异议人完全不能自圆其说的证据材料认定有证明力，显然是对双方证据采用了不同的认定标准，而且颠倒了双方的举证责任。

二、X 公司对涉案商标所主张的在先使用，是在赌博工具上的使用，不能产生合法在先商誉

在该案中，异议人 X 公司自己提供的游戏机《产品说明书》《前期方案》《策划案》

等证据表明，其将涉案商标使用于具有退币、退分、退彩票和以小博大功能的游戏机之上。根据 B 公司提供的大量证据（包括法律规章、司法解释、刑事判决书）可证明，异议人所使用的商品属于《刑法》意义上的禁止流通物，该使用行为不能产生合法商誉并纳入《商标法》第 31 条的保护范围。

法谚有云，"任何人不得从自己的违法行为中获利"。正如在《著作权法》领域，即便是在依照《保护文学艺术作品伯尔尼公约》采取自动产生原则的著作权法领域，各个国家也都对内容违禁（涉黄赌毒、暴力和封建迷信等）的作品采取不支持其"损害赔偿请求权"的做法，更何况是在由各国商标主管机关授权确权的商标领域。从商标法的性质来看，商标法是民法的特别法，即便是我国的《民法通则》，其立法宗旨中强调的也是保障民事主体的合法的民事权益。旨在解决未注册商标权益保护的我国《反不正当竞争法》，保护的也只是"经营者和消费者的合法权益"。对于那些非法的权益，当然不能置于商标法的保护范畴；如果将商标法看作是包含公法成分的法律，商标法通过规定商标确权程序来规范商标主管机关确权授权，那么商标法不应沦为违法犯罪行为的保护伞这一点就更是应有之义。将系争标志用于违法犯罪的产品、内容违禁的产品上，已经不是商标法之外的其他法律领域的问题，而是商标法在决定一项未注册商标权益是否应该给予保护时必须考量的问题。

三、适用《商标法》第 31 条后半句保护在先未注册商标权益，还必须符合保护的必要性要求

除了合法性之外，《商标法》要保护的未注册商标权益，还必须符合保护的必要性要求。即便假定 X 公司曾经小范围销售过"捕鱼达人"的游戏机，但在被异议商标申请以前乃至今日，X 公司客观上并无实际使用、主观上也无使用意图的情况下，不应影响 B 公司申请注册被异议商标。

依据 2010 年《最高人民法院关于审理商标授权确权行政案件若干问题的意见》第 17 条第 2 款规定，"人民法院审查判断诉争商标是否损害他人现有的在先权利，一般以诉争商标申请日为准。如果在先权利在诉争商标核准注册时已不存在的，则不影响诉争商标的注册。"

该案中，客观方面，在 B 公司申请被异议商标时，X 公司所谓的使用行为早已停止（X 公司提供的所有游戏机软件销售发票截至 12 月 28 日，在 B 公司提出该项反驳意见后，X 公司也没有补充任何在该日期之后的销售证据），而且 X 公司迄今为止都未曾在其官方网站上（包括其对外专门进行销售的 X 易购网站）实际推广或销售捕鱼达人的游戏机，亦未真正提供相应的软件下载服务，更从未以"捕鱼达人"为名提供专业的"计算机软件设计和更新"服务。既然其早已不再于"游戏机"产品上持续使用"捕鱼达人"，也从未在第 42 类的"计算机软件设计和更新"服务上使用过"捕鱼达人"，所谓的在先使用权益并不存在，不应当据以影响 B 公司讼争商标的注册。

四、异议人 X 公司之"捕鱼达人"产品与该案讼争的第 42 类软件设计及更新服务并不构成类似群组，其证据不具有关联性

游戏机生产商为客户提供的游戏软件及其更新包的服务，和《类似商品和服务区分

著作权案例

专利权案例

商业标识案例

其他案例

表》（以下简称"《区分表》"）第 42 类中的计算机软件设计、更新服务并非类似服务。前者是任何软件生产商为了保障其用户能够顺利接受其服务都会涉及的行为，属于其日常经营所需；后者则是面向不特定用户，针对计算机技术本身的创新和发展做出努力并通过其盈利的商业行为。二者在服务目的、内容、方式和对象方面均不相同。二审法院判决认定申请人公司的证据主要涉及的是计算机软件产品及相关游戏机的销售情况，与被异议商标指定使用的计算机软件设计、计算机软件更新服务存在明显区别，是正确的。

关于《区分表》第 42 类的计算机软件设计、更新服务与二申请人提供证据证明的游戏软件领域，被申请人已在二审代理意见中阐明：《区分表》明确对第 42 类的服务予以注释："主要包括由人、个人或集体，提供的涉及复杂领域活动的理论和实践服务；这些服务由诸如化学家、物理学家、工程师、计算机程序员等专业人员提供。"结合《区分表》及行业实践，该条规定应当被理解为专业软件工程师或公司，受他人委托，在收取一定对价的前提下为他人提供计算机软件设计、更新服务。特征表现为客户的特定性、服务的不可重复性以及按照客户需求，由计算机程序员提供的工业性生产服务。而两申请人提供的证据并不能证明是以计算机程序设计公司的身份，向其他企业提供软件设计和更新服务，并且使用"捕鱼达人"来区分其所提供的软件设计和更新服务。被异议商标所指定使用的是服务，内容是希望借此商标向多个企业销售定制的专业软件及服务，而申请人公司提供的是商品，特点是向不特定公众提供的非定制的游戏软件。不能将一个企业对自己电子产品的修补和升级、更新，与软件开发设计企业受他人委托为他人设计软件、更新混为一谈。因此，二者在销售或服务的对象、消费群体、内容和目的方面均不相同，不构成类似群组。关于这一点，类似案例可参见北京中科希望软件股份有限公司诉优视科技有限公司侵犯商标权纠纷案。

忽视《区分表》中注释的明确规定，不仅不利于商标权人明确其可行使的商标权范围，也会客观上对他人在后注册商标并行使商标权造成阻碍。提供游戏机产品或在线游戏服务的过程中的确会涉及软件设计和更新，但那是商品生产商或服务提供商为了自己的服务所必须完成的前提性行为，并不能就此认定该提供者便向他人提供了软件设计和更新服务。在理解服务类别问题上，必须将提供服务所依赖的手段和所提供服务本身区别开来。正如《区分表》中第 35 类与其他相关类别之间的关系一样，不能说一个白酒生产企业为了自身宣传的需要，自己设计完成了一幅广告并且张贴在公司外墙上，就可以自居为在第 35 类的"户外广告"项目上提供了服务。在这种背景下，划分商品和服务类别，不应仅因其形式上涉及软件，就机械地将其归为此类服务，而应从服务的整体进行综合性判断，不能将软件设计服务的使用者与提供者混为一谈。正如海淀区法院审理的嘀嘀打车商标案件中判决采用的思路："划分商品和服务类别，不应仅因其形式上使用了基于互联网和移动通信业务产生的应用程序，就机械地将其归为此类服务，应从服务的整体进行综合性判断，不能将网络和通信服务的使用者与提供者混为一谈。'滴滴打车'服务并不直接提供源于电信技术的支持类服务，在服务方式、对象和内容上均与被申请人商标核定使用的项目区别明显，不构成相同或类似服务。被申请人所称其商标涵盖的电信和商务两类商标特点，均非被告服务的主要特征，而是运行方式以及商业性质的共性。"该案中，不能因为两申请人在提供服务的过程中涉及了计算机软件，就机械地将其归入向他人专业性提供计算机软件设计和更新服务。

（上海市协力律师事务所傅钢律师、尹腊梅律师，

该案再审被申请人代理人）

## 媒体报道

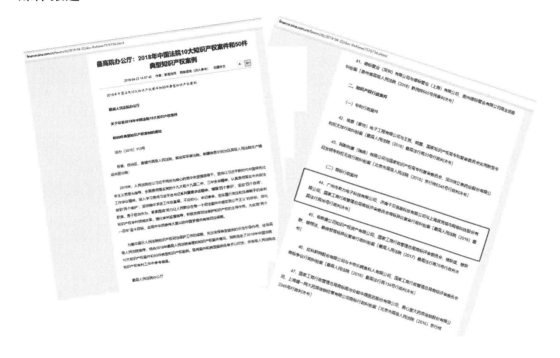

著作权案例

专利权案例

商业标识案例

其他案例

# 出口定牌加工商标侵权及民事制裁问题
## ——诺基亚商标侵权纠纷案件

**原告：**诺基亚公司

**被告：**无锡金悦科技有限公司

**一审法院：**上海市浦东新区人民法院

**一审案号：**（2010）浦民三（知）初字第 670 号

**一审合议庭成员：**许根华、沈卉、余继钟

**一审结案日期：**2011 年 4 月 14 日

**案由：**侵害商标权纠纷

**关键词：**商标，海关保护，出口定牌加工（OEM），民事制裁

## 涉案法条

《民法通则》第 118 条，第 134 条第 1 款第 1 项、第 7 项和第 3 款

《商标法》（2001 年修改）第 52 条第 1 项和第 2 项、第 53 条、第 56 条第 1 款和第 2 款

《最高人民法院〈关于审理商标民事纠纷案件适用法律若干问题的解释〉》第 16 条第 1 款和第 2 款、第 17 条第 1 款、第 21 条第 1 款

## 争议焦点

- 委托加工出口行为是否构成商标侵权。
- 对于商标侵权行为应如何适用民事制裁。

## 审判结论

1. 被告无锡金悦科技有限公司立即停止对原告诺基亚公司享有的第 357902 号"NOKIA"注册商标专用权的侵害。

2. 被告无锡金悦科技有限公司于判决生效之日起 10 日内赔偿原告诺基亚公司经济损失（包括合理费用）人民币 12 万元。

民事制裁：

收缴被制裁人无锡金悦科技有限公司的 2250 套液晶电视壳的前壳和 1 个丝印模具，予以销毁。

## 起诉及答辩

原告系第 357902 号 " NOKIA " 注册商标的商标权人。2010 年 6 月 12 日，经上海海关查验发现，被告申报出口埃及的 2250 套液晶电视壳及其组件上使用了 "NOKIA EGYPT" 标识，涉嫌侵犯原告在海关总署备案的 "NOKIA" 商标的注册商标专用权，原告遂向上海海关提出知识产权海关保护申请，上海海关于 2010 年 8 月 18 日将上述货物予以扣留。

被告辩称，其作为中国境内加工方，接受上述埃及 "NOKIA EGYPT" 商标权利人的委托，在涉案出口产品上使用了相关标识，故不侵犯原告的商标专用权。

## 事实认定

原告系第 357902 号 " NOKIA " 注册商标的商标权人，该商标有效期至续展注册后已于 2019 年 8 月 19 日止。

2010 年 6 月 12 日，经上海海关查验发现，被告以一般贸易方式申报出口埃及的 2250 套液晶电视壳的前壳（以下简称 "涉案产品"）下端中间部位标有一个 "NOKIA EGYPT" 标识，涉嫌侵犯原告在海关总署备案的 "NOKIA" 商标的注册商标专用权，原告遂向上海海关提出知识产权海关保护申请，上海海关于 2010 年 8 月 18 日将上述货物予以扣留。

被告向上海海关提供了在埃及的有关 "**NOKIA EGYPT**" 注册商标（以下简称 "'NOKIA EGYPT' 商标"）的证明，并称 "NOKIA EGYPT" 商标是埃及的合法注册商标。此外被告还辩称，其作为中国境内加工方，接受上述埃及 "NOKIA EGYPT" 商标权利人的委托，在涉案出口产品上使用了相关标识，故不侵犯原告的商标专用权。2010 年 9 月 28 日，上海海关出具《侵权嫌疑货物知识产权状况认定通知书》，认为不能认定涉案产品侵犯原告的知识产权。原告遂向法院提出财产保全申请，扣押了海关查扣的涉案产品。

审理中，被告向法院提交丝印模板实物一个，模板上有 "NOKIA EGYPT" 字样。被告称其按客户提供的商标形状制作了上述一个模板，并利用该模板在涉案商品上印刷 "NOKIA EGYPT" 字样。

## 一审判决及理由

第一，法院认为涉案第 357902 号 " NOKIA " 注册商标专用权，系该案适格的权利主体，有权对侵犯该商标专用权的行为主张权利。

第二，对比被控 "NOKIA EGYPT" 与 " NOKIA "。在视觉效果上 "NOKIA EGYPT"

著作权案例

专利权案例

商业标识案例

其他案例

中的"NOKIA"字体比"EGYPT"字体大 2 倍多，"NOKIA"字样占该商标整体面积的比例大于 75%，故"NOKIA"字样显然是该商标的主要部分，该商标突出使用的内容是"NOKIA"而非"EGYPT"。""商标中的"NOKIA"字样及其占商标整体面积的比例均明显大于右上角的图案，故"NOKIA"显然是该注册商标的主要部分，该商标突出使用的内容是"NOKIA"字样而非图案。故上述两商标主要内容相同。此外，"EGYPT"是非洲国家埃及的英文译名，在商标的标识、区别功能上，该文字的显著性很低。以相关公众的一般注意力为标准，相关公众容易对"NOKIA EGYPT"商标产生其系"NOKIA"的关联商标、关联品牌的误认，容易对使用了"NOKIA EGYPT"商标的商品的来源产生其与原告的"NOKIA"""注册商标存在特定联系的混淆。故法院认定被控"NOKIA EGYPT"与原告的""注册商标属于近似商标。即使被控商标确属在埃及注册的商标，但依据商标保护的地域性原则，该商标也因未在我国注册而不能受到我国法律的保护。

第三，被告应承担停止侵权、赔偿损失的法律责任。对于原告提出对被告进行民事制裁的申请，法院认为由于涉案侵权商品、侵权模具系被告进行违法活动的物品，故依法应当对被告进行民事制裁，收缴 2250 套液晶电视壳的前壳和 1 个丝印模具，并予以销毁。

## 承办律师办案心得

该案经历了海关知识产权保护、民事诉讼审判和民事制裁决定的保护过程，系一起典型的 OEM 出口定牌加工过程中所发生的商标侵权保护案件。

OEM 出口定牌加工过程中发生的商标侵权问题一直是商标侵权案件中比较特殊的一类。因为该类案件被控侵权产品的制造、包装、仓储及部分运输行为虽然发生在我国境内，但并没有完全进入市场销售环节，不会直面产品的销售对象，即消费者不会知晓这部分产品的信息。

该案法院在当时司法界对于出口定牌加工的商标侵权问题尚存疑的情形下，给予了司法澄清，明确了在当时情况下出口定牌加工中的商标侵权判定标准。鉴于我国作为"世界工厂"，该案的判决和民事制裁决定具有巨大的意义。

该案中，法院对被控侵权产品进行了财产保全，既固定了侵权证据，又阻止了侵权货物流向海外给权利人造成进一步的损害。法院在该案中给予的 12 万元判赔金额在同类案件中也较高，法院一方面参考了权利人商标的知名度，另一方面也对于权利人主张的合理费用给予了支持。此外该案的另一亮点在于法院另行出具了民事制裁决定书，销毁了被控侵权产品，对于制裁侵权方及警示潜在侵权人、保护知识产权方面颇具深意。

该案判决起到了良好的法律效果和社会效果的统一，在国内外法律界引起较大的关注。最终被告亦认可了一审法院的判决和民事制裁决定，没有上诉并主动履行判决。

该案入选了中国外商投资企业协会优质品牌保护委员会"2011~2012年度知识产权保护十佳案例"。

（上海市协力律师事务所游闽键律师、祝筱青律师，

该案原告诺基亚公司代理人）

著作权案例

专利权案例

商业标识案例

其他案例

# 历史上教会大学校名的权属认定
# 以及高校校名维权的界限

## ——上海理工大学与沪江教育科技（上海）
## 股份有限公司商标和不正当竞争纠纷案

**原告：** 上海理工大学

**被告：** 沪江教育科技（上海）股份有限公司（以下简称"沪江公司"）

**一审法院：** 上海知识产权法院

**一审案号：**（2016）沪 73 民初 368 号

**一审合议庭成员：** 何渊、范静波、张艳培

**一审结案日期：** 2017 年 8 月 31 日

**二审法院：** 上海市高级人民法院

**二审案号：**（2017）沪民终 350 号

**二审合议庭成员：** 张本勇、徐卓斌、朱佳平

**二审结案日期：** 2018 年 4 月 18 日

**案由：** 不正当竞争纠纷

**关键词：** 校名，驰名商标，不正当竞争，企业名称

**涉案法条**

《商标法》第 14 条

《反不正当竞争法》第 5 条、第 9 条

《最高人民法院关于审理涉及驰名商标保护的民事纠纷案件应用法律若干问题的解释》第 2 条

**争议焦点**

- "沪江"是否属于上海理工大学的未注册驰名商标。

- 沪江公司使用"沪江"标识是否构成对上海理工大学未注册驰名商标的侵犯。
- 沪江公司注册有关"沪江"或包含"沪江"字样商标的行为是否构成不正当竞争。
- 沪江公司的相关行为是否构成虚假宣传。

## 审判结论

一审法院确认沪江公司已在 41 类教育类别上获得以"沪江"为核心的系列注册商标，且"沪江"并不构成上海理工大学的未注册驰名商标，沪江公司使用"沪江"标识并不构成侵犯上海理工大学商标权，沪江公司在企业名称中使用"沪江"作为字号并不构成不正当竞争。但是，对于沪江公司在新闻报道中的用语，法院认为构成虚假宣传。故一审法院驳回了上海理工大学核心的诉讼请求，部分支持了其诉讼请求。一审判决后，双方均提出上诉。二审维持原判。

## 起诉及答辩

原告认为："沪江"为上海理工大学前身的名称，且经原告持续、长期、广泛、大量的使用，"沪江"作为商标在教育领域已具有非常高的知名度，请求法院认定为原告的未注册驰名商标。

被告在教育服务领域大量注册"沪江"商标的行为以及在企业名称中使用"沪江"的行为侵犯了原告的商标权。故请求法院判令被告停止侵犯原告商标权的行为及不正当竞争行为，停止将"沪江"作为企业字号和商标使用。

被告答辩称：被告对"沪江"标识的使用，是基于被告注册商标的合法正当使用，并无不当。原告主张驰名商标无事实依据。首先，根据《辞海》的解释，"沪江"是上海的别称，其为多个企事业主体所共用，并未和上海理工大学之间建立唯一对应联系，因此属于公共词汇，不能为上海理工大学所垄断。历史上曾经存在的"沪江大学"的英文名称为"University of Shanghai"更加可以印证这一点。其次，原告与历史上曾经存在的"沪江大学"并无主体及名称的继承关系。最后，原告证据无法证明其对于"沪江"标识的使用已经使其成为未注册的驰名商标。

## 事实认定

一审法院对于上海理工大学的历史沿革及有关情况，上海机械学院、华东工业大学、上海理工大学使用"沪江"标识的情况，沪江公司的基本情况，沪江公司有关商标的注册情况，沪江公司的商标使用情况，媒体对于沪江公司经营的"沪江网"的报道情况，沪江公司的广告宣传及获奖情况，有关"沪江"认知度的调查报告，有关网站建设运营情况，沪江公司实施的被控商标侵权行为及不正当竞争行为以及其他相关事实进行了认定。

## 一审判决及理由

一审法院认为，首先，原告在报纸、校园活动、校友会、内设机构中使用"沪江"标识主要为内部使用，面向对象主要为校内师生、校友等，其目的主要是表明原告与"沪江大学"之间的传承关系。因此，上述使用尚不能证明原告在教育领域内商业性地使用了"沪江"标识。其次，原告主办的公司中共有6家使用"沪江"作为企业字号，其中5家公司在2002年之前已歇业或者注销，1家公司于2008年歇业。在被告使用被控侵权标识之前，上述公司总体上已经长期未经营，原告亦未提供上述公司的经营情况及商业活动中使用"沪江"标识的情况。最后，原告在图书、论坛等方式上的使用数量不足以反映原告使用"沪江"标识的市场份额、销售区域情况，原告对于"沪江"标识的使用程度和市场影响程度不足以证明"沪江"已达到驰名商标的程度，也没有证据证明原告的"沪江"标识曾被作为未注册商标予以保护，没有证据证明该标识具有极高的市场声誉。

故，"沪江"并不构成上海理工大学的未注册驰名商标，沪江公司使用"沪江"标识并不构成对上海理工大学未注册驰名商标的侵犯，沪江公司注册有关"沪江"或包含"沪江"字样商标的行为并非法院可受理范围而应另行通过行政程序解决，沪江公司在企业名称中使用"沪江"作为字号并不构成不正当竞争。但是沪江公司在宣传报道中采用的"沪江大学……风流云散……沪江网校横空出世……"表述，以相关公众的一般注意力而言，会误以为沪江网继承或取代了历史上的沪江大学，或者认为沪江网与"沪江大学"存在某种程度的特殊关联，该行为已经构成引人误解的虚假宣传。一审法院遂判决沪江公司停止虚假宣传的不正当竞争行为，驳回原告其余诉讼请求。

## 上诉理由

上海理工大学上诉称：一审判决在事实认定和法律适用上均存在错误。其主张与一审诉状基本一致。

沪江公司上诉称：原审判决第一项认定沪江公司构成"虚假宣传"所依据的事实共两处。一是沪江公司在微信公众号发布的"沪江和剑桥那些事儿"一文中记载有"若干年前沪江大学最有名的学生徐志摩就与剑桥颇有缘分……如今互联网平台沪江再次与剑桥结缘，一起为中国的学习者带来优质的课程体验……"；二是上诉人在官网上陈述的"沪江大学是20世纪上半叶一所位于上海的教会大学，解放后已风流云散，令人欣喜的是，沪江网校横空出世……"。

关于第一处，沪江公司事实上的确与剑桥大学进行了合作，徐志摩也的确是原沪江大学的学生，所有陈述没有任何虚假、片面宣传之处，更不会引人误解。

关于第二处，沪江公司在宣传中使用的原文为"沪江大学是20世纪上半叶一所位于上海的浸礼会背景的教会大学，解放后已风流云散。令人欣喜的是，沪江网上大学——沪江网校（http://class.hujiang.com）横空出世。依托于沪江网优势教育资源，囊括英、日、法、韩及小语种等各种语系，并集成了SNS学习社区，所有的这些构成21世纪最受瞩目的沪江网上大学——沪江网校"。

沪江公司认为，上述宣传中关于沪江大学历史的部分完全尊重事实，并无误导。对沪江网上大学的说法是基于对"沪江网优势教育资源，囊括英、日、法、韩及小语种等各种语系，并集成了 SNS 学习社区"事实介绍基础上使用的宣传手法，不会导致读者误认为沪江公司是体制内大学。

## 二审查明事实

一审查明的事实属实，二审予以确认。根据双方当事人在二审中提交的新证据，二审另查明：沪江公司法定代表人伏某瑞在多次接受媒体采访时表示，沪江网的名称出自沪江大学的校名，是出于学生对母校文化的情结。

2007 年，上海理工大学外语学院开办沪江外语培训中心，其招生简章记载："本着满足本校学生提高英语听、说、读、写的能力和攻破四级、六级及中级、高级口译的各种应试技巧，以及满足学生学习日语、韩语、德语、法语、西班牙语等二外的需要，并适量招收外校学生"。上海理工大学自述，根据其不完全统计，沪江外语培训中心 2007 年招生 374 人、2008 年 9 月招生 246 人、2009 年 3 月招生 169 人。2017 年 12 月 1 日，在百度搜索栏中搜索"沪江外语培训中心"，搜索结果前 100 项内容均与上海理工大学无关。

2017 年 12 月 4 日，上海理工大学对沪江公司第 14207876 号"沪江"注册商标请求国家工商行政管理总局商标评审委员会（以下简称"商标评审委员会"）宣告无效。目前，商标评审委员会尚未作出裁定。

## 二审判决及理由

二审法院认为，该案二审的争议焦点是：①"沪江"是否是上海理工大学的未注册驰名商标；②沪江公司使用"沪江"作为字号，是否属于擅自使用他人企业名称的不正当竞争行为；③沪江公司的行为是否构成虚假宣传。

对于第一个争议焦点，二审法院认为，上海理工大学使用"沪江"标识并未达到驰名商标的知名程度，其请求将"沪江"标识作为未注册驰名商标予以保护，法院不予支持。

对于第二个争议焦点，二审法院认为，上海理工大学在该案二审中明确，其依据《反不正当竞争法》第 5 条第 3 项主张沪江公司实施了擅自使用他人企业名称的不正当竞争行为。二审法院认为，原沪江大学虽然与上海理工大学具有一定历史渊源，但自 1952 年以来，一直未实际使用"沪江大学"的名称；即便上海理工大学保留了"沪江大学"校牌、曾使用"沪江大学校友会"名称、其主办公司及内设机构的名称使用了"沪江"，但不能据此认为"沪江"系上海理工大学的名称或字号。故上海理工大学依据《反不正当竞争法》第 5 条第 3 项请求保护其"沪江"名称，缺乏权利基础，二审法院亦不予支持。由于上海理工大学对"沪江"标识不享有未注册驰名商标、企业名称等权利，其关于沪江公司使用"沪江"标识具有攀附商誉的主观恶意的上诉理由，二审法院亦不予采信。

著作权案例

专利权案例

商业标识案例

其他案例

关于第三个争议焦点，二审法院认为，在认定经营者的竞争关系时，不宜对经营者所处的行业领域作过细划分，主要应考虑经营者在市场交易中对其他经营者合法权益造成损害的可能性。该案中，沪江公司与上海理工大学均从事教育行业，且均涉及外语教学，其消费群体也有一定程度的交叉，故双方存在竞争关系。虽然沪江公司在微信公众号和官方网站发布的宣传内容并非虚构，但其将"沪江网"与原沪江大学进行对比宣传，足以使相关公众误以为两者存在关联关系。该行为损害了其他相关经营者的合法权益，扰乱了市场竞争秩序，构成虚假宣传。至于沪江公司辩称其沪江系列商标为驰名商标，可以抵销上海理工大学的诉讼请求，这一辩称并无法律依据，二审法院不予采信。

综上所述，二审法院认为：上海理工大学、沪江公司的上诉请求均不能成立，应予驳回；一审判决认定事实清楚，适用法律正确，应予维持。依照《民事诉讼法》第170条第1款第1项规定，判决驳回上诉，维持原判。

##  承办律师办案心得

上海市协力律师事务所傅钢律师、尹腊梅律师参与了备受关注的"沪江"品牌之争案的代理工作。2018年4月18日，该案二审在上海市高级人民法院落槌。上海市高级人民法院对"沪江"品牌之争作出终审判决，判定沪江公司的相关行为不构成侵犯和擅自使用他人企业名称，实质上驳回了上海理工大学的核心诉求。

该案纠纷双方一方是建立在原"沪江大学"旧址上的上海理工大学，另一方是拥有"沪江"系列商标、由上海理工大学校友创办的在线教育互联网企业，双方对"沪江"标识争执不下诉至法院。法院认为，原沪江大学虽然与上海理工大学具有一定的历史渊源，但自1952年以来，"沪江大学"的名称一直未被实际使用，即便上海理工大学保留了"沪江大学"校牌、曾使用"沪江大学校友会"名称、其主办公司及内设机构的名称曾经在一段时期内使用了"沪江"，但不能据此认为"沪江"系上海理工大学的名称或字号。由于上海理工大学对"沪江"标识不享有企业名称等权利，其关于"沪江"系其未注册驰名商标以及沪江公司使用"沪江"标识具有攀附商誉的主观恶意的上诉理由，法院均不予采信。

在代理过程中，两位律师深入查询了历史上的沪江大学及上海理工大学的发展史，通过大量证据还原了历史，并结合当前的法律和市场现状做出了有利的抗辩，最终成功阻击了上海理工大学对"沪江"标识的争夺，维护了沪江公司的合法权益。该案对于历史上教会大学校名的权属认定以及高校校名维权的界限具有指导意义。

该案被评为"2018年度上海市知识产权司法保护十大典型案例"。

（上海市协力律师事务所傅钢律师、尹腊梅律师，

该案被告沪江公司代理人）

# 媒体报道

X　中国知识产权杂志　　　···

（附十大案例）

**目　录**

一、南怀瑾作品著作权纠纷案

二、电视猫视频软件播放优酷网视频不正当竞争纠纷诉前行为保全案

三、金山毒霸劫持用户浏览器主页不正当竞争纠纷案

四、侵害碧然德（BRITA）滤水壶发明专利权纠纷案

五、侵害"乐高""LEGO"商标权及不正当竞争纠纷案

六、涉单一潜在客户采购意向商业秘密纠纷案

七、涉及老校名的商标侵权及不正当竞争纠纷案

八、"CATIA"计算机软件侵权纠纷案

九、山寨"喜茶"经营者不服商标侵权行政处罚案

十、假冒上海家化公司"MAXAM"注册商标案

**2018年上海法院知识产权司法保护十大案件**

著作权案例

专利权案例

商业标识案例

其他案例

# 商标通用名称正当使用抗辩在游戏商标中的运用
## ——游卡公司与赵某葵"三国杀"商标侵权纠纷案

上诉人（一审原告）：北京游卡桌游文化发展有限公司（以下简称"游卡公司"）

被上诉人（一审被告）：赵某葵

一审法院：湖南省长沙市中级人民法院

一审案号：（2014）长中民五初字第01532号

一审合议庭成员：闵俊伟、谢晋、张荧荧

一审结案日期：2015年5月6日

二审法院：湖南省高级人民法院

二审案号：（2015）湘高法民三终字第224号

二审合议庭成员：陈小珍、闫伟、唐小妹

二审结案日期：2016年2月15日

案由：商标侵权纠纷

关键词：通用名称，正当使用，抗辩，游戏名称

## 涉案法条

《商标法》第57条第1项、2项、3项，第63条，第64条

《侵权责任法》第15条

《民事诉讼法》第170条第1款第2项

## 争议焦点

一审争议焦点在于被控行为是否构成商标侵权；二审多了一项争议焦点，即被诉侵权商品上的被诉标识是否商标意义的使用。

## 审判结论

一审法院仅支持了认定被控的 4 款产品中其中一款对于原告涉案商标的使用构成侵权，判决被告赔偿 6000 元经济损失（含合理维权费用），驳回了原告对于另外三款被控产品的主张。

二审法院撤销了一审判决，认定被控的 4 款产品均构成对游卡公司第 6592067 号"三国杀"注册商标的侵犯。

## 起诉及答辩

原告游卡公司于 2014 年 10 月 27 日向法院起诉称：原告及其授权人杭州边锋网络技术有限公司（以下简称"边锋公司"）是"三国杀"注册商标的合法拥有者。被告在其店铺内销售的产品上的商标图案与原告的"三国杀"商标构成相同或近似，构成对原告商标权的侵犯。要求法院判令被告停止侵害，赔偿经济损失及合理费用 6 万元。

被告赵某葵辩称，其对产品的特性不清楚，不知是否侵权，且原告商标与其销售的"杀三国"的产品上的标识完全不一致。

## 事实认定

第 6592067 号"  "注册商标的注册人为案外人边锋公司，该商标核定使用的商品为：纸牌；扑克牌；棋（游戏）；棋类游戏；棋盘；宾果游戏牌；麻将牌；木偶；玩具，注册有效期限自 2010 年 7 月 14 日至 2020 年 7 月 13 日。原告游卡公司根据边锋公司出具给其的授权书，有权使用涉案权利商标，并进行维权。

根据公证书显示，赵某葵店内共销售了 4 款三国杀卡牌产品，分别是三国杀（珍藏版），其纸牌外包装上使用的标识为" "；三国杀（金铂终极版），其纸牌外包装上使用的标识为" "；三国杀（至尊超级豪华版），其纸牌外包装上使用的标识为" "；以及三国杀（S–8003 版），其纸牌外包装上使用的标识为" "。

## 一审判决及理由

正确处理"三国杀"游戏名称与第 6592067 号"  "注册商标的关系是该案审理的基础，最高人民法院在（2008）民三他字第 12 号函《关于远航科技有限公司与腾讯计算机系统有限公司等商标侵权及不正当竞争一案的复函》中指出，对于在一定地域内的相关公众中约定俗成的扑克游戏名称，如果当事人不是将其作为区分商品或服务来源的商标使用，只是将其作为反映该游戏内容、特点的游戏名称，可以认定为正当使用。针对该案具体情况，法院认为，要判断被控侵权标识的使用系商标性使用还是正当使用，

著作权案例

专利权案例

商业标识案例

其他案例

关键在于确定第 6592067 号"三国杀"商标在指明游戏种类的同时是否还起到了区别来源的作用。法院认为，原告在开发该款游戏时即以"三国杀"命名，且涉案商标注册日期在游戏开发以后，故"三国杀"同时构成该款游戏的名称。在提及"三国杀"时，相关公众容易将"三国杀"与该款竞技游戏对应起来，正常情况下，"三国杀"会成为消费者区别不同种类游戏的依据，而就第 6592067 号"三国杀"商标的保护来说，根据该案现有证据，"三国杀"尽管采用的是艺术字体，但仍然能很容易地识别为"三国杀"文字，当上述注册商标用于三国杀游戏时，会产生商标字义与游戏名称重合的情形。一般情况下，当与游戏名称相同的注册商标使用于该款游戏时，更容易成为区别不同游戏的指引，而不是区别来源，字体的变化一般不影响该名称功能的实现。然而，该案涉及的商品为游戏纸牌，就纸牌本身而言，它具有易耗损的性质，消费者会多次购买，同时由于原告不断推出三国杀游戏的拓展包，这也使得相关公众可能产生多次购买的行为；而不同的厂商生产的纸牌质量、牌面图案设计和印刷均会有差异，这样对于消费者来说，会根据其在使用过程中对不同三国杀纸牌产生的不同评价，进而在再次购买及推荐他人购买时做出不同的选择，消费者基于上述差异做出选择的过程实际上就是商标区别来源作用的体现。这时，由于原告在商品上使用自己的"三国杀"注册商标，其字体能产生区别于不同"三国杀"产品的作用，成为消费者区分不同来源商品的依据，也就是原告的商品事实上成为"三国杀"牌三国杀。综上，虽然"三国杀"系产品和品牌混合属性的名称，但"三国杀"标志是以独特方式进行表现，结合其商品的使用特点，相关公众仍能够以其识别商品来源，故他人以与原告"三国杀"商标表现形式相同的方式在相同或类似商品上使用该标识，不构成正当使用。因此，三国杀（珍藏版）上使用的"三国杀"与原告"三国杀"商标视觉上无差别，构成相同商标；三国杀（金铂终极版）上使用的"三国杀"、三国杀（至尊超级豪华版）上使用"杀"、三国杀（S–8003 版）上使用的"三国杀"，虽亦由"三""国""杀"三个字组成，但字体、排列与原告"三国杀"商标均不同，在"三国杀"系一款游戏名称的前提下，该标识更多地会成为相关公众选择游戏种类的依据而非区别来源的依据，即该标识的使用并非一种商标性使用。综上所述，三国杀（珍藏版）上无防伪激光标识，且被告亦未提交反驳证据，故法院认定三国杀（珍藏版）属于《商标法》第 57 条第 1 项规定的侵犯原告第 6592067 号"三国杀"注册商标专用权的商品。三国杀（珍藏版）上使用的

""与原告"三国杀"商标视觉上无差别，构成相同商标；三国杀（金铂终极版）上使用的"▨"、三国杀（至尊超级豪华版）上使用的"▨"、三国杀（S－8003 版）上使用的"▨"不构成对原告第 6592067 号"三国杀"注册商标专用权的侵犯，至于该商品是否会涉及侵犯原告的其他权利，则不在该案审理范围之内。

## 上诉理由

游卡公司不服一审判决提出上诉。理由为：

第一，被诉侵权商品上的标识系商标意义的使用。"三国杀"作为上诉人原创的游戏名称，具有产品和品牌混合的属性，具有指示商品来源的意义，并没有通用化，不属于通用名称。三国杀游戏经过长期经营和宣传推广，已经与原告建立了唯一且紧密的联系，是上诉人独家经营的卡牌游戏产品，市场上并未形成多家主体共同经营"三国杀"的市场格局。"三国杀"属于上诉人独家特有的游戏名称，一审法院关于"正当使用"的认定无疑将导致上诉人对于该特有名称的合法权利受到损害。

第二，上诉人的"三国杀"品牌具有很高的市场知名度，被上诉人销售的侵权商品上的标识与上诉人的注册商标构成近似，足以使相关公众产生误认。

故上诉人请求二审法院：①依法撤销一审判决，纠正一审判决关于"在'三国杀'系一款游戏名称的前提下，该标识更多地会成为相关公众选择游戏种类的依据而非区别来源的依据，即该标识的使用并非一种商标性使用""原告的商品事实上成为'三国杀'牌三国杀"的错误认定；②依法撤销一审判决，改判被控侵权产品均侵害原告注册商标专用权。

## 二审查明事实

对于一审认定的事实，二审法院予以确认。另外，根据上诉人在二审阶段提交的证据，包括为证明"三国杀"商标知名度和显著性的合同与公证文书，二审认定事实有：（1）2010～2014 年，边锋公司的"三国杀"产品获得一系列荣誉。（2）在中国期刊网上将检索条件设定为标题中含有"三国杀"且全文中含有"桌游"或"桌面游戏"，得到 13 篇报道，其中 9 篇均直接指向上诉人，剩余 4 篇为市场主体；将检索条件设定为标题中含有"三国杀"且全文中含有"桌游"或"桌面游戏"，且不含"边锋"或"游卡桌游"，且含有"腾讯"或"趣玩"，搜索结果为零。（3）登录百度网站以"三国杀"作为关键词搜索结果，搜索到约 100000000 个结果。打开前 3 页、第 10 页、第 14 页、第 18 页搜索结果，均指向上诉人的商品或服务，要么就是上诉人、边锋公司或者上诉人联运网站。（4）登录淘宝网站，以"三国杀"为关键词进行搜索，找到共 100 页、约 2.5 万件宝贝，在第 1 页、51 页、75 页、100 页中随机点击宝贝链接显示，网店销售商品来源于或者声称来源于上诉人或边锋公司。（5）2011～2014年，上诉人针对"三国杀"品牌与大众网络报等20余家公司签订了合同进行产品推广、广告发布和联合运营等活动。

**二审判决及理由**

　　该案中，一审法院认为虽然"三国杀"系游戏名称与商标的重合，但"三国杀"本身更容易成为消费者选择游戏种类而非识别商品来源的标识，即"三国杀"的使用一般不会是商标意义的使用。二审法院认为，商品名称可区分为通用名称和特有名称，对于某标识（包括商品名称）是否更容易成为消费者选择商品种类而非识别商品来源的标识之认定，应建立在有充分证据证实的基础上，并以此来确定商标的保护范围。在游戏领域，开发者在开发一款游戏时会为该游戏赋予一个"名称"，该"名称"往往同时作为商标使用，也暗含了该款游戏的规则和玩法，但并不能以该"名称"所代表的游戏具有相应的规则和玩法，或者认为"名称"与商标重合，就对该已被注册为商标的"名称"的保护范围有所限缩，除非有证据证明该"名称"已经成为通用名称。正因为该案中"三国杀"系商标与"名称"之重合，在判断是否为商标意义的使用时，应从被诉标识的使用方式、被诉侵权人的使用意图、现有市场格局及其所能证实的"三国杀"系通用名称或特有名称之事实等因素来考量。虽然前述任何一个因素在该案商标意义的使用认定上不起决定性的作用，但可以综合前述因素对该案中是否为商标意义的使用作出认定……综上，在该案中，在  商标基于权利人较长时间使用具有了较高显著性并能与商标权人形成唯一对应关系、没有证据证明除权利人外有其他市场主体合法使用"三国杀"商品名称或标识、被诉侵权人在商品上突出使用与诉请保护的商标相同或近似的标识且不标注任何生产者信息的情况下，可以认定该使用起到了识别商品来源的作用，系商标意义的使用。一审法院认为" "" "" "的使用并非商标意义的使用的认定不当，二审法院予以纠正。上诉人关于该案被诉商品上四枚标识的使用构成商标意义上的使用的上诉理由有事实依据，二审法院予以支持。

## 承办律师办案心得

　　该案权利人一方为知名游戏"三国杀"的开发者和运营者，其拥有第28类"卡牌"等商品上"三国杀"注册商标专用权。被告是一文具店经营者，其从某批发市场上买入被控的4款"三国杀"卡牌并在店内销售，4款被控商品外包装上使用的标识有一款与原告的注册商标一模一样，另外3款则属于近似商标。但是一审法院只部分支持了原告诉请，认为与原告商标一模一样的那款被控商品构成侵权，其余3款则不构成侵权。在一审部分败诉的情况下，权利人找到笔者，希望笔者能够代理二审。经快速分析，笔者认为，这本来是一起普通的维权诉讼，案情也并不复杂，但是一审判决中的判决理由中出现了一句令权利人的"三国杀"品牌可能遭遇灭顶之灾的观点："在'三国杀'系一款游戏名称的前提下，该标识更多地会成为相关公众选择游戏种类的依据而非区别来源的依据，即该标识的使用并非一种商标性使用"。说得严重些，一审上述措辞可能给权利人注册商标造成的损害远比该案中被控侵权人给权利人涉案注册商标造成的损害要深远，因为被控侵权人的行为不过是销售了一批仿冒产品，而一审判决书的上述认定却直接以司法文书的方式，在未经证明的情况下，剥夺了权利人合法注册并仍旧发挥着识别功能的商标的识别功能。因此有必要上诉请求二审纠正一审判决的上述措辞。

故，在二审阶段，笔者作为上诉人游卡公司的代理人，收集并提供了大量证据，包括网络保全公证、合同文书、荣誉证书等证据，对一个本应由一审被告提出抗辩并加以证明、一审被告并未主张也并未举出任何证据证明的主张，即"三国杀是通用名称"，提出反驳，证明"三国杀不是通用名称"。最终，二审法院支持了笔者的主张，即在"三国杀"这款游戏名称由上诉人原创并由上诉人及其关联公司独家经营、独家合法使用的情况下，他人无权将其作为商标或是游戏名称用在自己生产的游戏上；司法机构也不应当在没有充分的证据证明的前提下就认定他人对"三国杀"标识的使用是"非区别来源"的使用，否则等同于割裂上诉人的"三国杀"标识与其所服务的"三国杀"游戏之间的联系，损害"三国杀"商标的识别功能以及上诉人对于这种识别功能所保有的合法权益。

代理人二审阶段提交了近两万余字的代理词，该案的二审判决文书也相当精彩，对于代理词的论证思路以及相当部分的措辞进行了采用，对于同类案件的审理具有极佳的借鉴意义。

该案被评为湖南省高级人民法院发布的"2015年度湖南省知识产权司法保护十大典型案例"。

## 代理词节选

一、一审判决关于"在'三国杀'系一款游戏名称的前提下，该标识更多地会成为相关公众选择游戏种类的依据而非区别来源的依据，即该标识的使用并非一种商标性使用""原告的商品事实上成为'三国杀'牌三国杀"等表述系事实认定错误，法律适用错误。理由如下：

（一）程序上违反了不告不理原则。被上诉人即一审被告在一审中并未提出通用名称之正当使用的抗辩，也没有提出任何足以证明"三国杀"是通用名称的证据，一审法院便径直作出上述相关认定，系认知错误，且有违司法公正。

尽管一审判决未指出作出上述认定的实体法依据，但不难看出，一审作出该认定无非是依据《商标法》第59条"注册商标中含有的本商品的通用名称、图形、型号，或者直接表示商品的质量、主要原料、功能、用途、重量、数量及其他特点，或者含有的地名，注册商标专用权人无权禁止他人正当使用"之规定，简称"通用名称或者通用术语抗辩"，即在涉案注册商标构成通用名称的情况下停止侵害请求权不成立的抗辩。然

著作权案例

专利权案例

商业标识案例

其他案例

而，无论是按照民事诉讼法的基本原理，还是按照我国现行民事诉讼法的规定，主张抗辩的一方当事人就该抗辩规范的事实的存在承担举证责任。《民事诉讼法》（2012 年修订）第 64 条规定"当事人对自己提出的主张，有责任提供证据。"《最高人民法院关于适用〈民事诉讼法〉的解释》（2015 年 2 月 4 日起施行）第 91 条则通过引入关于举证责任分配理论的"要件事实说"这一理论通说，将"谁主张谁举证"的规定细化为："人民法院应当依照下列原则确定举证证明责任的承担，但法律另有规定的除外：（一）主张法律关系存在的当事人，应当对产生该法律关系的基本事实承担举证证明责任；（二）主张法律关系变更、消灭或者权利受到妨害的当事人，应当对该法律关系变更、消灭或者权利受到妨害的基本事实承担举证证明责任。"因此，要援引《商标法》第 59 条的"通用名称或通用术语抗辩"，应当由抗辩提出者一方对该抗辩产生的要件事实，或者对侵权请求权受到妨害的基本事实承担举证证明责任。该案中，"三国杀"为上诉人合法有效的注册商标，国家商标局在审查过程中已经对该商标的显著性进行了实质性审查，其核准注册颁发注册证这一事实便足以推定该商标为具有显著性的、能够发挥注册商标应有的识别商品来源作用的商标标识。如果有人对该商标的显著性提出质疑，那就应当加以举证证明。在注册商标效力的持续过程中，如果有人主张该注册商标已经成为通用名称，也必须加以举证证明。然而，该案中，一审被告的答辩理由仅为"其对产品的特性不清楚，不知是否侵权，且原告公司商标与其销售的'杀三国'的产品上的标识完全不一致"，因此一审法院在被告未提出关于通用名称的抗辩主张，亦未进行任何举证的情况下作出上述认定，不仅违背客观事实，缺乏法律根据，而且有违司法公正。

（上海市协力律师事务所傅钢律师、尹腊梅律师，
该案二审阶段上诉人游卡公司代理人）

## 媒体报道

# "金骏眉"商标异议行政复审案

## ——武夷山市桐木茶叶有限公司与国家工商行政管理总局商标评审委员会行政复议纠纷案

**原告（上诉人）：** 武夷山市桐木茶叶有限公司（以下简称"桐木公司"）

**被告（被上诉人）：** 国家工商行政管理总局商标评审委员会（以下简称"商评委"）

**第三人：** 福建武夷山国家级自然保护区正山茶业有限公司（以下简称"正山公司"）

**一审法院：** 北京市第一中级人民法院

**一审案号：** （2013）一中知行初字第 894 号

**一审合议庭成员：** 饶亚东、郭伟、郭灵东

**一审结案日期：** 2013 年 7 月 25 日

**二审法院：** 北京市高级人民法院

**二审案号：** （2013）高行终字第 1767 号

**二审合议庭成员：** 张雪松、周波、戴怡婷

**二审结案日期：** 2013 年 12 月 12 日

**案由：** 行政复议

**关键词：** 注册商标，通用名称，集体商标，地理标志

**涉案法条**

《商标法》第 10 条第 1 款第 8 项，第 11 条第 1 款第 1～2 项

**争议焦点**

第 53057 号裁定的合法性。

## 审判结论

一审法院认为，在案证据不足以证明"金骏眉"为商品的通用名称，也不足以证明涉案商标存在违反社会主义道德风尚的情况，因此驳回了原告的诉请。

二审法院认为，尽管在案证据无法证明注册商标申请时，"金骏眉"已经是通用名称，但足以证明作出被诉裁定时，"金骏眉"已经成为通用名称；同时被诉裁定存在程序瑕疵，最终判决撤销一审判决和被诉裁定，要求商评委重新作出裁定。

## 起诉及答辩

原告桐木公司因不服被告商评委作出的商评字〔2012〕第53057号关于第5936208号"金骏眉"商标异议复审裁定（以下简称"第53057号裁定"），向一审法院起诉。原告认为第53057号裁定违反法定程序，认定事实不清，证据部分不足，请求法院依法撤销，并判令被告重新作出裁定。

被告商评委答辩称，第53057号裁定依据充分，认定事实清楚，适用法律正确，符合法定程序，请求人民法院予以维持。

第三人正山公司述称，被异议商标由第三人创造并首先使用在第30类茶等商品上，具有独特的显著性，未表示商品的主要原料，也不是任何商品的通用名称，不会产生不良影响，请求法院维持第53057号裁定。

## 事实认定

桐木公司于2007年2月26日申请"金骏眉JinJunMei"商标，原国家工商行政管理总局商标局（以下简称"国家商标局"）以"金骏眉"是红茶的一种品种，作为商标直接表示了本商品的品种名称和原料特点为由予以驳回，桐木公司未申请复议，现已生效。

正山公司于2007年3月9日申请第5936208号"金骏眉"商标（以下简称"被异议商标"），指定使用商品为第30类3002类似群组的茶、冰茶、茶饮料、茶叶代用品。国家商标局经审查，于2009年6月23日作出商标驳回通知书，被异议商标不予核准注册。正山公司不服，向商评委提出复审。2009年12月7日，商评委认定被异议商标可以起到区分商品来源的作用，不会误导公众，予以初步审定。在公告期内桐木公司向国家商标局提出异议申请，国家商标局经审查作出（2012）商标异字第42778号"金骏眉"商标异议裁定书（简称"第42778号裁定"），认为"金骏眉"不是红茶的品种名称，亦未直接表示商品的主要原料、特点、不会导致消费者的误认，裁定被异议商标予以核准注册。

桐木公司不服国家商标局的第42778号裁定，向商评委提起复审。2013年1月4日，商评委作出第53057号裁定，认为：该案中，在案证据尚不足以证明"金骏眉"已成为本商品的通用名称或仅仅直接表示商品主要原料的标志，故被异议商标的注册或使用未违反《商标法》第11条第1款第1~2项的规定。桐木公司提交的证据不足以证明被异议商标具有有害社会主义道德风尚或妨害公共秩序的情形，故被异议商标不属于《商标法》第 10 条第 1 款第 8 项规定的情形。商标授权案件审理遵循个案原则,对桐木公司关于国家商标局商标审查和异议程序中不同审查标准的主张,不予支持。裁定被异议商标予以核准注册。

另查,2004 年 6 月 1 日实施的《中华人民共和国农业行业标准》(NY/T 780—2004)、2008 年 10 月 1 日实施的《中华人民共和国国家标准》(GB/T 13738.1—2008)均将红茶分为红茶碎、工夫红茶、小种红茶。

庭审中,桐木公司认可其未提交证据证明在被异议商标申请日前"金骏眉""银骏眉"为茶商品上的通用名称。

## 一审判决及理由

一审法院认为:正山公司地处"正山小种红茶"的发源地,其法定代表人江元勋先生是"正山小种红茶"的世家传人。从 2004 年开始,正山公司开始对"正山小种红茶"的制茶工艺进行探索研究,由于干茶条型似眉毛状,且制作茶师名字中带有"骏"字,正山公司将此茶取名为"骏眉",同时,又根据茶叶的品质及采摘标准的不同,将其分为金骏眉、银骏眉、铜骏眉三个等级。桐木公司主张被异议商标中"金"表示产品等级,"眉"为茶青原料形状似眉毛,表示了商品的质量、原料特点的主张缺乏事实依据。因此,被异议商标"金骏眉"不违反《商标法》第 11 条第 1 款第 2 项的规定。

同时,在案提交的国家标准、地方标准、行业标准均未将"金骏眉"作为商品的通用名称予以收录,因此,"金骏眉"不是茶叶的法定通用名称。而地理标志是指标示某商品来源于某地区,该商品的特定质量、信誉或者其他特征,主要由该地区的自然因素或者人文因素所决定的标志。"金骏眉"不能起到标示商品原产地域及相关特征的功能,不属于《商标法》规定地理标志的范畴。根据在案证据,在行业协会中,均没有将"金骏眉"作为红茶的一种约定俗称的名称。而且,有关茶叶的国家标准、行业标准以及专业书籍、辞典和茶史记载中均没有记载"金骏眉"为茶叶的品种的内容。桐木公司主张"金骏眉"属于约定俗成的茶叶名称的内容缺乏事实依据。

虽然,2011 年 3 月 11 日《武夷红茶地理标志产品保护专家审查会陈述报告》中将奇红分为金骏眉、银骏眉等品种,但是,该陈述报告的形成时间晚于被异议商标申请日,且此报告仅为当地政府从保护当地经济发展角度提出的意见陈述,不能证明"金骏眉"已经成为红茶的通用名称。至于其他茶企在产品外包装上使用"金骏眉"名称的情况,不能证明其他茶企使用他人的劳动成果后,"金骏眉"必然就成为茶叶的通用名称。而且,个别媒体将"金骏眉"称为茶叶的通用名称也缺乏事实依据。桐木公司认为正山公司没有将"金骏眉"作为商标使用以及行业内相关公众已将"金骏眉"作为茶叶产品的通用名称普遍使用的主张缺乏事实依据。

"金骏眉"文字本身并没有任何消极的含义,不违反《商标法》第 10 条第 1 款第 8 项的规定。

综上，桐木公司在诉讼中提交的证据不足以导致应当撤销第53057号裁定。判决：驳回桐木公司的诉讼请求。

## 上诉理由

桐木公司不服一审判决，提起上诉。其主要理由为：第一，"金骏眉"由阎翼峰、张孟江、马宝山三位茶客取名，取茶师梁骏德名字中的"骏"字，茶叶外形似眉，原料选用高山峻岭中的正山小种的嫩芽，极其珍贵，故取"金"字，因而得名"金骏眉"。即使能够证明正山公司首先向市场出售正山牌金骏眉产品，也并不等于金骏眉产品名称由正山公司首创，两者有本质区别，一审判决认定事实并不准确；第二，大量证据证明"金骏眉"最初以产品名称方式诞生并演变为产品通用名称。被异议商标并未获准注册，"金骏眉"是否系商品通用名称应当以目前法院审理期间的事实状态为依据。一审判决仅强调桐木公司是否有证据证明正山公司申请注册被异议商标之时"金骏眉"为通用名称，并未审查法院审理期间的事实状态。相关公众普遍认为"金骏眉"指代一类有别于其他红茶的新产品而非用以区别红茶来源。经过多年来市场发展，"金骏眉"已经演变为法定通用名称，并被消费者、茶商等普遍认同为一种红茶新产品，从而演变为约定俗成的通用名称。

## 二审查明事实

二审法院确认一审查明的相关事实。并补充查明以下事实：

正山公司提交了相关证据显示"金骏眉"系作为茶叶产品名称加以使用；正山公司明确表示被异议商标若获准注册，将授权武夷山市茶业同业公会永久、无偿、独占管理被异议商标。

桐木公司补充提交了四组证据：在北京、上海、武夷山、建瓯、福州茶叶市场中茶商均将"金骏眉"作为茶叶名称使用的证据；报纸、期刊等出版物将"金骏眉"作为茶叶名称使用的证据；正山公司关于"金骏眉"的使用情况；有关"金骏眉"由来的证据。

## 二审判决及理由

二审法院认为，审查判断诉争商标是否属于通用名称，一般以提出商标注册申请时的事实状态为准。如果申请时不属于通用名称，但在核准注册时诉争商标已经成为通用名称的，仍应认定其属于本商品的通用名称；虽在申请时属于本商品的通用名称，但在核准注册时已经不是通用名称的，则不妨碍其取得注册。

该案中，截至第53057号裁定被作出的2013年1月4日，"金骏眉"并未被我国相关法律或者国家标准、行业标准作为商品的通用名称使用，因此，依据现有证据，不能认定"金骏眉"为茶等商品的通用名称。

根据相关证据，正山公司是将"金骏眉""作为一种红茶"进行商标注册的。但是，商品通用名称的形成，除法律规定或者国家标准、行业标准的规定外，主要依赖于市场的客观使用情况，因此，商品通用名称的认定并不能单纯或者仅仅依据某一特定市场主体的使用情况而加以认定，只有该商品所在领域的相关公众均使用该名称指代该商品时，才能认定该名称为该商品的通用名称。该案中，被异议商标于 2007 年 3 月 9 日申请注册，现有证据未证明此日之前除正山公司外，其他市场主体使用"金骏眉"这一名称指代某一类茶商品，也未能证明茶商品领域中的相关公众将"金骏眉"作为商品名称加以识别和对待，因此，依据现有在案证据，不能证明在被异议商标申请注册时，"金骏眉"已被相关公众作为茶等商品的通用名称加以识别和对待，故不能认定在被异议商标申请注册时，"金骏眉"属于茶等商品的通用名称。

但是，综合正山公司和桐木公司提供的相关证据，足以证明在第 53057 号裁定被作出时，"金骏眉"已作为一种红茶的商品名称为相关公众所识别和对待，成为特定种类的红茶商品约定俗成的通用名称。因此，基于第 53057 号裁定被作出时的实际情况，应当认定被异议商标的申请注册违反了《商标法》第 11 条第 1 款第 1 项的规定。第 53057 号裁定和一审判决的相关认定错误，二审法院予以纠正。桐木公司的相关上诉理由成立，二审法院予以支持。此外，在《商标法》的框架下，商品商标与集体商标从性质、功能等方面均是完全不同的，不应混为一谈。如果某一商标标志将确定地成为集体商标性质的商标而由某一团体、协会的成员使用，则其将因丧失区分商品或者服务来源的识别作用，而不应作为商品商标被加以注册。

该案中，在案证据表明，在国家商标局及商评委作出有关被异议商标申请注册的相关裁定前，正山公司已与武夷山市茶业同业公会签订了"金骏眉"商标使用许可合同并得到当地政府的确认、支持。这一合同的履行将使被异议商标丧失商品商标的一般性质而成为具有集体商标性质的商标。《商标法》明确规定了注册商标的不同种类，商标注册应当按照《商标法》明确设定的商标种类和相应程序进行，不能将不同种类的注册商标混淆在一起而加以注册。因此，基于上述事实，该案被异议商标亦不应当被予以核准注册。

综上，一审判决认定事实不清，适用法律错误，桐木公司的部分上诉理由成立，二审法院对其上诉请求予以支持。二审法院最终判决如下：

（1）撤销北京市第一中级人民法院（2013）一中知行初字第 894 号行政判决；

（2）撤销商标评审委员会商评字〔2012〕第 53057 号关于第 5936208 号"金骏眉"商标异议复审裁定书；

（3）商标评审委员会就桐木公司针对第 5936208 号"金骏眉"商标提出的异议复审申请重新作出裁定。

 ## 承办律师办案心得

我出生于武夷山麓，对这里的茶、对这里的茶农有着特殊的情感。当武夷山的一位朋友找到我，问我是不是愿意接这个案件，我听了他的陈述以后，觉得这是个涉及广大茶农利益的大事，马上就同意了。接手这个案件后，我抽调了资深商标代理人孙静怡先提出商标异议复审申请，复审申请期间，我们也在不断更新与收集证据，做好复审之后行政诉讼的准备，复审结果很快就下来了，并没有支持我们的请求。之后我们提起了行政诉讼，然而，北京市第一中级人民法院并没有接受我们的诉讼请求，这个时候的压力是很大的，许多茶厂联系我们，告诉我们问题的严重性，如果金骏眉成为一个厂家的注册商标那将意味着其他厂家将不再能够使用这个名称。为了二审时能够有更大的把握改变一审的判决，我们仔细研究了商评委的复审决定，仔细分析了一审判决的内容。经过讨论，我们确定了突破点，即认定通用名称的时间点，这是一个关键，根据最高人民法院司法解释，"人民法院审查判断诉争商标是否属于通用名称，一般以提出商标注册申请时的事实状态为准。如果申请时不属于通用名称，但在核准注册时诉争商标已经成为通用名称的，仍应认定其属于本商品的通用名称。"2013 年 1 月 4 日，商评委裁定金骏眉、银骏眉商标予以核准注册。上诉人不服该裁定提起了行政诉讼，上述核准注册的裁定至今尚未生效。因而，一审法院以上诉人不能举证证明在第三人申请之前（2007 年 3 月之前）金骏眉、银骏眉成为商品通用名称为由驳回一审诉讼请求，完全错误。法院应以 2013 年 1 月，尤其是法院目前审理阶段的客观事实状态，判断金骏眉、银骏眉是否已经成为商品通用名称，如果是，就应认为属于该商品通用名称，从而驳回第三人的注册商标申请。我们以此为突破口，围绕这个问题，重新梳理了证据。这一定位，将直接降低我们的举证难度。

为了使案件的承办法官更加了解该案的重要性，我几次去武夷山，和当地茶农、制茶师交流，了解当时金骏眉产生的故事，并通过当地的茶农找到了手抄《骏眉令》，根据这些线索，我们也联系到了当时起名的三位北京茶客，他们的陈述在该案中起到了关键的作用。为了证明在诉讼阶段金骏眉已经属于通用名称，我们安排律师奔赴全国各地有影响力的茶城进行公证取证，最终二审法院采纳了我们的观点，这个案件在茶叶界引起了巨大的反响，后来入选了"北京法院 2013 年度知识产权司法保护十大典型案例"、最高人民法院"2013 年中国法院知识产权司法保护十大案件"。

一、"金骏眉"由张孟江、阎翼峰、马宝山首先命名

《骏眉令》形成于乙酉年二春（2005 年 6 月），是记载"金骏眉"命名由来的最早资料。《骏眉令》由张孟江执笔，由张孟江、阎翼峰、马宝山三位共同署名。《骏眉令》手稿、张孟江的博文《骏眉令（繁篇）》、杂志《问道·武夷茶》等媒体的相关报道都可以证明《骏眉令》的客观存在及其内容的客观性。

值得强调的是，金骏眉茶叶虽然首先在第三人试制，但金骏眉茶叶的首次命名者不是第三人。第三人正是利用金骏眉由其首先试制的事实，从此对外虚假宣称金骏眉由其首先命名，使很多不明真相的人员信以为真，被其误导、欺骗。例如，2009 年 7 月 22 日，海峡两岸茶业交流协会出具证明，证明第三人"首次分三个档次分别命名为金骏眉、银骏眉和铜骏眉。根据第三人二审提交的证据"海峡两岸茶业交流协会简介"，海峡两岸茶业交流协会成立于 2008 年 10 月，晚于金骏眉 2005 年 6 月首次命名的时间。这样的

一个协会如何有资格证明 2005 年是由第三人首次命名金骏眉？又如，2011 年 7 月 29 日，中国茶叶流通协会出具了证明，证明第三人"首次分三个档次分为金骏眉、银骏眉和铜骏眉"。明显的不同是，中国茶叶流通协会并不认为第三人进行了"首次命名"，而是"首次分三个档次"。可见，除了第三人自我标榜为金骏眉的首次命名者外，他人都是根据第三人的虚假自述或者海峡两岸茶业交流协会的 2009 年的虚假证明以讹传讹罢了。

可见，金骏眉在命名之初即指向一种高端红茶名称，该名称并未由第三人首创，也从未由其独家使用。张孟江、阎翼峰、马宝山作为金骏眉的最先命名者、研制首倡者，从未主张任何所有权、专有权，也从未授予第三人享有独家使用权，而是在 2005 年、2006 年无偿分发给桐木村其他茶农、茶企并自此之后由桐木茶农共同使用。张孟江在博文《醒言》中也强调："莫忘夷之山脉另外之茶农尚贫，它省脉岭茶农亦穷。望依'骏眉'而富之人，怀德而慎思、善行，出本山入它山，在丹霞之脉，授以术而施财，令贫之众茶农重尔等致富之路，做大德之人，切莫为注册'金骏眉'商标之小技而失和、伤脑，招天怒人怨，怠且有碍国之茶复兴出国门之始略。吾不期见。"

二、"金骏眉"在长期使用过程中始终作为一种高端红茶的新品种名称，并已演变为商品通用名称，不再具有显著性

（一）判断"金骏眉"是否属于商品通用名称的时间标准应当是商标核准注册之时，即目前法院审理阶段的客观事实

《最高人民法院关于审理商标授权确权行政案件若干问题的意见》规定："人民法院审查判断诉争商标是否属于通用名称，一般以提出商标注册申请时的事实状态为准。如果申请时不属于通用名称，但在核准注册时诉争商标已经成为通用名称的，仍应认定其属于本商品的通用名称。"2013 年 1 月 4 日，被上诉人获裁定"金骏眉"商标予以核准注册。上诉人不服该裁定提起了行政诉讼，上述核准注册的裁定至今尚未生效。因而，一审法院以上诉人不能举证证明在第三人申请之前（2007 年 3 月之前）"金骏眉"成为商品通用名称为由驳回一审诉讼请求的决定完全错误。法院应以 2013 年 1 月，尤其是法院二审审理阶段的客观事实状态，判断"金骏眉"是否已经成为商品通用名称。

（二）"金骏眉"具备商品通用名称的广泛性特征

（1）从地域角度而言，根据上诉人的举证，在法院审理阶段，至少是在 2013 年，不仅来自武夷山的茶企、茶农，晋江、厦门、福州、杭州、安溪、深圳、广州、北京、泉州、黄山、揭阳、上海、建瓯等地的茶企均将"金骏眉"作为商品名称与正山小种、大红袍、铁观音等其他茶叶商品名称并列使用。

（2）从销售渠道而言，根据上诉人的举证，在法院审理阶段，至少是在 2013 年，不仅来自全国各大主要网络销售渠道以及全部网店，例如天猫、京东、淘宝、亚马逊等，都将"金骏眉"作为茶叶商品名称使用，而且在全国各大茶叶批发市场的茶企，例如北京马连道茶叶市场，上海大宁国际茶城，福州、武夷山、建瓯等地大街小巷中的茶叶专卖店，都将"金骏眉"作为商品名称与正山小种、大红袍、铁观音等其他茶叶商品名称并列使用。

著作权案例

专利权案例

商业标识案例

其他案例

（3）从社会媒体出版物而言，根据上诉人的举证，"金骏眉"始终被作为红茶新品种名称使用；此外，即使是第三人提交的中国茶叶流通协会、海峡两岸茶业交流协会、武夷山市茶业局出具的三份证明，同样认可"金骏眉"是红茶新品种名称。

可见，不仅在金骏眉的发源地武夷山，北至北京、哈尔滨，南至深圳、广州等全国范围，不论是报纸、杂志、图书、电视媒体，不论是科研机构、行业协会、政府部门、评优组织，不论是互联网销售渠道还是大街小巷的茶叶批发市场、专卖店，只要提及"金骏眉"，无一例外将其作为红茶的产品名称使用。

（三）"金骏眉"作为商品通用名称具有规范性特征

2010年4月5日，金骏眉的命名者张孟江发表博文《吾界金骏眉等茶之新品》，提出金骏眉具有四个特征：①茶叶来源于武夷山所处之特定经度、纬度；②具有远古海洋之地质及较高海拔之地貌；③灌生于小叶种茶树；④参照古今制茶法之优化组合。

2010年8月4日，武夷山市人民政府在《关于将福建武夷山市武夷红茶列为地理标志产品保护的请示》中，将金骏眉红茶定义为："由采摘于海拔500米以上的武夷山的原生型小种红菜茶系列以及一些适合制作金骏眉的品种的牙尖，结合正山小种传统工艺而不用松材熏培制作而成，外形细小而紧秀，略呈卷曲状"，并对金骏眉红茶的制作工艺作了规定。

2011年12月31日，福建省质量技术监督局发布的《地理标志产品　武夷红茶》以规范奇红的方式，对金骏眉的采摘、茶青、制作工艺、感官品质等作了全面、权威的规定。武夷山市人民政府的《关于将福建武夷山市武夷红茶列为地理标志产品保护的请示》《申请武夷红茶地理标志产品保护陈述报告》是对奇红的最权威解释性文件。两份政府文件均指出："奇红是近年出现的武夷红茶新品种，其中含金骏眉、小赤甘、妃子笑等品种。"

与官方对金骏眉规范性定义相呼应，各类其他出版物也对金骏眉作了定义解释，各种表述大同小异，都能体现出金骏眉的采摘特征、茶青产地特征、制作工艺特征，从而区别于其他红茶品种。

（四）第三人始终视"金骏眉"为红茶新品种名称，从未将其作为未注册商标使用

（1）从金骏眉诞生之初看，由于第三人并非金骏眉的首先命名者，真正的命名者张孟江等人更是将《骏眉令》无偿授予武夷山桐木村的各茶企、茶农广泛使用，因而，从金骏眉红茶诞生之初，第三人不仅没有独家使用金骏眉名称，更没有将其作为未注册商标使用，而是将其作为红茶新品种名称使用。

（2）从第三人的金骏眉产品包装看，首先，第三人在"金骏眉"之前冠以"特制"字样，而"特制"表示产品等级，只能修饰产品名称，不可能修饰商标；其次，第三人在产品包装上，载有"品名：金骏眉红茶"字样；再次，第三人在产品包装上，对金骏眉作了如下介绍："金骏眉：正山堂金骏眉是本公司于2005年在正山小种红茶传统工艺基础上，采用创新工艺研发的红茶，它的诞生弥补了国内市场无高端红茶的空白……金骏眉原料采摘于武夷山国家级自然保护区内方圆55平方公里的原生态茶山，手工采摘后由茶师精心制作，每500克金骏眉约需6万~8万颗芽尖。"第三人并没有标注"TM"

字样，而是在同一个产品包装上三处作为产品名称使用"金骏眉"字样。

（3）从第三人法定代表人在媒体上公开发表的观点看，江元勋在《创制人冷思考金骏眉升温》一文（首次发表于2009年7月28日《中华合作时报》）中表述"对于目前金骏眉市场上出现的问题，我认为这是一种市场选择的过程，是金骏眉这种新产品经受市场考验的必然阶段，是不可避免的一个时期。作为金骏眉的研发人之一，我真诚地希望金骏眉能够在一个健康和谐的市场环境中成长。它的成长需要政府、生产者、渠道商、消费者、媒体等多方面的关心和关注。我希望政府尽快制定出金骏眉的行业标准和科学的品质检验流程，同时，生产者和渠道商是金骏眉走向市场的桥梁，我想我们应该摒弃对利益的一味追求，秉承茶人的优良传统，本着为市场制作和提供高品质红茶的原则，来指导自己的生产销售行为。媒体作为社会行为的监督者，应该积极发挥监督报道作用。"显然，第三人认为金骏眉是一种红茶新品种，希望政府尽快"制定出金骏眉的行业标准和科学的品质检验流程"。

（4）从第三人提交的广告费投入证据看，第三人并未就"金骏眉"作为未注册商标投入任何广告费，其广告费全部用于宣传"元正及图"注册商标。

可见，第三人也将"金骏眉"作为红茶新品种名称使用，不仅没有将其作为未注册商标使用，在桐木村多家茶企共同将"金骏眉"作为品种名称使用的大背景下，第三人也不可能独家将其作为未注册商标使用。

综上，"金骏眉"自诞生之初，其名称就作为红茶新品种名称出现，得益于张孟江等人的帮助，其名称的使用、茶青原料、制作工艺等都为武夷山市桐木村茶农、茶企所共享，从未被第三人一家独有，经历了大家多年共同推广之后，"金骏眉"已经演变为在全国范围内、行业内外约定俗成的商品通用名称。尽管单独一家茶企、单独一份证据、单独一家媒体不能证明金骏眉属于商品通用名称，但综合上述来自全国各地网店、大型茶叶批发市场，大街小巷茶叶专卖店、天南海北报纸、杂志、图书、电视台媒体的证据，包括第三人自身的使用情况，已经足以证明在2013年1月或者法院审理阶段"金骏眉"属于商品通用名称的客观事实。

（五）金骏眉不具有商标法意义上的显著性

商业标识具有显著性，方能注册为商标，但其显著性并非一成不变，而是处于动态发展变化的过程中。一项具有显著性的商业标识，可能由于演变为商品通用名称而淡化为不再具有显著性，例如"U盘"；一项不具有显著性的商业标识，可能由于实际使用、广泛宣传而逐渐演变为具有显著性特征，例如"小肥羊"注册商标。

该案中，第三人从未将"金骏眉"作为未注册商标进行使用或者宣传推广，而是始终将其作为红茶新品种名称使用、推广。"金骏眉"作为红茶新品种名称诞生，很快就成为全国范围内广为人知的商品通用名称，并且具备了区别于其他红茶品种的特定内涵。"金骏眉"虽然具备区别于其他注册商标的符号识别力，但从未具备区别红茶产品生产销售来源的功能，是用于区别其他传统红茶品种的新品种名称。

综上所述，"金骏眉"作为红茶新产品名称在首创之初，被用于区别其他传统红茶产品，并非区别红茶来源。经过多年的市场发展，"金骏眉"已经演变为约定俗成的商品通用名称，具有商品通用名称的广泛性和规范性特征。"金骏眉"从未作为未注册商标具有区别红茶产品来源的功能，从未与第三人建立识别商品来源的特定联系。

三、一审法院未依照《行政诉讼法》第 54 条第 2 项和第 3 项撤销被上诉人原裁定，二审法院予以了纠正

《行政诉讼法》第 54 条规定，具体行政行为违反法定程序的，判决撤销或者部分撤销。被上诉人作出的商标异议复审裁定，不仅属于行政救济措施，同样属于具体行政行为。上诉人主张"金骏眉"属于商品通用名称，不仅属于代替公众对行政行为进行监督，也是为了维护自身的合法民事权利（一旦"金骏眉"成为第三人的注册商标，必将侵害上诉人合法、自由使用"金骏眉"通用名称的权利）。上诉人在复审阶段举证期限内，不仅提交了大量新的证据，而且对第三人在复审期间提交的答辩意见及其证据提出了质疑。被上诉人不仅没有依法听取上诉人的质证意见和补充证据，而且采纳了未经质证的第三人证据和意见。商评委在给桐木公司指定的质证期限尚未届满的情况下，即于 2013 年 1 月 4 日作出裁定，显属程序错误，依法应当纠正。一审判决虽然指出了该程序违法之处，但未予纠正。二审法院认为，商评委应当在重新作出复审裁定时，对上述程序方面的错误一并予以纠正，以充分保障当事人依法享有的程序性权利。

## 代理词节选

二、金骏眉、银骏眉在长期使用过程中始终为一种高端红茶的新品种名称，并已演变为商品通用名称，不再具有显著性

1. 判断金骏眉、银骏眉是否属于商品通用名称的时间标准应当是商标核准注册之时，即目前法院审理阶段的客观事实

《最高人民法院关于审理商标授权确权行政案件若干问题的意见》规定："人民法院审查判断诉争商标是否属于通用名称，一般以提出商标注册申请时的事实状态为准。如果申请时不属于通用名称，但在核准注册时诉争商标已经成为通用名称的，仍应认定其属于本商品的通用名称。"2013 年 1 月 4 日，被上诉人裁定金骏眉、银骏眉商标予以核准注册。上诉人不服该裁定提起了行政诉讼，上述核准注册的裁定至今尚未生效。因而，一审法院以上诉人不能举证证明在第三人申请之前（2007 年 3 月之前）金骏眉、银骏眉成为商品通用名称为由驳回一审诉讼请求是完全错误的。法院应以 2013 年 1 月，尤其是法院目前审理阶段的客观事实状态，判断金骏眉、银骏眉是否已经成为商品通用名称，如果是，就应认为属于本商品通用名称，从而驳回第三人的注册商标申请。

2. 金骏眉、银骏眉具备商品通用名称的广泛性特征

1）从地域角度而言，根据上诉人的举证（见一审证据二组、二审证据一组），在法院审理阶段，至少是在 2013 年，不仅来自武夷山的茶企、茶农，晋江、厦门、福州、杭州、安溪、深圳、广州、北京、泉州、黄山、揭阳、上海、建瓯等地的茶企均将金骏眉、银骏眉作为商品名称与正山小种、大红袍、铁观音等其他茶叶商品名称并列使用。

2）从销售渠道而言，根据上诉人的举证（见一审证据二组、二审证据一组），在法院审理阶段，至少是在2013年，全国各大主要网络销售渠道以及全部网店，例如天猫、京东、淘宝、亚马逊等，都将金骏眉、银骏眉作为茶叶商品名称使用，而且在全国各大茶叶批发市场的茶企，例如北京马连道茶叶市场，上海大宁国际茶城，福州、武夷山、建瓯等地大街小巷中的茶叶专卖店，都将金骏眉、银骏眉作为商品名称与正山小种、大红袍、铁观音等其他茶叶商品名称并列使用。

3）从社会媒体出版物而言，根据上诉人的举证（一审证据2-5、2-7、2-11、2-12、2-64、2-65、2-66、2-67、2-68，二审证据2-1、2-2、2-3、2-4），金骏眉、银骏眉始终被作为红茶新品种名称使用，具体为：

2007年10月出版，杂志《海峡茶道》的《武夷桐木关红茶四大"当家花旦"大会演》一文；

2009年4月出版，杂志《海峡茶道》的《满城尽是"金骏眉"》一文；

2009年7月2日，《茶周刊》的《福建首次涉茶产业评选圆满结束》一文；

2009年7月25日，《法制今报》的《骏眉极品出骏德，正本清源入正山——武夷山自然保护区顶级红茶"骏眉梁"探源》一文；

2009年8月10日，《福建日报》的《金骏眉，缘何身价过万》一文；

2009年8月14日，《东方卫报》的《天价红茶"金骏眉"，南京根本没货》一文；

2009年8月出版，杂志《中华文化画报》的《桐木红茶》一文；

2009年9月出版，杂志《问道·武夷茶》的《武夷山骏德茶厂》一文；

2009年9月24日，《厦门日报》的《售价过万，"金骏眉"成茶叶神话》一文；

2009年10月24日，《闽北日报》的《金骏眉，缘何身价过万》一文；

2009年11月19日，《中国食品报》的《红茶热炒刺痛商家"金骏眉"身价暴跌2/3》一文；

2009年11月出版，杂志《问道·武夷茶》的《金骏眉由来考》一文、《金骏眉调查问卷》一份；

2009年12月30日，《闽东日报》的《寿宁"金骏眉"夺魁"中茶杯"》一文；

2010年1月11日，《海峡导报》的《"骏眉之父"梁骏德来厦"泡茶"》一文；

2010年1月11日，《厦门日报》的《正宗"金骏眉"杀入厦门市场》一文；

2010年1月出版，杂志《中国茶叶加工》的《正山小种红茶"金骏眉"的制造技术》一文；

2010年1月15日，《福建工商时报》的《金骏眉拉动了红茶市场却面临退热》一文；

2010年8月30日，《中国食品报》的《厦门红茶市场渐趋理性 金骏眉销量逐降》一文；

2010年8月出版，图书《最新红茶百文百答》的《什么是金骏眉》一文；

2010年9月27日，《中国食品报》的《今年厦门红茶走中低端路线 不复去年满城尽

著作权案例

专利权案例

商业标识案例

其他案例

是"金骏眉"乱局》一文；

2010年9月出版，图书《识茶、泡茶、品茶——茶隐老杨说茶道》的《金骏眉》一文；

2010年10月，杂志《锦绣》的《红茶金骏眉》（作者黄茂军）一文；

2011年1月26日，《中国食品报》的《"金骏眉"神话开始破灭》一文；

2011年6月9日，《中国绿色时报》的《"老根金骏眉"香飘坳头村》一文；

2011年8月出版，杂志《中国茶叶》的《初识茶叶新贵——金骏眉》一文；

2011年9月出版，杂志《中国茶叶》的《2011年全国红茶产销形势分析报告》（作者中国茶叶流通协会）一文；

2012年第24期，杂志《广东农业科学》的《中国红茶2011年产销特点与2012年发展预测》一文；

2012年第11期，杂志《市场瞭望》的《金骏眉的价格乱象》一文；

2012年6月7日，《哈尔滨日报》的《冰城茶香正浓》一文；

2012年8月出版，图书《红茶名品图鉴》的《金骏眉》一文、《银骏眉》一文；

2013年1月出版，图书《舌尖上的中国茶》的《奢华之色——金骏眉》一文；

2013年1月出版，图书《一泡一品好茶香》的《金骏眉 香夺绮罗风》一文；

此外，在历次北京卫视、东南卫视、凤凰卫视、海峡卫视、中央电视台第10频道对梁骏德进行采访报道时，也将金骏眉、银骏眉作为红茶品种名称使用。（见上诉人一审证据2-12）

可见，一审法院所称"个别媒体将金骏眉、银骏眉称为茶叶的通用名称也缺乏事实依据"的观点，荒唐可笑之极。

4）从科研机构、政府机构、奖项评委会认知角度而言，根据上诉人在一审、二审阶段的举证，可证明：

2008年7月16日，中国农业科学院（杭州）茶叶研究所出具《金骏眉品质鉴定意见书》，将金骏眉作为茶叶品种名称使用；

2010年8月4日，武夷山市人民政府在《关于将福建武夷山市武夷红茶列为地理标志产品保护的请示》中，将金骏眉、银骏眉作为武夷红茶产品名称使用；

2010年9月，参加上海世博会名茶评优组委会，颁发给元正牌金骏眉2010年参加上海世博会名茶评优红茶类金奖荣誉，将金骏眉作为茶叶品种名称使用；

2011年3月11日，武夷山市人民政府在《申请武夷红茶地理标志产品保护陈述报告》中，将金骏眉、银骏眉作为武夷红茶产品名称使用；

2011年5月20日，2011中国（上海）国际茶业博览会组委会，颁发给"三港牌"金骏眉金奖荣誉，将金骏眉作为茶叶品种名称使用；

2013年2月19日，福建省质量技术监督局在《2012年下半年茶叶产品抽查结果通报》中，将金骏眉作为茶叶品种名称使用；

此外，即使是第三人提交的中国茶叶流通协会、海峡两岸茶业交流协会、武夷山市茶业局出具的 3 份证明，同样认可金骏眉、银骏眉是红茶新品种名称，其仅强调该品种红茶由第三人首创或者错误强调首先命名而已。

可见，不仅在金骏眉、银骏眉的发源地武夷山，北至北京、哈尔滨，南至深圳、广州的全国范围内，不论是报纸、杂志、图书、电视媒体，不论是科研机构、行业协会、政府部门、评优组织，不论是互联网销售渠道还是大街小巷的茶叶批发市场、专卖店，只要提及金骏眉、银骏眉，无一例外将其作为红茶的产品名称使用。

3. 金骏眉、银骏眉作为商品通用名称具有规范性特征

2010 年 4 月 5 日，金骏眉、银骏眉的命名者张孟江发表博文《吾界金骏眉等茶之新品》，提出金骏眉具有四个特征：①茶叶来源于武夷山所处之特定经度、纬度；②具有远古海洋之地质及较高海拔之地貌；③灌生于小叶种茶树；④参照古今制茶法之优化组合。

2010 年 8 月 4 日，武夷山市人民政府在《关于将福建武夷山市武夷红茶列为地理标志产品保护的请示》中，将金骏眉红茶定义为："由采摘于海拔 500 米以上的武夷山的原生型小种红菜茶系列以及一些适合制作金骏眉的品种的牙尖，结合正山小种传统工艺而不用松材熏培制作而成，外形细小而紧秀，略呈卷曲状"，并对金骏眉红茶的制作工艺作了规定。

2011 年 12 月 31 日，福建省质量技术监督局发布的《地理标志产品 武夷红茶》以规范奇红的方式，对金骏眉的采摘、茶青、制作工艺、感官品质等作了全面、权威的规定。武夷山市人民政府的《关于将福建武夷山市武夷红茶列为地理标志产品保护的请示》《申请武夷红茶地理标志产品保护陈述报告》是对奇红的最权威解释性文件。两份政府文件均指出："奇红是近年出现的武夷红茶新品种，其中含金骏眉、银骏眉、小赤甘、妃子笑等品种。"

与官方对金骏眉、银骏眉规范性定义相呼应，各类其他出版物也对金骏眉、银骏眉作了定义解释，各种表述大同小异，都能体现出金骏眉、银骏眉的采摘特征、茶青产地特征、制作工艺特征，从而区别于其他红茶品种。

4. 第三人始终视金骏眉、银骏眉为红茶新品种名称，从未将其作为未注册商标使用

1）从金骏眉、银骏眉诞生之初看，由于第三人并非金骏眉、银骏眉的首先命名者，真正的命名者张孟江等人更是将《骏眉令》无偿授予武夷山桐木村的各茶企、茶农广泛使用，因而，从金骏眉、银骏眉红茶诞生之初，第三人不仅没有独家使用金骏眉、银骏眉名称，更没有将其作为未注册商标使用，而是将其作为红茶新品种名称使用。

2）从第三人的金骏眉、银骏眉产品包装看（根据上诉人一审证据 2-9、二审证据 3-1），首先，第三人在"金骏眉"之前冠以"特制"字样，"特制"表示产品等级，只能修饰产品名称，不可能修饰商标；其次，第三人在产品包装上，载有"品名：金骏眉红茶"字样；再次，第三人在产品包装上，对金骏眉作了如下介绍："金骏眉：正山堂金骏眉是本公司于 2005 年在正山小种红茶传统工艺基础上，采用创新工艺研发的红茶，它的诞生弥补了国内市场无高端红茶的空白……金骏眉原料采摘于武夷山国家级自然保护区内方圆 55 平方公里的原生态茶山，手工采摘后由茶师精心制作，每 500 克金

骏眉约需6万~8万颗芽尖。"第三人没有标注"TM"字样，而是在同一个产品包装上三处作为产品名称使用"金骏眉"字样。

3）从第三人法定代表人在媒体公开发表的观点看（见上诉人一审证据2-7），江元勋在《创制人冷思考金骏眉升温》一文（首次发表于2009年7月28日《中华合作时报》）中表述"对于目前金骏眉市场上出现的问题，我认为这是一种市场选择的过程，是金骏眉这种新产品经受市场考验的必然阶段，是不可避免的一个时期。作为金骏眉的研发人之一，我真诚地希望金骏眉能够在一个健康和谐的市场环境中成长。它的成长需要政府、生产者、渠道商、消费者、媒体等多方面的关心和关注。我希望政府尽快制定出金骏眉的行业标准和科学的品质检验流程，同时，生产者和渠道商是金骏眉走向市场的桥梁，我想我们应该摒弃对利益的一味追求，秉承茶人的优良传统，本着为市场制作和提供高品质红茶的原则，来指导自己的生产销售行为。媒体作为社会行为的监督者，应该积极发挥监督报道作用。"显然，第三人认为金骏眉是一种红茶新品种，希望政府尽快"制定出金骏眉的行业标准和科学的品质检验流程"。

4）从第三人提交的广告费投入证据看（见上诉人一审证据2-10），第三人并未就金骏眉、银骏眉作为未注册商标投入任何广告费，其广告费全部用于宣传"元正及图"注册商标。

可见，第三人也将金骏眉、银骏眉作为红茶新品种名称使用，不仅没有将其作为未注册商标使用，在桐木村多家茶企共同将金骏眉、银骏眉作为品种名称使用的大背景下，第三人也不可能独家将其作为未注册商标使用。

综上，金骏眉、银骏眉自诞生之初，就作为红茶新品种名称出现，得益于张孟江等人的帮助，其名称的使用、茶青原料、制作工艺等都为武夷山市桐木村茶农、茶企所共享，从未被第三人一家独有。经历了大家多年共同推广之后，金骏眉、银骏眉已经演变为在全国范围内、行业内外约定俗成的商品通用名称。尽管单独一家茶企、单独一份证据、单独一家媒体不能证明金骏眉、银骏眉属于商品通用名称，但综合上述来自于全国各地网店，大型茶叶批发市场，大街小巷的茶叶专卖店，天南海北的报纸、杂志、图书、电视台媒体的证据，包括第三人自身的使用情况，已经足以证明在2013年1月或者法院审理阶段金骏眉、银骏眉属于商品通用名称的客观事实。

5. 金骏眉、银骏眉已经上升为法定通用名称

《最高人民法院关于审理商标授权确权行政案件若干问题的意见》规定："依据法律规定或者国家标准、行业标准属于商品通用名称的，应当认定为通用名称。"

如前所述，2010年8月4日，武夷山市人民政府在《关于将福建武夷山市武夷红茶列为地理标志产品保护的请示》中陈述，"奇红是近年出现的武夷红茶新品种，其中含金骏眉、银骏眉、小赤甘、妃子笑等品种。"2011年3月11日，武夷山市人民政府在《申请武夷红茶地理标志产品保护陈述报告》中，再次重申了上述内容。2011年8月30日，国家质量监督检验检疫总局《关于批准对和顺牛肉、平度牛肉、武夷红茶、黄龙贡米、巴山土鸡实施地理标志产品保护的公告》（2011年第94号）批准了武夷山市人民政

府的请示。2011 年 12 月 31 日，福建省质量技术监督局发布的《地理标志产品 武夷红茶》(福建省地方标准) 将"奇红"列入武夷红茶地理标志保护产品。虽然该地方标准没有直接记载金骏眉、银骏眉，但上述的武夷山市人民政府的请示以及陈述报告是对奇红最权威的解释，都载明了奇红主要包括金骏眉、银骏眉、小赤甘、妃子笑四种红茶新品种。

需要强调的是，由于金骏眉、银骏眉诞生于 2005 年，大约在 2008 年起走俏于中国红茶市场，因而在此前的茶叶典籍、行业标准、国家标准中不可能被收录。第三人以及一审法院依据的 2004 年 4 月 16 日发布的《农业行业标准》NY/T 780—2004、2008 年 5 月 4 日发布的红茶国家标准 GB/T 13738—2008 只能证明上述标准发布之时，金骏眉、银骏眉尚未成为法定通用名称，并不能依此否定此后金骏眉、银骏眉必然不可能成为法定或者约定俗成的商品通用名称。正因为金骏眉、银骏眉是 2005 年以后出现的红茶新品种，所以在诞生之初，行业内出现了金骏眉是否属于正山小种红茶的争论，最后由张孟江 (见其 2010 年 5 月《吾界金骏眉等茶之新品》一文)、武夷山市人民政府 (见 2010 年 8 月 4 日《关于将福建武夷山市武夷红茶列为地理标志产品保护的请示》) 等正名，金骏眉与正山小种不是隶属关系，而是并列关系。

可见，金骏眉、银骏眉作为地理标志保护产品的名称，作为武夷红茶中奇红的最具代表性品种名称，已经得到武夷山市人民政府、福建省质量技术监督局、国家质量监督检验检疫总局的认可，应被视为法定通用名称。

6. 金骏眉、银骏眉不具有商标法意义上的显著性

商业标识具有显著性，方能被注册为商标，但其显著性并非一成不变，而是处于动态发展变化的过程中。一项具有显著性的商业标识，可能由于演变为商品通用名称而淡化为不再具有显著性，例如"U 盘"；一项不具有显著性的商业标识，可能由于实际使用、广泛宣传，逐渐演变为具有显著性特征，例如"小肥羊"注册商标。

本案中，第三人从未将金骏眉、银骏眉作为未注册商标进行使用或者宣传推广，第三人始终将其作为红茶新品种名称使用、推广。金骏眉、银骏眉作为红茶新品种名称诞生，很快就成为全国范围内广为人知的商品通用名称，并且具备了区别于其他红茶品种的特定内涵。金骏眉、银骏眉虽然具备区别于其他注册商标的符号识别力，但从未具备区别红茶产品生产销售来源的功能，是用于区别其他传统红茶品种的新品种名称。

(上海市协力律师事务所游闽键律师、马远超律师、王慧君律师，
该案原告武夷山市桐木茶叶有限公司代理人)

## 媒体报道

https://www.chinacourt.org/article/detail/2014/04/id/1280017.shtml

中国法院网首页 | 新闻 | 审判 | 执行 | 评论 | 时讯 | 法学 | 地方法院 | 论坛

首页 › 审判 › 民事案件

2013年中国法院十大知识产权案件

2014-04-22 08:25:59 | 来源：人民法院报

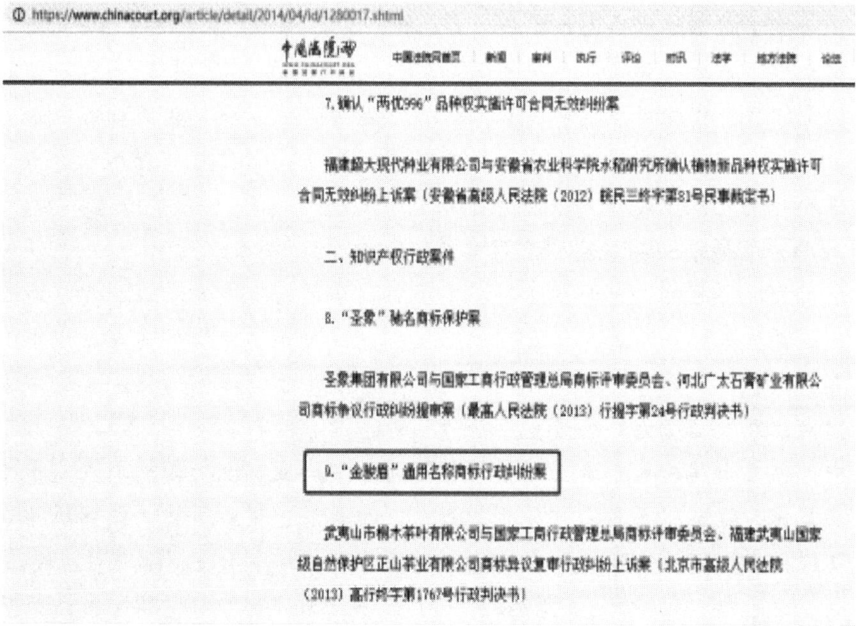

https://www.chinacourt.org/article/detail/2014/04/id/1280017.shtml

中国法院网首页 | 新闻 | 审判 | 执行 | 评论 | 时讯 | 法学 | 地方法院 | 论坛

7.确认“两优996”品种权实施许可合同无效纠纷案

福建超大现代种业有限公司与安徽省农业科学院水稻研究所确认植物新品种权实施许可合同无效纠纷上诉案（安徽省高级人民法院（2012）皖民三终字第81号民事裁定书）

二、知识产权行政案件

8.“圣象”驰名商标保护案

圣象集团有限公司与国家工商行政管理总局商标评审委员会、河北广太石膏矿业有限公司商标争议行政纠纷提审案（最高人民法院（2013）行提字第24号行政判决书）

9.“金骏眉”通用名称商标行政纠纷案

武夷山市桐木茶叶有限公司与国家工商行政管理总局商标评审委员会、福建武夷山国家级自然保护区正山茶业有限公司商标异议复审行政纠纷上诉案（北京市高级人民法院（2013）高行终字第1767号行政判决书）

# 其他案例

# 互联网大数据第一案：大众点评诉百度案

——上海汉涛信息咨询有限公司与北京百度网讯
科技有限公司不正当竞争纠纷案

**原告（被上诉人）：** 上海汉涛信息咨询有限公司（以下简称"汉涛公司"）

**被告（上诉人）：** 北京百度网讯科技有限公司（以下简称"百度公司"）

**被告（一审）：** 上海杰图软件技术有限公司（以下简称"杰图公司"）

**一审法院：** 上海市浦东新区人民法院

**一审案号：**（2015）浦民三（知）初字第 528 号

**一审合议庭成员：** 徐俊、许根华、邵勋

**一审结案日期：** 2016 年 5 月 26 日

**二审法院：** 上海知识产权法院

**二审案号：**（2016）沪 73 民终 242 号

**二审合议庭成员：** 何渊、陈瑶瑶、范静波

**二审结案日期：** 2017 年 8 月 30 日

**案由：** 不正当竞争纠纷

**关键词：** 搜索，抓取，竞争关系，商业道德，正当性

## 涉案法条

《反不正当竞争法》第 2 条、第 5 条第 2 项、第 9 条第 1 款、第 20 条

《民事诉讼法》第 170 条第 1 款第 1 项

## 争议焦点

- 百度公司使用大众点评网点评信息是否构成不正当竞争。
- 百度公司对案外人微博的回复行为是否构成虚假宣传。

- 百度公司使用"大众点评"等标识是否构成擅自使用知名服务特有名称。
- 杰图公司是否与百度公司构成共同侵权。

## 审判结论

一审法院判决：百度公司于判决生效之日起立即停止以不正当的方式使用汉涛公司运营的大众点评网的点评信息；于判决生效之日起 10 日内赔偿汉涛公司经济损失 300 万元及为制止不正当竞争行为所支付的合理费用 23 万元；驳回汉涛公司的其余诉讼请求。

二审法院判决：驳回上诉，维持原判。

## 起诉及答辩

原告诉称：汉涛公司经营的大众点评网（www.dianping.com）创建于 2003 年 4 月。大众点评网中的用户点评等内容已经成为广大消费者选择相关商家和服务的重要参考资料，为汉涛公司取得了良好社会效益和经济效益。汉涛公司对于大众点评网的点评信息享有合法权益，依法受我国法律保护。百度公司是百度地图（map.baidu.com）和百度知道（zhidao.baidu.com）的经营者，杰图公司是城市吧街景地图（www.city8.com）的经营者。汉涛公司发现，百度公司存在以下不正当竞争行为：①自 2012 年以来，未经许可，即在未付出相应劳动及支出相应成本的情况下，在百度地图、百度知道中大量抄袭、复制大众点评网点评信息，直接替代了大众点评网向用户提供内容，给汉涛公司造成了巨额损失；②百度公司网站使用了"大众点评"等属于知名服务特有名称的标识，使得相关公众对服务来源产生误认；③百度公司在对案外人微博的回复中虚假宣传其与大众点评网是合作关系。杰图公司与百度公司有深度合作关系，其将含有侵权内容的百度地图内嵌于自己网站中，扩大了百度公司的侵权范围，与百度公司构成共同侵权。综上，汉涛公司请求判令：①百度公司立即停止制作及删除百度公司运营的网站以及百度地图手机软件上的不正当竞争内容；②杰图公司立即停止在其网站内嵌并使用含有侵权内容的百度地图相关产品及服务；③百度公司、杰图公司共同赔偿汉涛公司经济损失 9000 万元及汉涛公司为制止侵权行为支出的合理费用 453470 元；④百度公司、杰图公司在《中国知识产权报》刊登公告，在百度公司、杰图公司网站首页显著位置上连续 30 天刊登公告，澄清事实，消除不良影响，公告内容需征得汉涛公司书面许可。

被告百度公司辩称：①百度公司与汉涛公司不是同业竞争关系，大众点评网为用户提供以餐饮为主的消费点评、消费优惠等业务，同时提供餐厅预订、外卖等服务。而百度公司提供的是搜索服务，两者没有直接竞争关系。②大众点评网中的用户点评绝大部分不属于受著作权法保护的作品。即使属于作品，其著作权人也非汉涛公司，而是网络用户。即便汉涛公司确实为收集点评信息付出了大量的劳动和成本，汉涛公司关于其对点评信息享有某种权利或权益的主张也无法律依据。③百度公司使用大众点评网信息并不构成不正当竞争。首先，百度公司的抓取内容行为完全符合大众点评网的 Robots 协议。其次，百度公司仅有限地展现来自大众点评网的用户点评，且设置了指向大众点评网的链接，不仅不会给汉涛公司造成损失，还会为汉涛公司带来流量。④百度公司使用"大众点评"等标识，是为了标注信息的来源，不构成不正当竞争。⑤百度公司在对案外人的回复中称"合作关系"不是宣传行为，而是针对特定个人的被动回答。且百度公司并无虚构事实，大众点评网可以使用百度账户登录，即双方账户是打通的，故双方网站当然存在合作关系，百度公司并未进行虚假宣传。⑥即使百度公司行为构成侵权，该案也应参照《著作权法》关于法定赔偿的规定，在 50 万元以下进行酌定。

被告杰图公司辩称：①其与汉涛公司之间不存在竞争关系。汉涛公司的竞争优势在于商户的分类导航、排序比较。杰图公司的街景地图是 3D 街道实景地图。②两被告使用信息方式合理。汉涛公司根本无意禁止搜索引擎抓取其网站点评信息。百度地图仅少量展示大众点评网点评信息，在大众点评网海量点评信息中占比很小。③两被告行为不会给汉涛公司造成损害，百度地图展示少量点评信息，且都设置了指向大众点评网的链接，可以为大众点评网导流。④杰图公司街景地图没有使用大众点评网信息。涉嫌侵权的信息在百度地图上，杰图公司网站通过应用程序编程接口（API）调用百度地图，杰图公司与百度公司不存在共同故意或过失。

## 事实认定

一审法院经审理查明：

汉涛公司是大众点评网（网址：www. dianping. com）的经营者。大众点评网为网络用户提供商户信息、消费评价、优惠信息、团购等服务。大众点评网的注册用户可以对商户进行评论，评论通常包括环境、服务、价格等方面，并可附上照片。网络用户若需要使用地图查看商户地理位置，或者需要规划路线、导航，大众点评网可为用户调用其他网站的地图，如腾讯地图。大众点评网提供部分商户的团购等业务。大众点评网的"用户使用协议"有以下内容："任何用户接受本协议，即表明该用户主动将其在任何时间段在本站发表的任何形式的信息的著作财产权，以及应当由著作权人享有的其他可转让权利无偿独家转让给大众点评网运营商所有，同时表明该用户许可大众点评网有权利就任何主体侵权单独提起诉讼，并获得赔偿。大众点评网要求各搜索引擎遵循行业规范，即'拒绝 Robots 访问标准'，否则将视你的抓取行为是对我网站财产权利和知识产权的侵犯，有权通过法律诉讼维护网站利益。"

百度公司是百度网（网址：www. baidu. com）的经营者。百度公司除了向公众提供计算机端的百度地图（网址：map. baidu. com），还推出适用于移动设备的百度地图应用。百度地图除了提供定位、地址查询、路线规划、导航等常用地图服务外，还为网络用户提供商户信息查询、团购等服务，商户页面有商户地址、电话、用户点评等信息。百度地图也有点评功能，百度的注册用户可以对商户进行评论。但百度地图中餐饮类的数百家商户的大部分点评信息来源于大众点评网等网站，直接由百度地图用户撰写的点评数量不多。如百度地图中商户"Post 餐厅"的页面，有 3 条来自大众点评网和 1 条来自订餐小秘书的点评，每条点评后有"详情"，点击"详情"可跳转至点评的源网站。百度地图对于来源于大众点评网的点评信息，标注"来自大众点评"等标识。百度知道（网址：zhidao. baidu. com）是百度公司推出的另一个产品。百度知道中包括提问和回答，通常由一个百度用户提出问题，由其他一个或数个百度用户提供答案。百度知道提供搜索功能，网络用户可以搜索已经发布的问题及答案。网络用户在百度知道搜索餐饮商户名称时，百度公司会直接向网络用户提供来自大众点评网的点评信息。

杰图公司运营的城市吧街景地图（网址：www. city8. com）向网络用户提供实景地图，该地图未向用户提供来自大众点评网的信息。该网站通过应用程序编程接口（API）调用了百度地图或腾讯地图。在城市吧街景地图网页，街景地图和百度地图在同一个页面展示。街景地图中没有被控侵权的信息，涉案信息存在于百度地图中。

2013年4月16日，"百度地图"官方微博（weibo. com/baidumap）在对案外人关于"百度地图的美食部分在大量直接引用大众点评网评论和介绍，但仅允许用百度账号登录进行评论，怎么回事？@大众点评网@百度地图"的评论中回复："亲我们现在是合作关系呀"。2013年4月至2013年10月，汉涛公司与百度公司就百度地图如何使用大众点评网的信息等问题进行磋商，并草拟了合作协议，但最终未签署书面协议。

## 一审判决及理由

一审法院认为：

一、关于百度公司使用大众点评网点评信息是否构成不正当竞争

首先，大众点评网和百度地图都为用户提供基于位置的服务（LBS服务）和线上到线下的服务（O2O服务），两者在为用户提供商户信息和点评信息的服务模式上近乎一致，存在直接的竞争关系。百度知道向用户提供来自大众点评网的点评信息，此时，百度公司不仅是搜索服务提供商，还是内容提供商。百度公司通过百度地图和百度知道与大众点评网争夺网络用户，可以认定百度公司与汉涛公司存在竞争关系。其次，百度地图的商户中有大量来源于大众点评网的点评信息，虽然其每个商户仅使用了部分点评，但按照常识，网络用户通常不会完整查看某商户的几百条甚至几千条点评信息后才做出选择，网络用户通过十几条甚至几十条评论就足以做出选择。虽然百度地图中设置了指向大众点评网的链接，但由于百度地图中的每一条点评信息都是完整的，用户并不需要再去大众点评网查看该信息。百度公司的上述行为不仅导致大众点评网的流量减少，还攫取了大众点评网的部分交易机会，会给汉涛公司造成损害。再次，大众点评网的点评信息是汉涛公司的核心竞争资源之一，能给汉涛公司带来竞争优势，具有商业价值，汉涛公司为运营大众点评网付出了巨额成本。百度公司并未对于大众点评网中的点评信息做出贡献，却在百度地图和百度知道中大量使用了这些点评信息，其行为具有明显的"搭便车""不劳而获"的特点。虽然百度公司的搜索引擎抓取涉案信息并不违反Robots协议，但这并不意味着百度公司可以任意使用上述信息。百度公司大量、全文使用涉案点评信息的行为给汉涛公司造成了实质损害，违反了公认的商业道德和诚实信用原则，具有不正当性，构成不正当竞争。

二、关于百度公司对案外人微博的回复行为是否构成虚假宣传

鉴于"亲我们现在是合作关系呀"这条信息系针对案外人的回复，具有较强的针对性，最终阅读了该条回复内容的网络用户较少，影响极其有限。对于不会造成实际损害或者损害极其轻微的行为，司法不应予以干预。故汉涛公司关于百度公司构成虚假宣传的主张，一审法院不予支持。

三、关于百度公司使用"大众点评"等标识是否构成擅自使用知名服务特有名称

百度地图对于来自大众点评网的信息，使用"大众点评"等标识，该行为系为了指示信息的来源，属于对他人标识的合理使用，并无不当。

四、关于杰图公司是否与百度公司构成共同侵权

杰图公司通过 API 调用百度地图，并非单纯指向百度地图中的点评信息，其主观上没有与百度公司共同实施侵权行为的故意，其行为符合行业通行做法，不违背公认的商业道德和诚实信用原则，并无不当。

综上，依照《反不正当竞争法》第 2 条、第 5 条第 2 项、第 9 条第 1 款、第 20 条之规定，判决如下：

（1）百度公司于判决生效之日起立即停止以不正当的方式使用汉涛公司运营的大众点评网的点评信息；

（2）百度公司于判决生效之日起 10 日内赔偿汉涛公司经济损失 300 万元及为制止不正当竞争行为所支付的合理费用 23 万元；

（3）驳回汉涛公司的其余诉讼请求。

## 上诉理由

百度公司不服，向上海知识产权法院提起上诉。

上诉人百度公司的主要上诉理由为：百度地图是一项搜索引擎服务，百度公司通过搜索技术抓取来自大众点评网的信息，严格遵循了行业惯例，且符合汉涛公司关于搜索的要求。被控不正当竞争行为并未对大众点评网构成实质性替代。一审判决的赔偿数额失当。

## 二审查明事实

经审理查明，一审法院认定的事实属实。

二审法院另查明：汉涛公司提供的公证书显示，其所抽取的百度地图产品的 1655 个商户中，有 377 个商户所展示的评论信息来源于大众点评网，比例低于 35%，其余 1278 个商户所展示的评论信息来源于大众点评网的比例高于 35%。在汉涛公司抽取公证的百度地图商户中，根据不完全统计，在商户评论信息中，全部使用来自大众点评网评论信息的商户有 276 个，使用来自大众点评的评论信息高于 75%（不包括 100% 使用）的有 508 个，使用来自大众点评的评论信息高于 50%（不包括 75% 以上）的有 104 个。在涉及餐饮行业的 1055 个商户中，共使用来自大众点评网的信息 86286 条，平均每家商户使

用 81 条；涉及非餐饮行业的 402 个商户中，共使用来自大众点评网的信息 11330 条，平均每家商户使用 28 条。

## 二审判决及理由

二审法院认为：

一、百度公司实施的被控行为是否构成不正当竞争行为

首先，该案中，汉涛公司的大众点评网站通过长期经营，其网站上积累了大量的用户点评信息，这些点评信息可以为其网站带来流量，同时这些信息对于消费者的交易决定有着一定的影响，本身具有较高的经济价值。汉涛公司以此谋求商业利益的行为应受保护，他人不得以不正当的方式侵害其正当权益。其次，在案证据显示，用户在百度地图和百度知道中搜索某一商户时，尤其是餐饮类商户时，所展示的用户评论信息大量来自于大众点评网，这些信息均全文显示且主要位于用户评论信息的前列，并附有"来自大众点评"的跳转链接。虽然百度公司提供了跳转链接，但基于日常消费经验，消费者逐一阅读所有用户评论信息的概率极低，对于相当数量的消费者而言，在百度地图和百度知道中阅读用户评论信息后，已经无须再跳转至大众点评网阅看更多的信息。因此，其上述行为已对大众点评网构成实质性替代，这种替代必然会使汉涛公司的利益受到损害。再次，虽然百度公司在百度地图中使用点评信息的行为在一定程度上提升了消费者的用户体验，丰富了消费者的选择，具有积极的效果，但百度公司通过搜索技术抓取并大量全文展示来自大众点评网的信息，其已经超过必要的限度。这种行为不仅损害了汉涛公司的利益，也可能使得其他市场主体不愿再就信息的收集进行投入，破坏正常的产业生态，并对竞争秩序产生一定的负面影响。因此，其行为违反公认的商业道德，构成不正当竞争。

二、一审法院所确定的损害赔偿数额是否合理

一审法院综合考虑了百度地图和百度知道两款产品的市场地位、百度公司使用信息的方式和范围、被控不正当竞争行为的持续时间以及汉涛公司获取点评信息的难易程度，其考虑因素已较为全面，据此酌情确定的赔偿数额在合理范围之内，二审法院予以维持。

综上，百度公司的上诉请求不能成立，应予驳回；一审法院认定事实清楚，适用法律正确，应予维持。依据《民事诉讼法》第 170 条第 1 款第 1 项之规定，判决如下：

驳回上诉，维持原判。

 **承办律师办案心得**

对于"大数据"（Big data），研究机构 Gartner 给出了这样的定义。"大数据"是需要新处理模式才能具有更强的决策力、洞察发现力和流程优化能力来适应海量、高增长率和多样化的信息资产。

麦肯锡全球研究所给出的定义是：一种规模大到在获取、存储、管理、分析方面大大超出了传统数据库软件工具能力范围的数据集合，具有海量的数据规模、快速的数据流转、多样的数据类型和价值密度低四大特征。

大数据技术的战略意义不在于掌握庞大的数据信息，而在于对这些含有意义的数据进行专业化处理。换而言之，如果把大数据比作一种产业，那么这种产业实现盈利的关键，在于提高对数据的"加工能力"，通过"加工"实现数据的"增值"。大数据在信息技术时代具有核心价值，是信息时代的"石油"，如何有效对其进行保护就显得十分重要了。

技术和产业意义上的大数据信息在我国《著作权法》中获得保护主要有两条路径：第一，大数据信息在整体编排选择上满足独创性的要求，构成汇编作品，但实践中绝大多数大数据是不具有独创性的数据汇编；第二，对大数据中的每条信息进行单独的独创性认定，从而使大数据的所有者获得著作权法保护，但大数据的信息是海量的，如果非要从著作权侵权的角度来进行认定，费时费力，耗费司法资源不说，也达不到保障大数据所有者合法权益，维护公平公正的市场秩序的目的。

相较于《著作权法》而言，《反不正当竞争法》作为知识产权特别法的兜底法，解释能力强，能在特别法保护不足的情况下对权利进行兜底保护。知识产权作为市场竞争的工具，行为人侵害其同业竞争者的知识产权，实质上也是不正当竞争行为。因此，在《著作权法》对大数据不能提供有效保护的情况下，就需要适用《反不正当竞争法》对大数据予以保护。笔者在初次接触到本案后针对原告的需求进行了大量的案例检索，结合本案的具体情况，设计了反法路径的诉讼策略。

下面以笔者代理的大众点评诉百度案为切入点，从诉讼实务的角度谈下大数据的反不正当竞争法保护。

一、大数据的反不正当竞争法保护基础

在现有法律体系下，投入巨资收集、整理和挖掘大数据信息的市场主体对其获得的大数据往往不具有独占的法定权利。比如，在大众点评诉爱帮网案中，法院认为汉涛公司仅对独创性较高的部分用户点评内容享有著作权，对那些极为简单的用文字描述事实或感受的点评不享有法定权利。因此，在著作权侵权诉讼要求原告享有完整、独占、排他的法定权利的情况下，大数据所有者往往不能获得有效保护。但在不正当竞争诉讼中，法律通常要求原告主张保护的权利或利益合法，而不要求完整性、独占性、排他性等条件。如果某一经营者的行为破坏竞争秩序，其他的一个或者多个经营者即有可能在竞争利益上受到损害，受害的经营者即可产生诉权。在大众点评诉百度案中，"大众点评网"中的商户介绍和用户点评系原告汉涛公司通过大量劳动和成本获得，已经成为广大消费者选择相关商家和服务的重要参考资料，为原告取得了良好的社会效益和经济效益，形成了原告的竞争优势。被告未经许可，大量抄袭、使用原告享有合法权益的用户点评内容的行为直接损害了原告在市场竞争中的优势地位，侵犯了大众点评网的财产权益。因此，原告汉涛公司拥有正当合法的权益基础起诉被告不正当竞争。在判决书中，法院从

著作权案例

专利权案例

商业标识案例

其他案例

以下四点分析了原告的诉权基础：

第一，大众点评网的点评信息是汉涛公司的核心竞争资源之一，能给汉涛公司带来竞争优势，具有商业价值。

第二，汉涛公司为运营大众点评网付出了巨额成本，网站上的点评信息是其长期经营的成果。

第三，大众点评网的点评信息由网络用户发布，网络用户自愿在大众点评网发布点评信息，汉涛公司获取、持有、使用上述信息未违反法律禁止性规定，也不违背公认的商业道德。

第四，在靠自身用户无法获取足够点评信息的情况下，百度公司通过技术手段，从大众点评网等网站获取点评信息，用于充实自己的百度地图和百度知道。

我国反不正当竞争法所保护的权益具有开放性，在市场竞争中正常情况下能够合理预期获得的商业机会、竞争优势、商业（或者技术）成果，可以成为法律特别是反不正当竞争法所保护的法益。大数据是其所有者通过付出大量的资源、时间、金钱等成本才形成的劳动成果，是信息所有者的竞争优势。如果不加节制地允许市场主体任意地使用或利用他人通过巨大投入所获取的信息，将不利于鼓励商业投入、产业创新和诚实经营，最终损害健康的竞争机制。因此，大数据是应当受民事法律保护的财产权益，具有反不正当竞争法保护基础。原告可以从三个角度组织证据以获得法院的保护：第一，原告为获得该法益花费一定成本；第二，该法益可以为原告带来一定竞争优势；第三，被告使用该法益或者损害该法益具有不正当性。

二、竞争关系的认定

在大众点评诉百度案中，百度公司主张：大众点评网是"城市生活消费平台"，而百度公司是搜索引擎服务商，百度地图、百度知道提供信息亦是其百度搜索服务的一部分，百度地图提供基于位置的服务，故百度公司与汉涛公司不存在竞争关系。百度公司的主张无非是从狭义的直接竞争关系角度解释反不正当竞争法中的"竞争关系"，即竞争关系是指商品之间具有替代关系（相同或者近似的商品）的经营者之间的相互争夺交易机会的关系。这种解释在传统行业的反不正当竞争法适用过程中无可非议，但在互联网环境下，对竞争关系作狭义理解的话，将大大限缩反不正当竞争法的适用范围。在互联网经济下，网络服务商或运营商主要是平台竞争，而一个平台可能涉及的服务往往不止一种，并且其商业模式更新较快，业务互相交织转化、交叉重合的情况日益普遍，如果仍将竞争关系限定为某特定细分领域内的同业竞争关系，则不仅不利于解决网络市场竞争的乱象，还将与反不正当竞争法的立法宗旨相违背。因此，应改变"以存在竞争关系作为认定构成不正当竞争行为的前提"的褊狭观念，对竞争关系作广泛认定。在德国的"咖啡替代鲜花案"中，帝国法院即对竞争关系作出了广泛认定。如果经营者以不正当方式争取了本来争取不到的有限顾客，从而减少了这些顾客对其他不一定存在竞争关系的经营者的购买力和购买机会，这就可能排挤没有竞争关系的其他经营者的正当竞争。由此可见，没有直接竞争关系的经营者之间同样也会存在对顾客或者交易机会的争夺。

在大众点评诉百度案中法院认为，在现代市场经营模式尤其是互联网经济蓬勃发展的背景下，市场主体从事多领域业务的情况实属常见。对于竞争关系的判定，不应局限于相同行业、相同领域或相同业态模式等固化的要素范围，而应从经营主体具体实施的经营行为出发加以考量。反不正当竞争法所调整的竞争关系不限于同业者之间的竞争关系，还包括为自己或者他人争取交易机会所产生的竞争关系以及因破坏他人竞争优势所产生的竞争关系。竞争本质上是对客户即交易对象的争夺。在互联网行业，将网络用户吸引到自己的网站是经营者开展经营活动的基础。即使双方的经营模式存在不同，只要双方在争夺相同的网络用户群体，即可认定为存在竞争关系。在百度诉360插标案中法院也持同样的观点。

就"大众点评诉百度案"而言，百度地图虽是百度搜索服务的一部分，但其实际接入了大量的垂直生活应用服务，已由简单的出行工具变成了本地综合生活信息服务平台，与原告实际形成了直接的竞争关系。因此，在互联网经济环境下，从经营主体具体实施的经营行为出发考量竞争关系的存在，显得更为合理。反不正当竞争法所调整的竞争关系也应作扩大解释，其不限于同业者之间的竞争关系，还包括为自己或者他人争取交易机会所产生的竞争关系以及因破坏他人竞争优势所产生的竞争关系。

三、市场替代的界定

在大众点评诉百度案中，百度公司以其行为对大众点评不构成实质性替代为由提起上诉。百度公司认为其仅少量使用了大众点评网的信息，且在使用点评信息时设置了指向大众点评网的链接，不会对大众点评网产生实质性替代，不会对汉涛公司造成损害。但事实上，被告非法复制了原告享有竞争利益的商户信息和点评内容，并抽取选择其中最有价值最有代表性的内容拼凑成自己的商户页面，搭载于其基础地图数据上，通过网页版地图、手机版地图和百度知道向用户提供。基于中国流量费用较高等情况，根据一般用户的使用习惯，其倾向于用最少的点击获取适当的生活服务信息，来决定自己对商户的选择，故其一般阅读简单的商户介绍，并结合 3~6 条用户点评内容就可以做出选择，很少再去点击跳转按钮去汉涛公司的网站或手机 APP 去重复浏览相关内容，因此，百度公司的行为实际上实现了对汉涛公司服务的市场替代。

在庭审中被告质疑原告公证的证据不能全部涵盖其地图中的内容，但是笔者认为原告的抽样取证和举证方式已经足够达到证明目的。

最高人民法院、最高人民检察院、公安部于 2011 年 1 月 10 日发布的《关于办理侵犯知识产权刑事案件适用法律若干问题的意见》中第 3 条明确作出如下规定："公安机关在办理侵犯知识产权刑事案件时，可以根据工作需要抽样取证，或者商请同级行政执法部门、有关检验机构协助抽样取证。法律、法规对抽样机构或者抽样方法有规定的，应当委托规定的机构并按照规定方法抽取样品。"根据举重以明轻的法律适用规则，笔者认为在民事诉讼中采用抽样取证的方法是合理合法的。

诉讼中的抽样取证，是指依据科学的方法，从较大数量的物品中提取具有代表性的一定量的物品作为样本证据，并据此证明全体物品属性的证明方法。在抽样取证的证明方法中，确保事实推定得以成立是科学的抽样统计学原理，据此，原告只需提供抽样所得的样本证据，即可依据样本证据与待证事实之间的高度盖然性推定待证事实的存在。

概率抽样以概率理论和随机原则为依据来抽取样本的抽样，通过某种随机化操作来实现，虽然随机样本一般不会与总体完全一致，但它所依据的是大数定律，亦称大数法则，因此可以正确地说明样本的统计值在多大程度上适合于总体，根据样本调查的结果可以从数量上推断总体，也可在很大程度上说明总体的性质和特征，现实生活中绝大多数抽样调查都采用概率抽样方法来抽取样本。

原告自 2013 年至 2015 年在不同时间十余次公证、抽取不同的城市、抽取餐饮、娱乐等不同的类别，具有代表性和科学性。对方掌握完整的数据，离待证事实最近，却无法提供充分有效的证据证明其不存在原告指控的事实，相反其提供的证据却一方面说明其地图服务设计的商户评论数量巨大，另一方面依然可以找到大量的使用原告评论的证据。上述事实足够法院依据高度盖然性的标准认定被告一存在普遍的不正当竞争行为。

我国相关法律法规并未明确规定"市场替代"的概念及界定标准，法院及实务界通常采取以下四个环节界定市场替代性：①存在未经许可的提供行为；②提供的内容相同或近似；③产生用户转移的效果；④其他竞争者因提供行为而受损。❶首先，未经许可的提供行为是指行为人未经大数据所有者许可即通过相关技术手段抓取大数据信息并复制到自己的网站平台进行传播。其次，可通过宏观和微观两个维度对内容的相似性进行比较。鉴于大数据信息的数量巨大，原告提供的证据不能全部涵盖大数据内容，原告可通过抽样取证的方式，从不同的时间、地区、服务类型等类别中抽取样本并进行整体比较以证明所控事实。从微观上，原告则可针对特定的几条数据信息进行细节对比。再次，用户转移是市场替代认定中的重要构成部分。基于网络环境下的大数据信息不断膨胀、中国流量费用较高等情况，根据一般用户的使用习惯，其倾向于用最少的时间和点击获取适当的数据信息，如果行为人未经许可复制提供大数据的行为已足以使用户获得所需信息，则用户注意力及交易机会均会发生转移，从而逐步替代原告市场。最后，大数据所有者因行为人的复制使用行为而产生的受损情况是市场替代的最直接体现，在市场替代的判定中应予考虑。

当然，笔者在代理该案中有个切肤之痛，就是大数据案件由于涉及"大"数据，对证据数量的要求极高，作为原告的举证强度就更大。笔者团队及当事人法务团队在准备相关证据几个月的时间里几乎常驻公证处，作为证据使用的公证书也堆积如山，的确给代理律师和审判法官带来了比较大的工作压力。对于此类案件，需要更多电子存证技术和机构的介入，法院对于除公证处之外的其他电子存证机构，比如"时间戳"等出具的相关证据采信度应该高一些，并充分适用举证责任转移的方式来合理分配原告、被告双方的举证责任，可能更有利于此类案件的解决。此类案件的审判规则应该进一步探索、

---

❶　参见王超. 论互联网领域不正当竞争中市场替代的构成——以"大众点评诉百度案"为例 [J]. 湖北工业职业技术学院学报，2016（5）.

归纳、完善。

四、行为不正当性的判定

鉴于大数据信息往往不属于法定权利，使用或利用不受法定权利保护的信息是基本的公共政策，对于未经许可使用或利用他人大数据的行为，不能当然地认定为构成反不正当竞争法意义上的"搭便车"和"不劳而获"。因此，如果要对行为人的提供行为进行否定性评价并予以规制，还要分析其行为是否具有不正当性。

我国《反不正当竞争法》第2条第1款规定："经营者在生产经营活动中，应当遵循自愿、平等、公平、诚信的原则，遵守法律和商业道德。"据此，若行为人的竞争行为确属违反诚实信用原则和公认的商业道德即可判定其不正当性。但公认的商业道德、商业伦理等均是比较抽象的概念，在适用过程中具有不确定性。为此，兰磊博士提出了客观性分析框架：第一，当受诉行为对反不正当竞争法保护的利益造成损害时，是否带来正当的抵销性利益；第二，是否有同等有效损害性更小的替代方式；第三，即便没有这样的替代方式，它造成的损害是否远远超过所带来的抵销性利益❶。总结而言，应在综合各方利益考量之下确定竞争对手可正当复制使用他人数据信息的比例，遵循最少原则及必要原则。因此，竞争对手使用他人数据信息的方式和范围是其行为正当性的一个重要判定因素。

在现实中大多数情况下，当损害并没有实际发生只是有发生的可能时，便足以判定对方的行为是否构成不正当竞争。必须明确的是，在不正当竞争纠纷案件的审判中应特别明确：损害以及损害的程度不能作为考察行为合法的标准，竞争方式和手段的合法与否，才是考察一种行为是否构成不正当竞争行为的核心与关键。在不正当竞争行为构成要件中，"损害了其他经营者的合法权益"，包括潜在利益和直接利益，只要证明了竞争方式和竞争手段的不正当性，对损害后果且可以采取推定的方式认定，不以举证实质损害为要件。

在大众点评诉百度案中，虽然百度公司抓取来自大众点评网的信息，严格遵循了行业惯例，但其将无数商户信息及相关的点评内容内置于基础地图当中形成生活服务数据库的行为是典型的直接提供内容的服务，不应适用ISP的归责原则及与之相关的所谓Robots协议。百度公司直接复制原告的核心资产，侵害了大众点评网的财产利益，违背了自愿、平等、公平、诚实信用的原则，损害了公平有序的市场秩序和公认的商业道德当然应该承担不正当竞争的相应法律责任。

五、结语

在当今的大数据时代，数据信息的价值越来越高，所引发的纠纷也越来越多，企业收集、使用数据信息要注意建立在付出劳动且遵守诚信的竞争基础上。在大众点评案判决中，法院并未完全禁止企业爬取并使用数据信息，只是要求市场主体在使用他人所获

❶ 兰磊.比例原则视角下的《反不正当竞争法》一般条款解释——以视频网站上广告拦截和快进是否构成不正当竞争为例［J］.东方法学，2015（3）：81.

取的信息时，要遵循公认的商业道德，在相对合理的范围内使用。而判断使用他人信息的行为是否违反公认的商业道德，需要在"考虑产业发展和互联网环境所具有信息共享、互联互通"特点的基础上兼顾信息获取者、信息使用者和社会公众三方的利益，既要考虑信息获取者的财产投入，还要考虑信息使用者自由竞争的权利，以及公众自由获取信息的利益；在利益平衡的基础上画定行为的边界。该使用边界的具体画定因素包括信息使用者的行为给社会公众带来的利益、信息使用者的行为对信息获取者竞争利益的影响、信息使用者的行为对市场秩序和社会长远利益的影响以及个案中影响"正当性"的其他特殊因素等。在判断百度公司的行为是否违反商业道德时，法院综合考虑以下几个因素：

1. 百度公司的行为是否具有积极的效果。

2. 百度公司使用涉案信息是否超出了必要的限度。

3. 超出必要限度使用信息的行为对市场秩序所产生的影响。

4. 百度公司所采取的"垂直搜索"技术是否影响竞争行为正当性的判断。

综上所述，百度公司的行为损害了汉涛公司的利益，且其行为违反公认的商业道德，构成不正当竞争。

该案的判决表明了未经许可使用他人数据信息不能被当然地认定为构成不正当竞争，而需要结合个案情况综合考虑各种因素来画定行为的边界。该案的裁判规则既鼓励市场主体诚实经营，对于企业为数据收集、挖掘、整理所付出的劳动给予应有的司法激励，也合理地确定了使用他人收集数据行为的边界。该案判决对建立诚实信用、公平有序的数据信息市场秩序具有指导意义。

该案被誉为"互联网大数据第一案"，被中国互联网协会和中华全国律师协会联合评为"2014～2016年中国互联网法治十大影响性案例"，被最高人民法院研究室暨《中国审判》期刊评为"2016十大典型案例"，被中国案例法学研究会评为"2016年十大知识产权案例"，入选"2017年度上海法院十大典型案例"及"2017年上海法院知识产权司法保护十大典型案件"。

## 代理词节选

尽管被告百度公司利用其臆造的"垂直搜索"商业模式百般抗辩，但其实本案案情并不复杂，判断被告的行为是否构成不正当竞争，只需回答一个问题——一个公司进入一个本地生活信息服务新领域后，在其自身没有内容或者内容极其匮乏的情况下，是否可以在未支付任何对价的情况下直接选择行业领先的几家服务商所拥有的精华内容并将其放置在自己的服务中向公众进行传播，仅需在传播这些内容时表明来源并设置链接？如果法庭认为这样是合理的，原告完全没有必要投入如此之大的成本去做点评信息的收集，尤其在其优势并不十分明显的领域，比如酒店、旅游频道，其只需拉取携程、去哪儿、马蜂窝等少数几家网站的精华点评放在其商户页面上，只要表明来源并设置链接即可。抑或者，原告欲提供与百度知道相同的服务，其只要用简单爬虫技术爬取百度知道、360问答和新浪爱问等几家网站上的精彩内容形成自己的问答页面，只要表明来源并设置链接即可。依此类推，未来中国互联网产业或者O2O产业将是一堆不产生内容而只做内容搬运工的同质化网站存在，像原告这种执着于产生内容的网站将很快死去！

一、二被告开设并经营周边生活信息服务，与原告为同业竞争者

二被告系从事互联网信息服务的企业，原告、被告都提供基于位置的周边生活信息服务，存在直接的竞争关系，原告、被告双方当然构成具有竞争关系的同业经营者。原告、被告具有同业竞争关系。

原告证据1-4是由业内权威的艾瑞咨询集团出具的《中国本地生活服务O2O市场品牌研究报告》。该报告第15页显示，本地生活服务的参与者开始导入LBS+O2O的模式，依据LBS（Location Based Services，基于位置的信息服务）定位功能打造新的、主动而精准的本地服务O2O，为消费者推送其所在位置周边的最想要的信息和资讯，这就是本案原、被告提供的服务的主要内容。第18页选取了中国本地的O2O网站，包括原告的大众点评网和被告的百度地图。第19页显示大众点评网、百度地图等发展模式较为领先。第23页显示百度地图、大众点评当前基于移动端业务占据有利地位，未来随着移动终端设备以及移动宽带网络的发展，大众点评会进一步提升使用空间。该份报告从多个指标表明基于本地位置的生活服务中，本案原、被告具有直接的同业竞争关系。

证据1-1、（2014）沪东证经字第310号公证书第154页上半页大众点评网的网站中对自己的介绍中写到"……结合移动位置……为网友随时随地提供餐饮、购物、休闲娱乐等消费信息……的互动平台"，第161页上端显示"大众点评是中国领先的本地信息和消费平台……提供团购、电子会员卡、餐厅预订等交易服务。"公证书中第124~135页是对被告一（百度公司）提供的相关服务的介绍，第130页右下角2013年5月百度地图新版本提到"位置共享""新增用户个人点评……赶紧点评去过的地方、吃过的美食……"。可见被告一通过写点评、送大礼的方式吸引用户来丰富其网站的生活信息和用户电偶内容，这块内容上与原告直接相关。新增桌面小部件桌面雷达、搜索周边商户信息，这与原告的服务也是相同的。"影院预订"及"影院支付"则是百度地图的营利模式，通过增加用户基数、通过点评内容吸引用户在其网站上进行支付。第131页左上端"我的位置"改版增加周围好评最多的酒店、餐厅、公交车站，都是基于位置形成的评论，且该些评论的大部分内容均来源于原告。可见原告与被告一提供的服务内容是相同的。

证据1-2，（2014）沪卢证经字第953号公证书第55~78页是百度地图使用指南，其中详述了百度地图工作原理，例如第67页生活服务部分讲到了如何搜索周边生活信息：点击附近按钮可以搜索周边的美食、公交车展等各种生活服务信息，该内容与原告的一致。第88~92页、99~103页、112~124页、150~155页、178~206页是原告随机搜索的行业新闻，该些新闻都提到了大众点评在行业的优势和百度试图进入相同行业以及内容方面缺失的情况，二者存在竞争关系是业内的共识。

原告代理人在代理过程中查阅了大量学术资料，对本案的行业背景有所了解，现结合本案简述如下。

原告、被告双方提供的是一种典型的基于位置的信息服务，一般也称为基于位置的

服务，它是互联网技术、无线定位技术、卫星导航技术、地理信息系统（GIS）等技术的集成化产物。电子地图服务系统是集定位与地图服务于一身的系统，是能实现用户的精确定位，并实时显示用户周围海量的实用信息，提供各种引导、互动以及信息存储功能的系统，是能让用户清楚地知道自己的确切位置，并能得到详细服务信息的系统。

如下图所示，位置服务产业链总体可分为上游、中游和下游产业。上游产业包括定位芯片提供商、终端设备提供商、电子/导航地图提供商；中游产业包括 GIS 软件平台提供商；下游产业包括移动互联网平台提供商、内容服务提供商、第三方应用和用户。八大产业相辅相成，是位置服务稳健发展的基石。其中：

◆ 电子/导航地图提供商提供基础地理数据和电子/导航地图。由于地理数据和地图关系到国家信息安全，只有少数具备测绘资质的单位才可以提供相关数据。

◆ GIS 软件平台提供商提供地理空间分析能力。地理空间分析能力是位置服务的底层基础能力，提供周边搜索和线路导航等基于空间位置的计算和分析。

◆ 内容服务提供商从不同渠道收集和整理大量基于位置的内容数据，包括照片、点评、视频等不同格式数据，打造庞大优质的内容数据库。

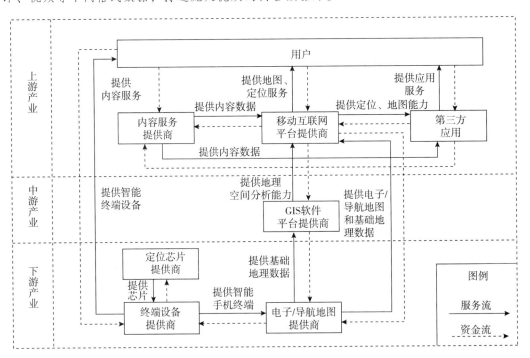

原告、被告的服务系统都由电子/导航地图、GIS 软件平台和内容服务组成。原告的电子/导航地图、GIS 软件平台来自高德地图。百度公司晚于原告 9 年进入该领域，其在 2012 年成立了 LBS 事业部，随后明确提出 LBS 是百度未来的四大战略业务方向之一。然而，百度本身并不具备地图测绘资质，基础地理数据来源于四维图新，GIS 软件平台来源于第三方，数据源控制权被他人掌控。

在地图位置服务产业当中，POI（Point of Interest，兴趣点）是具有位置属性的商家信息数据，是商家与用户接触的重要渠道，用户可通过 POI 了解商家的基本信息和地理位置，是位置服务提供信息内容服务的关键。传统的 POI 主要通过人手采集入库，生产工作量大、信息量少、更新周期慢，与用户对本地生活信息的有效性、正确性和及时性的需求产生了巨大矛盾。随着城市的快速发展，单单依靠 POI 信息提供商提供用户所需的全部信息数据，似乎是不可能完成的任务。UGC（User Generated Content，用户通过手机和网络原创生成的信息）是随着移动互联网的发展而产生的，通过精神激励和物质激励鼓励更多的用户参与到自主生成 POI 信息的活动中，大量用户主动生成的 UGC 信息大大提高了 POI 信息的完整性和正确性。在 UGC 市场发展前期，内容集中在 POI 的名称、地理位置、电话等基础信息，随着图片、视频等流媒体技术的发展，UGC 内容向多样化转型，其中原告是在转型路上的佼佼者。大众点评经过十几年的发展，拥有庞大的 UGC 信息库，内容包括用户位置、照片、点评、推荐菜式等，并不断分析挖掘，最终生成对用户和企业都具有巨大商业价值的数据内容。同时，本地商家对大众点评积累的口碑和品牌效应搭建了大众点评与线下的商家紧密合作的桥梁，形成"用户—大众点评—商家"共同盈利的良性循环。近几年来，大众点评积极布局 O2O，构建用户线上下单，线下支付的闭环，积极促进传统服务业转型，成为该领域的领头羊。

百度地图在基础地理数据和 GIS 地理信息系统上均受制于人，无任何优势的情况下，接入大量的垂直生活应用服务，从包括原告在内的多家数据生产商处获取生活服务信息以弥补数据源的不足，已由简单的出行工具变成本地综合生活信息服务平台。但是被告一在获取生活服务信息的时候采取了非法的方式，这就是与原告产生纠纷的根源。

被告二（杰图公司）兼具三维地图和平面电子地图服务，其平面电子地图来源于被告一，也提供基于位置的生活信息服务，与原告在同一领域进行竞争。

二、原告为"大众点评网"（dianping.com）的经营者，依法对其网站上的用户点评等内容享有合法权益

原告的"大众点评网"（dianping.com）于 2003 年 4 月成立，是中国领先的城市生活消费平台，也是全球最早建立的独立第三方消费点评网站。借助移动互联网、信息技术和线下服务能力，大众点评为消费者提供值得信赖的本地商家、消费评价和优惠信息，及团购、预约预订、外送、电子会员卡等 O2O 闭环交易服务，覆盖了餐饮、电影、酒店、休闲娱乐、丽人、结婚、亲子、家装等几乎所有本地生活服务行业。大众点评手机客户端是中国最受欢迎的本地生活 APP 之一，已成为广大城市消费者的必备工具。

原告作为"大众点评网"的所有权及经营权人，一直致力于城市消费体验的沟通和聚合，通过对网站进行经营、维护、管理，为打造及维持"大众点评网"在生活服务互动平台领域内的领先地位投入了大量的人力、财力、物力和时间等经营成本。"大众点评网"收集了大量商户信息，并吸引大量消费者通过真实体验对其所收录的商家的特色和风格做出及时生动的评论。"大众点评网"中的商户介绍和用户点评已经成为广大消费者选择相关商家和服务的重要参考资料，为原告取得了良好的社会效益和经济效益，是原告的竞争优势。

著作权案例

专利权案例

商业标识案例

其他案例

（一）本案所涉及的原告信息是应当受民事法律保护的财产权益，是原告的竞争优势

本案所涉及的原告信息并不是普通意义上的公开数据，其获取和整合殊为不易，是原告耗费十余年通过深耕细作获取的，不容随意复制。对于其中最具价值的用户点评内容而言，原告花费了大量财力和精力，吸引用户点评，并评选出精彩点评、每月之星，给予一定的奖励，比如优惠券，还经常组织试吃、试玩活动，鼓励参与者上传点评。证据 4 - 14，（2014）沪卢证经字第 953 号公证书第 157 页"揭开百度推广百度地图活动下的黑幕"倒数第二行显示"现在已经预订酒店宾馆……百度地图相当于大众点评客户端……还加入了团购这一项功能……由于百度的搜索引擎收录了大量资料，还拉取了大量点评网的数据和评论……"。第 158 页称"百度也在烧钱……试图提高装机量和市场占有率……提出了免费标注的服务……开展了很多有奖评论活动……但百度犯了两个错误……评论注定质量不高，甚至很水……""就拿五月的活动来说吧，顶级大奖是一台 iPhone5，评论最多的用户可以获得，二等奖是苹果的 Shuffle 音乐播放器，评论 300 条即可，三等奖是小熊抱枕，100 条评论即可获得，这算是第一次活动，还算公平，每条评论价值 0.5 元到 1 元左右"。从该证据可以看出，用户的点评不是可以轻易获得的，是需要大量有吸引力的活动辅以物质奖励获得的。直到目前为止，百度地图上其自己的点评内容也是微乎其微的，另一方面也反映出原告网站的点评内容价值很高，是不可替代的。原告十几年来为获取这些信息已经投入了数十亿元资金，仅 2011 ~ 2013 年就有几亿元的投入。

原告对于"大众点评网"所刊登的资料信息，如用户点评等内容享有的著作权等合法权益，依法受我国法律的保护。无论是法定的民事权利，还是法律明确规定的民事权益，均同样受到民事法律的保护。2009 年《侵权责任法》第 2 条在规定侵权责任法所保护的对象时，落脚点在于"人身、财产权益"，不仅有各种民事权利，权利以外的利益也均在受保护之列。

无论在国际社会还是美国、欧盟等发达国家或地区，对信息财产都已经不是要不要保护的问题，而是通过何种方式来保护的问题。欧盟于 1998 年颁发了《欧盟数据库指令》，对所有"独立作品、数据的集合或其他经系统化或条理化安排的并可单独以电子或其他方式获取的资料的集合"创设了专门的词汇予以概括，即数据库权，哪怕该数据库在编排和体例上不具有独创性，不能受著作权法保护。

美国早在 1918 年便通过司法判例创设并发展出了"不当使用原则"，对那些不受版权法保护的信息，例如热点新闻，提供法律保护。在 *International News Service v. Associated Press* 案中，美国联邦最高法院创设了"不当使用原则"。联邦最高法院认为为了保护新闻免于竞争对手的侵害，新闻应当被保护。联邦最高法院的这一原则在相当长时间里被各州法院在类似案件中所采纳。在 *United States Golf Association v. St. Andrews System*，749 F. 2d 1028，1034 - 35（3d Cir. 1984）. 案中，"不当使用原则"被总结是可以适用许多情形的原则，只要法院感觉一方当事人对另一方有不正当的行为，而又不能被三大传统知识产权（版权、专利和商标）所保护。1997 年，美国联邦第二巡回法院在 *National*

*Basketball Association v. Motorola，Inc.* 案中对"不当使用原则"进行了清晰权威的阐释。在该案中，联邦第二巡回法院认为，以下情形可受保护：①原告花费一定成本制作或收集某信息；②该信息是时效性（time－sensitive）；③被告使用该信息是搭原告的便车；④被告与原告之间存在直接竞争性关系；⑤搭原告或其他人便车导致人们不再有积极性生产或提供服务，因而实质性威胁到产品或服务的存在或质量。该案是人类社会进入信息时代后，法院成功运用"不当使用原则"保护信息的判例。

而我国，制定于1993年的《反不正当竞争法》早已不能满足社会发展的需要已是不争事实，正因如此，才有这么多适用《反不正当竞争法》原则性条款来保护诸多民事权益，遏制不正当竞争行为的需要。如果某些特定的不正当竞争行为通过司法案例的积累，例如大众点评诉爱帮网、百度诉360、携程诉去哪儿网、北京阳光诉上海霸才案等等，已经实现了类型化，其行为定性和边界已经比较清晰，而《反不正当竞争法》第2章的特别规定哪一条都套不上的情况下，恰恰就需要适用《反不正当竞争法》第2条，否则不足以维护公平竞争秩序。

本案中，大众点评信息属于大众点评网的财产权益。每一条点评信息都是商户通过大量劳动和成本获得的。大众点评网所形成的数据库蕴含着相当程度的市场交易价值，大众点评网凭借这些庞大的信息数据库确立了自己在市场竞争中的优势地位，建立了较为稳定的交易秩序，同时亦形成了商业获利的合理预期。这些显然是应当受民事法律保护的利益。

（二）本案适用反不正当竞争法进行保护的必要性

原告网站上的商户信息、推荐菜等系原告整理而成，原告对其享有权益是不言而喻的。而其中最有价值的点评内容系无数原告的注册用户，基于原告的各种活动激励，根据自己在某个商家消费的真实经历和感受所撰写而成，既是独立完成又有创造性，除了极个别非常简单的之外，绝大多数符合《著作权法》所规定的"独创性"的标准，大众点评网上用户对自己经历和感受的表达大部分都可以构成作品。原告方的用户协议中表明原告用黑体字向用户提示了重要内容，任何用户接受协议后即将其在原告大众点评网发表的点评内容的著作财产权转移给原告所有，并许可原告就任何主体的侵权行为提起诉讼并获得全部赔偿。因此，经过上述用户协议的签署，相关的商户点评、图片等的著作财产权已经被转让给原告。格式合同的效力不能简单判断是否有效，而要结合双方权利义务是否大致对等、格式合同提供方是否尽到了充分的提示义务等综合进行判断。原告为其注册用户提供了卓有价值的免费服务，并明确了相关的责任条款，迄今为止没有真实网友对格式合同及著作权归属于原告有异议。故原告对上述内容享有权益。

在本案中，被告百度将原告的信息大量直接复制在其地图服务中大肆进行传播并获利。由于原告网站中的信息是海量的，如果非要从著作权侵权的角度来认定被告的行为，涉及一条条信息独创性的认定，费时费力，耗费司法资源不说，也达不到保障原告合法权益，维护公平公正的市场秩序的目的。《反不正当竞争法》作为知识产权特别法的兜底法，本身就有一个兜底的作用。知识产权作为市场竞争的工具，行为人侵害其同业竞争者的知识产权，实质上也是不正当竞争行为。如果特别法不能提供有效保护，就需要适用一般法。

在很多商标和不正当竞争的案例中，法院也是同时适用《商标法》和《反不正当竞争法》的，即便法律依据上没有同时并存，在论证理由上也常常在表述中同时包含"侵害商标权"和"属于不正当竞争行为"的内容。

（2011）一中民终字第7512号汉涛公司诉爱帮聚信（北京）科技有限公司不正当竞争纠纷民事判决书对此已经做出非常明确的认定："反不正当竞争法旨在鼓励和保护公平竞争，制止不正当竞争行为，保护经营者和消费者的合法权益。因此，不正当竞争之诉和侵权之诉对权利人的要求并不完全相同。在侵权诉讼中，法律通常要求汉涛公司享有完整权利、独占权利、排他权利或得到权利人同意起诉的明确授权。在不正当竞争诉讼中，法律通常要求汉涛公司主张保护的权利或利益合法，而不要求完整性、独占性、排他性等条件。如果某一经营者的行为破坏竞争秩序，其他的一个或者多个经营者即有可能在竞争利益上受到损害，受害的经营者即产生诉权。比如，对经营者利用广告虚假宣传的行为，同行业的经营者均有权起诉，并不要求权利的完整性、独占性或排他性。大众点评网上的用户点评和商户简介，是汉涛公司通过合法途径吸引用户注册、发表或搜集、整理而来，能为汉涛公司带来合法利益，反不正当竞争法应当给予保护。因此，无论汉涛公司对诉称内容是否享有排他性的独占使用权，汉涛公司均有权提起本案之诉，可以成为本诉原告"。

在（2013）一中民初字第2668号百度诉奇虎360不正当竞争案中，本案被告一百度公司在该案中以其对百度知道、百度百科等栏目上的内容所享有权利作为其权利基础，其同样以用户协议获取上述内容著作权，其也是主张奇虎360公司不正当竞争并获得法院支持的。被告一在本案中仅仅因为其诉讼地位不同而对该事实采取完全相反的态度足见其缺乏基本的诚信。

从法院在审判活动中的作用和义务来看，提出并证明事实是当事人的责任，但如何适用法律，却是法院的责任。对于原告而言，只要能够证明这些信息属于法律应当保护的利益，并且被告不正当攫取这些信息"食人而肥"且没有合理正当理由，就已经足够。

三、原告经营的大众点评网具有极高的知名度

大众点评网于2003年4月设立，是全球最早建立的独立第三方消费点评网站。经过原告十多年的经营和打造，大众点评网已成为中国领先的本地生活信息及交易平台。截至2015年第三季度，大众点评月活跃用户数超过2亿人次，点评数量超过1亿条，收录商户数量近3000万家，覆盖全国2500多个城市及美国、日本、法国、澳大利亚、韩国、新加坡、泰国、越南、马来西亚、印度尼西亚、柬埔寨、马尔代夫、毛里求斯等全球200多个国家和地区的860座城市。截至2015年第三季度，大众点评月综合浏览量（网站及移动设备）超过200亿台，其中移动客户端的浏览量超过85%，移动客户端累计独立用户数超过2.5亿人次。目前，除上海总部之外，大众点评已经在北京、广州、深圳等250多座城市设立分支机构。

　　基于大众点评网的卓越品质及原告不懈的推广运营，大众点评网获奖无数：中国互联网品牌50强"生活服务类第一名""年度最佳Web2.0网站""2013胡润品牌榜全国最具价值民营品牌五十强""全国最具价值第三方消费点评网站品牌"等。众多媒体通过各种方式对原告及其服务进行广泛的宣传。同时原告的注册商标及服务因此具有了极高的知名度。原告证据二组证明了该事实，且该事实已被多个生效判决予以确认。

　　原告证据1-4，艾瑞咨询集团出具的《中国本地生活服务O2O市场品牌研究报告》第19页显示大众点评网发展模式较为领先。第23页显示大众点评当前基于移动端业务占据有利地位，未来随着移动终端设备以及移动宽带网络的发展，大众点评会进一步提升使用空间。第38页显示对几家主要网站的品牌进行了市场调研，大众点评网早在本地生活服务O2O市场中品牌综合健康得分最高，高于百度地图的得分。第39页从转化率方面比较，大众点评网和百度地图等较为领先，而从经常消费情况来看，大众点评网最高。第40页用户喜好度评价显示大众点评网评价最高，高于百度地图。第43页显示O2O品牌选择显示大众点评网的知名度为41%，高于百度公司；内容详细程度为37.9%，也高于百度公司。该份报告从多个指标表明在基于本地位置的生活服务中，本案原告具有较高知名度和领先优势，是领先于被告一的。

　　四、二被告未经许可，大量抄袭、使用原告享有合法权益的用户点评内容，用于其经营的周边生活信息服务，构成对原告的不正当竞争行为

　　（一）被告的行为构成了对原告的市场替代，给原告造成了巨大的损害

　　（1）被告的行为构成了对原告的市场替代

　　2012年以来，原告发现被告一未经许可，在所经营的百度地图网站（http：//map.baidu.com/）、百度知道（http：//zhidao.baidu.com/）以及百度地图手机客户端提供生活服务信息过程中，大量抄袭、复制原告的"大众点评网"中所有的用户点评等内容，将之完整展现在百度地图网页或手机客户端页面中，使得百度地图的用户无须前往大众点评网的页面就可直接获取该商户在大众点评网中几乎全部的点评信息，直接替代了"大众点评网"向用户提供内容，再加上被告一在其地图服务中使用"大众点评"的特有名称，使得众多用户公众对商品的来源产生误认，误认为被告一所使用的相关内容与原告具有许可使用关系。

　　而现在掌握的事实表明，百度地图仅仅针对"大众点评网"等非常有限的几家网站进行"抓取"。在原告提交的侵权证据中，原告自2013~2015年在不同时间十余次公证，抽取不同的城市，抽取餐饮、娱乐等不同的类别随机公证商户点评，并提供了不同时期的被告网站打印页，可以看出其中来自大众点评的数量占据多数，甚至就是百度地图商户全部点评来源，且第一时间直观地显示在网页上。

　　百度地图前期版本中商户首页显示3~6个原告的优质点评，完整展示了原告的点评内容，有"详情"可以跳转到大众点评，但因为每个用户的点评已经完整展示，跳转无意义。百度地图自2014年下半年之后的版本，商户首页显示的都是原告的点评评论，但是信息来源中没有标注；点评内容全部完整展示；首页使用条数多达几十条甚至几百条，

无跳转，点击"显示更多评论"可以一直在该页显示全部原告的点评内容；在大量使用原告点评数据的商户页面上搭载被告运营的百度糯米团购及百度外卖链接，被告通过直接侵权行为获取巨额利益。

综合上述梳理可以看出，被告实际是非法复制了原告享有竞争利益的商户信息和点评内容，抽取选择其中最有价值、最有代表性的内容拼凑成自己的商户页面，搭载于其基础地图数据上，通过网页版地图、手机版地图和百度知道向用户提供。基于中国流量费用较高等情况，根据一般用户的使用习惯，其倾向于用最少的点击获取适当的生活服务信息，来决定自己对商户的选择，故其一般阅读简单的商户介绍，并结合3~6条用户点评内容就可以做出选择，很少再去点击跳转按钮去原告的网站或手机APP去重复浏览相关内容，故被告的行为实际上实现了对原告服务的市场替代。对于这一点，在座的客户只需闭眼回忆自己在实际生活中查看原告或被告的用户点评内容以决定选择哪家商户的经验即可得出清晰的结论。更何况2014年之后其采取全盘照搬原告点评内容的、更加恶劣的侵权方式。这种行为只会减少原告的流量，而不会为其带来流量上涨机会，从而造成对原告的市场替代。

（2）原告的举证具有合理性和充分性

虽然被告质疑原告公证的证据不能全部涵盖其地图中的内容，但是原告的抽样取证和举证方式已经足够达到证明目的。

最高人民法院、最高人民检察院、公安部于2011年1月10日发布的《关于办理侵犯知识产权刑事案件适用法律若干问题的意见》中的第3条明确作出如下规定："公安机关在办理侵犯知识产权刑事案件时，可以根据工作需要抽样取证，或者商请同级行政执法部门、有关检验机构协助抽样取证。法律、法规对抽样机构或者抽样方法有规定的，应当委托规定的机构并按照规定方法抽取样品。"根据举重以明轻的法律适用规则，我们认为在民事诉讼中采用抽样取证的方法是合理合法的。

诉讼中的抽样取证，是指依据科学的方法，从较大数量的物品中提取具有代表性的一定量的物品作为样本证据，并据此证明全体物品属性的证明方法。在抽样取证这一证明方法中，确保事实推定得以成立的是科学的抽样统计学原理，据此，原告只需提供抽样所得的样本证据，即可依据样本证据与待证事实之间的高度盖然性推定待证事实的存在。

概率抽样以概率理论和随机原则为依据来抽取样本的抽样，通过某种随机化操作来实现。虽然随机样本一般不会与总体完全一致，但它所依据的是大数定律，亦称大数法则，因此可以正确地说明样本的统计值在多大程度上适合于总体，根据样本调查的结果可以从数量上推断总体，也可在很大程度上说明总体的性质和特征。现实生活中绝大多数抽样调查都采用概率抽样方法来抽取样本。

原告自2013~2015年在不同时间十余次公证，抽取不同的城市，抽取餐饮、娱乐等不同的类别，其抽样具有代表性和科学性。对方掌握完整的数据，离待证事实最近，却无法提供充分有效的证据证明其不存在原告指控的事实，相反其提供的证据却一方面说明其地图服务设计的商户评论数量巨大，另一方面依然可以找到大量的使用原告评论的证据。上述事实足够法院依据高度盖然性的标准认定被告一存在普遍的不正当竞争行为。

（3）被告因其不正当竞争获利巨大，原告却受到严重损失

这种"市场替代"对于健康的互联网市场秩序危害是非常大的。假设任由此类"抓取"行为存在，那么，抓取者可以用"垂直搜索"的名义做出任何一个网站的"镜像"并放上自己的广告或者团购、外卖等产品用来谋利。如果这样的行为不被制止的话，就没有任何一家公司愿意去做任何原创和辛苦的数据收集整理工作，大家都采取"垂直搜索"强取豪夺，到头来是整个互联网市场的信息枯竭。

原告在本领域已经深耕细作了十余年，而2012年百度公司才进入电子地图领域。根据易观智库发布2015年第4季度中国手机地图市场研究报告显示，百度地图以70.8%的活跃用户覆盖率稳居中国手机地图APP市场第一。据了解，百度地图的月活跃用户数超过了3亿人次，其中生活类POI超过2000万个。如前所述，百度地图在基础地理数据和GIS地理信息系统均受制于人，无任何优势的情况下，通过接入大量的垂直生活应用服务，从包括原告在内的多家数据生产商处获取生活服务信息POI以弥补数据源的不足，已由简单的出行工具变成本地综合生活信息服务平台并获得了巨大的市场占有率。百度公司将其获取的海量用户和流量通过网络广告、百度糯米团购、百度外卖、百度知道等方式进行变现，获取了巨大的收益。其中百度糯米团购由二流跃居行业排名第二，仅次于原告，百度公司外卖位于外卖行业第三。而百度作为一个后来者之所以能够获取如此高的市场占有率和收益，与其采取不正当竞争方式几乎以零成本获取原告的具有极高市场价值的商户及点评信息有巨大的关系。

与此相对应的是原告因此遭受了严重的损失。由于原告的业务也在积极成长，故无直接证据证明其损失，但是在现实中大多数情况下，当损害并没有实际发生只是有发生的可能时，便足以判定对方的行为是否构成不正当竞争。必须明确的是，在不正当竞争纠纷案件的审判中应特别明确：损害以及损害的程度不能作为考察行为合法的标准，竞争方式和手段的合法与否，才是考察一种行为是否构成不正当竞争行为的核心与关键。在不正当竞争行为构成要件中，"损害了其他经营者的合法权益"，包括潜在利益和直接利益，只要证明了竞争方式和竞争手段的不正当性，对损害后果且可以采取推定的方式认定，不以举证实质损害为要件。

（二）百度公司上述行为并非合理使用服务内容的网络搜索服务，没有资格主张法律赋予网络服务提供商而不是内容提供商的免责规则，其构成直接的不正当竞争行为

原告在本诉中反对的是被告在其地图业务，也就是与原告相竞争的内容提供服务当中，未经许可复制原告享有竞争优势的商户信息和评论内容，把原告服务器上的内容放在自己的服务器上，使得用户不必点击原网站就能看到内容，这就是一种剽窃，从不正当竞争法意义上看，这就是一种典型的不劳而获、食人而肥的不正当竞争行为。

著作权案例

专利权案例

商业标识案例

其他案例

（1）百度公司在经营百度地图服务中系内容提供商

百度公司作为一家超级门户网站，经营搜索引擎、百度贴吧、百度知道、百度百科、BBS、百度文库等多种业务，因此对百度公司侵权责任的认定不能套用搜索服务提供商的归责原则，而应当根据其具体行为来进行身份认定，进而确定其适用的归责原则。本案中，百度公司在地图服务中未经许可使用原告享有权益的信息，本身就是提供内容的服务，与搜索无关。

首先，用户可以直接在百度地图中获取完整的本地生活服务商户信息和消费者点评内容，其中来自原告的内容占据主流。

其次，百度地图设置了激励用户产生内容的 UGC 用户点评内容生成机制及商户信息认领机制，并将自该途径获取的内容直接向用户提供，所以在百度地图商户页面中也夹杂有来自"百度地图"的点评信息，只不过其数量很少。

再次，在百度地图的"酒店"栏目，其用户点评内容直接使用百度公司旗下的"去哪儿"网的点评信息并向用户直接提供。

故百度地图是毫无疑问的内容提供者。

被告用 Robots 协议作为抗辩理由，是故意混淆数据获取和数据利用这两个概念，言下之意是只要他能够抓取到数据，抓取后怎么用，包括直接复制成自己的内容，都是合理合法了，这种不正当性非常明显。

搜索技术只是被告抓取大众点评网数据的工具，如何使用抓取的数据，才是本案的关键。原告大众点评网主要是对百度公司使用自己的用户点评信息的方式有异议，而不是对百度公司获得这些信息的形式。大家都知道，自由、开放、平等、协作、分享等构成所谓的互联网精神，但在很多触及法律边界的问题中，核心问题是互联网允许、鼓励人们去自由地获取信息，但限制信息的非法使用。Robots 协议主要是在信息获取领域适用，其跟获取信息后的使用方式是否合法毫无关系。原告在本诉中反对的是被告在其地图业务，也就是与原告相竞争的内容提供服务当中，未经许可复制原告享有竞争优势的商户信息和评论内容，把原告服务器上的内容放在自己的服务器上，使得用户不必点击原网站就能看到内容，这就是一种剽窃，从不正当竞争法意义上看，这就是一种典型的不劳而获、食人而肥的不正当竞争行为。

（2）此案与搜索引擎服务无关，被告应该为其非法复制并传播原告享有权益的信息承担责任

百度公司在本案中的抗辩与之前爱帮网一致，即其网站使用垂直搜索信息抓取技术，不构成侵权。此案与搜索引擎服务无关，此案的关键点是百度通过所谓"垂直搜索技术"得到的大众点评网的信息是进行了索引还是复制。

首先，我们需要将搜索引擎服务与搜索技术作一个概念上的严格的区分。搜索是计算机应用或者信息处理过程中最常用的技术之一，比如 Windows 操作系统提供本地硬盘的搜索功能，可以基于特定检索词搜索本地硬盘中的相关文件；Word 软件中提供了文档内的搜索功能，可以基于特定检索词搜索该 Word 文档中的相关字段；很多数据库中也提

供搜索功能，可以搜索该特定数据库中的特定文件，例如万方网，是基于搜索技术提供论文查阅服务，但我们不认为万方网是一个搜索服务公司。但我国《著作权法》《信息网络传播权保护条例》等法律法规中对搜索引擎服务有特定的定义，并不是所有实用搜索的软件、应用或者网站都可以成为搜索引擎。搜索引擎特指像百度、谷歌、搜狗这些让用户提供关键字进行检索并将用户导向第三方网站（页）的服务。我们来看本案被告百度公司作为原告起诉奇虎360不正当竞争的（2013）一中民初字第2668号判决书对搜索引擎服务的经典表述：

"互联网搜索引擎服务，是指搜索引擎服务商按照网络用户的需要，从互联网上海量的网络信息中挑选出符合网络用户要求的网页，将包括这些网页的地址链接和简介等内容的搜索结果按照特定的排序提供给网络用户，以便网络用户进行选择访问从而获取相关信息的网络服务。

具体而言，在网络用户登录搜索引擎网站时，是以在搜索栏输入希望搜索的信息的方式提出其搜索要求，搜索引擎以事前确定的计算方法将符合网络用户搜索要求，即在互联网上将全部含有符合网络用户希望搜索信息的网页挑出，按照匹配度的高低，将包含这些网页的地址链接、简介等信息的搜索结果依次列出，以供网络用户选择访问。

当然，并不是网络用户在搜索引擎中输入了希望搜索的信息后，搜索引擎才在互联网的海量信息中开始寻找与之相关的内容。为了避免访问浩瀚的网络世界所需的海量时间，搜索引擎采用了爬虫技术，即事先逐一访问互联网上的每一个网页，将每一个网页上的信息进行分析后，提炼出最能够概括这个网页上刊载信息的关键字，将每一个网页的网络地址和关键字一并存储在搜索引擎服务器上，这一技术被形象地称为爬虫技术，负责访问网页的程序被称为爬虫机器人或者直接成为爬虫。当网络用户在搜索引擎中输入了希望搜索的信息后，搜索引擎立即在自身服务器上将网络用户希望搜索的信息与事先存储的关键字进行逐一比对，由于这一步骤只在搜索引擎自身服务器上完成，各个网页关键字的信息量与浩瀚的网络信息相比微乎其微，搜索引擎在极其短暂的时间内就可以将与该关键字相对应的网络地址等信息一并找出，按照匹配度的高低，将包含这些网页的地址链接、简介等信息的搜索结果依次列出。"

通过上述表述可以清晰得知，搜索引擎服务本身是不提供内容的，在正常情形下，搜索引擎的使用系帮助互联网用户在海量信息中迅速查询定位其所需的信息，向用户提供来源网站的信息索引和网络地址链接方式，引导用户到第三方网站浏览搜索内容，而不是替代第三方网站直接向用户提供内容。也就是说，百度网作为搜索引擎，是引导用户进入第三方网站的桥梁，该用户到达第三方目的网站时，搜索引擎服务的使命就完成了。

本案中百度地图本身以基础地图为基础，将无数商户信息及相关的点评内容内置于其基础地图当中，形成一个生活服务数据库，只要点选任何一家商户即可自动调出相关内容，这是典型的直接提供内容的行为。在此种情况下，再套用适用ISP的归责原则及与之相关的所谓Robots协议，实际上是南辕北辙的。

著作权案例

专利权案例

商业标识案例

其他案例

与之相对应的就是索引行为和复制行为的区别。索引就是对原网站内容简要、概要的叙述，就像谷歌网一样，它只是一个中介，只显示两到三行左右原网站内容，并在突出位置显示原网站的链接，如果想看完整内容还是要点击原网站。而复制就是把别人服务器上的内容放在自己的服务器上，使得用户不必点击原网站就能看到内容，这就是一种剽窃，从不正当竞争法意义上看，这就是一种典型的不劳而获、食人而肥的不正当竞争行为。

（3）百度公司使用的并非真正的垂直搜索技术

垂直搜索引擎与普通网页搜索引擎的最大区别是对网页信息进行了结构化抽取，也就是将网页的非结构化数据抽取成特定的结构化信息数据，然后将这些数据存储到数据库，进行进一步的加工处理，再以搜索的方式满足用户的需求。各大搜索引擎都有自身的垂直搜索功能，比如 MP3 搜索、图片搜索、新闻搜索、Blog 搜索等。但是只要是搜索引擎，都是技术服务，它提供的只是链接和摘要，要看到详细内容还是得回到其来源的页面，这才是真正的垂直搜索。

所有合法的搜索引擎服务有一些共同的特性：

①只提供链接和摘要；

②不改变搜索结果的客观性；

③及时性，保持对网页的动态追踪；

④不会不合理地影响到原网站对其内容的正常使用及获利。

但是被告对原告内容的使用显然不符合这些特点，原告通过大量的不同时期、不同类别的公证证明：

①百度地图评论时间与大众点评最新评论时间差距大，很多超过一年以上，这对垂直搜索领域几乎是不可想象的更新速度。

②很多原告网站上的点评内容已不存在，但在百度地图中还存在，表明百度地图并非搜索，也非快照，而是直接复制。

（对一个优秀或者成熟的引擎而言，一般对有价值的网站及时更新，对用户敏感的信息及时更新。百度公司对原告点评信息更新的频率远远滞后只能表明这些信息应该不是以搜索引擎的方式抓取的，其只是定期复制来放置于自己的地图产品上向用户使用而已。）

③有的用户描写了详细的点评内容，字数非常多，超出了正常的搜索索引的标准，仍被被告原样复制。

（一般搜索服务应该最主要是提供标题、摘要和链接这三个关键信息。所谓摘要，其核心要素有两点：一是"摘"，即原文的部分，而不是全部；二是"要"，即尽可能准确地体现原文与用户想搜索信息的相关性。百度地图当前对大众点评网点评信息的呈现方式上，就"摘"这一属性就有问题。无论是将大众点评网的相关商户介绍页面作为一个整体，还是具体到点评信息，均应该体现少量重要信息，并引导用户访问原网站。）

④百度地图上显示的评论信息与大众点评官网上的不一致，如评论数量、具体的评论内容。

（如百度公司的技术人员在庭上所表述的，其对这些明显不合理的地方无法给出明确的解释，但是在原告的追问下，其承认其是刻意选择了比较经典、有代表性的用户评论。从技术上讲，搜索引擎的技术意味着对信息原封不动地照搬后进行节选和摘要，而百度地图上所呈现的点评内容则进行了加工整合和改编，因此，其是掠夺原告的信息形成自己的替代产品，绝非搜索引擎的行为。）

⑤篡改点评评论用户评论发表的时间，且时间格式不一致。

（分析同上。）

⑥百度地图所使用的原告评论时间顺序混乱，而不是像原告按照时间排序。

（分析同上。）

⑦原告网站上的点评用户的名称及头像被去除，仅统一表述为点评网友等。

（分析同上。）

⑧原样复制原告菜品图片并向用户提供，图片放大完整展示，无跳转，系直接复制，替代真实的来源网站。

（分析同上。）

⑨百度地图仅仅针对"大众点评网""订餐小秘书"等非常有限的 3～5 家网站进行"抓取"。

（绝非针对海量信息进行抓取并索引的搜索引擎服务。）

所以，被告本质上就是借着"垂直搜索"的幌子赤裸裸地把大众点评网的内容复制到了自己的网站进行传播。其他搜索引擎虽然也抓取大众点评网的内容，但是并没有像被告一样直接在其内容提供版块中直接复制使用；凡是复制大众点评网内容的，都获得了大众点评网的授权；所有获得了授权的网络服务商，都不会在大众点评网的内容边上放置大众点评网的竞争对手的广告。

……

（5）Robots 协议与本案应该并无关联

Robots 协议（也被称为"爬虫协议""机器人协议"），全称"机器人排除规则"（the robots exclusion protocol）。其核心思想是，网络机器人通过自动检索网页来获取信息，而网页主可以使用 robots. txt 文件指导网络机器人的访问对象。这个文件告诉来访的搜索引擎哪些房间可以进入和参观，哪些房间因为存放贵重物品，或可能涉及住户及访客的隐私而不对搜索引擎开放。但 robots. txt 不是命令，也不是防火墙，其无法阻止窃贼等恶意闯入者。Robots 协议并非官方文件，也并非由商业组织签署，没有任何强制性，也无法保证今后所有的网络机器人都会遵守此协议。其只是大多数 robots 程序员为万维网提供的一个保护万维网服务器免受 robots 骚扰性访问的通行做法。Robots 协议仅仅是一个无任何力量的文本声明。在大众点评网已经通过起诉方式告知被告停止复制使用大众点评网数据的情况下，被告至今都拒不停止，又怎能指望一个 Robots 协议能够制止其侵权行为呢？

既然如前所述，本案中被告的行为是直接的内容复制和用户提供，其百度地图和百度知道都不是搜索引擎，那么仅仅与搜索引擎的爬虫相关的 Robots 协议当然与本案无关。被告对原告网站的非法复制行为根本无法通过屏蔽普通搜索引擎的方式予以屏蔽和拒绝。被告用 Robots 协议作为抗辩理由，是故意混淆数据获取和数据利用这两个概念，言下之意是只要他能够抓取到数据，抓取后怎么用，包括直接复制成自己的内容，都是合理合法的，但对于信息这种无形财产，被告的逻辑其实是强盗逻辑，基于互联网的公开性和互通性，获取信息是相当容易的，获取后如何使用才是法律规制的关键，被告这种食人而肥非法使用原告信息行为的不正当性是非常明显的。

（6）被告在百度知道中大量使用原告的商户信息和维护点评与搜索更加无关

众所周知，百度知道是一种提供内容的服务，是对一些问题进行集中回答的发布平台。原告在其诉 360 不正当竞争一案中以此作为其权利基础，故其法律定位为 ICP 是没有问题的。被告声称的百度知道和百度地图、百度一样都是一种搜索服务，是对常识的挑战。

百度知道的内容一部分来自网友的回答，即 UGC 模式，还有一部分直接来自被告一。根据被告的当庭陈述，与其他百度知道的内容由用户提供不同，这部分信息是由百度公司从网上直接抓取并提供的，是其"阿拉丁"计划的一个组成部分，对该部分内容，被告一构成直接侵权。

本案的被告一将原告的有价值的内容使用在包括在百度地图、百度知道等多个领域，证明其侵权是多层次的，恶意是非常明显的，是一种完全的不正当竞争行为。在百度知道的商户页面中，用户点评来源只有大众点评网，无其他来源；且使用了几乎全部的原告网站点评内容，数量巨大，动辄几百至几千条；点评内容直接显示在百度知道的商户首页，无任何跳转链接，用户看到百度知道上的内容后就不会去大众点评上进行查看了。而且点评网站上的用户头像等都被被告进行替换、编辑，此外还有时间顺序混乱等种种情形，证明被告是有目的性地编辑和呈现的，其目的就是向用户提供内容谋取不正当利益，是典型的不正当竞争行为。

（三）被告的行为确属违反诚实信用原则和公认的商业道德而具有不正当性

《中国互联网行业自律公约》可以被认为是互联网行业中公认的商业道德。该公约第 2 条规定：本公约所称互联网行业是指从事互联网运行服务、应用服务、信息服务、网络产品和网络信息资源的开发、生产以及其他与互联网有关的科研、教育、服务等活动的行业的总称。其第 7 条规定：鼓励、支持开展合法、公平、有序的行业竞争，反对采用不正当手段进行行业内竞争。其第 9 条规定：互联网信息服务者应自觉遵守国家有关互联网信息服务管理的规定，自觉履行互联网信息服务的自律义务："（三）制作、发布或传播网络信息，要遵守有关保护知识产权的法律、法规"。其第 12 条规定：互联网信息网络产品制作者要尊重他人的知识产权，反对制作含有有害信息和侵犯他人知识产权的产品。

原告花费了大量财力和精力，吸引用户点评，并评选出精彩点评、每月之星，给予一定的奖励比如优惠券，还经常组织试吃、试玩活动，鼓励参与者上传点评。耗费一定财力和精力得到的具有商业价值的信息，是商业网站的经营之本，应该受到法律保护。由于大众点评网花费了财力物力来得到这些点评，而被告在开展同质化竞争的时候本可以通过自己收集商户信息和用户评论而建立自己的竞争性产品，其却强取豪夺，直接复制原告的核心资产，侵害了大众点评网的财产利益，违背了自愿、平等、公平、诚实信用的原则，损害了公平有序的市场秩序和公认的商业道德，当然应该承担不正当竞争的相应法律责任。

被告一的侵权及不正当竞争行为存在明显恶意，且其反复实施该行为。在原告采取法律措施与被告一交涉后，被告一向原告表示歉意并多次进行和解洽商，然而被告一在双方已就被告一非法使用"大众点评网"相关作品及信息的整改合作事宜达成了意思表示一致的文本协议后，一边以各种借口拖延协议签署，且在原告多次发函后仍逾期不予回应，拒绝签署协议；另一边却继续且扩大实施之前的侵权及不正当竞争行为，足见其巨大的恶意。

证据4-19，（2014）沪东证经字第19495号公证书，公证内容为被告一代理人秦某发给原告业务经理的和解邮件。在该公证书的第8～10页，是秦某发来的合作方案建议初稿，包括方案一和方案二，备注栏中对两个合作方案进行了明确的描述"百度依法需限制性使用……即不能替代原告的功能……不能截流……"，方案二的备注是"……业务层面除停止抓取外……导致300万元或更多的赔偿损失……"。在附件的第11页，显示秦某在三分钟之后要求撤回这封邮件，并打电话表示其发错了方案，再次发来的邮件中去掉了备注方案。可见被告一在内部讨论的过程中对于侵权行为的后果是完全明知的，在内部已经完全明确地了解了法律风险，但仍然大肆使用。被告一在明知自己侵权及侵权程度严重的情况下，仍继续在其运营的百度搜索、百度地图服务中大量抄袭、复制、使用原告网页上的商户信息及点评内容，其不正当竞争的恶意非常明显。

在本案庭审过程中，被告一的行为非但没有停止，反而更加明目张胆肆无忌惮，其在2015年后在所有平台的地图服务中直接大量提供来源于原告的商户评论，动辄几百条至上千条，且不提供对原告的跳转链接。该事实已经在原告的（2015）第3237号公证书中得以体现，且在庭审中原告要求法庭当庭勘验过。然而被告一拒不悔改，直到2016年4月11日正式开庭时又加上了跳转链接，这种方式是对原告及法庭的赤裸裸的嘲弄！

五、百度地图对于来源于大众点评网的信息，标注信息来源时使用了"大众点评"字样及大众点评网的图标，属于擅自使用知名商品（服务）特有名称的不正当竞争行为……

六、被告实施了虚假宣传行为

大众点评在其所处的领域中处于绝对领先地位，其海量的用户点评内容具有内容全面、真实、点评质量高等特点，已经形成用户选择商家的风向标。因此，原告的知名度

著作权案例　专利权案例　商业标识案例　其他案例

及其用户点评数据的高质量对 LBS 服务的质量具有非常重要的作用。

原告证据 4～14，（2014）沪卢证经字第 953 号公证书证明被告虚假宣传其使用原告的数据信息是与原告有合作关系。该证据第 81～83 页显示，微博网友问"百度地图的美食部分在大量引用大众点评网的信息，但只能用百度的账号登录，怎么回事？"，百度回应称"亲，我们现在是合作关系呀"，可见被告一通过大众点评优质的点评信息为其拉用户和人气。该微博的发布时间为 2013 年 4 月 16 日，此时原告与被告一尚无任何接洽与合作，绝对不存在被告一所称的"合作关系"。

原告与被告一明明不存在合作关系，百度公司在官方微博上对消费者的解答却说有合作关系，该行为构成虚假宣传。

官方微博是一个企业官方的、正式的媒体广告平台，传播力巨大，且对不特定公众开放。百度地图官方微博所发布的信息是其官方的企业行为，且该信息除非被告特别删除，否则会一直保留在其主页上，所有的消费者均能阅读到，并影响其对百度地图的认知。因此哪怕这个信息采取的是对话形式，其本质上也还是对消费者就有关产品或服务的情况进行解答并广而告之，从而达到宣传的目的，这和新闻发布会上通过回答某个特定提问者的问题从而达到广而告之的效果是一样的。

百度公司在明明不存在合作的情况下，面对消费者关于为何如此大量的评论与大众点评网的相同的疑问，向消费者传达这样错误的信息，即百度公司和大众点评网存在合作，达到了借用大众点评网的商誉，抢夺大众点评网的市场，转移消费者的目的。

这实际上是一种行为造成了两种伤害：一方面，对消费者虚假宣传；另一方面，不适当地攫取了大众点评网的商誉，搭便车——本来消费者要到大众点评网去看评论的，结果按照百度公司的虚假引导，消费者也不用到大众点评网去看了，直接在百度地图上看就可以，而且因为双方"有授权"，因此这些信息是真实且权威的，和大众点评网上的是一样的，这实际上窃取了原告的点评信息在消费者心目中的地位，客观上使得百度地图的吸引力增加。这样的行为，实在难谓诚信，难谓正当，难谓符合正常的商业道德。

在原告的服务和点评信息具有行业领先地位和极高知名度的前提下，被告一在其地图服务中标注"来自大众点评网"的行为，本身也是虚假宣传行为，其暗示了百度公司和大众点评网之间存在授权和许可关系，不正当地借用了大众点评网在用户点评信息方面积累的商誉和对于点评信息的质量担保功能，将消费者对大众点评网之用户推荐信息的信赖嫁接到百度地图的网站中，从而通过宣传虚假事实误导了消费者，瓜分了原告的市场。

七、两被告的行为构成共同侵权

……

八、两被告的责任承担方式

……

综上所述，根据《反不正当竞争法》等法律法规的相关规定，被告的行为已经严重侵害了原告的利益，给原告造成了巨大损失，也妨害了公正有序的市场秩序，应依法承担相应的法律责任。恳请法官考量本案的严重性，依法支持原告的诉讼请求。

此致
上海市浦东新区人民法院

傅钢律师

2016 年 3 月 22 日

（上海市协力律师事务所游闽键律师、傅钢律师，

该案原告汉涛公司代理人）

## 媒体报道

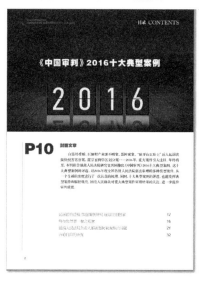

著作权案例

专利权案例

商业标识案例

其他案例

# 国内首例路由器屏蔽广告构成不正当竞争案

## ——北京爱奇艺科技有限公司与北京极科极客
## 科技有限公司不正当竞争纠纷案

**原告（被上诉人）：** 北京爱奇艺科技有限公司（以下简称"爱奇艺公司"）

**被告（被上诉人）：** 北京极科极客科技有限公司（以下简称"极客公司"）

**一审法院：** 北京市海淀区人民法院

**一审案号：**（2014）海民（知）初字第 21694 号

**一审合议庭成员：** 姜琨琨、蒋强、庞奎玉

**一审结案日期：** 2014 年 10 月 28 日

**二审法院：** 北京知识产权法院

**二审案号：**（2014）京知民终字第 79 号

**二审合议庭成员：** 宋鱼水、张晓霞、杜长辉

**二审结案日期：** 2015 年 2 月 13 日

**案由：** 不正当竞争

**关键词：** 竞争关系，软件插件，平台提供者

**涉案法条**

《反不正当竞争法》第 2 条、第 20 条

**争议焦点**

二审法院认为，该案涉及三个焦点问题：

- 极客公司针对涉案插件是研发上传行为还是提供为第三方上传的平台。
- 极客公司的涉案行为是否构成《反不正当竞争法》中的不正当竞争。
- 如果极客公司涉案行为构成不正当竞争，赔偿数额如何确定。

## 审判结论

一审法院认为,应着眼于经营者的具体行为判断是否具有竞争关系。由于极客公司和爱奇艺公司在商业利益上存在此消彼长的关系,因此二者之间具有竞争关系。同时,鉴于极客公司无法证明涉案插件系由第三方上传,故综合相关证据,认为系极客公司自行开发和上传,从而认定该案中损害爱奇艺公司的利益进而攫取商业利益的行为构成不正当竞争。

二审判决驳回上诉。

## 起诉及答辩

原告爱奇艺公司诉称:原告是中国知名大型网络视频平台"爱奇艺(www.iqiyi.com)"的合法经营者,面向网络终端用户提供在线网络视频的点播服务,合法且适当地投放广告。2013年12月,原告发现被告生产销售名为"极路由"的路由器,通过安装"屏蔽视频广告"插件过滤了"爱奇艺"网站上播放视频内容前的广告,并在官网上大肆宣传极路由具有屏蔽视频广告的功能,将其作为最大卖点。原告认为,被告的行为已经构成不正当竞争,故请求法院判令:

(1)被告立即停止不正当竞争行为;

(2)请求判令被告向原告赔偿经济损失200万元以及合理维权费用共计210.3029万元;

(3)请求判令被告就其不正当竞争行为在被告官方网站(www.hiwifi.com)首页上端连续72小时刊登声明,承诺不再提供屏蔽视频广告服务,消除影响;

(4)诉讼费由被告承担。

被告极客公司答辩如下:

极客公司的行为不属于不正当竞争,理由如下。极客公司与原告分属不同的行业领域,二者不存在竞争关系。涉案插件不是极客公司的涉案产品即"极路由"的组成部分,涉案插件系独立的第三方开发者上传到极客公司的开放平台上。极客公司所管理的应用平台上存在可供消费者选择的诸多插件模块,屏蔽视频广告插件由用户自行选择下载。极客公司运营的平台增加了消费者的选择权,没有过错。第三方的屏蔽视频广告插件没有针对原告的网站,是对所有视频广告一律屏蔽,其目的是增强用户的上网体验,是一种技术革新。《反不正当竞争法》第2条是一般性条款,应当慎重适用。不同意原告诉请的赔偿理由及赔偿数额。

## 事实认定

爱奇艺公司是爱奇艺网站的经营者,为用户提供在线视频播放服务,在播放视频之前播放广告,收取广告费用以获取商业利益。极客公司是"极路由"路由器的生产者和销售者,在其经营的极路由网站推广"极路由"路由器时宣称:"原来广告也能加速!快到你感受不到她的'存在'""和浪费生命的广告说再见还你轻松愉快的视频体验"

"多款插件持续更新中……现已为每台新购买的极路由准备就绪"。"极路由"路由器的用户可通过 PC 电脑和 iPad 平板电脑连接"极路由"路由器上网，并可从极路由云平台下载软件。极路由云平台首页"插件选荐"栏目展示有"屏蔽视频广告"图标，图标右下方显示"小编推荐：这是一款人气非常高的第三方插件，能够去掉一些视频网的广告"。

诉讼过程中，爱奇艺公司申请行为保全。一审法院向极客公司送达行为保全申请书 3 日后，极路由云平台上的"屏蔽视频广告"插件即不再屏蔽爱奇艺网站视频的片前广告，但仍可屏蔽其他网站视频的片前广告。庭审过程中，合议庭询问极客公司："如果这个插件是第三方开发的，为什么爱奇艺起诉你们、申请行为保全后，这个插件就只停止屏蔽爱奇艺网站的视频广告，不停止屏蔽其他视屏网站的视频广告？插件开发者的立场和被告诉讼立场完全一致，被告有什么解释吗？"极客公司答复称"不清楚"。

## 一审判决及理由

一审法院认为，判断经营者之间有无竞争关系，应着眼于经营者的具体行为，分析其行为是否损害其他经营者的竞争利益。单纯看原告、被告的主营业务，二者似乎的确处于不同竞争领域。但该案被控不正当竞争行为是极客公司综合利用"屏蔽视频广告"插件和"极路由"路由器屏蔽爱奇艺网站视频的片前广告，此行为必将吸引爱奇艺网站的用户采用上述方法屏蔽该站视频片前广告，从而增加极客公司的商业利益，减少爱奇艺公司的视频广告收入，导致爱奇艺公司和极客公司在商业利益上此消彼长，使本不存在竞争关系的两公司因此形成了竞争关系。

关于"屏蔽视频广告"插件，爱奇艺公司指控极客公司是其开发者、上传者；极客公司辩称该软件系案外人开发上传，其仅系信息存储空间服务提供者。一审法院对此认定如下：

第一，极路由开放平台要求开发者用户实名注册，才可向极路由开放平台上传软件，经审核通过后，其他用户方可从极路由云平台下载该软件。极路由云平台下载"屏蔽视频广告"插件的描述页面显示"第三方提供""应用作者 OpenGG"，但极客公司并未提供相应注册信息供法院审查。

第二，极客公司官方客服在其经营的"极客社区"论坛中的相关表述，以及"极路由"视频广告屏蔽功能早于平台出现。

第三，极客公司是"屏蔽视频广告"插件的积极推荐者和主要获利者。

第四，一审法院向极客公司送达行为保全申请书 3 日后，极路由云平台上的"屏蔽视频广告"插件即不再屏蔽爱奇艺网站视频的片前广告，但仍可屏蔽其他网站视频的片前广告，可见，"屏蔽视频广告"插件的开发者、上传者明显知晓该案案情及诉讼进程。

因此，一审法院最终认定极客公司是"屏蔽视频广告"插件的开发者、上传者。

极客公司辩称其行为正当，一审法院分析如下：

第一，极客公司明知"屏蔽视频广告"插件将直接干预并严重损害视频网站经营者的经营，却开发、上传、推荐并诱导用户安装"屏蔽视频广告"插件，明显具有过错。

第二，极客公司辩称"屏蔽视频广告"插件是技术革新，便利公众，应当鼓励。一审法院认为，对技术的使用不能突破法律限制。极客公司使用"屏蔽视频广告"插件直接干预爱奇艺公司正常经营，以吸引客户获取商业利益，违反了反不正当竞争法。

第三，极客公司辩称"屏蔽视频广告"插件并非针对爱奇艺公司，而是屏蔽所有的视频广告。一审法院认为，反不正当竞争法着眼于维护竞争秩序和竞争利益，并不要求受害者唯一或者特定。如果某一不正当竞争行为损害不特定经营者的合法利益，受损害的经营者均有权起诉。

第四，极客公司辩称"屏蔽视频广告"插件司空见惯，是行业惯例。一审法院认为，同类软件的存在及数量本身不能自证其合法性。

第五，极客公司辩称《反不正当竞争法》第2条是一般条款，应当慎用。一审法院认为，该案被控不正当竞争行为即属新型不正当竞争行为，在《反不正当竞争法》分则中无对应具体条款，应当适用《反不正当竞争法》第2条第1款，以维护竞争秩序，维护经营者的合法利益。

最终一审法院认定极客公司的相关行为构成不正当竞争，判决：被告应当向原告支付经济损失及合理开支共计40万元；驳回原告爱奇艺公司的其他诉讼请求。

## 上诉理由

极客公司不服一审判决，上诉称：第一，原审判决认定事实不清。极客公司是制造销售路由器的企业，并非涉案"屏蔽视频广告"插件的开发者、上传者。第二，一审判决认定上诉人与被上诉人构成竞争关系以及认定上诉人构成不正当竞争，属于适用法律不当。一审判决为保护被上诉人的现行商业模式，进而认定使用屏蔽广告技术是非法的，没有任何法律依据，第三方上传的涉案插件不是针对特定网络经营者所开发的，屏蔽视频广告也是行业惯例。第三，一审法院判决上诉人赔偿被上诉人经济损失40万元没有依据且有失偏颇。

综上，请求二审法院依法撤销一审判决，驳回被上诉人爱奇艺公司全部诉讼请求。

## 二审查明事实

二审审理过程中，双方当事人均补充提交了证据。

极客公司提交了相关公证书及证据材料，主张涉案插件是由"OpenGG"开发、上传，并提供了"OpenGG"等页面截图；另外，主张其经营初期未强制要求上传人进行身份认证，且2013年12月至2014年9月，其经营并无利润。

爱奇艺公司则提供了相关公证书及证据材料，主张极客公司的平台一直未开放自由上传，且极客公司一直将屏蔽广告作为其主要宣传点。

## 二审判决及理由

二审法院认为，该案涉及三个焦点问题：①极客公司针对涉案插件是研发上传行为

著作权案例

专利权案例

商业标识案例

其他案例

还是提供为第三方上传的平台；②极客公司的涉案行为是否构成反不正当竞争法上的不正当竞争；③如果极客公司的涉案行为构成不正当竞争，赔偿数额如何确定。

具体分析如下。

一、关于被控侵权行为事实的认定

涉案插件标注上传者是"OpenGG"，但是，如果在极客公司未开放第三方上传平台的前提下，"OpenGG"是真正独立的第三方还是极客公司的雇用者之事实存在争议。为此，极客公司何时开放第三方上传平台之事实成为焦点。

该案中，当网民提出何时开放平台时，多份证据显示，"Hiwifi客服"等多个网络ID均多次发帖或跟帖表示极客公司平台未开放注册。据此，一审法院认定极客公司网站上的插件为其所开发和上传并不是没有根据。

极客公司在主张涉案"屏蔽视频广告"插件是由网络ID"OpenGG"上传并在一审证据的基础上进一步提供"OpenGG"为第三方的补充证据。但"OpenGG"并未出庭，且一审行为保全的勘验中极客公司能够控制屏蔽行为，该案一审出现了不再屏蔽爱奇艺公司的广告，但可以屏蔽其他视频广告的勘验结果。为此，二审法院仍然认为，极客公司的补充证据不足以推翻一审事实认定。

二、上诉人极客公司行为的法律定性，即是否构成不正当竞争

在新的经济模式下，只要双方在最终利益方面存在竞争关系，亦应认定两者存在竞争关系。该案中，极客公司与爱奇艺公司虽然经营的具体领域不同，但二者经营成败的核心利益都在于网络用户的数量，在此基础上，双方构成竞争关系。

爱奇艺公司的经营模式是其获取合法利益的表现形式，具有正当性。在市场竞争中，经营者的行为可能迫使其他经营者改变经营模式，但这种行为应当被限定为对商品或服务的质量、便捷、价格等方面的正当竞争，不应存在损害他人正当利益的行为。该案中，极客公司以强行改变爱奇艺公司经营模式的方式向网络用户提供服务，以损害他人利益的方式自身获取利益，这种竞争不应当被法律所认可。另外，极客公司的这一行为短期内似乎对网络用户是有"利"的，但是若因此使得爱奇艺等以广告收入作为主营利点的公司消亡，公众长远利益必将受到影响。因此，极客公司的行为具有不正当性，构成不正当竞争。

三、关于一审判决确定的赔偿数额是否适当

该案中，二审法院认可，极客公司的获利并不全部由涉案不正当竞争行为获得，其获利客观上亦包括由其产品质量、性价比、其他服务等因素共同组成。但同时，极客公司的获利除包括其产品销售取得的对价外，亦包括其所聚拢的巨大客户群潜在的盈利价值，而这一潜在价值应当被计入该案的赔偿数额之中。因此，一审法院酌定上诉人赔偿被上诉人40万元并无不当，予以维持。

综上所述，一审判决认定事实清楚，适用法律正确，应予维持。

**承办律师办案心得**

爱奇艺诉极路由不正当竞争纠纷案件，是国内首例智能路由器屏蔽视频广告遭受视频网站起诉的案件，该案入选"2014年中国十大最具研究价值知识产权裁判案例"。

在该案的一审、二审阶段，双方对于屏蔽广告插件是否由被告极客公司开发这一基本事实问题展开了激烈交锋！被告极客公司始终否认该插件由其开发，始终主张系由第三方 OpenGG 开发上传至被告极路由的开放平台。原告爱奇艺坚持认为该插件由被告极客公司自行开发并上传。然而，一审法院、二审法院综合考虑被告极客公司在诉讼中对于能否屏蔽爱奇艺视频广告具有控制力、未能举证 OpenGG 的真实身份、官方论坛管理员以及高管多次承认没有开放 HiWifi 平台，没有支持被告极客公司的抗辩主张。被告极客公司在诉讼中对这一基本事实的否认，也是目前司法实践中诉讼诚信缺失的表象之一。此外，二审法院也在判决书主文中告诫被告极客公司"在今后的广告行为中遵守我国《广告法》的相关规定，合法经营，诚实宣传"。

在诉讼中，原告方制定了两个诉讼方案：方案一，如果法院认定屏蔽广告插件由被告极客公司开发上传，被告极客公司之行为是否构成不正当竞争；方案二，如果法院认定屏蔽广告插件并非由被告极客公司开发上传，被告极客公司之行为是否构成不正当竞争。显然，如果出现上述第二种情形，对于原告而言具有更大的挑战性。

原告方认为，即使涉案插件由案外人开发、上传，被告极客公司的行为仍然构成不正当竞争。理由如下。①被告极客公司积极追求极客公司实现屏蔽视频广告功能。通过原告方一审、二审证据，每当极客公司用户询问为何屏蔽视频广告功能存在失灵的情形时，被告极客公司都会积极回应，并承诺被告极客公司的工程师会尽快更新插件，与视频网站斗智斗勇、进行博弈，争取早日恢复屏蔽视频广告功能。②被告极客公司积极宣传极路由具有屏蔽视频广告的功能。如前所述，被告极客公司通过官网、京东、天猫旗舰店、官方社区、官方微薄等各个渠道反复、积极、突出宣传极路由具有屏蔽视频广告功能，并将其列为极路由四大特色之一。③被告极客公司积极诱导用户使用极路由的屏蔽视频广告功能。如前所述，被告极客公司在宣传屏蔽视频广告功能时，宣传语具有明显的倾向性与诱导性，例如天猫旗舰店的宣传语"视频广告烦 干掉它！！！""所有视频广告去无踪，还你纯净的视频体验。""屏蔽视频广告 设置超级简单"，官方微博上的宣传语"看视频再也不用等广告了，不信你看！不管我打开哪个都没有广告哦！"④被告极客公司是极路由具有屏蔽视频广告这一功能的唯一的巨大商业利益受益者。从被告极客公司官方社区用户的发帖内容看，很多用户正是因为极路由具有屏蔽视频广告才购买极路由，当该功能失灵时，用户就抱怨并且投诉。被告极客公司在对外宣传时，也将该功能作为最大卖点之一，进行重点宣传。因而，极路由知名度的迅速提升，销售量的快速增长以致达到智能路由器市场占有率第一，获得千万级别美元融资，都与屏蔽视频广告

著作权案例

专利权案例

商业标识案例

其他案例

功能具有直接关联。

⑤被告极客公司没有举证证明 OpenGG 与被告极客公司之间不存在雇佣关系或者商业合作关系。OpenGG 仅是一个网络 ID，如果确有其人开发了涉案插件，他的开发目的是什么？上传到被告极客公司平台的目的是什么？与被告极客公司之间是否有雇佣关系或者商业合作关系？被告极客公司均没有举证说明，也没有举证排除合理怀疑。⑥被告极客公司明知涉案插件可以屏蔽视频广告，仍然审核同意涉案软件通过极路由下载平台供用户下载。用户下载的插件并非由上传者直接上传存储位置，上传与下载必然是两个平台，从上传存储位置转移到用户下载存储位置，其间必然经过了被告极客公司的审核同意。

因而，即使是 OpenGG 开发、上传了涉案插件，被告极客公司没有举证证明此人与被告极客公司之间不存在雇佣关系或者商业合作关系。被告极客公司主观上积极追求、放任极路由具有屏蔽视频广告功能，客观上积极诱导用户安装使用涉案插件，涉案插件功能的实现与极客公司获得的商业成功之间具有直接联系，被告极客公司是涉案插件功能唯一的巨大商业利益受益者。在被告极客公司取得巨大商业利益的同时，包括原告方在内的视频网站的商业利益都遭受了损失，两者之间存在此消彼长的、直接的因果关系。可见，即使是 OpenGG 开发、上传了涉案插件，被告极客公司与 OpenGG 之间只是分工不同，两者共同侵害了原告方的合法权益，被告极客公司具有明显的主观侵权故意，两者的行为都违背了基本的商业道德、破坏了视频网站健康的生态链。被告极客公司通过侵权行为获得了巨大商业利益，理应承担侵权责任。

通过该案诉讼，我们不难发现被告对于屏蔽广告插件的发布，企图通过所谓的第三方 ID "OpenGG" 进行掩饰，以便自己伪装成中立的应用发布平台，从而希望获得 "避风港" 保护。然而 "天网恢恢，疏而不漏"，在其大肆宣传屏蔽视频广告功能，极力诱导用户使用该插件的背景之下，仍然难逃承担应有的法律责任。

该案二审判决生效后，被告极客公司主动积极履行了判决事项。

## 代理词节选

尊敬的审判长、审判员：

贵院受理的爱奇艺公司（以下简称 "原告"）诉极客公司（以下简称 "被告"）不正当竞争纠纷一案已于 2014 年 9 月 10 日公开开庭审理，上海市协力律师事务所马远超、王慧君律师作为原告代理人参加诉讼，现根据庭审中产生的争议焦点，发表如下代理意见。

一、原告具有法律应保护之权益

本案中，互联网用户以收看原告视频广告作为对价，获得免费收看原告视频内容的服务；原告以免费提供视频内容为对价，获得互联网用户的流量和点击率，达到吸引广告主投放广告、支付广告费的目的。原告以收取的广告费弥补经营成本、采购视频内容版权，得以持续地向互联网用户提供及时、优质的视频内容播放服务，从而形成了良性、有序、健康的互联网视频内容生态环境,这也是目前中国视频网站采用最为普遍的商业模式,是视频网站赖以生存、发展的基础。

原告通过视频广告获取经济收益之权利,正如传统电视台通过播放广告获取经济收益之权利,正如传统新闻报纸刊登广告获取经济收益之权利,不仅没有违反任何法律规定,而且是一项合法的、有利于维护正常经济秩序的、应受法律保护的权利。一旦该项权利被他人肆意侵害,广告主必然不愿意继续向原告等视频网站投放广告、支付广告费,原告丧失了弥补经营成本、采购视频内容版权的经济来源,互联网用户将无从收看受版权保护的视频内容,最终必将损害、破坏视频网站行业赖以生存、发展的市场经济秩序。

二、原、被告双方之侵权纠纷应当适用《反不正当竞争法》

我国《反不正当竞争法》第2条第2款规定:"本法所称的不正当竞争,是指经营者违反本法规定,损害其他经营者的合法权益,扰乱社会经济秩序的行为。"本案中,被告违反了《反不正当竞争法》第2条第1款规定"经营者在市场交易中,应当遵循自愿、平等、公平、诚实信用的原则,遵守公认的商业道德。"损害了原告的合法权益,扰乱了视频网站公平竞争的经济秩序,理应根据《反不正当竞争法》承担相应法律责任。《反不正当竞争法》并不仅仅调整构成直接竞争关系的经营者之间的权利义务关系,还调整的是经营者之间、经营者与社会经济秩序之间、经营者与消费者之间的权利义务关系。

本案中,原、被告虽然不处于视频网站或者路由器硬件的直接竞争业务领域,但是双方仍然存在利益竞争。因为,一方面,被告通过大肆宣传屏蔽广告功能,诱使用户购买使用极路由路由器;另一方面,原告视频广告遭受屏蔽、遭受损失,两者之间存在此消彼长的直接因果关系和利益竞争。

在优酷诉金山猎豹浏览器屏蔽视频广告不正当竞争案中,法院认为"传统行业对竞争关系的理解一般限于同业间的直接竞争关系,但是当前互联网经济由于行业分工细化,业务交叉重合的情况日益普遍,对竞争关系的理解则不应限定为某特定细分领域内的同业竞争关系,而应着重从是否存在竞争利益角度出发进行考察。竞争利益主要体现为对客户群体、交易机会等市场资源的争夺中所存在的利益"。

三、涉案屏蔽视频广告插件由被告开发并对外发布、推广

1. 被告自2013年以来都将"屏蔽视频广告"作为极路由的一大亮点,大肆进行宣传

根据原告证据显示,被告在官方网站、官方微博、淘宝旗舰店,均突出性宣传极路由拥有屏蔽视频广告的功能及其效果。在第三方公测性广告软文中,也将极路由的屏蔽广告功能及其效果进行重点介绍。被告也将第三方公测性广告软文转载在被告官网论坛。在被告淘宝旗舰店中,直接将"屏蔽视频广告"字样写在宝贝图片上,以吸引消费者购买。

2. 涉案屏蔽视频广告插件由被告自行开发,被告在庭审中进行了虚假陈述

被告不仅在官方网站上谎称涉案插件来自于第三方,而且在庭审中坚称涉案插件由第三方开发,进行了虚假陈述,因为:①被告的开放平台 open.hiwifi.com 是在2014年7

月 15 日才对外发布，第三方在此之前无法上传插件；②被告已经在 2014 年 5 月公开承认之前所有插件均为被告自行开发；③被告早在 2013 年就已经对外发布涉案插件并实现屏蔽视频广告功能；④被告至今未能提供所谓开发者第三方 OpenGG 的真实身份。

此外，通过被告官网论坛转载的第三方公测性广告软文，证明被告已经明知金山猎豹浏览器由于屏蔽视频广告被判决构成不正当竞争，在此情况下，被告故意对外谎称涉案插件来自于第三方，企图将责任推卸给虚拟的账号 OpenGG，让自己逃避法律责任。被告这种违背诚实信用的行为，理应受到法律的严惩！

四、被告行为违背了诚实信用和公认的商业道德，破坏了公平的竞争秩序

1. 被告的行为具有不正当性，违反了诚实信用原则

路由器作为上网的硬件工具，其功能系为用户连接互联网，不应刻意改变互联网内容，更何况是在侵害他人权益基础之上刻意改变互联网内容，让自己从中获利。正因为被告意识到了自己的行为具有不正当性，被告才需要谎称涉案插件来自于第三方，欺骗公众、掩人耳目，企图以"避风港"原则逃避法律责任。这是典型的违背诚实信用原则之行为。

2. 被告的行为违背了公认的商业道德，破坏了公平的竞争秩序

公平竞争，是公认的商业道德；维护公平的竞争秩序，正是反不正当竞争法的根本职责之所在。在信息技术行业不应提倡丛林法则，彼此运用技术手段进行无序的竞争。不同的经营者之间理应依靠有序、合法、合理的竞争获得用户的认可，更不应将自己的盈利建立在侵害他人合法权益的基础之上。被告刻意阻截了原告的视频广告，破坏了原告的盈利之基础，在给原告造成了严重经济损失的同时推销自己的产品，增加自己的交易机会。从短期看、从局部看，一小部分购买了被告路由器产品的用户，无须收看广告即可免费欣赏原告提供的视频内容；从长远看、从全局看，被告的这一行为终将损害视频网站的整个行业的立命之本——无法获取采购视频内容版权的资金来源，也终将损害用户的根本利益——无法免费收看受版权保护的视频内容。原告的这一商业模式是否能够在市场上生存发展，互联网用户是否愿意以观看广告作为对价收看免费视频内容，理应由市场、由用户进行选择和决定，但被告以积极诱导的方式促使用户安装被告自行开发的涉案插件，强行屏蔽原告的视频广告，显然已经违背了公平竞争的公认商业道德。

3. 侵害他人合法权益的技术，不应受到法律保护

被告以技术创新为由开发这款插件作抗辩，但是，技术创新应以不侵害其他经营者的正常合法权益为底线。本案中，无论是插件技术还是广告屏蔽技术，其实都是普通的现有技术，从宏观来看，并未带来行业整体效率和体验的提升，并没有通过该技术把行业的"蛋糕"做得更大，其所作所为无非是不恰当地用切分竞争者的蛋糕的方式来讨好消费者，本质上还是一个"食人自肥"的零和行为。

五、被告理应承担侵权责任

1. 如前所述，被告理应承担停止侵权的民事责任。被告开发涉案插件、提供下载安装服务、不断更新升级、后台维护运行、对外大肆宣传诱导他人使用，形成了一个侵权行为整体。为制止被告侵权行为，就必须要求被告立即停止整个侵权行为中的每一个环节。

2. 被告应当承担消除影响的民事责任。通过被告的积极推广、宣传，在广大用户心目中已经产生了无须观看视频广告即可免费欣赏原告视频内容的观念，这一观念的形成，必然有损原告的正常商业模式和用户满意度，引发用户对原告视频广告的反感。整个中国的视频产业从最初广泛播放盗播视频，发展到目前依赖广告收入采购正版视频内容、勉强维持正常经营，这一健康有序发展局面，来之不易，必须得到法律强力保护。

3. 原告的索赔金额合理

被告的不正当行为已经持续了近一年，在诉讼期间仍在持续。按被告在官方网站公布的数据，截至 2014 年 9 月 10 日，极路由的用户量已经超过 117 万人次，截至 2014 年 9 月 16 日已超过 119 万，短短数日就增加了 2 万用户量，发展迅速。被告销售的极壹的单价为 199 元，极壹 S 版的单价为 109 元，极壹 S 硬盘版的单价分为 199 元、239 元，极贰的单价为 199 元。如以 199 元单价计算，被告的销售收入已达 23681 万元，即使以最低 109 元单价计算，被告的销售收入也已达 12971 万元。原告索赔金额为 200 万元，仅占被告销售收入的 0.84% 或者 1.54%。

综上，我们认为被告的主观恶意明显，企图逃脱法律制裁，然被告违背诚实信用原则、破坏公平竞争秩序的行为，已经昭然天下。被告以侵害包括原告在内的视频网站的整体利益为基础，短短数月已经获利数亿元之巨！恳请贵院采纳我方意见，维护互联网公平竞争秩序，严惩被告之不正当竞争行为！

（上海市协力律师事务所马远超律师、王慧君律师，

该案原告/被上诉人爱奇艺公司代理人）

## 媒体报道

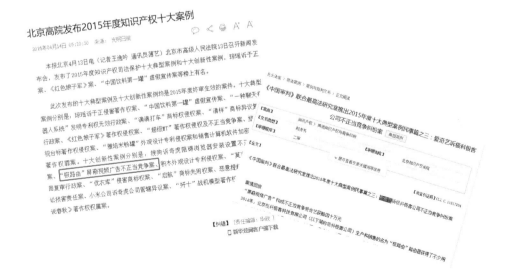

# 全国首例视频聚合盗链行为被认定构成不正当竞争

## ——北京爱奇艺科技有限公司诉深圳
## 聚网视科技有限公司不正当竞争纠纷案

**原告（被上诉人）：** 北京爱奇艺科技有限公司（以下简称"爱奇艺公司"）

**被告（上诉人）：** 深圳聚网视科技有限公司（以下简称"聚网视公司"）

**一审法院：** 上海市杨浦区人民法院

**一审案号：**（2015）杨民三（知）初字第 1 号

**一审合议庭成员：** 黄洋、郑旭珏

**一审结案日期：** 2015 年 10 月 14 日

**二审法院：** 上海知识产权法院

**二审案号：**（2015）沪知民终字第 728 号

**二审合议庭成员：** 陈惠珍、杨韡、范静波

**二审结案日期：** 2016 年 4 月 26 日

**案由：** 不正当竞争纠纷

**关键词：** 聚合盗链，竞争关系，技术中立抗辩

**涉案法条**

《反不正当竞争法》第 2 条第 1 款、第 2 款，第 20 条

《侵权责任法》第 15 条第 1 款第 1 项、第 6 项、第 8 项，第 2 款

**争议焦点**

一审法院认为，该案的争议焦点为：

- 原告、被告是否存在竞争关系。
- 被告是否实施了不正当竞争行为：被告的"VST 全聚合"软件采用技术手段在抓取原告视频内容时去除片前广告，是否构成不正当竞争；被告播放来源于原告网

站的视频内容是否构成不正当竞争。

- 被告在该案中是否应当承担民事法律责任。

二审法院认为，该案的争议焦点为：

- 聚网视公司是否通过破解爱奇艺公司验证算法取得"VST全聚合软件"的密钥（Key值）实施了绕开广告直接播放爱奇艺公司视频的行为。
- 绕开广告直接播放视频的行为是否是技术原因导致并因此具有正当性。
- 一审判决经济损失的赔偿数额是否恰当。

## 审判结论

一审法院认为被告通过技术手段绕开原告的片前广告直接获取正片播放，实现了无须观看片前广告即可直接观看正片的目的，这种行为破坏原告的合法经营活动，挤占原告市场份额，不正当地取得竞争优势，违反了诚实信用原则和商业道德，构成不正当竞争。

二审法院认可一审法院的全部认定，驳回上诉。

## 起诉及答辩

原告诉称：原告系中国知名大型网络视频平台"爱奇艺"的合法经营者，通过该平台向网络终端用户提供在线视频的点播服务，用户以观看视频前的广告为代价获得免费的视频内容，原告以向广告主收取广告费作为主要营业收入，实现盈利。用户安装被告开发的"VST全聚合"软件后，可以直接通过该软件观看"爱奇艺"平台的视频内容，而不再需要观看视频广告，进而导致原告的利益受损。此外，涉案软件聚合了包括原告在内的多家大型知名视频网站的视频内容，导致原告网站访问量以及原告播放器客户端下载量的下降，被告却无须支付高昂的视频作品版权许可费。被告的行为严重破坏了正常商业秩序，侵害了原告的正当权益，故请求判令：①被告立即停止不正当竞争行为；②被告赔偿原告经济损失992000元、律师费50000元、公证费14250元；③被告就其不正当竞争行为在其官方网站首页上端连续72小时刊登声明，消除影响。

被告辩称：原告、被告不处于同一行业，不存在竞争关系。被告没有实施原告所主张的不正当竞争行为。通过"VST全聚合"的方式获取视频时只能获取视频的内容，而无法抓取视频前的广告，被告并没有通过技术手段屏蔽原告视频前广告。用户在使用涉案软件观看视频时，能清楚地知道观看的视频来源于爱奇艺，并不会造成公众的误解，不构成不正当竞争。且原告向公众提供的视频内容是免费的，被告的行为并无不当。被告免费向用户提供涉案软件，并没有从中获利，相反，涉案软件吸引了更多的用户观看原告的视频，给原告带来了收益。被告使用的技术本身是创新、中立的，不应限制这种技术的发展，也不应剥夺用户享受新技术的权利。原告主张的经济损失和合理费用没有事实和法律的依据。被告的行为并没有损害原告在公众中的形象，不应当承担消除影响的责任。

## 事实认定

原告通过"爱奇艺"网站以及客户端，向网络用户提供视频播放服务，其主要经营模式为在视频内容播放前播放广告以收取广告费，在网站及客户端上为客户投放广告，或者向付费会员提供无片前广告的视频内容，通过这些收入再支付视频版权、带宽、推广等支出，以维持其正常运营。

被告开发并运营的"VST 全聚合"软件聚合了 18 个视频网站，包括原告的爱奇艺网站的内容，可以被安装于安卓平台的 PAD、手机、电视机顶盒和智能电视的客户端软件。

2014 年 5 月至 2015 年 3 月，原告爱奇艺公司通过多次公证的方式，证明在安装聚网视公司的"VST 全聚合"软件后，通过智能电视、天猫魔盒连接电视机、智能手机等媒介，可以直接播放爱奇艺公司网站的视频内容而不播放视频前广告。

2015 年 4 月 8 日，原告爱奇艺公司通过公证的方式，使用"Wireshark"软件演示视频播放原理，证明爱奇艺公司对于其视频内容采取了设置密钥（Key 值）的加密措施，且密钥（Key 值）并未公开。

2015 年 4 月 13 日，原告爱奇艺公司通过公证的方式，使用反编译工具，并使用抓取软件形成的数据表明，"VST 全聚合"软件在播放来自于爱奇艺公司的网站视频时，内嵌了爱奇艺公司的密钥（Key 值），从而通过爱奇艺公司服务器验证，推送正片内容。

原告爱奇艺公司网站及客户端投放广告计费方式分为 CPM 计费和 CPD 计费，前者按照每千人展现量作为单位进行广告销售，后者按照每发布天数作为单位进行广告销售。爱奇艺公司的播放器中带有广告出现次数的统计接口，广告主根据统计的数据与其进行结算。

## 一审判决及理由

一审法院认为，该案的争议焦点有三个：①原告、被告是否存在竞争关系；②被告是否实施了不正当竞争行为：被告的"VST 全聚合"软件采用技术手段在抓取原告视频内容时去除片前广告，是否构成不正当竞争？被告播放来源于原告网站的视频内容是否构成不正当竞争？③被告在该案中是否应当承担民事法律责任。其论述如下：

一、原告、被告之间存在竞争关系

该案中，原告、被告经营模式的核心都在于争夺通过其提供的平台观看视频的网络用户数量。由于被告的"VST 全聚合"软件聚合了包括原告在内的多个视频网站的内容，且使用"VST 全聚合"软件观看来源于原告的视频内容时无须观看片前广告，因此很多原告的用户将会使用被告软件观看视频，原告的广告收入亦随着用户的减少而相应减少，因此，原告、被告在商业利益上存在此消彼长的关系，双方也因此形成了竞争关系。

二、被告采用技术手段绕开片前广告，直接播放来源于原告的视频的行为构成了不正当竞争

第一，原告广告收入的多少取决于收看其视频节目的用户数量及视频被点击的次数。

视频观看用户越多，原告网站、客户端的点击率越高，广告主投放的广告相应增加，原告盈利也随之增加。原告的合法经营活动应当受到反不正当竞争法的保护。

第二，原告对于其视频内容采取了加密措施。无论这种技术措施是否有效，都已明确表明了其拒绝他人任意分享其视频内容的态度。

第三，该案审理中，被告始终没有向法院展示"VST 全聚合"软件使用何种技术手段实现无须观看广告即能播放原告正片。法院认为，被告虽然没有直接去除片前广告的行为，但客观上其技术手段实现了无须观看片前广告即可直接观看正片的目的。因此，被告无须支付版权费用、带宽成本，即能使部分不愿意观看片前广告又不愿意支付原告会员费的网络用户转而使用"VST 全聚合"软件，挤占原告市场份额，不正当地取得竞争优势，进而造成原告广告费以及会员费收入的减少，危及原告的正常经营、攫取了原告合法的商业利益。该种竞争行为有违诚实信用原则以及公认的商业道德，属于《反不正当竞争法》第 2 条所规定的不正当竞争行为。

对于被告技术中立的抗辩，法院认为，在使用中立的技术时仍然应当尊重他人的合法利益，在法律允许的边界内应用新技术，而不能以技术中立为名，违反商业道德，攫取他人的合法利益。该案中，被告破解了原告的验证算法，并取得有效的密钥（Key 值）后绕开原告广告直接播放正片，破坏原告的合法经营活动，显然超出了法律允许的边界。因此，这一主张法院不予采信。

除此之外，原告还认为，即使"VST 全聚合"软件在播放原告视频时没有屏蔽原告的片前广告，仍构成不正当竞争。对此，法院认为，首先，被告在该案中并未实施原告所指控的屏蔽广告、完整链接原告视频的行为；其次，即使"VST 全聚合"软件完整链接原告视频，亦应当对其采用的技术手段进行区分后，判断是否构成不正当竞争：①在互联网上采取合法且正当方法的链接行为并不构成不正当竞争，如果"VST 全聚合"软件能采取合法正当方法完整链接播放来源于"爱奇艺"的全部内容，那么这一行为具有正当性，不构成不正当竞争；②如果"VST 全聚合"软件系通过破解原告密钥（Key 值）的方式，完整链接原告广告和视频，即使表面上呈现给用户的是完整的内容，但采用的方法不能使原告的广告统计系统统计到广告播放的数量，那么该行为会导致原告广告收益下降。因此，这种行为损害了原告的合法利益，构成不正当竞争。

三、被告应当承担的民事责任

被告实施了不正当竞争行为，应当承担停止侵权、消除影响、赔偿损失的民事责任。鉴于被告已主动停止被诉不正当竞争行为，原告亦因此放弃了第一项诉讼请求。

对于消除影响的民事责任。法院认为，被告的不正当竞争行为，会导致相关公众，尤其是原告的广告客户，误认为原告的视频前已不再投放广告，从而对原告的经营模式产生误认，故被告应当承担消除影响的民事责任。

关于赔偿损失的民事责任。虽然被告辩称其并未获利，但在互联网环境下，已经形成一定规模且相对固定的用户群体即意味着未来巨大的盈利空间。且被告的行为使原告的网络用户非正常流失以及广告收益减少，对原告造成了较大的经济损失。法院综合考虑后，酌定被告赔偿原告经济损失 30 万元。同时法院支持了律师费 5 万元和公证费 1 万元的合理费用主张。

## 上诉理由

上诉人聚网视公司上诉称：①涉案"VST 全聚合"软件采用的密钥（Key 值）系来源于互联网的公开信息，并非爱奇艺公司所主张及一审法院认定的聚网视公司是破解爱奇艺公司验证算法取得的有效密钥（Key 值）。②聚网视公司绕开爱奇艺公司片前广告直接播放视频的行为是技术本身无法克服的原因造成的，聚网视公司没有主观故意。③"VST 全聚合"软件于 2014 年下半年完成开发，投入市场，至今尚未盈利。且"VST 全聚合"软件并未覆盖爱奇艺公司经营网站的所有视频，网络用户的播放时长仅小部分来源于爱奇艺公司的视频。"VST 全聚合软件"下载量并不等于实际使用量。

因此，一审判决聚网视公司赔偿经济损失 30 万元，数额偏高，缺乏事实依据。据此，请求二审法院撤销一审判决，依法改判驳回爱奇艺公司在一审的诉讼请求。

## 二审查明事实

一审法院认定事实属实，二审法院予以确认。

另查明，2014 年 4 月 9 日，聚网视公司取得了证书号为软著登字第 2014SR040168 号中华人民共和国国家版权局计算机软件著作权登记证书，该证书载明：VST 全聚合软件 1.3.4，开发完成日期为 2014 年 1 月 30 日。

## 二审判决及理由

该案的争议焦点为：聚网视公司是否通过破解爱奇艺公司验证算法取得"VST 全聚合"的密钥（Key 值）实施了绕开广告直接播放爱奇艺公司视频的行为；绕开广告直接播放视频的行为是否是技术原因导致并因此具有正当性；一审判决经济损失的赔偿数额是否恰当。其论述如下：

一、聚网视公司是否通过破解爱奇艺公司验证算法取得"VST 全聚合"软件的密钥（Key 值）实施了绕开广告直接播放爱奇艺公司视频的行为

聚网视公司认为，"VST 全聚合"软件采用的密钥（Key 值）源于公开渠道，其没有采取破解爱奇艺公司验证算法的方式取得密钥（Key 值）。但聚网视公司未能提供证据证明该主张。相反，爱奇艺公司提供的证据能够证明爱奇艺公司对其提供的视频采取了加密措施，故二审法院对聚网视公司的该上诉理由不予采信。

二、绕开广告直接播放视频的行为是否是技术原因导致并因此具有正当性

二审法院认为，爱奇艺公司的正当经营模式获得的商业利益，应受法律保护。聚网视公司通过技术让其用户观看爱奇艺公司视频，但其并未支付版权费等运营成本，相应的版权费等运营成本皆由爱奇艺公司承担。爱奇艺公司在支付成本的同时，还面临用户数量减少和广告点击量下降导致的商业利益的损失。作为技术实施方的聚网视公司是应

当知道实施该技术会出现自己得利他人受损的后果，却仍实施该技术，具有主观故意，违背了诚实信用原则和公认的商业道德，侵害了爱奇艺公司合法的经营活动，其行为不具有正当性，构成不正当竞争。故对聚网视公司提出的该上诉理由，二审法院不予采信。

三、一审判决经济损失的赔偿数额是否恰当

二审法院认为，爱奇艺公司是依托广告点击量和会员用户会费来获取商业利益的，聚网视公司的行为，不仅会减少爱奇艺公司的广告点击量，影响其广告收入，也会使爱奇艺公司承受包括会员用户在内的用户的流失，给爱奇艺公司的合法经营活动造成损害。即便聚网视公司目前暂无盈利，但互联网经济环境下，对企业估值评价并不仅仅依据盈利标准，用户数量、市场占有率等是企业谋求商业利益的基石，故聚网视公司应承担赔偿经济损失的民事责任。由于爱奇艺公司未提供证据证明其所受损失以及聚网视公司的获利，基于该案所涉侵权行为系互联网环境下的侵权，"VST 全聚合"软件对爱奇艺公司的影响难以量化，故一审法院综合考虑爱奇艺公司的知名度、网络用户数量、视频内容的丰富度及经营成本，"VST 全聚合"软件的下载量、播放时长和聚网视公司的经营规模、侵权过错程度等因素，酌情判决聚网视公司赔偿爱奇艺公司经济损失 300000 元，并无不当。故对聚网视公司提出的赔偿数额过高的上诉理由，二审法院不予采信。

 承办律师办案心得

爱奇艺公司起诉聚网视公司不正当竞争纠纷案，具有鲜明的时代特征。此案一审判决做出后，在网络视频行业产生了巨大震动，被誉为"国内视频行业发展的里程碑事件"。

在近年我国法院受理的知识产权案件中，信息网络传播权侵权纠纷案件数量始终占据了较大比例。纠纷是现象，利益是本质。互联网产业的核心商业利益，即为视频、音乐、文学等作品的网络传播控制权，谁掌握了作品网络传播控制权，谁就获得流量，谁就控制收益。在我国互联网产业发展进程中，围绕着网络传播控制权的较量从未停歇，侵权的手法不断翻新，令人眼花缭乱。如何防止网络传播再次进入无序竞争状态，始终是互联网全行业的关注焦点。

一、网络传播控制权之争的"1.0 时代"，关键词"上传存储"

1994 年 4 月，北京中关村地区教育与科研示范网络工程与国际互联网实现对接，标志着中国正式接入国际互联网。在我国互联网应用之初，作品仍主要以非数字化方式存在，一部分线下作品被实现数字化，然后被存储到互联网服务器，再根据网络用户的访问请求指令、在其选定的时间和地点传送到指定的计算机终端。这是一个网络侵权猖獗的时代，作品权利人的传统线下收益受到极大损害，而那些肆无忌惮上传传播盗版作品的侵权者攫取了巨大的网络收益。

1999 年，作家王蒙诉世纪互联通讯技术有限公司侵犯著作权纠纷案中，虽然当时施行的 1991 年版《著作权法》尚未就作品的网络传播控制进行明文规定，但北京市海淀区人民法院的一审判决开启了我国司法保护作品权利人网络传播控制权的先河。国际上，1996 年 12 月 20 日世界知识产权组织通过的《世界知识产权组织版权公约》（WCT）第 8 条规定："在不损害伯尔尼公约有关条款规定的情况下，'文学和艺术作品的作者应享有专有权，以授权将其作品以有线或无线方式向公众传播，包括将其作品向公众提供，使公众中的成员在其个人选定的地点和时间可获得这些作品'"。

我国为了履行上述国际公约的义务，在 2001 年版《著作权法》中首次引入了"信息网络传播权"，即为了实现作品权利人的网络传播控制权。此后，网络侵权内容直接提供者面临巨大法律风险，为了避免成为权利人维权的靶心，网络内容存储空间服务商随之出现。但是，网络用户上传的作品中仍然充斥着大量的盗版素材。为了解决作品权利人、网络服务提供者、网络内容提供者、网络用户之间的利益平衡，最高人民法院于 2000 年出台《关于审理涉及计算机网络著作权纠纷案件适用法律若干问题的解释》，首次对美国的"通知—移除"规则进行了借鉴。2006 年 7 月 1 日，我国《信息网络传播权保护条例》正式施行，引入了"避风港"制度，由此进入了网络传播控制权之争的"1.1 时代"。

二、网络传播控制权之争的"2.0 时代"，关键词"深度链接"

随着"避风港"制度的引入，那些所谓的中立服务提供者发现，如果自己的服务涉及大量的盗版侵权作品，那么依然会陷入两难境地。一方面，权利人向其发出海量的删除通知，另一方面，网络用户依然期待着"免费午餐"。如果对权利人删除通知及时响应，可向网络用户提供的"免费午餐"就寥寥无几；如果对权利人删除通知稍加怠慢，就会遭受权利人海量诉讼。

于是，有人把目光瞄向了"链接"。起初，被链者与设链者共同合作，甚至实为同一实际控制人，被链者服务器负责存储盗版作品，设链者负责将盗版作品的链接以搜索结果的形式呈现给网络用户，设链者对外扮演链接服务提供者。这种模式很快被法院认定为设链者与被链者构成共同直接侵权。原因是，除了设链者之外，被链者不向第三方提供盗版作品，或者第三方无法通过设链者之外的其他渠道获得盗版作品。笔者将这种侵权者掩耳盗铃的对抗时期称之为"2.1 时代"。

很快，网络传播控制权之争进入了"2.2 时代"。此时，互联网开始出现大量正版作品，不少大型网站花费巨资采购了作品的信息网络传播权许可。设链者认为与其与存储盗版作品的服务器"藕断丝连"，不如直接从存储正版作品的服务器中"巧取豪夺"。为了截取流量，设链者往往将被链资源嵌入自己的网页或者网站中，即我们通常所说的"深度链接"，网络用户很可能误以为是设链者提供了网络内容。

在"2.2 时代"爆发了"服务器标准"与"用户感知标准"之争。标准之争自 2012 年最高人民法院出台《关于审理侵害信息网络传播权民事纠纷案件适用法律若干问题的规定》起，基本画上了句号。通说认为最高人民法院采纳了"服务器标准"。

三、网络传播控制权之争的"3.0 时代"，关键词"聚合盗链"

与"1.0 时代""2.0 时代"相比较而言，"3.0 时代"具有以下时代背景：首先，随着手机、PAD 终端的兴起，互联网已经从 PC 互联网的竞争时代进入移动互联网的竞争时代；其次，随着网络服务提供者纷纷完成原始积累、获得资本市场的青睐，互联网上明目张胆传播盗版作品的行为逐渐减少，正版作品出现井喷式增长，网络传播控制权之争的矛头，直指正版作品网络传播控制权之争。

在移动端显示屏方寸间，网络用户入口成为商家必争之地。"看百家不如看一家"的聚合类应用软件由此应运而生，层出不穷。聚合类应用软件，提供一定范围内的网络内容的搜索、定位和展现，网络用户能感知网络内容来自于被链者，但其点击往往止步于聚合平台的界面。从成本角度考虑，聚合平台无须承担网络内容的版权采购成本，无须承担网络服务器维护成本和带宽成本；从收益角度考虑，聚合平台聚集了大量人气和流量，可以从广告收益、股权融资等途径获得高额回报；从法律风险角度，其既没有上传存储网络资源，不符合"服务器标准"要求的信息网络传播权直接侵权构成要件，又在一定程度上提示幕后的网络内容提供者，不符合"用户感知标准"或者"实质性替代标准"要求的信息网络传播权直接侵权构成要件，即使收到权利人删除通知，也可以借"避风港"制度免于赔偿，更何况其提供的绝大多数是正版资源，还可以树立帮助权利人扩大影响力的"雷锋形象"。以聚合视频内容著称的"VST 全聚合"软件，就在此时于短时间内获得快速发展与壮大。

与此同时，那些提供正版网络资源的网络内容提供者们，感受到了巨大危机。该案中，爱奇艺公司与聚网视公司为了争夺网络传播控制权，在技术与法律上展开了"3.0"版本的争夺。

在技术上，爱奇艺公司开始尝试采取技术保护措施，防止聚网视公司未经许可轻易获得正版资源链接，同时通过 Robots 协议宣示自己的"网络主权"。但是，聚网视公司祭出"互联网自由"的大旗，主张互联互通是互联网的生存之本，正版资源不应受到搜索限制。"道高一尺，魔高一丈"，聚网视公司总能突破爱奇艺公司的技术保护措施，也无视 Robots 协议的道义要求，以"正版资源"搜索引擎的名义迅速壮大自己。

在法律上，爱奇艺公司苦苦思索着如何反击聚合者。爱奇艺公司首先想到的武器是"信息网络传播权"，但很快发现该武器存在致命的缺陷：①信息网络传播权不保护普通性被许可信息网络传播权，具有局限性；②信息网络传播权保护的是作品个体，而"VST 全聚合"软件将爱奇艺公司的成千上万的全部作品进行聚合，如需主张信息网络传播权侵权，取证的工作量和维权成本可想而知；③"VST 全聚合"软件不上传、不存储正版网络资源，不符合"服务器标准"之下的信息网络传播权规制范围；④"VST 全聚合"软件在一定程度上提供爱奇艺的标识，不符合"实质性替代"或者"用户感知标准"之下的信息网络传播权规制范围。

在该案中，爱奇艺公司作为网络内容提供者以《反不正当竞争法》第 2 条作为维权武器，主张聚网视公司以不正当的手段、不正当的目的，实施了损害爱奇艺公司正当合法权益的不正当竞争行为。该案中，爱奇艺公司不仅举证证明"VST 全聚合"软件在播放来自爱奇艺网站的视频时没有播放片前广告，而且通过一系列复杂的技术取证手段证明"VST 全聚合"软件绕开了爱奇艺公司正片链接的技术保护措施，同时证明这种"绕开行为"具有明显不正当性。上海市杨浦区人民法院一审认为："被告（'VST 全聚合'软件的运营方）无须支付版权费用、带宽成本即能使部分不愿意观看片前广告又不愿意支付原告会员费的网络用户转而使用'VST 全聚合'软件，挤占原告（爱奇艺公司）市场份额，不正当地取得竞争优势，进而将造成原告广告费以及会员费收入的减少，危及原告的正常经营、攫取了原告合法的商业利益。该种竞争行为有违诚实信用原则以及公认的商业道德，属于《反不正当竞争法》第二条所规定的不正当竞争行为。"

四、对"信息网络传播行为"认定标准的再思考

难道，信息网络传播权面对聚合者就真地可以袖手旁观、无所作为，撒手给"反法第二条"？问题的症结，仍在于目前我们对于网络传播控制权的理解局限于"服务器标准"，在适用信息网络传播权时，没有与时俱进，甚至停留于 20 世纪 90 年代提出 WCT 基础草案时的理解。无论是 WCT 第 8 条所规定的网络传播控制权，还是我国规定的信息网络传播权，其立法的本意均为使得作品权利人控制在网络范围内的传播。只有掌握网络传播控制权，才可能获得相应的收益，鼓励作品权利人继续创作新的作品、保障作品权利在版权交易市场正常流通。

在 20 世纪 90 年代，文学艺术作品往往诞生于线下，尚未实现数字化传播，此时对于作品权利人而言，无疑控制"最初"置于网络的权利是至关重要的。经过互联网几十年的发展，大量数字化作品诞生于线下，或者虽然诞生于线下，却为线上传播而诞生，控制"最初"置于网络的权利固然重要，但绝非是作品权利人目前的唯一利益关切点。如果仍然将信息网络传播行为的认定标准拘泥于唯一的"服务器标准"，则已经不再适应数字化作品保护的要求。例如，在互联网版权授权实务中，作品权利人为了达到关于是否允许网络传播、如何传播、向谁传播、传播范围等的各项网络传播控制权，不得不出具一份详尽的授权书，对网络传播的平台名称、域名层级、终端类型、网络类型、地域范围等做出详细的罗列限制。权利人通过协议约定的形式，尽可能弥补立法中信息网络传播权内涵外延的不足，尽可能维护自己的网络传播权。

笔者认为，信息网络传播行为的表现形式包括将作品上传存储于服务器、设置共享文件或者使用分享软件等多种形式，其实质是掌握作品网络传播控制权。这种控制权可以决定作品是否置于网络传播，也可以决定作品的网络传播方式、网络传播对象。就如同传统的财产所有权拥有占有、使用、处分、收益四项权能，信息网络传播权也可以拥有是否网络传播、如何网络传播、向谁网络传播等不同的权能，不应仅限于"最初"将作品置于网络中的决定权，应该延展到"最初"置于网络之后的阶段，即决定如何传播、向谁传播、传播范围等控制范围。

## 代理词节选

一、被告的行为具有明显的不正当性，违反了诚实信用原则和公认的商业道德，危害性远甚于侵害信息网络传播权

首先，被告破解了原告密钥以及 SC 值的 MD5 计算公式。根据原告第 0918 号公证

书，原告认可的 TV 客户端的播放请求为：

http：//cache. m. ptqy. gitv. tv/tmts/253683400/7d7daf08837f966d7487de8dd1229977/？t=1429001993199&sc=6621de3b78cec7f0ef2a2d412339cb03&src=76f90cbd92f94a2e925d83e8ccd22cb7&uid=20130715115334635hXTkosnQ10115&m=116&nolimit=0&qyid=tv_ce-ca926746c0db57d31f0312959f3304_1429001813717

其中 t=1429001993199 为访问请求时间参数（客户端发出访问请求的具体时间，可精确到毫秒，以下简称"时间参数"），src=76f90cbd92f94a2e925d83e8ccd22cb7 为访问请求客户端参数（以下简称"客户端参数"），253683400 为访问请求播放内容 ID 参数（以下简称内容参数），sc=6621de3b78cec412339cb03 由客户端按照 MD5＝"参数 A＋密钥＋参数 B"公式计算而得。爱奇艺对于上述三个参数在 MD5 计算时的排列顺序以及密钥内容均不对外公开，严格保密。由于访问请求的时间参数是一个变量，每次请求访问内容参数是一个变量，因而每个访问请求中的 SC 值也为变量。当爱奇艺服务器端收到上述访问请求后，通过识别客户端参数（不同的客户端参数对应不同的密钥），调用服务器内存储的与之对应的密钥以及访问请求中的时间参数、内容参数，根据上述 MD5 计算公式再次计算 SC 值，当服务器端的 SC 值与访问请求中的 SC 值一致时，通过验证，再经过内容负载优化，向客户端发送正片内容的最终播放 url 地址。

被告辩称爱奇艺公司的密钥在网络论坛上可公开获得，纯属无稽之谈。虽然经法庭一再释明，被告对自己如何实现屏蔽视频内容片前广告的效果却没有进行合理解释与举证证明，应当承担举证不能的不利后果。

通过原告证据 2－12，我们可以发现"VST 全聚合"软件向爱奇艺服务器端发出的访问请求为：http：//cache. m. iqiyi. com/tmts/253683400/7d7daf08837f966d7487de8dd1229977/？t=1428915994&sc=1b8585fea39de190fc70b905a3af938b&src=76f90cbd92f94a2e925d83e8ccd22cb7

通过对比，我们发现"VST 全聚合"软件发出的访问请求与原告认可的客户端访问请求如出一辙。"VST 全聚合"访问请求也包含了时间参数、内容参数、客户端参数，而且包括了可以经过爱奇艺服务器端验证通过的 SC 值。如果我们根据 MD5＝"参数 A＋密钥＋参数 B"公式，调用"VST 全聚合"软件访问请求中的时间参数、内容参数、客户端参数 src=76f90cbd92f94a2e98ccd22cb7 对应的密钥，就可以得到该请求中的 SC 值。这就充分证明了被告掌握了原告 MD5 计算公式中的参数排列顺序以及密钥值，而这些恰恰是无法通过公开渠道获得、由原告设置了技术加密措施的核心机密。

为验证原告上述逻辑推断，原告对"VST 全聚合"软件中的 soload_201504131535. jar 文件进行技术分析，得到 classes. dex 文件，对该文件进行反向编译，发现了以下代码：

```
arrayOfObject1[0] = str2;
arrayOfObject1[1] = str3;
arrayOfObject1[2] = Long.valueOf(paramLong);
arrayOfObject1[3] = md5(paramLong + "d5fb4bd9d50c4be6948c97edd7254b0e" + str2);
String str4 = httpGet(String.format("http://cache.m.iqiyi.com/tmts/%s/%s/?t=%s&sc=%s&src=76f90cbd92f94a2e925d83e8ccd22cb7", arrayOfObject1), "User-Agent
if ((str4 != null) && (str4.contains("\"m3utx\":\"")))

String str5 = preg_substr(str4, "\"m3utx\":\"(.*?)\"").replace("\\", "");
```

其中包括了爱奇艺公司的密钥值 d5fb4bd48c97edd7254b0e。

至此，水落石出、真相大白，"VST 全聚合"软件的确掌握了原告的 MD5 计算公式以及密钥值，并将其写入了自己的代码中，以模仿生成爱奇艺服务器端可以验证通过的访问请求。

其次，被告改变了原告的视频播放界面和播放环境，对原告的网站和客户端构成了实质性替代。

如果通过原告自身的官网或者客户端播放视频内容，不仅会使得原告的非片前广告得以展现，使得网络用户有机会访问原告兼营的网络游戏、应用下载、在线商城等业务，在播放界面也会始终出现爱奇艺水印，以及通过其他爱奇艺用户界面，可以在视频来源——爱奇艺与网络用户之间建立非常强的感知联系，达到提高原告的网络用户黏性、人气流量的目的。

如果通过"VST 全聚合"软件播放来源于原告网站的视频内容，仅有在缓存视频内容以及用户选择视频来源这两个非常短暂的时间里，出现爱奇艺的标识。网络用户一旦实现了观看视频内容的目的，就不会再去访问爱奇艺网站或者安装使用爱奇艺客户端，而是转而继续使用"VST 全聚合"软件。"VST 全聚合"软件由此替代了爱奇艺客户端；被告的"VST 全聚合"软件人气流量得以迅速上升，原告的人气流量由此减少，两者存在此消彼长的关系。

再次，被告的播放方式屏蔽了原告片前广告，使得正常商业广告未能被播放。

如果通过爱奇艺公司的客户端或者官网播放来自于爱奇艺公司的视频内容，客户端会首先访问爱奇艺公司的广告数据接口，爱奇艺公司的广告数据接口会调用当下的合法商业广告播放信息，随后视频资源接口调用密钥进行验证，然后把包含广告播放信息以及正片内容播放信息的播放地址分别反馈给客户端进行播放。

如果通过"VST 全聚合"软件播放爱奇艺公司的视频内容，由于被告破解了原告的MD5 计算公式与密钥，"VST 全聚合"软件发出的访问请求可绕开爱奇艺公司的广告数据接口，直接向爱奇艺公司视频数据接口发送访问请求，直接获得正片内容播放地址，从而达到了屏蔽片前广告的效果。这就直接危及了原告赖以生存的通过收取广告费和会员费来弥补采购版权、采购带宽、维护服务器等经营成本的合法商业模式。

最后，被告的"VST 全聚合"的播放行为无法为原告带来流量，即使其播放广告，仍无法被有效统计，其行为危害性远甚于侵害原告的信息网络传播权。

（一）查看网站流量能判断出网站的人气如何，对网站流量的判断、统计一般以下面这些指标为标准：页面访问浏览数（pv），独立访问者数量（uv），重复访问者数量（rv），每个访客的页面浏览数（pvpu）。如前所述，一旦网络用户选择通过"VST 全聚合"软件收看爱奇艺公司的网络视频，就不会再访问爱奇艺公司的网站网页，不会安装使用爱奇艺公司的客户端，上述各项流量统计指标都会相应受损。"VST 全聚合"软件是直接访问 cache. m. iqiyi. com 域名下的 tmts 通道，因而这些播放次数不会被统计到上述流量指标之中。相反，由于网络用户首先登陆访问了"VST 全聚合"软件界面，因而可以直接为被告带来人气流量。

（二）即使"VST全聚合"软件播放原告的片前广告，也无法给爱奇艺公司带来广告收益。爱奇艺公司会将客户端广告播放统计接口开放给广告主或者第三方，以便广告主统计广告播放或者点击数量，核实广告投放效果，这也是视频网站通行的做法。由于"VST全聚合"软件没有使用爱奇艺广告SDK开发工具包，因而不可能将广告播放次数和效果传送给广告主或者第三方广告统计平台。

（三）由通过本案查明的"VST全聚合"软件播放方式可见，被告不仅没有播放片前广告，而且播放视频时占用的是原告花费巨资采购的带宽，同时提高了原告维护服务器的成本。相比较侵害信息网络传播权，播放盗版视频占用的是侵权者自己的带宽和服务器资源，而本案中在原告没有从中有任何获益、原告版权采购成本不变的情况下，原告的带宽成本、服务器成本反而进一步增加，因而损失更大。

> （一审：上海市协力律师事务所马远超律师、陈飞虎律师，
> 该案原告爱奇艺公司代理人；
> 二审：上海市协力律师事务所马远超律师、钱震律师，
> 该案被上诉人爱奇艺公司代理人）

## 媒体报道